民盟智库

文化与文化自觉

费孝通 著

Wen Hua yu Wen Hua Zi Jue

群言出版社
QUNYAN PRESS
·北京·

图书在版编目（CIP）数据

文化与文化自觉 / 费孝通著 . -- 北京：群言出版社，2016.7（2021.3 重印）
（民盟智库 . 第二辑）
ISBN 978-7-5193-0153-8

Ⅰ. ①文… Ⅱ. ①费… Ⅲ. ①文化—中国—文集 Ⅳ. ①G122-53

中国版本图书馆 CIP 数据核字（2016）第 171226 号

策划编辑：杨　舰
责任编辑：侯　莹
美术编辑：齐立娟
封面设计：逸品书装

出版发行：群言出版社
地　　址：北京市东城区东厂胡同北巷 1 号（100006）
网　　址：www.qypublish.com（官网书城）
电子信箱：qunyancbs@126.com
联系电话：010-65267783　65263836
经　　销：全国新华书店

印　　刷：天津画中画印刷有限公司
版　　次：2016 年 8 月第 1 版　2021 年 3 月第 4 次印刷
开　　本：710mm × 1000mm　1/16
印　　张：29.75
字　　数：427 千字
书　　号：ISBN 978-7-5193-0153-8
定　　价：68.00 元

费孝通

(1910—2005)

著名社会学家、人类学家、民族学家、社会活动家，
中国社会学和人类学的奠基人之一，
曾任全国人大副委员长，全国政协副主席，民盟中央主席

出版说明

1941年3月，中国正处在一寸山河一寸血的艰难时刻。在这风雨飘摇之中，一批情系民族存亡、心怀救国之志的知识分子与爱国精英，发起成立了以贯彻抗日主张、实践民主精神、尊重思想自由、提倡依法治国为政治纲领的中国民主政团同盟（1944年9月更名为中国民主同盟）。

黄炎培、张澜、沈钧儒、杨明轩、闻一多、李公朴、梁漱溟、史良、胡愈之、楚图南、吴晗、费孝通……一代又一代的民盟志士尽心竭力，奔走国是，用自己的赤子之情和卓越智识，追索民族复兴之路。

民盟学人在追索途中为我们留下了经济、军事、外交、教育、社会、文化等领域里丰富而珍贵的“思想智库”。整理、出版“民盟智库”

系列丛书，旨在传承先人们为国家富强努力之精神、光芒之思想；激励当代知识分子忧国之忧、思国之思、行国之行。

《民盟智库》编委会

前　言

本书选编的是费孝通教授有关文化与文化自觉的论著。

费孝通教授是中国著名的社会学家、人类学家、民族学家，第七、八届全国人民代表大会常务委员会副委员长，中国人民政治协商会议第六届全国委员会副主席，1987年1月任中国民主同盟中央主席，1996年11月任民盟中央民誉主席，1998年6月任中华炎黄文化研究会会长。

费老曾说，“作为一个以社会人类学为职志、一生关注社会文化变迁的学者”，把他70余年的精力用在了中国社会的实地调查和文化思考。社会与文化是密不可分的。作者从社会学、人类学的视角观察与研究文化问题，是他有关文化问题论著的一大特点。从早年的《花蓝瑶社会组织》，到在英国留学期间用英文写作并享有国际声誉的《江村经济》，以至晚年的《行行重行行》等关于中国社会的调查报告和著作，都涉及到文化问题。为了在有限的篇幅里，便于读者更好地了解与研究费老有关文化与文化自觉的思想与理论，本书尽量收录相关论述比较集中的篇章。

早在大学求学期间，作者在《中国文化内部变异的研究举例》、《从“社会进化”到“社会平衡”》等文中，就论述了自己有关文化的实质、形态、功能等问题的见解。在上世纪40年代直至新中国成立前，作者先后在云南大学、西南联大和清华大学执教时期，又写作了《土地里长出来的文化》、《文化的物质面与精神面》、《文化论与社会学》等，从更深层次探讨文化与社会的关系。

1949年新中国成立后不久，1950年6月，作者被任命为中央民族访问团副团长兼第三分团团长，赴贵州考察半年。1951年6月被任命为中央民族学院副院长，同年8月又担任中央人民政府民族事务委员会委员。作者从此又认真研究民族学，并写下了许多著作，论述了文化的民族性，以及中国少数民族文化的特点等问题。本书选录了这方面的一些论著。其中最为著名和最有影响的是《中华民族的多元一体格局》。

本书收录的大部分论著，写于20世纪末到21世纪初的十余年间。正当新旧世纪交替之际，经济全球化的浪潮汹涌澎湃，各国有识之士都在思考，在新的世纪，世界各大文明之间的相互关系将会发生什么样的变化，我国学术文化界也密切关注中华文化所面临的挑战。进入耄耋之年的费老，在积极投入这场文化讨论新的热潮的同时，还以“时不我待”的迫切心情，反思、总结自己一生的学术历程。费老生于1910年11月2日，逝于2005年4月24日，亲历了20世纪中国的几乎所有重大事件，并看到21世纪初的世界风云变幻。他高瞻远瞩，脚踏实地；晚年关于文化的一系列著述，已经超出一般社会学、人类学的研究范围，而是从更高、更宽的视角来着眼和思考。在这个时期，他的文化兴趣十分广泛，不仅继续深入研究少数民族文化、地域文化，而且对于理财文化、玉文化等都有专文论及。这些均在本书选编之列。

也正是在这个关键时期，费老提出了“文化自觉”的理论。“各美其美，美人之美，美美与共，天下大同。”这四句话、十六个字，是他对于“文化自觉”理念所作的高度概括。在各种不同场合，作者还反复用同样的语言，对“文化自觉”作了定义式的解说:“文化自觉，意思是生活在既定文化中的人对其文化有‘自知之明’，明白它的来历、形成的过程、所具有的特色和它发展的趋向。自知之明是为了加强对文化转型的自主能力，取得决定适应新环境、新时代文化选择的自主地位。”这段精辟而又通俗的论述，内涵丰厚，是经过深思熟虑的。文化自觉论可说是作者毕生从事文化思考和研究的升华与结晶。越来越多的人在有所了解之后，都认为文化自觉的确是时代的要求，不仅对于中华民族实现伟大复兴和建立和谐社会具有重要意义，而且世界各个民族也都应该对自己的文化有自知之明，这样才能形成世界各种文化多元共存、取长补短、联手发展的局面。为了便于研究文化自觉论萌发、形成和发展的过程，本书对费孝通教授的有关著述尽量全部收录。

费孝通教授在任中华炎黄文化研究会会长期间，对研究会的学术文化研究，特别是由研究会发起倡议的“二十一世纪中华文化世界论坛”，给予了亲切关怀和及时指导。费老在“论坛”会议上发表的学术论文，本书也收入其中。

本书收入的论著，大部分选自群言出版社出版的十六卷本

《费孝通文集》，也有《文集》出版之后的少量论著，编者未作任何变动。选编想必有不周之处，敬请专家和读者批评指正。

本书的选编工作，由鲁谆、张荣华、王才三位同志具体负责。我们希望，本书的出版，能为研究作者关于文化特别是文化自觉的思想理论，提供宝贵的文献资料，并有助于推进先进文化的发展和构建社会主义和谐社会。

中国民主同盟中央委员会

中华炎黄文化研究会

目录

001…… 中国文化内部变异的研究举例
005…… 从“社会进化”到“社会平衡”
012…… 土地里长出来的文化
016…… 文化的物质面与精神面
020…… 评《文化新论》
034…… 文化论与社会学
036…… 关于对待民族民间文艺遗产的一些意见
041…… 梁漱溟先生之所以成为思想家
043……《人文类型》重版前言
047…… 论梁漱溟先生的文化观
052…… 中华民族的多元一体格局
084…… 从小培养二十一世纪的人
093…… 孔林片思
098…… 寻根絮语
106…… 对“美好社会”的思考
111…… 个人·群体·社会——一生学术历程的自我思考

131…… 面对世纪之交 回顾传统文化
134…… 继承优秀文化传统 注入新的时代精神
136…… 我的第二次学术生命
142…… 晋商的理财文化
148…… 黑龙江行
156…… 从马林诺斯基老师学习文化论的体会（节选）
168…… 东方文明和二十一世纪和平
174…… 重读《江村经济》序言（节选）
178…… 开创学术新风气
183…… 反思·对话·文化自觉
197…… 人文价值再思考
214…… 完成“文化自觉”使命 创造现代中华文化
218…… 读马老师遗著《文化动态论》书后（节选）
223…… 从反思到文化自觉和交流
230…… 中国文化与新世纪的社会学人类学
——费孝通、李亦园对话录
248…… 中华文化在新世纪面临的挑战
254…… 文化的传统与创造
265…… 关于文化交流
270…… 必须端正对异文化的态度
274…… 更高层次的文化走向
289…… 重建社会学与人类学的回顾和体会
305…… 新世纪 新问题 新挑战
316…… 创建一个和而不同的全球社会
328…… 经济全球化和中国“三级两跳”中对文化的思考

339…… 关于“多元化的西部文化”和“文化生态失衡问题”的谈话
354…… 中国古代玉器和传统文化
357…… 再谈中国古代玉器和传统文化
363…… 人类学与二十一世纪
374…… 进入二十一世纪时的回顾与前瞻
385…… 文化论中人与自然关系的再认识
395…… 哲学社会科学的春天
399…… 关于“文化自觉”的一些自白
408…… 试谈扩展社会学的传统界限
431…… 对文化的历史性和社会性的思考
446…… “美美与共”和人类文明

中国文化内部变异的研究举例

社会问题起于文化失调。所谓文化失调，就是说任何文化都有它特殊的结构模式，新的文化特质引入之后，不能配合于原有的模式中，于是发生失调的现象。文化本是人类的生活方法，所以文化失调就在社会中各个人的生活上引起了相似的裂痕，反映于各个人心理上的就是相似的烦闷和不安，这种内心的不安逼着大家要求解脱，于是就有所谓社会问题。苟有一二人提出了解脱烦闷的方案，为一般人接受，就发生社会运动。由社会上众人共同的努力，把拟定的方案实现了，在个人方面言，是烦闷和不安的解脱；在社会方面言，是社会问题的解决；在文化方面言，是文化的重行调适。这整个的历程，从新文化的引入至文化之重行调适，就是社会变迁。

社会变迁，文化调适固然都是社会的动态，但是既言变迁，既言调适，实已包括两个问题："从什么变到什么"和"什么样的文化与什么样的文化相调适"。这两个问题中的"什么"和"什么样"就是文化的状态，是社会的静态。现有的文化状态就是过去社会变迁的结果，亦是未来社会变迁的开端。研究社会变迁实是在比较不同时间的文化状态而追寻其过程罢了。所以研究中国社会变迁，势必从它的文化状态开始。

中国文化是一个极复杂的结构，这复杂的结构是起于它悠久的历史。经数千年文化特质自身的发展和外来文化的融合、传播，才形成现有的状态。它复杂的结构就表现于各地文化的变异中，以言语论，南北异音，交谈须重译始通。这种变异的情形，虽则是日常所见的事实，但是至今还没有人能详细地加以研究。文化内部的变异是文化状态研究最初亦最基本的一步工作，亦是研究社会变迁所不能缺少的基础。

我们采用“文化变异”的名词，而不用“文化区域”，是因为文化区域常用以指一种文化中内部的分歧状态。卫史莱氏 Wissler 认为文化区域内部的变异，可以用同心圆来划分。经我们研究的结果，觉得这一个原则并不能普遍应用，因为一文化模式或一文化区域的形成，并不常是单纯的由中心向四周传播的方式，形成的方式时常是辐辏的，是各个不同部分互相逐渐融合的。所以各文化区域内的变异状态，决不能一律以同心圆来表示。它亦可划分各式的区域，而且这种变异区域划分的状态，反映着这文化区域形成的经过。

但是文化内部的变异如何研究呢？回答这问题最好的方法就是举例说明。

三年前我们研究中国的婚姻风俗，根据了各地地方志的记载加以比较，发现各地通行的风俗并不尽同，而风俗不同的各地分布状态并不是参差无序的，所以就把它们地理分布情形分别划出，但是因为材料关系只做成了“亲迎”一项。所谓亲迎就是在结婚前新郎亲身至女家迎接他新妇的风俗，这种风俗因儒家的提倡，普通都以为是全国都通行的，但事实不然，有的地方固然贫富均行，有的地方就只有一部分人实行，有的地方连士大夫和富有的人也不行了。贫富均行的地方，除了少数零星分布外都相衔接，形成一广大的亲迎区域。位置在河北、山东、山西、河南、湖北、安徽诸省的全部或一部，零星的亲迎区域则散布于江苏、浙江、福建、广东、江西、广西及云南诸省，杂处于半亲迎及不亲迎区域之间。

这种分布状态是否正确，我们不敢断定，因为我们所用的材料都是根据各地的地方志，地方志的记载是否可靠是很可怀疑的，而且欲尽搜全国地方志是目前不可能的事，即使都有了，各志亦不一定有关于亲迎的记载。所以我们所得到的分布情形是极大概和极不精细的。但是这图中所有的错误都可以用实际调查的材料加以更正的，而且这种材料并不是极难得到，因为每一个曾经结婚的人，都能给我们实际的报告。要是读者能同情于这种研究而愿意把自己的经历写给我们，我们相信这种研究并不难得到可靠的结论。同时我们亦相信，要靠几个人走遍全国去调查，则这种研究目前决没有希望,所以我们在本刊发表这一篇短文,希望各地的读者能给我们帮助。

我们已说现有的文化状态就是以前社会变迁的结果,而且它内部的变异保留着它形成的经过。所以在亲迎婚俗分布图中,我们可以进一步推考它形成的经过历程。

亲迎婚俗最早见于《仪礼·士昏礼》和《诗经·大雅·文王之什》,可见在周代此俗业已存在。又据《尚书·大传》谓夏、商并无此俗,惟周有之。所谓夏、商、周者并不是指时代,而是指氏族而言,所以在春秋时代,《诗经》尚有《齐·著》三章,谓齐俗不亲迎。考齐为殷后,与《尚书·大传》说相合。更从春秋中将不亲迎之记载摘录,发现凡不亲迎者婚姻两造之间必有一系非周族的国。所以亲迎是周族婚俗的说法,在古书的记载中是没有冲突的地方。

亲迎系周俗的说法,非但和古书的记载相符合,而且现有的分布状态亦可以周族的移民来解释。周族移民的方向有二:一为向东,一为向南。最初向东的潮流为大,约在纪元前722年至206年之间,移居山东的为数极多。可于李济的筑城区域图中见之。由山东南下的,因黄河隔于南,所以多走海道。在河南向南的多走湖北以达长江水运。同时西北方面,本是周族的老家,但是因蛮族的侵犯和东南土地的吸引,逐渐放弃。在纪元299年时,已是"戎狄居半"(《晋书·江统列传》),所以至今亲迎区域有下列重要的现象:(1)山东全境亲迎,湖北大半亲迎,沿海有零星亲迎区域;(2)陕西为半亲迎区域;(3)黄河旧槽为亲迎区域东部的界沿。

在人种方面论,亲迎系周族婚俗之说亦有互相证明之处,据史禄国教授的研究,中国人种最重要的有三种:A类、B类及Δ类。B类为华东,尤是江、浙两省,广东及高丽的基本种类,但在黑龙江、日本、蒙古以及西伯利亚一带亦多此类人种。史氏认为即古代亚细亚的土著。所以有现在南北不相接的分布情形是由于A类和Δ类人种的侵入,A类是现代华北的基本人种,尤以河南、河北、山东为最,略见于安徽及浙江,江苏和广东更少。发现于沿海诸省的,多形成零星的殖民地形式。在大城市中,亦发现其杂居在其他人种之间,Δ类是侵入华东最有力的人种。关于Δ类的起源问题或说是亚洲中部，或说是就在华东，但绝不是黄河流域的中原人种。这一个简单的叙述，已经足以给我们一个很深的印象，就是 A 类由西侵入中国中部的人种与亲迎婚俗有密切的关系，A 类人种和周族的关系更是显然。

在亲迎区域的分布和周族移民的关系中，非但我们可见亲迎区域形成的经过，而且给我们一个整个中国文化发展的梗概。文化的传播当然不限于移民，两地人民接触，不必移民，甲地文化可以传至乙地。亲迎婚俗当非例外。此种传播方式最显著的是半亲迎区域的形成。亲迎婚俗自从儒家定入六礼之后，此俗依经籍的媒介，传播于各地，但是因为它传播的媒介是经籍，所以只能直接影响于士大夫阶级，于是造成一社会中士大夫阶级行，而平民不行的现象。

亲迎婚俗分布状态形成之经过，因为限于篇幅，不能在此详述。但是在此极简单的叙述中已足见文化状态与社会变迁在研究上所有的密切关系了。

在研究中，我们还得到一个很深的印象，就是风俗的起源和发展，常不是一部分人所得操纵的。亲迎婚俗在儒家的伦理中占极重要的位置，但并不是儒家所创立，就是对于它发展的影响亦很有限。普通论中国文化的常偏重于儒家的影响，实则儒家的理论只是实际社会生活的一种反映。这种实际生活的状态包括一切风俗、信仰等等，自有其发展的途径和限制，儒家给予一个理论的根据固然可以影响它的发展，但这种影响并不十分深入的。所以我们要明了中国文化的状态和它形成的经过，只有从认识实际生活下手。

亲迎婚俗的研究只是中国文化内部变异的一个极小的尝试，这尝试的结果虽没有多大贡献，但是在方法上，至少已给我们不少希望。我们认为若能选择比亲迎更重要，对于生活更有作用的文化特质，用同样方法加以研究，中国文化内部变异的状态必有阐明的一日。我们所以把没有成熟的研究在此发表，一方面是希望各地的读者能尽量给我们当地实况的材料，一方面愿意讨论中国社会问题的人，能多重切实的研究工作而少做理论上的空谈。

1933 年 6 月 10 日

从“社会进化”到“社会平衡”

在本文中我们所要讲的“社会进化”并不是一种自然运行的原则，更不是做人时须常备的一种信仰。我们只把它视作一种社会学中的概念，研究社会时的一种工具。

上面几句话也许需要一些解释，因为很多人常把研究时所用的概念视作自然界的铁则，更有加以感情的拥护，成为他个人宗教信仰的一部分。“社会进化”一词就是一个好例。从斯宾塞一直到马克思和他的信徒，非但把它认为天经地义，探取宇宙的秘钥，而且依靠了这种信仰来决定个人的行动，似乎根据了这一种“上帝的意志”可以推知将来世界的情状，使我们可借以对这世界，这人生获得意义，而把握住生活的重心。我们对此惟有同情，因为人生不能没有信仰，信仰本来不可理喻的，所以信仰着宇宙。社会是“日新不息，今天总比昨天好，明天更好”，正和信仰着其他的条文一般，只要能帮助人们在这世界中生活下去，在个人，在社会，自有它的功能，但我们在本文中却并不打算来讨论这种信仰，更不愿来批评这种人生态度。我们只想就“社会进化”一概念之成为研究社会的工具，来加以讨究罢了。

所谓成为“研究工具”的概念，意思是说：我们要明了客观的现象时，不能不用记号来标认。我们用红黄等名词来认识和分辨各种颜色。同样的我们用社会进化，社会平衡等名词来认识和分辨各种社会现象。因为每个名词都包含一套意义，所以我们称它为概念。名词和概念是人造的。人制造名词和概念，目的是在用以认识和分辨客观存在的事物。所以凡是于人没有用，或无需详细分辨的现象，我们就不必给它特殊的名词，让它漏在意识之外，譬如颜色吧，单是我们所谓黄色之中，就包括着无数深浅不同的颜色在内。但因为在日常生活中，这些颜色没有详细分辨的必要，所以我们就不去用各种名词来分别记认了。但是在绘图的人，普通的所谓黄色的名词就不够用，不能不有橙黄、鹅黄等等专门名词来补充。在这例子里我们可以看见我们所用的概念和我所要认识的客观实在本是两件东西。若把它们混在一起，就不免有“以词害实”之弊。譬如我们语言中对于颜色只有五个名词，而就说自然界中只有五个颜色，那不是大错了么？我们应该明了言语是生活的工具，所以名词和概念是跟着生活的需要而修改和扩充的。

我们以前已经说过，科学的职务就在叙述和阐明事实。所以需要种种名词，种种概念。但这些名词，这些概念都是须依着所知的范围的逐渐扩张而修改和增加的。但是事实上，科学中的概念，在它做我们认识客观事实的工具外，常有一种副作用足以阻碍我们对于新现象的分析和限制我们知识范围的扩张。譬如我们已有了“黄”字，我们就不大去分辨包括在“黄”字中的各种不同的颜色。——这句话本身说起来就不顺口，既说是一种黄色，哪里又有各种颜色包括在内呢？这种“不顺口”的感觉就阻碍了我们去分析一个概念的内容。若我们已有了五个名词来记认不同的颜色，我们逢到有新的颜色时，总想把它归在这五个名词之内。虽则有时格格不入，亦觉得是“没有办法的办法”。日久之后，一个名词之中，又添了一种特殊的颜色了。而这“特殊”因为没有给它名称，所以不久也就漏在人们意义之外。这是名词限制了知识范围扩张的佳例。

一个新兴的科学，在它所研究的范围之内，常常有很多新的现象投入我们知识的范围中来，所以时常发生名词的恐慌和概念模糊的弊病。但这是免不了的。我们正不必为着一门科学中发生“概念”或“名词”的争执而担心它的前途。这正是新兴的朝气。只有名词和概念不发生了问题的时候，我们才该关心的问题，太成长了的科学不是在停顿了么？停顿过久之后会赶不上人类的实际生活，届时，科学和其他东西一般也要寿终正寝的。我们这一段话很可用来答复许多人因为社会学目前名词辈出而发生社会学没有前途的批评。

概念既是人们因生活的需要而造出来认识客观现象的工具，所以批评一个概念时并不能说是真或是假，是正确或是错误。我们只问这概念的用处有多大。我们不用自己讨烦恼去推问，“究竟社会是进化的么？”人家说“社会进化”是真的么？我们只问：若用了“社会进化”的概念我们能明了多少社会现象？有多少现象会脱漏在这概念之外？我们有明了这些被脱漏的现象的需要么？我们用什么概念来补充它呢？这样我们可以利用每一个概念，而不致被任何概念所欺蒙。

有以上的一段引语，我们可以论“社会进化”及“社会平衡”两概念了。“社会进化”一词所包括的意义，因为它自身有过一段发展的历史，所以各人各用，三言两语很难总结。但是简单的把一切附加的意见撇开了说，是指“有方向的社会变迁”。所谓有方向就是指在前期所发生的变迁中所循沿的趋势，对于后期亦是正确的。易言之，社会变迁的趋势在各时期是一贯的。好像社会组织的由简单到复杂，社会制度的功能由多种混合的，到划一分清的。当然有很多人用了价值的眼光去说社会进化为“由坏的社会到好的社会”。这种价值观念因为很少客观的标准，所以在科学中很难说，我们最好留给社会哲学家去讨论吧。

社会变迁趋势的存在是不容否认的。而且各地各时的社会，变迁的趋势确有一种大家遵行的方向。譬如说由采集自然食料的社会逐渐变成游牧耕种的社会；以前散漫的社会逐渐地产生多数人集居，有政府的组织。工商业发达而交通更密，分工愈细社会组织越繁。我们虽可接受一切反对社会进化论者的责难。我们可以承认一切进化论不能解释的现象，但是社会之由简而繁，由混而分确是一件真有的事实。而且从概念上论，大多数的社会是依着这种趋势而变迁的。易言之，我们靠了这“社会进化”的概念的确可以明了很多社会事实。所以虽则“社会进化”的概念有它的缺憾，但是它的贡献于社会知识是无从抹煞的。“社会进化”所有的缺憾正和其他的概念一般，是人自己造成的。第一是研究社会的人，看见有“由简单到复杂，由混合到分工”的现象之后，就说“这是社会进化”，好像没有问题了，已经什么都明了了。他们不再去分析这种所谓“进化”的现象，他们用“当然”或“不可知”等答语来自限其知识的推进。第二是研究社会的人忽略了“由复杂到简单,由分工到混合”的社会事实的存在。他们用“例外”,“错误”等字来搪塞他们知识所不到的范围。——所以我们说“社会进化”概念的弊病,还是应用这概念的人的自作。

若不把这种“进化”的趋势视作是上帝的主义,或“不可追问”的自然铁则,我们不妨在此推究一下何以有这趋势产生?何以有时候,有地方,这种趋势非但不存在,而且有相反的趋势发生?

我们已经屡次说过,一切文化只是人类生活的办法,社会制度是文化的一部分。所以离开了生活,文化和社会制度是无从说起的。因为人要求生,所以他得处处和环境周旋。文化只是适应他的处境的办法罢了。处境不同,处境有改变,文化跟着也要有改变,人们的处境实可以分为相成相克的两方面。相成的就是供给生活的资源,相克的就是和自己竞争获得此种资源的一切势力。人类的生活亦是常以如何开发资源,如何争胜敌人两种活动为经纬的。

我们现在既在文化现象或社会制度中看见了有一种继续有定向运行的趋势,在这形成生活的两大势力中有没有这一种趋势存在,能不能借以解释社会之所以“进化”呢?

我们处境的改变好像自然资源的获得和消灭,敌人的增加和减少。自然很多时间是偶然的,好像风雷地震,可以使桑田成为沧海,沧海成为桑田。但是若我们细细分析在相成相克两方面都有一种有定向变迁的趋势存在。而且这种趋势是已经为经济学者所熟悉的了。生活的资源最大的来源是出自土地,而土地的报酬却是受渐减率所支配的。两个人在一块土地上工作所获得的报酬常少于一个人用同样的工具在同一块土地上工作所得报酬之二倍。易言之在有限土地上所加工作和所得报酬不是成正比例的,是渐减的。所以,若土地有限,人愈多则自然的资源愈难得,除非想别的办法——就是分工,就是把社会组织复杂化,使个人的工作效率增加以维持生活。这是相成一方面的。在相克一方面,即竞争的增加。当然人已想尽了方法去消灭种种和他竞争的自然势力和草木禽兽。但是最大的竞争者却是在人们自己。而人口的增加却亦有一种渐增的潜势力存在。所谓人口的繁殖是从几何级数的,这句话虽在事实上也许不正确,但以它为一种潜势力那是正确的。人口的数目一方是压迫着人们想办法去增进工作效力，以谋共同生存，一方亦使一切繁复的社会组织成为可能。在人类的处境中，相成相克的双方都有一种潜在的趋势，土地报酬的渐减，人口繁殖的渐增，于是压迫人类在文化繁复上想办法，好像改良生产工具，成立新的分配制度等等。所以文化也可说是被这两种势力逼上进化的路线的。

但是土地报酬的渐减和人口繁殖的渐增只是一种潜在的常态趋势。在变态的状态下，好像火山爆烈而发生新的富源或毁灭已有的富源等偶然事件下，上述的潜势力就可以被隐不现。即是在常态之下，要这种潜在的趋势影响于文化现象亦需要地域的限制。人是能动的。他能在旧土地之外去寻新土地。一地人口密度不增加，则土地的渐减率亦不致逼出文化的复杂化。在这时候，社会可以停顿，可以“不进化”。

若是有一部分人口由人口密度很高的地方迁移到一片新土地上，人口密度突然减少，以前的生活办法有很多可以不必维持，亦有很多是无法维持了。于是文化特质逐渐遗失，社会制度由复杂变成简单了，正好像欧洲人民迁移到新开辟的美洲大陆时所形成的殖边社会一般，他们的生活重复了原始的状态。这种情形我们很可以说是“社会退化”，“社会不进化”以及“社会退化”都是和“社会进化”一般同是实在的事实。我们用了“社会进化”的概念来研究社会时，不是忽略了它们就把它们视作无从解释的例外。但是若根据了我们以上对“社会进化”现象的分析而认识“社会进化”背后的土地和人口的潜势力，我们不难明了社会之所以停顿和“退化”了。

从分析“社会进化”现象时，我们发觉文化的变迁并不是依着超自然的神意而活动。它的所以变迁是在要使人类能维持他个人和种族的生存。为了要谋生存，他生活的办法一定要和他的处境保持一种平衡。在这平衡的局面中，人口，土地和文化三者是相互调剂着的。用数学方式来表示就是：

$$\frac{人口}{土地 \times 文化} = 定值$$

人口是包括数量和质量的。数量方面已经受很多人的注意和讨论，在此我们可以从略。质量方面我们并不像优生学者去分别“好坏”。好坏是没有一定标准的。我们所谓质量的研究最重要的是每个人的营养力和他的性格。我们已知道各种族，各社会团体的人的营养力是不相等的。有些人需要多量的热力，有些人就不必那么多。营养力的大小和所需营养品的种类就直接决定了这人所需要的食料的量和质，间接的决定了所需要土地的面积和文化的方式。性格的不同亦是研究人口时所需注意的，因为所谓生活办法到底还是一个人应付处境的办法。应付是包括着外来的刺激和个体的反应。个体生理组织不同，尤是内分泌调剂的不同，易言之，即性格的不同，就规定了这个体反应时所取的方式。在一情状中，有人自杀有人杀人。各种不同性格表现各种不同的行为。社会或文化现象本是人类的行为事实，所以一民族的性格常对于其文化有极大的关系。

土地是指富源而言。所以是指广义的土地，同时包括水，气等等自然界供给生物生活的资源。计算土地时是须以在该地上生活着的人，对于取用资源的知识程度来规划的。譬如不知道耕种方法的民族中的百亩土地并不能说是和有耕种知识的民族中的百亩土地相等。有精细采矿技术民族的矿藏，不能和没有精细技术者的矿藏相提并论。

所谓定值是指人口，土地和文化三项保持着一定的关系。三项之中任何一项或两项发生变动，其他的两项或一项亦必发生相应的变迁。这个定值表现于我们的“生活健全”中。若人口、土地和文化三者不能保持着一定的关系，生活就会发生不健全的感觉。这感觉就推动重行调剂的努力。这是我们所谓“社会平衡”的意义，但因篇幅关系，在此不能详述了。

若我们用“社会平衡”的概念去认识社会的结构和社会变迁，就可以得到一种所谓“功能”的观点。文化的各部分都是以维持和促进生活为鹄的之下互相调剂配合着的。若脱离了全盘的配景，我们就不能了解任何社会制度或其他文化特质的意义。一切文化特质都有他对于生活的作用或功能。但这种作用和功能惟显于其为“整个中的一部分”的时候。

在“社会进化”的概念下，我们时常忽略了这种观点，因为在这概念下去认识社会功能的观点是不需要的。“社会进化”概念假定有一种势力在推动着社会变迁的轮轴。任何一部分文化特质都在这势力驱策之下向前猛进。所以我们研究社会时正可把社会分割成许多碎片，逐一个别的加以考究，因为每一碎片中都表现着同一的趋势。我们可以重新把斯宾塞的《社会学原理》、摩尔根的《古代社会》一读，就可见他们将社会切了片来研究的情形。他们并不是有什么地方不及功能学派的学者，只是在他们的进化观点下，文化各部分间的相互关系和所保持着的“平衡”不容易看见或是很容易忽略罢了。

从“社会平衡”的概念研究，或从功能的观点入手研究文化或社会现象，第一就是需要有一区域及一人种的限制。研究的单位应当是在体质上表现着一种相似共同经营、相似的生活方式，而卜居于相同的区域中的一群人。“社会进化”的研究是以一抽象的社会制度，如家庭、政府等来作单位的。研究者可以自由去引用各地各时的事实来构造他们的“进化路线”。“社会平衡”的研究则以具体的人群的生活出发，设法去了解人类如何在某地，某时维持他们的生活。

从“社会进化”到“社会平衡”本是社会学中目前最大而最根本的一种趋向。本文只以提出这种趋向为止，至于详细地讨论“社会平衡”的意义则惟有俟诸异日了。

1934 年 3 月 7 日

土地里长出来的文化

要明白中国的传统文化，就得到乡下去看看那些大地的儿女们是怎样生活的。文化本来就是人群的生活方式，在什么环境里得到的生活，就会形成什么方式，决定了这人群文化的性质。中国人的生活是靠土地，传统的中国文化是土地里长出来的。

知足常乐与贪得无厌

"知足常乐"是中国传统文化的基本精神。这和现代资本主义文化里的精神——"贪得无厌"刚刚相反。知足常乐是在克制一己的欲望来迁就外在的有限资源；贪得无厌是在不断利用自然的过程中获得满足。这两种精神，两种人与物的关系，发生在两个不同的环境里。从土地里生长出来的是知足常乐。

种田的人明白土地能供给人的出产是有限度的。一块土地上，尽管你加多少肥料，用多少人工，到了一个程度，出产是不会继续增加的（即经济学上的土地报酬递减率）。向土地求生活的人，假若他要不断地提高收入，增加享受，他只有一个法子，那就是不断地增加耕地面积。有荒地时，固然可以开垦，但是荒地是要开尽的，而且有很多的地太贫瘠，不值得开垦。人口一代一代的增加，土地还是这一点。如果大家还是打算增加享受，贪得无厌，他们还是想扩充耕地，那只有兼并了。把旁人赶走，夺取他们的土地；但争夺之上建筑不起安定的社会秩序。如人们还得和平地活下去，在这土地生产力的封锁线下，只有在欲望方面下克己功夫了。知足常乐不但成了个道德标准，也是个处世要诀。因为在人口拥挤的土地上谋生活，若不知足，立刻会侵犯别人的生存，引起反抗，受到打击，不但烦恼多事，甚而会连生命都保不住。

科学冲破了土地的经济封锁

西洋在农业的中古时代何尝不如此？《圣经》上的教训是要人“积财宝在天上”，“富人进天堂比骆驼穿过针眼还困难”。勤俭是这时代普遍的美德，是生存的保障。但是科学冲破了土地的经济封锁，情形完全改变了。蒸汽力、电力、内燃力，一直到原子力，一一地发明了利用的方法，使人实在看不到了在经济上人类还会有不可发展的限界。这是人类的大解放。机会，机会，到处有机会，只要人肯去开发。在这机会丰富的世界里，妒忌成为不必需了。种田的怕别人发迹，因为别人发了迹会来兼并他的土地。在现代工业里，各门各业是互相提携，互相促成的。铁矿开得好，铁器制造业跟着有办法；铁制的机器发达，其他制造业也得到繁荣。这时代，自然已不像土地一般吝啬，它把人的欲望解放了。享受、舒适，甚至浪费、挥霍，都不成为贬责的对象；相反的，生产力的提高必须和消费量的提高相配合。二者之间有一点龃龉，整个经济机构会脱节麻痹。于是以前所看不见的“广告”也成了经济活动的重要部门。广告是在刺激欲望，联结生产和消费，甚至是提倡挥霍，赞美享受。回想起在乡下被人贱视的“卖膏药”的走江湖，真不免为他们抱屈了。同是广告，而在人们眼中的价值竟相差得这样远。时代的距离！

中世纪：从权力去得到财富

知足安分是传统的美德，但是即在农业社会里也并不能完全应付人类的经济问题。知足有个生理上的限度。饥饿袭来时，很少人能用克己工夫来解决的。有限的土地上，人口不断地增加，每个人分得到的土地面积，一代小一代，总有一天他们会碰着这被生理决定的饥饿线。土地既已尽了它的力，挤也挤不出更多的粮食来。喂不饱的人，不能不自私一点，为自己的胃打算要紧。贫乏的物资下，为了生存，掠夺和抢劫，成了惟一的出路。掠夺和抢劫要力量，这力量却因为无法用来向土地去争物资，只有用来去剥削别人了。这是人类的悲剧,在这悲剧里不事生产的力量发生了生存和享受的决定作用。有了匪徒,保镖也来了,这样把剥削的特性注入了权力。窃钩者诛,窃国者侯。合法非法,原是一套。暴力也好,权力也好,都成了非生产力量获取别人生产结果的凭借。“从权力到财富”——那是桑巴特给中世纪经济的公式。

现代:从财富去争取权力

贪污是这时代的经常官务。被剥削的人民恨官吏,但是他们并不恨贪污,恨的是为什么别人有此机会而自己没有。他们所企求的是有一天可以“取而代之”。在这种文化里谁诅咒过贪污本身?草台戏开场是“跳加官”,接着是“抬元宝”,连城隍爷都喜欢这种连结。权力和财富是不能分的,这是土地封锁线内的逻辑。

官吏变成公仆,衙门变成政府,是中古变成现代,农业变成工业的契机。西洋的历史写得很明白,工业开了一条从生产事业积累财富的大道,形成了一个拥有财力的资产阶级。这个阶级是现代化的前锋,他们拿钱出来逐步赎回握在权力阶级手里的特权。他们的口号:“没有投票,不付租税。”这样财富控制了权力,产生了现代政治。

自土中拔出　建立新的文化

中国一身还是埋在土地里,只透出了一双眼睛和一张嘴。你看国家的收入还不是靠田赋?民间的收入还不是靠农产?即使有人不直接拖泥带水的下田劳作,但有多少人不直接或间接靠土地生活?我们还在土地的封锁线内徘徊。

眼睛是透出了地面,看见了人生是可以享受的;眼红了。他觉得知足常乐是多可笑和土气?他露在地面上的嘴学会了现代社会的口味和名词。口味是摩登的,名词是时髦的。可是从肩到脚却还埋在土里!

若是我说:“把头也埋下去罢”,这是不可能的。可是生活和文化是一套一套的,生活在土里,文化就该土气。土气的文化确是令人不顺眼,但是你得全身从土里拔出来啊。现在这种半身入土的情形是会拖死人的。享受、浪费、挥霍视为应当了，而自己并不能生产给自己享受、浪费、挥霍的物资。于是"从权力去得到财富"的需要更加重了。传统文化中对贪污既没有道德的制裁，于是在享受的引诱下，升官发财怎会不变本加厉？从这官僚机构集中得来的财富，无底地向物资的来源运送。这个贫血的国家哪里还有资本去打破土地的封锁线，建立现代工业呢？齐肩的躯体深深地陷在土里，拔出来的希望也愈来愈少。

自拔，新文化的建立，似乎是件困难的事；但是除了自拔，只有死亡。我们现在正在向死亡的路上跑，那是事实。

1946 年 6 月 20 日于昆明

文化的物质面与精神面

物质文化

人因为要生活，永远在改变他的四周。在所有和外界重要接触的交点上，他创造器具，构成一个人工的环境。他建筑房屋构造帐幕；他用了武器和工具去获取食料，不论繁简，还要加以烹饪。他开辟道路，并且应用交通工具。若是人靠了他的肉体，一定很快地会因冻饿而死亡了。御敌、充饥、运动及其他一切生理上的和精神上的需要，即在人类生活最原始的方式中，都是靠了工具间接去满足的。世界上是没有“自然人”的。

人的物质设备：举凡器物、房屋、船只、工具以及武器，都是文化中最易明白，最易捉摸的一方面。它们决定了工作的效率。在一切关于民族“优劣”的争执中，最后的断语就在武器，它是最后的一者。在一个博物馆中的学者，或者在一个喜讲“进步”的政客心目中，物质是最先被注意的。社会学中争执最烈的两个概念之一，亦就是唯物史观，这种偏见带着哲学的外表，想把人类进步的全部原动力，全部意义及价值，都归之于物质文化。

精神文化

若我们稍加思索，就可以明了文化的物质设备本身并不是一种动力。单单物质设备，没有我们可称作精神的相配部分，是死的，是没有用的。最好的工具亦要手工的技术来制造，制造就需要知识。在生产、经营及应用器具、工具、武器及其他人工的构造，都不能没有知识，而知识是关连于智力及道德上的训练，这训练正是宗教、法律及伦理规则的最后源泉。

一物的运用及占有，包含着相对于它的价值的欣赏，于是较深的精神能力亦在起作用了。一物的运用及消费需要众人的合作和分配。共同工作及工作结果的共同享受，常是根据于有一定方式的社会组织。

因之，物质文化需要一相配部分，这部分是比较复杂，比较难于类别或分析，但是很明显地是不能缺少的。这部分是包括着种种知识，包括着道德上、精神上及经济上的价值体系，包括着社会组织的方式，及最后，并非最次要的，包括着语言，这些我们可以总称作精神方面的文化。只有在人类的精神改造了物质，使人们依他们的理智及道德的见解去应用时，物质才有用处。另方面，物质文化是模塑或控制下一代人的生活习惯的历程中所不能缺少的工具。人工的环境或文化的物质设备，是机体在幼年时代养成反射作用、冲动及情感倾向的实验室。四肢五官在应用工具时养成了文化中所需要的技术。神经系统亦因之养成了一切构成社会中通行的科学、宗教及道德的概念、情感及情操。这些心理历程尚有一重要的相配部分，就是喉舌养成了那些概念及价值所关连的一定的发音。

这标准化的身体上的习惯或风俗，亦即机体上较巩固的修正，实在是精神文化最基本的要素，和一个机器物或一种人工改造过的环境是文化的基本要素一样，器物和习惯形成了文化的两大方面——物质的和精神的。器物和习惯是不能缺一，它们是互相形成及互相决定的。

语　言

语言是常被视作人类特具的功能，和人的物质设备及其他的风俗体系相分开的。这种见解常联带着一种关于意义的学说；依这学说，意义是一字所有的神秘的内容，可以在发音中从一人传给另一人。但在研究实际应用的语言时，却显示了一字的意义并不是神秘地包含在一字的本身之内，而只是包括在一种情景的局面中（context of situation），由发音所引起的效果。发音是一种动作，是人类协合动作方式中所不能少的部分。这是一种行为的方式，和使用一工具、挥舞一武器、举行一仪式或订定一契约完全一样。事实上，字词的应用是人类一切的动作相关连而为一切身体上的行为所不能缺少的配合物。一字的意义就是它在协合动作中所获得的成就。它的意义时常就是人由直接对付他人的动作而得到间接地运用环境的效果。因之,我们可以说,说话是一种人体的习惯,是精神文化的一部分,和其他风俗的方式在性质上是相同的。

语言的学习是在产生一约制反射作用的体系,而这些已受约制的反射作用有时就成了约制下的刺激;说话,分明的音节,是从小由不分明的口音中养成的。这不分明的口音是婴孩对付他的环境时的天赋。个人慢慢地长大时,语言知识是和从技术知识增加时所获得之技术名词相平行发展的。体貌客套,命令口号,法律措辞等社会性的词汇是慢慢地由他加入了社会组织及担负了社会责任时逐渐获得的。最后他对于宗教及道德价值的经验增加后,他获得了文化中全部的礼仪及伦理的公式。语言知识的成熟实际就等于他在社会中及文化中地位的成熟。于是,语言是文化整体的一部分,但是它并不是一个工具的体系,而是一套发音的风俗及精神文化的一部分。

社会组织

社会学者又常把社会组织放在文化之外。它被认为一门独立科学——社会学——的独立题材。事实上,我们所谓社会集团的组织却是物质设备及人体习惯的混合复体,不能和它的物质或精神基础相分离。

社会组织是集团行动的标准规矩。但是集团是由个人所组成的。这些个人为什么会联结起来的呢?他们行为时为什么会采取协力的方式呢?一个婴孩依靠着他的父母满足他的需要,在父母的房屋或帐篷中长大起来。家庭是温暖、舒适、食料及感情等各种需要的满足的中心。在任何人类社会中,社会生活是系于地域上的集居,好像市镇、乡村及邻舍。社会生活是有它的地方性,有一定的界限;这界限联系着种种经济、经济及宗教活动的公私活动。在一切有组织的动作中,我们可以见到人类集团的结合是由于他们共同关连于有一定范围的环境,由于他们住在共同的居处及由于他们进行着共同的事务。他们行为上的协力性质是出于社会规则或习惯的结果,这些规则或有明文规定,或是自动运行的。一切规则、法律、习惯及规矩很明显地是属于学习得来的人体习惯的一类,或就是属于我们所谓精神文化。

但是,什么是道德价值的要点呢?它们靠了内心的强制及神秘的道德压力来左右人们的行为。这种强制的压力,在宗教及玄学的思想中称作良心,上天的意志或是先天的无上命令;在社会学中会被解释为出于无上的道德实体——社会或集合心灵。从经验上说,道德动机是由于神经系统及全机体的一种倾向,使他在某种环境中,依内在的逼近,采取某一种方向的动作。这内心的逼近并不是出于先天的本能冲动,亦不是出于利害的计算。但是它从何而起的呢?它是机体在一定文化情境中逐渐训练出来的。冲动、欲念及思想,在任何社会中,是熔结成一个特殊的体系,在心理学的术语中称作情操(sentiment)。这些情操规定着一个人对于他同群的分子,尤其是他的亲属,对于他所住的地方,对于他四周的物质设备,对于他所在而工作的社区,对于他所有巫术的、宗教的或玄学的宇宙观(weltanschauung)中的实体等种种的态度。规定了价值及情操常能左右一人的行为,所以有人能视死如归,能茹苦如饴,能克己节欲。这反抗着机体所命令的行为的力量,是出于那已经熔化成一有组织的体系的欲念及情感冲动。这些欲念及情感冲动,在情操所命令的行为中,间接但有效地得到了满足。

情操及因之而生的价值的形成之基础常是一社会的文化设备。它们需要极长的时期,经过一步一步对于机体的逐渐约制而形成的。它们是基于各种方式的组织,有时遍及全球,如基督教会、以色列社、帝国、国旗以及一切标帜或口号,这些标帜或口号里都有广大及活跃的文化现实的存在。

1946 年 8 月 1 日

评《文化新论》[1]

1942年5月16日马林诺斯基教授客死于美国。死得相当突然，不但朋友们没有想到，连他自己也没有预先想到。论年龄他只有58岁，在西洋的学者，还可算是在壮年。即在著作已丰富，文名已远播的马教授，和他相熟的朋友，对他的前途还是觉得难于限量的。林顿教授曾在马教授死后和我说："他到了美国，精神充沛，思想上又露出光芒，我们都盼望他第二期的振作，不料他突然死了。"马教授在英国执教的最后几年，因爱妻之亡，精神上曾消沉过一个时期。在消沉期间他有许多未完成的著作堆在案头，没有整理付印。没有人担心这件事，因为他离开老迈还远。

人类学界对于马教授的期待是很深的，这功能学派的开山始祖第一期出版的著作还是限于他实地研究的报告，这些报告中虽则已充分表证他方法和理论的根据，但是大家总盼望他会写下一套有系统的理论，作为后学者遵循的规范。熟悉他的人都知道他确在这方面努力，而且在他案头已有若干这类理论著作的稿本。这些稿本在他及门弟子中也是常有机会读到的。为了他一双眼睛有毛病，他养成了口述的著作习惯。普通总是召集若干学生，轮流读他的原稿。他默默地闭目抽烟，凡是有意见的时候，他就插入发表他的宏论，由书记记下，他自己在原稿上用各色的铅笔打着各种符号。一本原稿不知要这样反复地读过多少遍。来日方长地一叠叠堆满了书桌，甚至地板上。没有人敢问他什么时候才会付印。

---

① B. Malinowski, A Scientific Theory of Culture and Other Essays, The University of North Carolina Press, 1944.

1936年年底，马教授曾把他许多这类稿本中的一种，《文化论》，交给我要我细细诵读，后来他又允许我译成中文，在燕京大学《社会学界》第10卷发表(后来在商务出单行本)，但是这本原稿却还是在用各色铅笔修改中。一度曾由 Routledge 书局用 *What is Culture* 的书名预告过，但一直没有出版的消息。

马教授于1938年去美，重又结婚，确已开始他"第二期的振作"，但是不到四年却因心脏停止而与世长辞，若干没有出版的稿本，后来经他新夫人委托了他的门生和友人加以整理，已问世的有 *The Dynamics of Culture Change*(Yale，1945)和 *A Scientific Theory of Culture and Other Essays* 两种。本文将讨论第二本遗著(以下称《文化新论》以别于前译《文化论》)。该书系 Huntington Cairns 所编，共收论文三篇：一是《科学的文化论》，二是《功能论》，三是 *Sir James George Frazer*。三篇分量不同：第一篇较长共144页，是一篇预备发挥成书的底稿；第二篇只有31页，大概是一个大纲；第三篇42页，是一篇纪念和批评英国人类学家弗雷泽先生理论的中篇——这一本集子实在不能代表马教授对于文化的完整理论体系。但是哲人其萎，我们已无从希望看到他思想的全貌，这些鳞爪也值得我们宝贵了。

一个奠定人类学功能派的大师不能自己审定代表他理论系统的著作对他自是一件憾事，而对于后学者想从许多零星的遗稿中去捉摸作者的理论也是一件苦事；尤其是像马教授这样一个富于吸收能力，思想敏锐，又是个勇于修改，善于自新的学者，在他身后去整理他的遗稿，必然是件极困难的事。无怪他许多及门弟子们对于他这几本遗稿并不能太满意了。我读完了这一本书，看到其中有许多和我以往对于马教授理论的了解不相谋合之处。若干可以说是修正，也有若干可以说是引申。有些修正的地方语焉不详，并没有说明为什么作此修正。我愿意就这些地方提出些问题在此讨论一下。

一

首先我想提出来讨论的是社会制度的性质。社会制度这一个概念在马教授理论体系中占很重要的地位。他一再说，一切科学的研究必须找到它所研究的对象的单位。他批评以往人类学中的进化学派和历史学派把“文化特质”作单位，忽略人类活动的整体性，以致零星割裂，支离破碎，引起许多缺乏科学价值的理论。所谓“文化特质”可以是一种风俗，好像亲迎；可以是一件器物，好像犁耙；可以是一种称谓，好像“舅舅”；可以是一种信仰，好像狐仙；可以是一种组织，好像庙会；可以是一种动作，好像叩头——这些是以往许多人类学者研究文化现象时的单位。马教授认为这些风俗、器物、称谓、信仰、组织、动作并不能孤立地发生作用，它们不过是“有目的的活动所组成的体系”的各方面。换一句话说，人类的生活必然同时包括这许多方面，所以研究的对象必须把这许多方面统筹并顾。于是他提出“社会制度”这个概念——文化的单位是社会制度。

社会制度究竟是什么呢？它既是文化的单位，我们先得问：文化是什么？对这问题有两种入手方法：一种是要推求文化现象和其他现象的区别，它不能等于物理、化学、生物、社会的现象，如果相等了也就不必另立一个层次了。文化现象虽则是以上述许多现象作基础，但是却不能完全化成上述许多现象。它另有一工。要说明文化就得从这另有的一工上下手。这一派学者可说是“理论派”用以分别另外一派不去追求“文化之所以为文化”的特性，而直接从常识出发去研究这一类现象；我们不妨称后者为“常识派”。马教授在这方面继续英国的传统，很能满意于常识的出发点，甚至把前一派的理论称作玄学色彩，把和其他现象区别出来的文化现象，称作“神秘的实体”(《文化论》，第三章)。他和 E. B. Tylor 一般用列举方法来说明文化是什么。他说：“文化是指那一群传统的器物、货品、技术、思想、习惯及价值而言的。”

马教授和 Tylor 以及其他前期英国人类学家不同的，是他采取了被称为功能主义的观点，他把这许多上面罗列的种种“特质”用一根功能的绳子联系起来，成为他所谓“社会制度”。他在旧作《文化论》里已说明了文化包括物质、社会、精神的三方面。“方面”是指一个单位同时具有三个“组成部分”(《文化论》第二章和第七章)。再说得明白一些，文化单位是由一定的器具、团体和信仰组合成的。因之他给“社会制度”的定义时说：

文化的真正要素有它相当的永久性、普遍性及独立性的，是人类活动有组织的体系，就是我们所谓“社会制度”。任何社会制度都针对一根本的需要，在一合作的事务上，和永久地团集着的一群人中，有它特具的一套规律及技术。任何社会制度亦都是建筑在一套物质基础上，包括环境的一部分及种种文化的设备（《文化论》商务，上海版，第 14 页）。

从这段看来，似乎他把活动看成了社会制度的实质了，但是这在他不过是行文上便利而已。在其他地方，他又可以用另外的说法，把社会制度的重心放在另一方面。例如他在 H. I. Hogbin 的 *Law and Order in Polynesia* 一书的序文里就这样说：

社会制度的定义可以说是：一群在共同事业上联合在一起的人，他们系住在一定的环境中，共同使用一套工具，和服从一套规则。

接着更说：

在研究法律和秩序时，我们可以集中焦点在这一方面，一个社会制度不过是一个规则的体系，它规定在婚姻、在亲子、在亲属、氏族、经济合作等相关分子间的相互行为。

在马教授，“社会制度”本是个包括三个方面（每方面又可以分拆成若干要素）的整体任何方面入手都可以，它并不是一个超于物质和社会层次的现象，不过是这许多现象的一个组合罢了。

所以到了他的遗著《文化新论》里，更笼统地这样说：

这里主要的概念是“组织”。为了要完成任何目的，人类一定得组织起来。组织包含一定形式或是结构，结构中的主要因素是普遍的，一切有组织团体所共具的，而且它们形式的典型是一切人类所相共的。我建议用一个旧有的，但是意义不常是清楚的，用起来也不常一贯的名词：“社会制度”，来称这种人类组织的单位。

后来他又用“有目的的行为的有组织的体系”一语来指称“社会制度”。但是用话来说，总不免偏于这整体的任何一方面，所以最后他用个图表来表示这组合体：

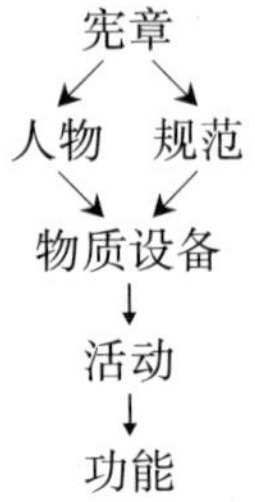

马教授所给我们关于社会制度的说明（也许不能说是定义）是分析性的，他一方面矫正了过去英国人类学传统的弊病，不再把“文化特质”割裂于和它相关部分去加以个别的研究，另一方面给实地研究者——一个“入手大纲”，不论从哪一门路进入这八卦阵，必须门门能进出，才能充分了解这个组合的整体。

但是这种说明对于要严格指出文化现象和其他现象究竟有什么区别的人是不能满意的。我们在马教授新旧两本《文化论》中同样找不到他对于这基本问题的答复。他用“玄学”或“神秘”等名词来劈开这问题，也似乎有点过分。因为我们如果要建立一套文化理论，至少也得有一个文化的实质的假说，不然的话，在和其他科学的分工上不免将引起困难。这困难其实在马教授所领导下的实地研究中已经发生。一个研究经济生活中消费体系的人类学者是否一定得具有充分营养学的知识，是否一定得从有机化学入手呢？如果不必的话，从什么界限起人类学者将认为自己的领域呢——这些问题在马教授的文化论中是找不到答复的，在他，像许多传统的英国学者一般，可能认为是可以由“常识”来取决。太忽视常识的基础固然可能流于德国式的迂阔，但过分依赖常识也不免流于英国式的将就。过犹不及，可能是我们没有英德传统的旁观者的感想。

二

马教授提出这个组合整体的观念是用来矫正过去进化论派（指那些

认为世界各地文化有一定进化阶段的学派）和历史学派（指从“文化特质”形式相似上重构历史关系的学派）零星割碎文化整体的弊病，在这方面说，这个观念有它的贡献，但是从整体观念入手去研究文化又发生了另一套困难。如果从相互关联的方面看，任何一个活动、一个工具或一类信仰都牵连全部文化。换一句话说，除非显示全部，部分是没法了解了。这样说，文化整体是一个单位了。如果是这样的话，文化的研究即使不是不可能，也将是极为困难的了。因之，社会制度既是文化的单位，它必然是要能划定自己的范围，也就是说，在文化的整体中必须要分出若干自成体系的组合单位，再由这些单位组合而成文化整体。

马教授在遗著《文化新论》里也说：

如果功能主义只是一种“把巫术和经济制度看成相关联”而且同属社会结构中的一部分的倾向，我们必须再把它们和其他部分的关联推广出去，结果将流于常被人控诉的科学里的极权主义了。没有疑义的，在科学里一方面我们得绝缘以得单位，另一方面得确立单位间的关系。如果功能主义不能指出若干在组合上自成体系的单位可以和其他单位分开的话，它会使我们陷入“此与彼相关，彼与此相关”的泥潭里。我认为在文化中，这种自成体系的单位是存在的，这些单位将是一切正确的科学分析的基础。

这个单位就是社会制度。他又接着说：

事实上，这个功能单位是具体的，这是说，能观察得到的一个有形的社会集团。它是真正的单位，因为我们不但能列举抽象的要素，而且可以具体绕着它画出一条界线来的。

他所谓可以具体地指示的社会制度是些什么呢？在《文化新论》的第六章里列下了一个表，因为太长我不便在这里全部译出来。这个表的名称是“普遍制度类型表”，所谓“普遍”是指任何文化中都可以找得到的。这是和“社会制度”定义中所说：“永久性、普遍性及独立性”相符合的。这表分两项。甲项的题目是“综合的原则”，乙项是“制度类型”。甲项中共有七个项目：生殖、地域、生理（性别）、自动组成的会社、职业、阶级、综合性的文化及政治组合。甲项每一目之下列有乙项的若干制度类型，举例说：生殖项下是家庭、求偶组织、婚姻组织、家族、氏族、氏族联盟。这个表中有若干问题我将留在下面讨论，这里我要提出来说的是：马教授在遗著中确切指定了具体的团体，好像家庭、氏族以及村落、部落、帮团等等作为社会制度的例子，也是普遍性的文化单位。这和我以前对于他的理论的了解不太相同。

在马教授的讨论班上，流行着一种口诀：“文化有三方面八制度。”三方面是指物质、社会、精神；八制度是他在旧作《文化论》中所附“文化总表”中所列的：经济、教育、政治、法律和秩序、巫术、宗教、艺术、知识、娱乐。每一个制度如他在给“社会制度”的定义中所说的是一套满足同一根本需要而发生的活动体系。例如：人类有分工合作去利用资源的需要，所以发生生产、运输、交易、分配、消费、储蓄、投资等一套相关的活动体系，我们总称之作经济制度。

马教授旧作《文化论》主要的部分是在分析人类生活的需要，从需要的分类来作社会制度的分类基础。这种入手方法和生理学有相通之处：生理学是依生物机体的功能去分别消化、循环、呼吸、支持等体系。每个体系由不同器官组成。生理上的体系是各种生物所共同的，因之可以说是普遍性的。但是每一种生物的器官的形态却不相同。相同体系的不同形态是比较解剖学的研究对象，也称生物形态学。法国涂尔干早就有社会形态学的说法，他是功能派的先驱。从他的理论中推论出来，文化单位依功能基础上加以分析应当相当于生物学里的生理体系。至于各个文化怎样去满足这些功能的办法却可以不同：不同的是活动的形态，相同的是活动的功能。活动的形态是具体有形的集团，如家庭，求偶组织等等。以经济制度作例更为清楚：生产是功能；狩猎、渔牧、农业、制造工业是形态。我们更可以具体地看到每种活动中不同的组织方式，有猎队，有渔场，有家庭经营的农业和手工业，有集体农场，有私营工厂，有国营工厂。各个文化有它特殊的形态，正如每一种动物的器官有它不同的形态。这些在文化里是具体有形的集团，相当于生物的器官。

依这样的理论，每个社会制度必然包括若干集团，而每个集团可以因为它同时担负不同的任务，而进入若干制度。譬如家庭，它在经济制度里可以是生产和消费的基本组织，同时是教育制度中的组织，甚至也是法律和秩序制度中的重要组织。所以具体的集团不能是文化的功能单位，功能单位是社会制度。

以上所说的可以说是我对于马教授理论原有的了解。但是一读他的遗著《文化新论》，却不相合了。因为在这里他把社会制度一词用来指那些有形的集团了。名词的用法固然并不重要，问题却发生在这些集团是否具有“永久性、普遍性及独立性”的呢？譬如说家庭，现代人类学家固然有许多承认这是以往人类各种文化中所共有的基本集团组织，但是谁能保证说这会是个永久的组织形态呢？我在《生育制度》中已分析过这种组织所倚赖的条件，就是个别担负抚育责任的原则，这原则的维持有它相关的圜局，好像私有财产制，名位的亲属继替等等。这些条件都可以变的，而且已经开始在变了，如果我们想在形态上求一个永久性、普遍性和独立性的定型，在我看来是不可能的。

经济、政治制度形态上的变迁比了生育制度看得更清楚，谁也不能说马教授在 Trobriand 岛上所看到的 Kula 交易集团的形式具有普遍和永久性的。同样的我们不能希望现有私人经营的工厂组织会普遍和永久的。

普遍和永久的是从功能上所分析出来的历程：没有一个社会能不经过生产、交易、分配、消费来完成利用物资的需要；没有一个社会能不经过生孩子、把孩子抚育成人、送入社会的分工体系，代替退休和死亡的人员，以完成社会新陈代谢的需要。这些方面可以说是永久的和普遍的，在它们自成体系的一点上说是独立的（独立一词不如完整一词为妥）。马教授在他遗著中以具体的集团来作社会制度是我不明白的第一点。

让我们再看他的“普遍性社会制度类型表”。他把所有的社会制度分成七类，已如上述。这七类的性质和经济、政治、教育等不同。他称这七类的纲目是“综合的原则”。“综合的原则”的意思是组织成集团所根据的社会关系。例如：从家庭起到氏族联盟止，这些集团的组合是倚赖同一原则。这原则是由生殖作用所发生的血统及婚姻关系。再如从邻舍起到部落止,这些集团的组合是倚赖于由地域上接近,守望相助的关系。这些基本社会关系固然是普遍的,也可以说是永久的。但是以这些关系作分类基础是从形态入手的,不是从功能入手的。我以往称这些原则作为“社会结构的原料”,这些原料有如建筑房屋时的砖瓦洋灰。林顿教授在他《人的研究》一书中也有类似的说法。如果我们对社会集团作结构上的分析,这些“原则”或“原料”是很值得我们注意的。我对马教授遗著所引申的理论不能明白的第二点是:为什么在划分社会制度的类型时会放弃他原来的功能观点而另取了结构观点?也许是因为在他把社会制度的单位看成了具体的集团之后,再要去求一个“普遍”和“永久”的根据时,不免落入于这些结构的原料上去了。

三

在遗著《文化新论》里,马教授并没有忘怀于他早年所常提到的:经济、法律和秩序、教育、政治、宗教、艺术、知识、娱乐。这些他留在分析人类生活的需要时才提出来讨论。他在早年的《文化论》里直接称这些是“功能方面”,在遗著中他把“需要”和“文化反应”分开。需要是指引起文化反应的生理状态和社会情况。需要方面又分三级:第一级是“基本需要”就是“生理需要”;第二级是“派生需要”又称“迫力”,就是社会情况或是由分工合作来谋取基本需要的满足时所发生必须做到的社会条件;第三级是“综合迫力”,也就是社会和个人之间必须加以配合、调剂的需要。

第一级分析得很详细,基本需要方面有七项:新陈代谢、生殖、体适、安全、活动、生长、康健。各项所引起的文化反应是:食、亲属、居处、保卫、动作、训练、卫生。

第二级里的文化反应就是经济、社会控制(以往称法律和秩序)、教育、政治。引起经济的迫力是“工具和消费品的文化设备必须生产、利用、维持和再生产来代替”。引起社会控制的迫力是“关于技术、习惯、法律、道德的人类行为必须制立、管制和制裁”。引起教育的迫力是“维持一切社会制度的人口必须代谢、产生、训练和给他们传统的充分知识”。引起政治的迫力是“一切社会制度中的权力必须规定、授权和给予执行权力所需的工具”。

第三级里的文化反应并没有分目列举，只提到了象征体系，归纳成语言和知识。在第二篇《功能论》里又补充了艺术、娱乐和公共仪式。他对于以前曾有详细讨论过的巫术和宗教在遗著中没有发挥。

从他对功能的分析看来似乎另有一种和以前不同的看法，就是在满足我们基本需要时必须得通过上面两级的需要。所以我们不能以功能来作划分社会制度的根据。譬如说，我们因饥饿而引起求食的活动，求食的活动必然会引起上级四种“派生需要”，他不但要从事耕种和制造，而且得接受一套权利和义务的规定，必须学习这套技术，使用一套权力。再进一步他得引起三级的“综合迫力”，就是用语言等象征体系产生一套概念和信仰。这样说，要充分了解求食的活动就得看到这许多方面。这才是一个完整的单位。这样说来，文化的单位不能是“针对同一根本需要而发生的活动体系”，至少在这定义中所谓需要不能是属于二级和三级性的了。这也是说我们不能有经济制度、政治制度一类名词了，或是说普通所谓“经济制度”或“政治制度”不能成为文化的单位了。

这方面思索下去可能对马教授早年的文化论有所修改，但是不幸的，在《文化新论》里并没充分的发挥。他不向这方面发挥的原因可能就在他在该论的上半篇中已把社会制度看成了具体的集团，所以不发生我在这里所推论出来的问题了。

四

最后我想提到的一点是马教授在遗著《文化新论》里关于需要论的发挥，甚至可说是修正。以往马教授的理论常被认为太偏重了生物基础。个人生物机体的生存必须经常的新陈代谢、体温的维持、安全的保证、性的满足。这些是文化的出发点，因为文化只是满足这些需要的人为方法。在他理论中心理现象并不占重要地位。心理现象多少被视作了文化的结果，不是文化的开始。文化养成了各种态度用以维持社会制度的活动。

这种观点把一般所谓心理现象分为两层，一层是生理性的，可以归入生物学，一层是文化性的，也是社会所养成的态度、感情、情操等的内容，可以放在社会现象之上。这一层心理现象就是马教授所谓文化三方面中的精神方面。

马教授以往常拉住生物和文化两层来做他理论的基础，对于社会的一层似乎不太肯重视。原因是在他想矫正涂尔干学派太重视了社会层的弊病。英国人类学的功能派原本是从法国涂尔干学派里流传出来的，后来分成两支，一支是马林诺斯基，一支是拉德克利夫布朗 Radcliffe - Brown。这两支各守门户，以致各有偏重。布朗注重社会形态，接受涂尔干的社会实体论，而马林诺斯基则极力否定社会实体，以个人作理论基础，所以偏重到生物性的需要论。这里不免受了人事的影响，以致在理论上把涂尔干的系统拆散了。在我看来，马教授的轻视社会层的现实未免是他理论上的缺憾。他固然用了"派生需要"等名词为社会层的现实开了个后门，但是太注重了生物需要依旧会使我们忽视文化对生物需要的控制作用。在他遗著中他在这方面显然是让步了。他虽则认为生物基础依然是文化最后的迫力，但是提出了一个"最低限度的生理需要" physiological minimum 的概念，这是"生理动机可以被文化所改动而不致发生有机退化或人口下降的限度"。这样他把生物基础的决定作用减轻了分量，有了伸缩性。另一方面又加重承认了从人类集体生活的事实中所发生人类为了生存所必须做到的事务。他说：我们虽则把单纯的生理事实看作发生文化反应的基本迫力，但是我们如果考虑到人怎样在文化中去满足他们的生理需要时，这种单纯的生理论是不够了。首先，很显然的，从有组织的人类集团整个看来，我们一定得把文化反应关联到个人、有组织的集团、传统的价值、规范、信仰和人为的环境，因为大部分的需要是从这些环境中得到满足的。所以他进一步把需要这个概念重新加以界说：

需要是集团和个人机体生存所必需的条件：包括个人的机体、文化设备和二者和自然环境的关系三方面所必须做到的条件。

这段话中的重要之点是在他把“集团的生存”加入了在需要的定义之中。这一点是他早年所不愿意说的。但是他这个让步并不彻底，因为集团生存和个人生存并不完全相合的。我们可以看到为了要求集团的生存不能不限制、遏制，甚至绝灭个人的生存。个人生物需要可以因集团的生存而不准加以满足，最明显的例子是个人的性生活在任何社会里都加以限制，甚至可以说总有一部分人根本得不到性生活的。再进一步说，战争是一切文化中还不能有效避免的现象，而战争却是为了集团生存要个人牺牲生命的事。在任何社会中也都有刑法，那就是说为了集团的安全和生存，不能不限制个人生理上的满足，甚至取消个人的生命的办法。这些事实是集团生存和个人生存相冲突的例子。所以如果要承认集团的需要，就得再进一步把需要解释成：“个人在集团中求生存所必需的条件”。

马教授在以往为贯彻他的生物需要的基础论，并不愿把集团生存的观念提出来。在涂尔干的理论里，社会病态是一个很重要的概念，因为我们研究的人尽管可以说出一套个人和社会生存的条件，但是事实上各社会的文化却不一定都能满足这些条件。在不能满足时，社会就发生了病态。所以任何一个具体的文化设施，它对于集团生存上是否有利或有害是一个值得考虑的问题。马教授既然从需要论来说明文化的发生很难接受这“有害的文化”这个概念。文化中可能发生和集团生存有害的事例，那是因为个人需要和集团需要有时会互相冲突的缘故。我在《生育制度》就用这个矛盾来发挥我的分析，但是只以个人需要为主的马教授对这矛盾是很难应付的。他在给 Hogbin 的 *Law and Order in Polynesia* 一书的序文里甚至公开攻击布朗教授所提出 euphoria 和 dysphoria 的概念。前者是指对集团生存有利，后者相反。马教授的责难是在：怎样测量这有利或有害的程度。他带着讽刺的口吻说：“我们还没有造下 euphorimeter 或者 dysphoriscope。”但是在他的遗著里却自己提出了“有机退化”和“人口降落”的标准来说明病态的现象了。这个概念大概是不能避免的，但是要接受这个概念还得正面的说明什么是个完整的社会。可是在这一点上马教授并没有发挥。

其实单提出“生存”这概念来研究人类文化还是不够的。生存也许只能看作最低限度，套用马教授的话，可以称作 social minimum。人类还要求更好的生活，什么算是“好”固然是各个文化各有各的规定，普遍的现象是人并不以最低限度的生存为满足。人类是认得价值的动物。这个基本事实是推动文化的迫力。如果马教授在第三级的需要上多加发挥也许会碰着这个推动着人类文化变化的力量了。也就在这一层里，我们会发现各种文化发展路线的不同，因之而发生各个文化的特性。这里也许可以和常为马教授所反对的“文化特型”等理论相接通了。

从这个角度里看去，他的遗著中可以找到他逐渐在吸收他早年所反对的学派的理论了。他在《文化新论》的第十三章中列下一个表来说明从需要到满足中间的过程：

推动力(1)→ 手段性的活动 {1. 物体 2. 技术 3. 合作或传统 4. 圜局} 推动力(2)→ 愿望的完成有一定目标的反应 →满足

这个表里的推动力(1)(原文是 Drive，但是他说明这不是生物性的冲动而已，应当看作个人采取行动的内在力量，包括生物的和社会的两重意义，所以译作“推动力”)，在基层上是生理的需要，但是当这个团体采取了行动，和其他伙伴合作(合作的方式是传统的)，采取一定的技术，利用物体，在一定的圜局里获得了满足时，又发生了对这些手段性的层次直接的爱好(产生价值观念)而养成“推动力(2)”。这是派生的推动力，但是在个人的意识中，却综合在(甚至掩饰了基层的生理需要)推动力(1)之内。

这段话在表面上看来似乎很绕弯的，其实如果译成简单的说法，就是人的活动的推动力是由于经文化改变过、修饰过的“生物需要”，也是说，人类在生活的经验里发生了一套价值，而这套价值才是直接推动人活动的力量。价值观念是文化中的一部分。人类把对于生存和进步有利的传统选择出来，加上价值，使它能保存和发生作用。我们如果再从这表推进一步就会更近于涂尔干的理论了。

马教授对于文化的理论还没有完成，他正在摸索前进的道上，不幸中断了。这是人类学的不幸。他的遗著并不能给我们一个完整的体系，只显著了他摸索过程中的一个里程碑。他留下许多许多理论线索，要我们后来的人去追踪发挥。

我记得他一句话："人类学决不会停留在功能主义上。"他完成了一步承先启后的工作。我这篇书评也不过希望指出若干值得我们探索的方向罢了。

1948 年 4 月

文化论与社会学

首先我说:人类学与社会学和文化论与社会学,叫法虽不同,问题是一个。要谈这个问题,最方便的办法是,看文化现象和社会现象究竟有什么不同,假使确有不同之处,就可以有两门学问去处理它们。

我们从来不说蚂蚁、蜜蜂有文化,或有文化的动物,但是我们可以说,蚂蚁、蜜蜂有社会,或是社会性的动物。有文化的地方,固然有社会存在,但有社会的地方,并不见得一定有文化,这个例子,很明显地说明了,社会现象和文化现象有不同之处,从发展的层次说,社会是基层,文化是上层,从范围上讲,社会现象的领域比文化现象的广。

文化现象和社会现象,在内容上,到底有什么区别呢?我们可以这样说:假使一种生活不全靠个体的单纯经营,而需要许多个体用分工合作的方式生活,这是社会。从这个意义上说,人是社会动物,蚂蚁也是社会动物,蚂蚁中也有社会现象。但人和蚂蚁究竟不同,不同在蚂蚁没有文化,而人有文化。动物的社会的生活是靠先天的生物遗传的社会本能,这是本能性的生活,而人类的生活,固然也有赖生物本能,重要的是仗着学习得来的社会遗传,后天学来的本领而生活,这种经学习而得,累积而成的,有时间空间性的生活,就是文化。假使有这么一天,原子弹轰轰的掉下来,把人类所有记忆都轰得一无所存,文化全没有了,人类也许还可以还原到像蚂蚁一样的社会。所以社会是群体生活本身,文化是群体生活持以进行的一种方式。社会和个人是可见的实体,文化是看不见的抽象的生活方式,是一种看不见的力量,这种力量驱策着人接近它,因而使大家近乎一致。

文化和社会的不同交代清楚了，现在我们要问，在人类生活中，是否可以把上层的实际生活方式抽象出来，只剩下基层的人与人之间的关系的形式。这种抽象的关系形式是普遍存在任何人类社会中，不像上层的那一部分，有其历史性和地域性，因而有其比较性。假使能抽象出来的话，这个领域才是真正社会学的园地，也就是一般所谓纯粹社会学、系统社会学所指的对象。

1948 年 10 月 14 日

关于对待民族民间文艺遗产的一些意见

我们从事少数民族文学工作的人，明确发掘与整理民族民间文艺的目的性是一个很重要的问题，我们的目的首先是要帮助少数民族形成它们自己的民族形式和社会主义内容相结合的文化，帮助它们形成社会主义民族。我们现在帮助若干少数民族创造文字，还不过是一个先决条件，大家都知道文字是根据语言来创造的，这个工作当然很重要，但是文学是语言的艺术，通过文学艺术，一个民族的语言才能发展起来，趋于规范化，形成现代民族语言。所以文学艺术在社会主义民族的形成中将起很大的作用。培养少数民族的文艺工作者是我们当前很迫切的任务。其次，我们之所以必须发掘民族民间文学遗产和培养少数民族作家，也就是为了要表现出我们祖国多民族大家庭的特点。我们现在有很好的条件来进行各民族间的文化交流，互相学习，以丰富各民族的文化。以上两点是今天我们做民族文学工作的主要目的。

如何来发展少数民族的文学艺术呢？我认为，主要是以少数民族自己的东西为基础，否则，吸收和交流都将落空，所以必须注意各民族自己的特点和民族形式。一般说来，在经济上，在生产方式上，各民族有先进与落后的区别，但在艺术上不尽如此，以民族的大小来衡量民族文化传统的先进与落后是不恰当的。在文学艺术上各民族都有其各自的特点和所长，就是说有其各自的民族形式。这种民族特点和民族形式，应该加以很好的发扬。在这方面，我希望我们的艺术家在介绍和设计少数民族用品的时候，要考虑到少数民族所喜爱的具有民族风格的图案，并且希望更多地产生通过本民族的形式来表现歌颂党和毛主席的乐曲，不如此，某些民族的艺术就有丧失民族形式的危险。

关于发展民族文学艺术工作中的主体和重点这个问题,我认为,主体应该放在少数民族身上,首先是让它们自己有伟大的作品出现。这就需要汉族文艺工作者各方面的帮助和做艰苦的努力。过去汉族的文艺工作者做了一些工作,取得了成绩,但我们不能满足于这个成绩。我们可以肯定,少数民族存在优良的文学艺术传统,既然存在,就要发展,事实上现在正在发展变化。有些民族虽然没有文字,但也有口头创作。这些东西要在社会主义文化建设中起很大作用。在这里,我想提出一个当前最迫切的重大问题——抢救民族民间文学遗产问题,不仅要抢救有文字记载的东西,还要抢救口头上流传下来的东西。我是一个热心肠的人,刚才听一个同志说近来又死了一个懂得很多的老艺人,我很着急,这是少数民族的损失,也是我们祖国的损失,因为民间文学艺术必然是人传人的,我们要珍贵少数民族的艺术人才。有一次,我们去听一个民间艺人弹扬琴,有的人欣赏扬琴的本身,有的人感到乐曲好听把谱记了下来,而我看最主要是这个弹琴者可贵,他们在那样的艰苦情况下保留并继承了民间的艺术作品,如果我们现在不去关心和爱护他们,如果将来老艺人有个三长两短,以后怎么办呢?岂不会从此失传了吗?因此,抢救少数民族艺术人才是一项刻不容缓要做的事。

有些同志反映,有的少数民族对本民族的东西存在着某种顾虑,这一点都不奇怪。少数民族有它们自己的优良的文学艺术传统,这一点必须首先肯定,但是也应该承认它们的文学艺术有精粹,也有糟粕,而且它们在历史上没有很好的条件发展,所以有些东西也不一定完全都是好的,但我们汉族文艺工作者和汉族干部都不能因此而加以轻视。今天有些少数民族老艺人不愿唱讲自己民族古老的传说,就是怕汉族干部不要听,怕被人说成落后,说成封建迷信,并不是他们自己真的不喜欢,而是忍痛不唱不讲的。民族民间文艺中虽然存在着宗教和封建、迷信问题,但我们如果对宗教采取粗暴的态度,就要犯很大的错误。其实,有些传说作品中虽然有神有佛,但也把自己民族的思想感情和愿望放了进去,也有不少人民的东西是通过宗教故事表现出来的。我们今天要建设少数民族的社会主义文化，决不排斥这些东西，我们要真正支持它们，尊重它们多少年来所创造的文学艺术遗产，我们如果对人民性的菁华和封建性的糟粕一时辨别不清，那么首先保存下来再说（必要时可以录音），如果我们不喜欢这些东西，不鼓励它们，那么很难发掘宝贵的东西出来。首先要让“百花”放起来，我们应该有这种气魄，从各方面（首先是政治上、理论上）支持它们。这里，我顺便讲一件事情，就是我们某些汉族文艺干部对少数民族艺人的尊重是不够的，往往向他们伸手要了些东西以后，就把他们丢在一边了，盗了宝就丢了山，这种做法是错误的，其实所谓发掘工作并没有这么简单。并且很可能会引起反感。所以我们首先要把少数民族的文学艺术遗产保留下来，继承下来。如果不这样做，我们的后辈将来也会抱怨我们的。我们要认真地研究，如何具体地培养和帮助少数民族文艺工作者，不能错误地对他们抱着“使用”观点。这任务很重大，是继往开来的工作，希望作协昆明分会和《边疆文艺》编辑部早点搞出计划来，包括如何抢救民族文艺遗产问题。

我们汉族从事少数民族文学工作的同志们，除了抢救遗产和培养少数民族文艺干部以外，还有把少数民族的文学艺术作品整理介绍出来与汉族文化作交流的任务。为了做好这一工作，汉族文艺干部必须具备一些基本条件，其中最主要是要学会一二种少数民族的语言和文字。文学是语言的艺术，不懂少数民族的文字和语言，在做翻译工作时不免会闹笑话。搞少数民族工作的同志应该在一个或两个民族的文学艺术上下些苦工夫，使自己成为这一方面的专家。一个人的精力是有限的，不可能同时对每一个民族做全面的研究，所以这就需要大家分头去做。一个人钻进一个民族或两个民族中去是完全可以做到的。我们有了这些专家，就可以在具体工作上解决不少问题。但就是在整理介绍的工作上。还要重视依靠其本民族的干部，发挥他们的积极性，取得他们热情的支持和帮助。

我们做搜集整理工作时不要挑选，不要怕麻烦。翻译作品也要多种多样，不怕多，越全面越好。我们民族民间文学特点之一是口口相传，也是口头文学，它的变化很多，历代传述的人，加进他们自己这一代的东西进去，所以必定有所增减。但这种增减也是符合他们本民族的思想感情的，因而这是非常复杂而微妙的变化。我们要进行细致的分析研究，实事求是地去体会一个民族在不同时代的不同的思想感情。文学艺术离开思想感情是不行的，这是一个十分艰苦的斗争和锻炼过程，也是很有意思的事情。这就要求我们对某一个民族的历史和社会生活熟悉，决不能只靠记录下来完事，应该以历史主义的态度来对待，要善于利用近代社会科学的成果，通晓一个民族的发展规律和特点，生动地反映出他们不同历史阶段的不同的思想感情。这样，我们的工作会提得高，成绩也会更大些。

关于整理和介绍少数民族文学艺术的问题，我想强调说：切忌把汉族的东西“走私夹带”进去。整理和介绍首先要忠实，但要达到这个标准事实上是不容易的。就是主观上要这样做，如果对一个少数民族的文艺没有深入的研究，体会不够，整理时必然会漏掉许多重要的东西，或是歪曲许多真实的感情，那也就谈不到忠实地介绍了。最容易犯的毛病是在没有占有和掌握充分的材料之前，急于要进行整理和介绍的工作。有些音乐家连全部曲子都没有记完就走了，有些作家连一个故事的情节都没有弄清楚就离开了。回来之后，关了门，进行整理和介绍工作，不可避免地会逢到材料不完整的困难，那时候就会凭想像来杜撰一下了，结果就把自己民族的东西，走私夹带了过去。这几年来，这种例子可以说是不少的，现在强调一下，整理和介绍少数民族文艺必须先进行全面搜集，深入研究，慎重处理的要求是有必要的。

我主张在收集少数民族文学作品的原始材料时，必须是用少数民族自己的文字记录下来，没有文字的民族，直接用记录符号记录下来。但是其他民族的读者看不懂这些东西，于是要翻译。在翻译时怎样保持各民族原有的风格是一件细致的工作。文学作品故事的内容，叙述的方法各民族都有它们的特点，这些方面如果擅自修改是极不妥当的。比如原是一个悲剧，翻译的人为了考虑到另一民族的读者不一定喜欢这种结局，而装上一个喜剧的尾巴，那是不当的，可以说是一种粗暴的行为；又比如有些少数民族喜欢用对问的体裁来发展一个故事的主题，而翻译的人却觉得不合自己的口味，硬把它改成叙事体，那就不容易传达出原来的那种风格了；又比如有些少数民族的作品中采用韵文体裁，它们通过强烈的节奏来表达丰富的感情内容,如果翻译的人把韵都取消了,也就抹煞了它一部分的风格了。

在翻译的时候,如果不能不改动,也应当做到不乱改或少改为是。老舍同志在有关兄弟民族文学的报告中提出不随便添补的问题是值得注意的。这当然不是说必须一字一字的对译。各民族语法不同,硬是一字一字对译,读者是看不懂的。他的意思是要我们忠实于原有的民族风格。这一点是很重要的,特别是针对某些整理者擅自改动的坏现象而提出这个要求是及时的。今后我们对翻译工作的要求严格一些是有好处的。

最后我要说明一点,我是一个研究民族学的人,不是一个文学家,所以关于文艺上的问题是外行,很多看法是不一定正确的。但是作为一个民族学者,我想要求介绍少数民族文艺的朋友们能忠实于原作品,因为民族学者要根据这些作品来研究各民族的生活文化,如果介绍得不忠实,那不是会上当么?我们历史上有个孔子,据说他把古代民间的诗歌删去了很多,以致有些反映当时人民生活的作品没有流传下来;汉代又有个刘歆,把一些伪造的东西掺入了古书里去,害得清代很多学者费了大劲去进行考证。我们不希望现在整理和介绍少数民族文艺的同志中有孔子和刘歆这类人。这类人是很对不住后代的。

1956 年 9 月 20 日

梁漱溟先生之所以成为思想家[①]

今天,我能来参加关于梁漱溟先生思想学术的讨论会,感到很荣幸。因为梁先生是我一向尊敬的前辈,是当代中国一位卓越的思想家。我学生时代就读过他的书,虽然没有全都读懂。但梁先生的确是一位一生从事思考人类基本问题的学者,我们称他为思想家是最恰当不过的。

梁漱溟先生在他自己1984年出版的《人心与人生》一书的第27页这样说:“我曾多次自白,我始未尝有意乎讲求学问,而只不过是生来好用心思;假如说我今天亦有些学问的话,那都是近六七十年间从好用心思而误打误撞出来的。”

好一个“好用心思”,好一个“误打误撞”! 这几句简单的心里话,正道出了一条做学问的正确道路。做学问其实就是对生活中发生的问题,问个为什么,然后抓住问题不放,追根究底,不断用心思,用心思就是思想。做学问的目的不在其他,不单是为生活,不是为名利,只在对自己不明白的事,要找个究竟。宇宙无穷,世海无边,越用心思追根,便越问越深,不断深入,没有止境。梁先生是一生中身体力行地用心思,这正是人之异于禽兽的特点,是人之所以为人的属性。人原是宇宙万物中的一部分,依我们现有的知识而言,还只有人类有此自觉的能力。所以也可以说,宇宙万物是通过人而自觉到的,那正是宇宙进化过程本身的表现。进化无止境,自觉也无止境。思想家就是用心思来对那些尚属不自觉的存在,误打误撞,把人类的境界逐步升华,促使宇宙不断进化。

① 本文是作者在北京梁漱溟思想国际学术讨论会上的讲话。

我正是从梁先生的做学问和他的为人中，看到了一个思想家之所以成为思想家的缘由。他的思想永远是活的，从不僵化。他可以包容各种学科，各科学说，从前人用心思得到的结果中提出新问题，进行新思考，产生新学问。环顾当今之世，在知识分子中能有几个人不惟上、惟书、惟经、惟典？为此舞文弄笔的人也不少，却常常不敢寻根问底，不敢无拘无束地敞开思想，进行独立思考。可见要真正做一个思想家，是多么不容易。正因为是物以稀为贵吧，我对梁先生的治学、为人，是一直抱着爱慕心情的。

我原本想就梁先生用心思打撞的问题提出一些我自己不成熟的看法，但这几个月来一直没有坐定过。因此这次讨论会上我不能提出论文来求教于梁先生和诸位到会的学者，请予原谅。我只能利用这个机会表达我为什么爱慕梁先生的心意。我认识到他是一个我一生中所见到的最认真求知的人，一个无顾虑、无畏惧、坚持说真话的人。我认为，在当今人类遇到这么多前所没有遇到过的问题的时刻，正需要有更多这样的人，而又实在不可多得。什么是文化，文化不就是思想的积累么？文化有多厚，思考的问题就有多深。梁先生不仅是个论文化的学者，而且是个为今后中国文化进行探索的前锋。限于我本身的水平，我对这位思想家的认识只到这个程度，仅能提供与会的朋友们、同志们做参考。我也想利用这个机会，为大家庆祝梁漱溟先生从事教育科研 70 周年和 95 岁寿辰表示祝贺。我敬祝梁先生健康长寿，为中国思想界做出更多的贡献。

1987 年 10 月 31 日

《人文类型》重版前言

我翻译的《人文类型》一书，作为《社会学丛刊》甲集第三种，1944 年在重庆商务印书馆出版。原著 Human Types 的作者是 Raymond Firth。原著初版是 1938 年在英国 Thomas Nelson 公司出版的。经过 40 多年，我的译本，经陈观胜和李培茱两位同志，根据原著 1975 年的修订本补译后，得到重版的机会。付印前要我在书前写几句话，讲一讲该书翻译的经过。

原书作者是我在伦敦经济政治学院留学时的老师。我们初次见面是在 1936 年秋季。他当时还年轻，只有 36 岁，长我 10 年，是伦院人类学系的高级讲师，出生于新西兰的奥克兰市。在该市的大学毕业后，到伦院师从 B. Malinowski 教授学社会人类学，是这位教授手上第一个得博士学位的门生。后来继承了这位老师的讲座，为伦院的教授。他们师生两代使伦院在社会人类学园地上，以功能学派的旗子，独占鳌头有 20 多年之久。我是 1938 年在伦院毕业的，当时欧战已迫近眉睫。我返国后，Malinowski 教授即离英去美，不久逝世，所以我是在他手上得博士学位的最后一人。一门弟子，本书作者和本书译者适占首尾。当我写此前言时，首尾之间约有 10 余同门弟子均已谢世，惟独我们两人尚在人间。

我从伦敦回到昆明，正值抗战初期，在云南大学社会学系任教，开始几年集中力量开拓内地农村调查。40 年代初创办云大社会学系的吴文藻先生去重庆，我不得不兼顾系务和开课讲学。这时我深感教材缺乏，所以赶译 Malinowski 的《文化论》和这本《人文类型》做教学参考书。前一本提供了解剖文化结构的框架和功能学派的基本观点，后一本为比较社会学提供了一个模范。两本加在一起正可以作学习社会学的学生入门的引导。译成后即编入吴文藻先生主编的《社会学丛刊》出版。

《社会学丛刊》的编辑宗旨，在丛刊的总序里有所说明，代表了当时一部分中国社会学者的信念和要求。总括起来有两条：一是“促使社会学之中国化”，一是“在中国建立起比较社会学的基础”。对社会学的方法在总序里也有一段阐述：编者认为科学工作必须“以试用假设始，以实地证验终；理论符合事实，事实启发理论，必须理论与事实糅和一起，获得新的综合，而后现实的社会学才能植根于中国土壤之上”。当时的行文，现在读来不太利落。意思和现在熟悉的“理论联系实际”和“实践是检验真理的惟一标准”等思想是一致的。当时之所以有这种要求，有其特定的历史条件，现在的年轻读者可能已不甚了解，所以得申说几句。

当我在1930年到燕京大学学习社会学时，系里用英文讲课的外籍教师已经不多，大部已由留学回来的本国教师所代替，但课堂上不少还是用英语，即使用本国语言，还得夹入大量外语词汇，因为许多外来的社会学概念尚未有适当翻译。班上所用的教材和指定的参考书几乎全是外文的。这很可说明，这门学科还没有在中国生根。这种情形使得一些想从社会学里去了解中国社会的学生感到不满。于是有一部分社会学者提出了“社会学中国化”的要求。

怎样把社会学和中国社会联系起来呢？当时的答复是采用人类学的方法。所谓人类学的方法是指当时西方人类学者所采取的实地调查的方法，就是以观察、分析具体的社会生活为起点，提高到理性认识，反复通过比较求证，获得对人类社会的科学知识。实质上，这种方法是符合实事求是的精神的。这个学术方针不仅当时在这门学科的发展上起了重要作用，时至今日，我认为还是具有现实意义的。

再说比较社会学。这个名称最早是抗战前，1935年来燕京大学讲学的 Radcliffe - Brown 教授提出的。他是和 Malinowski 同时又齐名的英国社会人类学家。当他在美国芝加哥大学讲学时，就用这个名称开课讲社会人类学。几乎是同时，大西洋对岸 Firth 出版了这本《人文类型》，一本比较社会学的教材。

这不是偶然的巧合。30年代，随着科技的发达而来的交通、信息、运输和经济发展已把这世界上原来分片分块自给自足的地方性社区，联成了息息相关的一个整体。被联系在一块的各地居民所习惯的生活方式和思想意识却是在长期各自封闭和半封闭状态下养成的，富于各美其美的排他性。现在突然把许许多多生活方式不同，思想意识殊异的各地居民投入了一个休戚相关的共同体系之中，人类世界出现了一个世无前例的多元一体的格局。人类怎样在这个格局中和平共处，共同发展，成了一个具有挑战性的严重问题。社会人类学中出现比较社会学这个苗头和人类世界的这个大变化是分不开的。

回想一下人类学的这段历史是富有意义的。在第一次世界大战之初，以 Malinowski 和 Radcliffe - Brown 为代表，开始深入到大海洋的孤岛上去直接观察生活方式上富于地方特点的居民，创立了社会人类学里的功能学派。他们从基本上和外界断绝的岛民生活中具体分析社会结构各要素间相互配合的系统性，使这门学科前进了一大步。现在回头看来，他们的研究正反映了当时尚存在着“文化孤岛”，就是世界居民中还保留着的门户深锁的大小庭院。这些实际上是还没有完全进入多元一体格局的小社区。从这个起点上来迎接多元一体格局所带来对人类发展前途的挑战，社会人类学不可能停留在原来的地位上，所以在第二次世界大战的前夕，出现了比较社会学的尝试。

比较社会学实际上是想引导在封闭式小庭院里培养出来的各美其美的文化观，逐步开放，进入美人之美的相互容忍的文化态度来减弱以至消灭原有的文化排他性，为多元一体的格局奠定和平共处的意识基础。从这个意义卜去看《人文类型》这本书，它在社会学或社会人类学中的地位就容易明白了。

当前的世界，多元一体的格局日益深化，但是在人们的意识上还没有走出各美其美的境界。我们为了人类能继续生存下去，在培养美人之美的容忍和观摩精神上还需要进一步做出努力。至于怎样去稳定多元一体的格局并预见它发展的前途已是应当及早提到日程上的课题了。今天的人类学似乎还没有赶上这历史的要求。这是后话，在此不多说了。

关于这本书的修订和重版，还应当说几句。我的译本出版后，曾经设法寄给 Firth 老师，但其后由于国内局势的变化，我们之间信息来往也就中断。后来，社会学受到了批判，各校社会学系全被停止，《社会学丛刊》更谈不上继续。已经发行的各书埋没在尘堆里有 30 多年。直到中共十一届三中全会，拨乱反正，恢复了国际文化学术交流。在 80 年代初 Firth 参预英国文化学术的访华团来到北京，我们才得重晤。相见之下，恍如隔世。他已年逾八十，早已退休，并因其在学术上的卓越贡献，受封爵士。

1983 年我接到英国皇家人类学会的通知，该会决定授我赫胥黎奖章，并邀我去伦敦受奖，我才有再次访英的机会。我一到伦敦，就去拜望这位老师。叙谈中提到一桩桩往事。他兴冲冲地从书架上找出我当年寄给他的那本用战时后方粗糙土纸印成的《人文类型》，他多年来一直珍惜地保存着。同时他又送了我一本 *Human Types*，1979 年由 Abacus 公司重印的修订本。我当时就说，我返国后一定要根据这修订本修订我的译本，重行出版。

这个诺言却一直成了我心头的一笔债务，而且估计自己所能支配的时间这样少，要偿还这笔文债，一时无望。有一天陈观胜和李培茱两同志来看我，我诉说了这桩心事。他们同意帮我一把，承担了修订译稿的事。稿成，商务同人要我校阅一遍，因此又耽搁了一年。现在付印有期，写此前言，作此交代。拖延之责，我当自负，并此告罪。

1988 年 1 月 15 日于香山饭店

论梁漱溟先生的文化观

这次研讨会的主题是“中国宗教伦理和现代化”。我们很想邀请梁漱溟老先生亲自参加和大家见面。他曾表示同意,但究竟年事过高,行动不便,不易承受车航之劳。为了表示支持这次会议,他特地作了一次发言,要我们把录像在会上放映。我想就梁老先生的思想说一段话,作为我在这次研讨会上的发言。

我这里所说的梁老先生的思想并不限于他这次发言。这次发言只表达了伦理是中国文化体系的核心,也可以说,这是他整个思想体系的核心。关于梁老先生的思想体系在座的学者都是熟悉的,我们在放映他的发言前也作了简单介绍,毋庸我在此重复。

我今天想讲的是他的文化体系论,这使我联想到社会或文化人类学里的文化格式论。梁老先生认为西方、印度和中国存在着三种文化体系,各自从不同的对人生的态度出发的。由于不同的人生态度形成了三种不同的文化体系:不断追求人生欲望的西方文化,否定欲望、回头向后看的佛教文化和肯定人生、调节欲望的儒家文化。我并不想去讨论他所作出的文化体系的分类和分类的内容,只着眼于文化分类本身而把这种企图联系到社会人类学中的文化格式论,并加以比较。

文化格式,cultural pattern,这个概念是美国人类学者 Ruth Benedict 在 1934 年提出来的。她认为生聚在一起共同生活的人群在长期历史过程里所形成的生活方式自成体系并具有其特殊的格式,所以称之为 cultural pattern,中文里可译作文化格式。比如,她在美国西南部 Pueblo 印第安人中分辨出 apollonian(宁静型)和 dionysian(放纵型)不同格式的文化。文化格式论以及和它同时的文化功能论等西方人类学者都是批判了前期的文化传播论的理论而产生的。它们都把文化看成一个各部分有机结合的整体,即所谓整体观点 holistic view。而文化传播论则认为一个文化中的构成部分是并无内在联系的一堆文化零件 cultural trait。文化格式论和一般文化功能论的区别是它进一步认为不同的整体各具特性。有如每个人都有其个性,一个地方的人群有他们地方的特性,一个民族有它的民族性,一个国家有它的国民性等等。

我从整体加特点的文化观上把梁老先生和 Ruth Benedict 联系了起来。这是我主观上的联系,并不包含他们两人的思想有过接触或有过相互影响。他们可说是独立起源的。论年龄梁先生幼于 Benedict 6 年(Benedict 生于 1887 年卒于 1948 年,梁先生生于 1893 年至今健在)。但是梁先生的思想成熟得较早,他的《东西文化及其哲学》是 1919 ~ 1920 年讲的,而 Benedict 的 *Cultural Pattern* 一书是 1934 年出版的,相差 10 多年。他们两人的学说盛衰的时期也不同。梁先生的东西文化论是 20 年代中国思想界的热门,30 年代已转入低潮,40 年代隐退,50 年代受到批判, 80 年代重又受人注意,当然还不能说是热门。Benedict 的 *Cultural Pattern* 在 30 年代中期推出,40 年代因出版了提出日本文化格式的《菊花和剑》(*The Chrysanthemum and the Sword*)(1946 年)而风行一时,受到了美国海军部的重视,资助她开展所谓"人文资源"的研究(human resources studies),参预的学者有 120 人,可称为高潮。但自从她去世之后,也就偃旗息鼓了。

他们两人的学说固然有上述相同之点,但还是各成一家的。由于他们学术的兴趣和训练不同,接近及进入这个文化分类问题的角度也不同。梁先生是从对人生应取什么态度的伦理问题上起步的,他有过一段皈依佛教的经历,从自身的体验中进入文化的研究,发现三种不同的文明各有其不同的人生态度。强烈的爱国感情和责任感,使他追究中国文化的出路而提出了这三种文化体系有其发展上的客观顺序,中国和印度的文化没有按这客观顺序进行,出了问题,所以要回头接受西方文化。但是人类最后要落实到肯定人生、调节欲望的儒家文化。

Benedict 早年原是研究文学的，然后通过民间传说及民俗的研究进入社会人类学。她所熟悉的是在文化中活动的个人，具有不同性格的角色。个人如此，文化是否也存在不同的性格？她在研究美国印第安人时就被不同部落间人们气质的差别所吸引住了。有些部落比较豁达，有些比较拘谨。这些气质表现在生活的每个方面。她文学的底子使她想起希腊神话里的太阳神和酒神的性格，因而就借用这两个神的名字来表示不同印第安人部落的特点。这些不同气质是怎么产生的呢？她并不像梁老先生一样从人生态度上去寻找根源，而从人的心理基础上找原因。依她看来，人的心理基础原本是相同的，但各个民族集团依自己历史条件从这基础里各取所需地发展它的格式。而且一旦形成了独特的格式，也就会按这格式去挑取和吸收外来的东西，排除其不相适应的东西，因之她不认为各格式间存在发展的顺序。这是 Benedict 和梁先生所见不同之处。

我主观上就这两人理论上的相同处而把他们联系了起来，我又怎样去理解这两人理论上的同和异呢？我喜欢把这些曾在社会思潮中出现的理论联系到大社会的变动过程中去看它们发生的原因。我想在这里附带说一说。

这两人的思想都是第一次世界大战后的产物。经过这次世界大战，居住在不同地区的人们原有的那种可以关起门来独自生活，至多只和外界交换一些商品的日子已经一去不复返了。生活上实际已经休戚相关的各地居民由于过去自生自长所形成的生活和思想方式却还很不一致。这些差别阻碍了他们和平共处，产生了威胁到他们生存和发展的一大堆问题。这些问题引起了反应较为敏捷的思想界的种种思考。就是这种世界新形势使太平洋相隔两地的学者前后提出了基本相同的对文化的观点，这些观点对照过去的时代来看显现了易见的区别；最突出的是他们的文化整体观点。

在第一次世界大战之前，中国早已和西方接触，当时对西方文化的权威性态度是“中学为体、西学为用”。这是一种文化可以零售的看法。第一次世界大战之后的五四运动批判了这种体用分离论，看到西方文明和东方文明都是体用一致的整体，各有其“体系”。梁先生认为中西文化的区别是体系之区别。他进一步探索区别的关键而发现了不同的人生态度,因而推出了《究元决疑论》,发展成有系统的论著《东西文化及其哲学》。

令人深思的是中国在20年代和30年代"五四"反传统精神取得了初步胜利后,在文化理论上并没有出现新的突破。梁先生这种从哲学入手归结到儒家的复兴论,尽管在其本质是属于全面接受西方文明才能回到儒家的人生态度的迂回战略,但是由于表面上被视为为儒家辩护,难于为反传统思潮所接受而不得不退居冷宫。解放后"一面倒"的政治力量,尽管在文化观上是"全盘西化"的性质,但西化中又被分出了两性或两姓,而把梁先生的理论不求甚解地摆进应加批判之行列。这是梁先生学说未能进一步通过学术上的辩论而得到完善的历史背景。

世界进入70年代,梁先生的学说被西方研究中国社会历史的学者从书堆里发掘了出来,针对西方文化的危机而引起了注意,又为许多在国外的华人学者的申引发挥,引出了"新儒学"的诞生。出口转内销,梁先生的旧著在80年代又得到重版,梁先生在耄耋之年整理的旧作《人心与人生》也出版问世。

梁先生的思想又一度得到思想界的重视,也不是偶然的。经过30年的"一面倒",在实践中认识到"全盘西化"是不可能的。全盘接受西方资本主义国家的文化固然不行,全盘接受西方社会主义国家的文化也行不通。从而觉悟到要实事求是,就是要从原有的基础上,采取群众能接受的办法,逐步改革传统的社会和文化,中国才能存在于现代世界,发展成先进国家,并建立一个和平繁荣的世界秩序。在这个历史关头,对人类文化的本质,各国各地文化之所以有异同,在发展过程中怎样互相对待,又怎样推陈出新,都是亟待解决的问题。因此,在20世纪末,文化观的研讨势必兴起新的高潮。梁先生的理论是20世纪初期的产物,经过半个多世纪的考验,尽管其中有许多值得讨论的地方,但作为提出问题,提出观点的先锋是值得我们后辈敬仰的,正如他自己在《人心与人生》的结语中所说:"当全人类前途正需要有一种展望之际,吾书之作岂得已哉。"

我从梁先生的发言联想到Ruth Benedict。我对美国的社会人类学隔膜已久,我不知道她的学说后来有什么发展。我的联想本身表明了我对西方社会人类学的期望。在当今的世界上,文化传统不同的人们已经生活在一个分不开的经济体系里,怎样能形成一个和平共处的世界秩序,应当是社会人类学或文化人类学当前的热点问题。我盼望由重温梁先生和 Benedict 的学说而促使我们面对现实,多做贡献。

谢谢各位。

1988 年 5 月 22 日

中华民族的多元一体格局

我想以这次香港中文大学邀请我发表 Tanner 讲演的机会，提出我多年来常在探索中的关于中华民族多元一体格局的问题向各位学者请教。请容许我坦率地说我对这个格局的认识是不够成熟的，所以这篇讲演只能说是我对这问题研究的起点，并没有构成一个完整的见解。

为了避免对一些根本概念作冗长的说明，我将把中华民族这个词用来指现在中国疆域里具有民族认同的 11 亿人民。它所包括的 50 多个民族单位是多元，中华民族是一体，它们虽则都称“民族”，但层次不同。我用国家疆域来做中华民族的范围并不是很恰当的，因为国家和民族是两个不同的又有联系的概念。我这样划定是出于方便和避免牵涉到现实的政治争论。同时从宏观上看，这两个范围基本上或大体上可以说是一致的。

中华民族作为一个自觉的民族实体，是近百年来中国和西方列强对抗中出现的，但作为一个自在的民族实体则是几千年的历史过程所形成的。我这篇论文将回溯中华民族多元一体格局的形成过程。它的主流是由许许多多分散孤立存在的民族单位，经过接触、混杂、联结和融合，同时也有分裂和消亡，形成一个你来我去、我来你去，我中有你、你中有我，而又各具个性的多元统一体。这也许是世界各地民族形成的共同过程。中华民族这个多元一体格局的形成还有它的特色：在相当早的时期，距今 3000 年前，在黄河中游出现了一个由若干民族集团汇集和逐步融合的核心，被称为华夏，像滚雪球一般地越滚越大，把周围的异族吸收进入了这个核心。它在拥有黄河和长江中下游的东亚平原之后，被其他民族称为汉族。汉族继续不断吸收其他民族的成分而日益壮大,而且渗入了其他民族的聚居区,构成起着凝聚和联系作用的网络,奠定了以这个疆域内许多民族联合成的不可分割的统一体的基础,成为一个自在的民族实体,经过民族自觉而称为中华民族。

这是一幅丰富多彩的历史长卷,有时空两个坐标,用文字来叙述时有时难于兼顾,所以在地域上不免有顾此失彼、方位错乱,时间上不免有前后交差、顺序倒置的缺点。让这篇论文作为我在这个学术领域里的一次大胆的尝试吧。

一、中华民族的生存空间

任何民族的生息繁殖都有其具体的生存空间。中华民族的家园坐落在亚洲东部,西起帕米尔高原,东到太平洋西岸诸岛,北有广漠,东南是海,西南是山的这一片广阔的大陆上。这片大陆四周有自然屏障,内部有结构完整的体系,形成一个地理单元。这个地区在古代居民的概念里是人类得以生息的、惟一的一块土地,因而称之为天下,又以为四面环海所以称四海之内。这种概念固然已经过时,但是不会过时的却是这一片地理上自成单元的土地一直是中华民族的生存空间。

民族格局似乎总是反映着地理的生态结构,中华民族不是例外。他们所聚居的这片大地是一块从西向东倾侧的斜坡,高度逐级下降。西部是海拔 4000 米以上的号称世界屋脊的青藏高原,东接横断山脉,地势下降到海拔 1000 ~ 2000 米的云贵高原、黄土高原和内蒙古高原,其间有塔里木及四川等盆地。再往东是海拔千米以下的丘陵地带和海拔 200 米以下的平原。

东西落差如此显著的三级梯阶,南北跨度又达 30 个纬度,温度和湿度的差距自然形成了不同的生态环境,给人文发展以严峻的桎梏和丰润的机会。中华民族就是在这个自然框架里形成的。

二、多元的起源

生存在这片土地上的人最早的情况是怎样的?这个问题涉及到了中

华民族的来源。任何民族都有一套关于民族来源的说法，而这套说法又常是用来支持民族认同的感情，因而和历史上存在的客观事实可以出现差错。关于中华民族的起源过去长期存在着多元论和一元论、本土说和外来说的争论，直到本世纪50年代，特别是70年代以来，由于中国考古学的发展，我们才有条件对中华民族的早期历史作出比较科学的认识。

在中华大地上已陆续发现了人类从直立人（猿人）、早期智人（古人）、晚期智人（新人）各进化阶段的人体化石，可以建立较完整的序列。说明了中国这片大陆应是人类起源的中心之一。

这些时代的人体化石又分布极广，年代最早的元谋人（距今约170万年）是在云南发现的。其他猿人的化石已在陕西蓝田县、北京周口店、湖北郧县及郧西县、安徽和县有所发现。生活在10万~4万年以前的古人化石，已在陕西大荔县、山西襄汾县丁村、山西阳高县许家窑、辽宁营口金牛山、湖北长阳县、安徽巢县及广东曲江县马坝等处发现。生活在距今4万~1万年以前的新人化石已在北京周口店山顶洞、山西朔县峙峪、内蒙古乌审旗、辽宁建平县、吉林延边州安图县、黑龙江哈尔滨市、广西柳江县、贵州兴义县、云南丽江县、台湾台南县左镇有所发现。我列举这许多地名目的是要指出在人类进入文化初期，中华大地上北到黑龙江，西南到云南，东到台湾都已有早期人类的活动，他们并留下了石器。很难想像在这种原始时代，分居在四面八方的人是出于同一来源，而且可以肯定的是，这些长期分隔在各地的人群必须各自发展他们的文化以适应如此不同的自然环境。这些实物证据可以否定有关中华民族起源的一元论和外来说，而肯定多元论和本土说。

即使以上的论断还不够有说服力的话，考古学上有关新石器时代的丰富资料更有力地表明中华大地上当时已出现地方性的多种文化区。如果我们认为同一民族集团的人大体上总得有一定的文化上的一致性，那么我们可以推定早在公元前6000年前，中华大地上已存在了分别聚居在不同地区的许多集团。新石器时期各地不同的文化区可以作为我们认识中华民族多元一体格局的起点。

三、新石器文化多元交融和汇集

近年来,我国各省区发现新石器文化遗址总共有7000多处,年代从公元前6000年起延续到公元前2000年。根据考古学界的整理和研究,对各地文化区的内涵、演进、交融和汇集,已有比较明确的轮廓,尽管有不少专题还有争论。我在这里不可能详细介绍这方面的研究成果,只能就中原地区的有关资料择要一述。

新石器时期黄河中游和下游存在东西相对的两个文化区:

黄河中游新石器文化的序列是前仰韶文化(公元前6000~前5400年)—仰韶文化(公元前5000~前3000年)—河南龙山文化(公元前2900~前2000年)。继河南龙山文化的可能是夏文化。因仰韶文化以彩绘陶器著名,曾被称为彩陶文化。仰韶文化分布以渭、汾、洛诸黄河支流域的中原地区为中心,北达长城沿线,南抵湖北西北部,东至河南东部,西达甘青接壤地区。但在河南龙山文化兴起前它在黄河中游地区已经衰落了。

黄河下游则另有一序列的文化和黄河中游的文化不同。它们是青莲岗文化(公元前5400~前4000年)—大汶口文化(公元前4300~前2500年)—山东龙山文化(公元前2500~前2000年)—岳石文化(公元前1900~前1500年)。继岳石文化的可能是商文化。龙山文化以光亮黑陶著名,曾被称为黑陶文化。

公元前3000年当仰韶文化在黄河中游地区突然衰落时,黄河下游的文化即向西扩张,继仰韶文化出现的是河南龙山文化。虽则考古学者认为河南和山东的龙山文化具有地区性的区别,但中游地区在文化上受到下游文化的汇聚和交融是明显的。

长江中下游在新石器时代同样存在着相对的两个文化区。长江下游的文化区是以太湖平原为中心,南达杭州湾,西至苏皖接壤地区。其文化序列大体是河姆渡文化(公元前5000~前4400年)—马家浜·崧泽文化(公元前4300~前3300年)—良渚文化(公元前3300~前2200年)。良渚文化大体和河南龙山文化年代相当,文化特征也与山东龙山文化有密切的联系。

长江中游新石器文化以江汉平原为中心，南包洞庭湖平原，西尽三峡，北抵河南南部，其文化序列分歧意见较多，大体上是大溪文化（公元前4400～前3300年）—屈家岭文化（公元前3000～前2000年）—青龙泉文化（公元前2400年），因其受中原龙山文化的影响亦称湖北龙山文化。长江中游和下游相同的是在后期原有文化都各自受黄河下游龙山文化的渗入，而处于劣势地位。

关于新石器时代北方的燕辽文化区，黄河上游文化区及华南文化区留待下面讲到这些地区时再说。

上面所述新石器时代中原两河流域中下游这个在生态条件上基本一致的地区的考古发现，已可以说明中华民族的先人在文明曙光时期，从公元前5000～前2000年之间的3000年中还是分散聚居在各地区，分别创造他们具有特色的文化。这是中华民族格局中多元的起点。

在这多元格局中，同时也在接触中出现了竞争机制，相互吸收比自己优秀的文化而不失其原有的个性。例如，在黄河中游兴起的仰韶文化，曾一度向西渗入黄河上游的文化区，但当其接触到了比它优秀的黄河下游山东龙山文化，就出现了取代仰韶文化的河南龙山文化。考古学者在龙山文化前加上各个地方的名称表示它们依然是从当地原有文化中生长出来的，实际上说明了当时各族团间文化交流的过程，从多元之上增加了一体的格局。

四、凝聚核心汉族的出现

中国最早的文字史料现在可以确认的是商代的甲骨文，而相传由孔子编选的《尚书》还记载一些夏商文件和上古传说。早年的史书中，把上古史编成三皇五帝的历史系统。这些文字史料已有部分可以和考古资料相印证，使我们对新石器时代末期到铜器时代的历史能有较可靠的知识，特别是80年代初期发掘的河南登封王城岗夏代遗址一般认为即是夏王朝初期的"阳城"遗址，夏代历史已从神话传说的迷雾中得以落实。商代历史有甲骨文为据，周代历史有钟鼎文为据，相应的后世的文字记载都可得而考。而夏、商、周三代正是汉族前身华夏这个民族集团从多元形成一体的历史过程。

河南夏代“阳城”遗址所发现的文物显示了它是继承了新石器时代河南龙山文化发展到了铜器时代。从黄河中下游遗留的文物中也可以看到这些地区都早已发展了农业生产，这和夏禹治水的传说（河南龙山文化的中晚期）可以联系起来，表明了这地区早期居民当时生产力的发达水平。我们还记得河南的龙山文化正是在仰韶文化的基础上吸收了山东的龙山文化而兴起的。所以可以说华夏文化就是以黄河中下游不同文化的结合而开始的。

传说的历史中在禹之前还有尧、舜和神话性的始祖黄帝。留下的传说大多是关于他们向四周被称为蛮夷戎狄的族团的征伐。黄帝曾击败过蚩尤和炎帝，地点据说都在今河北省境内。据《史记》所载，舜又把反对他的氏族部落放逐到蛮夷戎狄中去改变后者的风俗，也可以说就是中原居民和文化的扩张。到禹时，如《左传》所载：“禹会诸侯于涂山，执玉帛者万国。”《禹贡》将这时的地域总称为“九州”，大体包括了黄河中下游和长江下游的地区，奠定了日益壮大的华夏族的核心。

继夏而兴起的是商。商原是东夷之人，而且是游牧起家的。后来迁泰山，再向西到达河南东部，发展了农业，使用畜力耕种。农、牧结合的经济使它强大起来，起初臣属于夏，后来取得了统治九州的权力，建立商朝，分全国为中东南西北五土。《诗经·商颂》有：“邦畿千里，维民所止，肇域彼四海。”商代疆域包括今河南、山东、河北、辽宁、山西、陕西、安徽以及江苏、浙江的一部分，可能还有江西、湖南及内蒙古的某些地方。

继商的是周。周人来自西方，传说的始祖是姜嫄，有人认为即西戎的一部分羌人，最初活动在渭水上游，受商封称周。它继承了商的天下，又把势力扩大到长江中游。《诗经·北山》称：“溥天之下，莫非王土，率土之滨，莫非王臣。”它实行宗法制度，分封宗室，控制所属地方；推行井田，改进农业，提高生产力。西周时松散联盟性质的统一体维持了约300年，后来列国诸侯割据兼并，进入东周的春秋战国时代。这时的统一体之内，各地区的文化还是保持着它们的特点。直到战国时期，荀子还说：“居楚而楚，居越而越，居夏而夏。”夏是指中原一带的一个核心，不论哪个地方的人，到了越就得从越，到了楚就得从楚，可见楚和越和夏还有明显的差别。

无可否认的是，在春秋战国的500多年里，各地人口的流动，各族文化的交流，各国的互相争雄，出现了中国历史上的一个文化高峰。这500年也是汉族作为一个民族实体的育成时期，到秦灭六国，统一天下，而告一段落。

汉作为一个族名是汉代和其后中原的人和四周外族人接触中产生的。民族名称的一般规律是从“他称”转为“自称”。生活在一个共同社区之内的人，如果不和外界接触不会自觉地认同。民族是一个具有共同生活方式的人们共同体，必须和“非我族类”的外人接触才发生民族的认同，也就是所谓民族意识，所以有一个从自在到自觉的过程。秦人或汉人自认为秦人或汉人都是出于别人对他们称作秦人或汉人。必须指出，民族的得名必须先有民族实体的存在，并不是得了名才成为一个民族实体的。

汉族这个名称不能早于汉代，但其形成则必须早于汉代。有人说汉人成为族称起于南北朝初期，可能是符合事实的，因为魏晋之后正是北方诸族纷纷入主中原的十六国分裂时期，也正是汉人和非汉诸族接触和混杂的时候。汉人这个名称也成了当时流行的指中原原有居民的称呼了。

当时中原原有的居民在外来的人看来是一种“族类”而以同一名称来相呼，说明了这时候汉人已经事实上形成了一个民族实体。上面从华夏人开始所追溯的2000多年的历史正是这个民族诞生前的孕育过程。

汉族的形成是中华民族形成中的一个重要阶段，在多元一体的格局中产生了一个凝聚的核心。

五、地区性的多元统一

秦始皇结束战国时代地方割据的局面在中国历史上是一件划时代的大事，因为从此统一的格局成了历史的主流。当然所统一的范围在秦代还只限于中原，就是黄河长江中下游的平原农业地区，而且这个统一的格局也是经过长时期逐步形成的。在春秋战国时代各地方的经济都有所发展,他们修筑道路,发展贸易。战国时的列国通过争雄称霸已把中原这片土地四通八达地基本上构成了一个整体。秦始皇在这基础上做了几件重要的事,就是车同轨,书同文,立郡县和确立度量衡的标准,在经济、政治和文化上为统一体立下制度化的规范。

车同轨和度量衡的标准化是经济统一的必要措施。传统的方块字采用视觉符号把语和文分离,书同文就是把各国的通用符号统一于一个标准,也就是把信息系统统一了起来,在多元语言上罩上一种统一的共同文字。这个信息工具至今还具有生命力。废封建、立郡县,建立了中央集权的政体,这个政体延续至今已有 2000 多年的历史。关于中原地区的统一我不再多说。在这里要指出的,这只是形成中华民族多元一体格局的又一步。第一步是华夏族团的形成,第二步是汉族的形成,也可以说是从华夏核心扩大而成汉族核心。

我说秦代的统一还只是中华民族这个民族实体形成的一个步骤,因为当时秦所统一的只是中原地区,在中华民族的生存空间里只占一小部分,在三级地形中只是海拔最低的一级,而且还不是全部。中原的周围还有许多不同的族团也正在逐步分区域地向由分而合的统一路上迈进。让我先讲北方的情况。

到目前为止,我国考古学的工作主要还是集中在中原地区,因此我们对中原周围地区的上古历史相对地说还是知道得很少。陈连开教授提出过一个值得重视的观点,我的另一位同事谷苞教授经过几十年在西北的实地考察,也提出了同一观点,他们都认为和秦汉时代中原地区实现统一的同时,北方游牧区也出现了在匈奴人统治下的大一统局面。他们更指出,南北两个统一体的汇合才是中华民族作为一个民族实体进一步的完成。我同意这个观点。

南北两大区域的分别统一是有其生态上的基础的。首先统一的中原地区是黄河长江中下游的平原地区,从新石器时代起就发生了农业文化。黄河中下游的新石器遗址中已找到粟的遗存,长江中下游的新石器遗址中已找到稻的遗存。从夏代以降修水利是统治者的主要工作,说明了灌溉在农业上的重要地位。小农经济一直到目前还是汉族的生活基础，至今还没有摆脱汉族传说性的祖先神农氏的阴影。

这一片平原上的宜耕土地在北方却与蒙古高原的草地和戈壁相接，在西方却与黄土高原和青藏高原相连。这些高原除了一部分黄土地带和一些盆地外都不宜耕种，而适于牧业。农业和牧业的区别各自发生了相适应的文化，这是中原和北方分别成为两个统一体的自然条件。

划分农、牧两区的地理界线大体上就是从战国时开始建筑直到现在还存在的长城。这条战国秦汉时开始修成的长城是农业民族用来抵御畜牧民族入侵的防线。农民占于守势而牧民处于攻势。这也是决定于两种经济的不同性质。农业是离不开土地的，特别是发展了灌溉农业，水利的建设更加强了农民不能抛井离乡的粘着性。农民人口增长则开荒辟地，以一点为中心逐步扩大，由家而乡，紧紧牢守故土，难得背离，除非天灾人祸才发生远距离移动。

牧业则相反。在游牧经济中，牲口靠在地面上自然生长的草得到食料，牲口在草地上移动，牧民靠牲口得到皮、毛、肉、乳等生活资料，就得跟牲口在草地上移动，此即所谓“逐水草而居”。当然游牧经济里牲口和人的移动也是有规律的，但一般牧民不能长期在一个地方定居，必须随着季节的变化，在广阔的草原上转移。牧民有马匹做行动的工具，所以他们的行动也比较迅速，集散也比较容易。一旦逢遭灾荒，北方草原上的牧民就会成群结队，南下就食农区。当双方的经济和人口发展到一定程度，农、牧矛盾就会尖锐起来，牧民成为当时生活在农区的人的严重威胁。对这种威胁，个体小农是无法抗拒的，于是不能不依附于可以保卫他们的武力，以及可以动员和组织集体力量来建筑防御工程的权力。这也是促成中央集权政体的一个历史因素。长城表现了这一个历史过程。

牧区经济的发展同样需要有权力来调处牧场的矛盾，需要能组织武力进行自卫或外出夺取粮食、财物和人口。我们对于北方草原上民族的早期历史知道得很少。当在汉代的史书中看到有关匈奴人较详细的记载时，他们已经是北方的强大力量，拥有长城之外东起大兴安岭，西到祁连山和天山这广大地区，就是这里所说北方的统一体。到汉初已形成“南有大汉，北有强胡”的局面。

实际的历史过程不可能这样简单。考古学者从30年代起已陆续在长城外的内蒙古赤峰(昭乌达盟)发现了新石器时代的红山文化，这地区的先民已过着以定居农业为主，兼有畜牧渔猎的经济生活，近年又发现了距今5000年前的祭坛和“女神庙”，出土的玉器与殷商玉器同出一系。铜器的发现更使我们感到对东北地区早期文化的认识不足，而且正是这个东北平原和大兴安岭及燕山山脉接触地带，在中国历史上孕育了许多后来入主中原的民族。关于这方面的情况，下面再提。

中原和北方两大区域的并峙，实际上并非对立，尽管历史里记载着连续不断的所谓劫掠和战争。这些固然是事实，但不见于记载的经济性相互依存的交流和交易却是更重要的一面。

把游牧民族看成可以单独靠牧业生存的观点是不全面的。牧民并不是单纯以乳肉为食，以毛皮为衣。由于他们在游牧经济中不能定居，他们所需的粮食、纺织品、金属工具和茶及酒等饮料，除了他们在大小绿洲里建立一些农业基地和手工业据点外，主要是取给于农区。一个渠道是由中原政权的馈赠与互市，另一个渠道是民间贸易。

贸易是双方面的，互通有无。农区在耕种及运输上需要大量的畜力，军队里需要马匹，这些绝不能由农区自给。同时农民也需牛羊肉食和皮毛原料。在农区对牧区的供应中，丝织物和茶常是重要项目。因而后来把农牧区之间的贸易简称为“马绢互市”和“茶马贸易”。在北方牧区的战国后期及汉代墓葬中，发现很多来自中原地区的产品，甚至钱币。

在日益密切的相互依存和往来接触中，靠近农区的那一部分匈奴牧民于公元1世纪已逐步和附近的汉族农民杂居混合，进入半农半牧的经济。公元前1世纪中叶这些匈奴人在汉武帝的强大压力下南北分裂后被称为南匈奴的，他们后来并没有跟北匈奴远走中亚，而留原地，即今内蒙古境内，并且逐渐进入关内和汉人杂居混合。

在战国到秦这一段历史时期里，农、牧两大统一体之争留下了长城这一道巨大的工程，这是表示了早期牧攻农守的形势。但是当农业地区出现的统一体壮大后，从汉武帝开始就采取了反守为攻的战略。这个战略上的改变导致了汉族向西的大扩张，就是在甘肃西部设置河西四郡：敦煌、酒泉、武威、张掖，移入28万人，主要是汉族。

河西四郡是黄土高原通向天山南北的走廊。这个地区的平原地带降水量是很少的。但是祁连山山区降水量较多，而且有积雪融化下流，供水较足可以灌溉农田。这是汉族能大量移入开荒种田的经济基础。这条走廊原来是乌孙和月氏的牧场，匈奴把他们赶走后占领其地，并和羌人联合起来，在西方包围了汉族。汉武帝于公元前122年迫降该地区的匈奴，置四郡移汉人实边，把这个包围圈打出了一个缺口，即所谓"隔绝羌胡"。这条走廊也给汉代开辟西域铺下通道。后来汉代又利用这条通道，联合天山以南盆地里的被匈奴欺压掠夺的农业小国和被匈奴放逐到中亚的乌孙，形成了对匈奴的反包围，并且击败匈奴。

从蒙古高原经天山北路直到中亚细亚是一片大草原，这对游牧民族来说是可以驰骋无阻的广场。游骑飘忽，有来有去，牧场的争持，你占我走，你走我占，所以这个地区的民族是时聚时散的。哪个部落强大了就统治其他部落，而且以其名称这广大草原上的牧民。所以在史书上所见的是一连串在北方草原上兴起的族名：匈奴之后有鲜卑、柔然、突厥、铁勒、回鹘等等。他们有时占领整个大草原，有时只占其中的一部分，最后是蒙古人，其势力直达西亚。

曾在这片草原上崛起的民族，许多还有其后裔留在这个地区，但又多和其他民族结合，其杂其混、其分其合，构成很复杂的历史过程，我们在此毋庸细述。大体上说，新疆现有民族中有五个少数民族所说的语言属于突厥语族。他们是维吾尔、哈萨克、乌孜别克、塔塔尔、柯尔克孜。他们都是早期就在这片大草原上活动过的民族的后裔。

六、中原地区民族大混杂、大融合

汉族形成之后就成为了一个具有凝聚力的核心，开始向四周围的各族辐射，把他们吸收成汉族的一部分。紧接汉魏在西晋末年黄河流域及巴蜀盆地出现了"十六国"，实际上有20多个地方政权，大多是非汉民族建立的。在这大约一个半世纪（公元304～439年）里正是这个地区民族大杂居、大融合的一个比较明显的时期，是汉族从多元形成一体的一幕台前的表演，而这场表演的准备时期早在汉代开始，匈奴人的“归附”即是其中的一幕。

在这些地方政权中，匈奴人建立的有3个，氐人建立的有4个，羯人建立的有1个，鲜卑人建立的有7个，羌人建立的有1个，汉人建立的有3个。它们所占的地区遍及今陕西、山西、河北、河南、甘肃、宁夏及四川、山东、江苏、安徽、辽宁、青海、内蒙古等省区的一部分。实际上是中原地区的全部都曾波及。

北方及西方非汉民族在上述地区建立地方政权表明有大量的非汉人进入了这个地区，由于混而未合，所以这时“汉”作为民族标记的名称也就流行，而且由于汉人的政治地位较低，“汉人”也成为带有歧视的称呼，但是进入华北地区的非汉人，一旦改牧为农，经济实力最终还是要在社会地位上起作用。在这个时期就开始有关于“胡人改汉姓”的记载，到了统一华北的北魏还发生了改复姓为单姓的诏命，也就是要胡人改从汉姓。有人统计《魏书》“官氏表”中126个胡姓中已有60个不见于官书。杂居民族间的通婚相当普遍，甚至发生在社会上层。非汉族的政治地位又不易持久，你上我下，我去你来，结果都分别吸收在汉人之中。汉族的壮大并不是单纯靠人口的自然增长，更重要的是靠吸收进入农业地区的非汉人，所以说是像滚雪球那样越滚越大。

经过南北朝的分裂局面，更扩大了的中原地区重又在隋、唐两代统一了起来。唐代的统治阶级中就有不少是各族的混血。建国时，汉化鲜卑贵族的支持起了举足轻重的作用，因之他们在统治集团中一直处于重要地位。有人统计，唐朝宰相369人中，胡人出身的有36人，占1/10。《唐书》还特辟专章为番将立传。沙陀人在唐末颇为跋扈，在继唐而起的五代中后唐、后晋、后汉三朝都是沙陀人建立的，以中兴唐朝出名的庄宗本身就是出自沙陀人。所以有唐一代名义上是汉族统治，实际上是各族参与的政权。从唐到宋之间的近500年的时间里，中原地区实际上是一个以汉族为核心的民族熔炉。许多非汉族被当地汉人所融合而成为汉人。当然融合的过程是复杂的，但结果许多历史有记载的如鲜卑、氐、羯等族名逐渐在现实生活中消失了。

唐代不能不说是中华文化的一个高峰。它的特色也许就是在它的开放性和开拓性。这和民族成分的大混杂和大融合是密切相关的。

七、北方民族不断给汉族输入新的血液

如果北宋可以说经过了五代的分裂局面,中原又恢复了统一,它的力量究竟是微弱的。它的北方,今内蒙古巴林左旗,在公元916年兴起了一个强大的民族契丹,作为中国的一个王朝称辽,它的疆域从黑龙江出海口到今蒙古人民共和国中部,南面从今天津,经河北霸县到山西雁门关一线与北宋对峙。统治了210年才为另一北方民族女真所灭。发源于白山黑水的女真人,公元1115年立国称金。1125年灭辽,接着灭北宋,先后在今北京和开封建都,疆域包括辽的故土并向西扩张到陕西、甘肃与西夏接界,向南扩张达秦岭和淮河与南宋接界。宋只有300年的历史,这期间给中原北部这个地区混杂居住的许多民族成分有一个消化和融合的阶段,并为汉族向南扩张积聚了力量。这是后话。

这里应当讲一讲大兴安岭以东的松辽平原。这个平原和广大草原之间当时存在着一个大兴安岭的屏障,广阔的森林可能挡住了游牧民族的东进。看来有一些游牧民族可以溯源于这个森林里的狩猎民族。

最近我到大兴安岭林区实地观察,在呼盟阿里河镇西北10公里见到林区里的一个山洞,称嘎仙洞,洞里还保留着公元443年北魏太武帝拓跋焘遣使树立的用以纪念他祖先的石刻祝文。这表明鲜卑族早期曾居住在大兴安岭的森林里。鲜卑族后来从山区西南迁到呼伦池的草原上,然后继续向西南迁,徙居阴山河套之间,形成鲜卑拓跋部,其中一部分进入青海,大部分则在4世纪初活动在今内蒙古和山西大同地区。公元386年建立魏国,439年统一中原北部地区。

建辽国的契丹人原是活动在辽河上游的游牧民族,曾臣服于唐,916年阿保机称帝。建国前后都有大批汉人迁入,农业和手工业得到发展,但被金灭后,契丹人多与汉人及女真人相融合。

建立金国的女真人也是在松辽平原上兴起的,他们走上与契丹人由

弱到强，由强而亡的同样道路。当他们占有中原北部地区后，曾把所征服的地区的居民用汉人、燕人、南人等名称和女真人相区别，但是后来也有许多女真人开始改用汉姓，见于《金史》记载的有31姓，而且他们的改姓并非出于诏令，而是民间的自愿。尽管改用汉姓并不表示他们已完全成了汉人，只能表明他们已不再抗拒汉化了。

不论是契丹人还是女真人，尽管在中原北部政治上取得优势，但都没有统一中国。北方民族囊括中国全部版图成为统一的政权是从蒙古人建立的元朝开始。其后还有女真人的后裔满人建立的清朝。元朝统治了97年（公元1271～1368年），清朝统治了近260年（公元1644～1911年）。蒙古人和满人是非汉民族，而且至今还是有人口百万以上的少数民族，但是在他们的统治时代，汉族还是在壮大，当他们的王朝灭亡后，大量的蒙古人和满人融合在汉族之中。

元代蒙古人统治下的人分四等：蒙古、色目、汉人和南人。这时的女真人、契丹人、高丽人都被包括在汉人之中，与汉人的待遇是一致的。又据《元史》记载："女直（即女真）、契丹同汉人。若女直、契丹生西北不通汉语者，同蒙古人；女直（其下当遗"契丹"二字）生长汉地，同汉人。"[①]看来女真人和契丹人中已有分化，或融合于汉族，或融合于蒙古族。元代把汉族分化为汉人和南人两类，以宋、金疆域为边界。凡是先被蒙古人征服的原属金的区域里的汉人仍称汉人，后来征服了南宋，曾属南宋的人称南人或宋人、新附人或蛮子。看来其中也包括长江以南的各非汉民族。这样也加强了这些非汉民族和汉族的融合。

继蒙古人之后统治中国的是汉族，称明朝，初期曾下令恢复"唐代衣冠"，禁止胡服胡语胡姓。用行政命令来改变民族风俗习惯和语言都是徒劳的。据《明实录》引用公元1442年的一奏折中有当时"鞑装"盛过唐服的话。但是民间交流却起作用。明末清初的顾炎武在他的《日知录》里关于当时民族混杂的情况曾说："华宗上姓与毡裘之种相乱，惜乎当日之君子徒诵'以夏变夷'之言，而无类族辨物之道。"又说："今代山东氏族

① 《元史·世祖》纪十。

其出于金、元之裔者多矣。”这表明在当时的社会上层各族间的通婚已经通行，而且大量的汉化了。

蒙古人融合于汉族的具体例子见于梁漱溟先生最近出版的《问答录》。他说：“我家祖先与元朝皇帝同宗室，姓‘也先贴木耳’，蒙古族。元亡，末代皇帝顺帝携皇室亲属逃回北方，即现在的蒙古，而我们这一家未走，留在河南汝阳，改汉姓梁……说到种族血统，自元亡以后经过明、清两代，历时五百余年，不但旁人早不晓得我们是蒙古族，即自家人如不是有家谱记载也无从知道了。但几百年来与汉族通婚，不断融合两种不同的血统，自然是具有中间的气质的。”①在看到这段话之前，我从来不知道梁先生的祖先是蒙古人，他并没有报过蒙古族，而安于自认及被认为汉族，但是有意思的是他这500年前的血统渊源还看成是他的“中间气质”的根源。可见民族意识是很深的。解放之后，原来已报汉族而后来改报蒙古族的人数还是不少的。

这里可以提一下，由于蒙古人先统一了北方地区，后来才西征中亚，然后回师从甘肃，经四川，入云南，沿长江而下，灭亡南宋。在这一场战争中却在中华民族的格局中增添了一个重要的少数民族，即回族。1982年普查人数达722万，在少数民族中仅次于壮族，而且是其中分布最广的民族。主要聚居于宁夏和甘肃，并在青海、河南、山东、云南等省及全国各大城市有大小不等的聚居区。

大约在7世纪中叶，从海路有大批阿拉伯和波斯的穆斯林商人在广州、泉州、杭州、扬州等沿海商埠定居，当时称番客。13世纪初叶蒙古人西征，中亚信仰伊斯兰教各国被征服后，大批商人、工匠签发为远征军，称“探马赤军”，后随军进入中国征伐南宋，其中有汉人称他们为“回回军”的。回族就是在番客和回回军基础上大量和汉族通婚后，形成包括所有在中国各省信仰伊斯兰教的人。除了随蒙古军队在大城市落户的中亚商人和工匠外，还有大量中亚军人分驻各防区，主要在甘肃、云南，奉命屯

① 《问答录》第2页。

垦，“上马则备战斗，下马则屯聚牧养”①，定居了下来，他们在元代列入色目人中享有较高的政治和社会地位。明代他们在政府和军队中还保持了较高地位。其时在甘青宁一带人口众多，曾有“回七汉三”的说法。在云南大理一带其人数也很多。但由于后来清代的民族仇杀使西北和云南的回族人口大为减少。

由于这个民族具有商业传统，早在唐代丝绸之路上的来往商人，番客就占重要地位。回族形成后，在黄土高原上，北和蒙古、西和青藏牧区接壤地区，即甘青宁黄河上游走廊地带，依靠农牧产品贸易，即所谓“茶马贸易”，善于从商的回族得以发展，所以现在最大的回族聚居区还是在宁夏回族自治区和甘肃的临夏回族自治州。

回族现在通用汉语。海上和从中亚移入的穆斯林什么时候和怎样失去他们原来的语言已经难说。有人认为商人和军队中妇女较稀少，所以为了繁衍种族，势必和当地妇女通婚，由母传子，改变了民族语言。经商也应当是他们必须掌握当地语言的一个原因，何况回回一般是小聚居、大分散的格局和汉人杂居。在语言和生活各方面和汉族趋同是很自然的社会结果。但是他们坚持伊斯兰教信仰，用以在汉族的汪洋大海中保持和加强自己的民族意识。他们一般的习惯是回族可以娶汉族妇女，嫁后须信仰伊斯兰教。回族妇女不嫁汉人，除非汉人改信伊斯兰教，成为回族成员。

清代满族并没有轶出过去进入中原的北方民族的老路。这是大家记忆犹新的历史，可以不必在此多说。我在解放前的确没有听到过语言学家罗常培、文学家老舍是满族，他们都是在解放之后才公开他们的民族成分的。当然，我们这些汉人和他们相处时并不会感到我们之间有什么民族差别。在没有公开他们的民族成分之前，他们都知道自己是满族。这又说明了在一体的格局中多元性还是顽强地存在。北方诸非汉民族在历史长河里一次又一次大规模地进入中原农业地区而不断地为汉族输入了新的血液，使汉族壮大起来，同时又为后来的中华民族增加了新的多元因

① 《元史·兵志》。

素。这些对中华民族多元一体格局的形成都起了重要的作用。我在本文中只能作出上面简单的叙述,指出它的梗概而已。

八、汉族同样充实了其他民族

在我国古代民族中,除了月氏、乌孙、匈奴、突厥等民族的大部或部分迁居他国外,绝大多数的民族都长期在中华大地上居住,他们之间的交流和融合是经常的。上节里我着重讲了在不同时期汉族曾融合进了为数众多的其他民族成分。在这一节里,我要略述汉族融合到其他民族里去的情况。

汉族被融合入其他民族主要有两种情况:一种是被迫的,有如被匈奴、西羌、突厥掳掠去的,有如被中原统治者派遣去边区屯垦的士兵、贫民或罪犯;另一种是由于天灾人祸自愿流亡去的。这两种人为数都很多,有人估计"匈奴有奴隶约 30 万,约占匈奴人口的 1/7 或 1/5"①,有人估计"匈奴有奴隶 50 多万,占匈奴人口的 1/3"②,这些奴隶主要是汉人,也有西胡、丁零等族。永初三年(公元 109 年)南匈奴曾一次"还所钞汉民男女及羌所掠转买入匈奴中者合万余人"③。

西汉时,侯应曾列举十条理由反对罢边塞、毁长城,其中的第七条是:"边人奴婢愁苦,欲亡者多……时有亡出塞者。"可见当时时有汉人自愿逃亡匈奴游牧区。东汉末年,仅逃亡到乌桓地区的汉人就有 10 万多户。西晋亡后,中原板荡,汉族人民逃亡辽西、河西、西域和南方的人很多。据《晋书·慕容庞传》:"时二京倾覆,幽冀沦陷,廆刑政修明,虚怀引纳,流亡士庶众多襁负归之。廆乃立郡以统流人,冀州人为冀阳郡,豫州人为周郡,青州人为营丘郡,并州人为唐国郡。"流人之多可以想见。

移入其他民族地区的汉人很多就和当地民族通婚,并且为了适应当地社会生活和自然环境,也会在生活方式、风俗习惯等方面发生改变,过

① 《匈奴史论文选集》第 12 页,第 10 页。

② 《匈奴史论文选集》第 12 页,第 10 页。

③ 《后汉书·南匈奴传》。

若干代后，就融合于当地民族了，比如，在公元399年在吐鲁番盆地及邻近地区建立的麴氏高昌国原是一个以汉人为主体建立的国家。这些汉人是汉魏屯田士兵和晋代逃亡到这地区的人的后裔。正是《魏书·高吕传》所说的“彼之氓庶，是汉魏遗黎，自晋化不纲，因难播越，世积已久”。当时这个高吕国的人胡化已深，如《北史·西域传·高昌传》所说：“服饰，丈夫以胡法，妇人裙襦，头上作髻。其风俗政令与华夏略同……文字亦同华夏，兼同胡书，有《毛诗》《论语》《孝经》……虽习诵之，而皆为胡语。”麴氏高昌国存在了141年，曾先后臣属于北方游牧民族柔然、高车及突厥。公元640年为唐朝所征服，设西州。公元866年回鹘占领西州，从此长期受回鹘统治，当地汉人的后裔就融合于维吾尔族了。同时生活在天山以南各个绿洲操焉耆—龟兹语（吐火罗语）和于阗语的属于印欧语系诸民族也先后融合于维吾尔族。

又比如：在战国时，楚国的庄跻曾率数千农民迁居于云南滇池地区，自称滇王。其后，汉晋时期均曾派汉人进入云南，但明朝以前迁入云南的汉人大都融合于当地各民族了。迁居于大理洱海地区的汉人成了白族中的一个重要部分。

我们过去对于历史上民族之间互相渗透和融合研究得不够，特别是对汉人融合于其他民族的事实注意不够，因而很容易得到一种片面性的印象，似乎汉族较杂而其他民族较纯。其实所有的民族都是不断有人被其他民族所吸收，同时也不断吸收其他民族的人。至于有人认为经济文化水平较低的民族必然会融合于经济文化较高的民族，也是有片面性的，因为历史上确有经济文化水平较高的汉人融合于四周的其他经济文化较低的民族。民族间相互渗透和融合过程还是应当实事求是地进行具体分析。我在这里特地加上这一节，目的就是要指出，在看到汉族在形成和发展过程中大量吸收了其他各民族的成分时，不应忽视汉族也不断给其他民族输出新的血液。从生物基础，或所谓“血统”上讲，可以说中华民族这个一体中经常在发生混合、交杂的作用，没有哪一个民族在血统上可说是“纯种”。

九、汉族的南向扩展

早在春秋战国时代，作为汉族前身的华夏族，其势力已经东到海滨，南及长江中下游，西抵黄土高原。这个核心的扩展对周围的其他民族，即当时所谓夷蛮戎狄，采取了两种策略，一是包进来“以夏变夷”，一是逐出去，赶到更远的地方。匈奴分南北两部，北匈奴走了，南匈奴同化了，是具体的例子。北匈奴沿着直通中亚和东欧的大草原走出了后来中华民族的范围，其他民族能走出这个范围的不多。很可能早期居住在山东半岛上的“东夷”，有部分渡海出走，或绕道东北进入今朝鲜半岛和日本群岛。但绝大多数的非汉民族不受融合的只有走到汉族不愿去居住的地方，大多是不宜耕种的草原和山区。有些一直坚持到今天，在中华民族的一体中保留了他们的民族特点，构成多元的格局。

这个过程如果要作历史的回顾，一直可以推到三皇五帝的传说时代。被认为是汉族祖先的黄帝，就曾在黄河北岸和炎帝和蚩尤作过战。炎帝后来被加入了汉族祖先之列，所以现在通常认为中华民族是“炎黄子孙”。蚩尤在传说中却一直被排斥在“非我族类”之中。但是他所率领的“三苗”却还有人望名构史地和现在的苗族联系了起来。这固然是牵强的推测，但蚩尤之后有一部分被留在汉族之外却可能是事实。

从考古的资料来说，如上所述，长江中下游的新石器时代和黄河中下游一样存在着东西不同的文化区。从山东中南部到徐淮平原的青莲岗——大汶口文化（公元前 5300 ~ 前 2400 年）是有近 3000 年历史的相当发达的农业文化，这使人联系到史书上所称的东夷。在东夷中无疑还包含着不同的族团。东夷是殷商的先人，当他们被西方来的羌人之后的周人击败后，一部分和周人一起融合进入了华夏族团，也有一部分是被驱逐出走他方。这一部分中可能有上面说到过出海的和绕道东北去朝鲜半岛和日本群岛的人，但大部分却走向南方。

我这个假说的根据是我在 30 年代对朝鲜族人体类型的分析。在我的硕士论文里，我曾在朝鲜人体质资料中看到有大量和江苏沿海居民相同的 B 型，即圆头体矮的类型。这种类型又见于广西大瑶山瑶人的体质测量资料中。如果这些资料的分析是可信的话,就容易作出把这两个地方的人在历史上联系起来的推想。由于我自己的体质类型分析的研究工作中断已久,资料又都遗失,只能凭记忆作出上述的提示。①

我这种推论受到我的一位老师潘光旦教授的支持。他根据文字史料和在福建畲民地区的实地观察,曾提出过一种见解,凭我的记忆简述如下:

我们可以从徐、舒、畲一系列的地名和族名中推想出一条民族迁移的路线。很可能在春秋战国时代的东夷中靠西南的一支的族名就是徐。他们生活在黄河和淮河之间,现在还留下徐州这个地名。据《新中国的考古发现和研究》徐国在西周时期曾是一个较强的国家,春秋时仍然不衰,公元前512年被楚灭亡。近年在江西西北部接连出土春秋中期徐国铜器,应该不是偶然,或许与徐人的迁徙有关。② 从这一时期的文献中可以看到这块地区被居民称作舒。潘先生认为畲字和徐是同音,徐人和舒人可能即是畲人的先人。他又以瑶畲都有盘瓠传说,这个传说联系到了徐偃王的记载,认为过山榜有它的历史根据,只是后来加以神话化罢了。这一批人,后来向长江流域移动,进入南岭山脉的那一部分可能就是瑶。从南岭山脉向东,在江西、福建、浙江的山区里和汉族结合的那一部分可能是畲,另外有一部分曾定居在洞庭湖的一带,后来进入湘西和贵州山区的可能就是苗。潘先生把苗和瑶联系了起来,是因为他们在语言上同属一个系统,称苗瑶语族,表明他们可能是从一个来源分化出来的。

如果东夷中靠西的那部分经过2000年的流动,现在还留着一些后裔,保留了他们的民族特点,成为瑶、苗和畲,那么东夷中靠东的那一部分又怎样了呢? 这一部分可能联系上苏北青莲岗文化直到长江下游的河姆渡——良渚文化,也就是春秋战国时期吴、越人的活动地区。这地区在三国时期经常使得统治这地区的孙氏政权头痛的是山区里到处都有的越

① 关于瑶族的体质及推论,作者已有修正和补充,见《费孝通文集》第13卷,《从史禄国老师学体质人类学》。

② 《新中国的考古发现和研究》,第317页。

人。这些不能不使我联想到这一系列新石器时代的文化就是吴越文化的底子。

浙江南部直到广东沿海考古资料还不够完整。但是广东石硖文化的发现,使考古学者得出一种见解,它和赣江流域、长江中下游甚至远达山东沿海等地诸原始文化,不断发生直接、间接的交往和相互影响,并且越到后来联系越广越远,而断定这沿海地区始终是紧密相联的。① 这些线索使我产生一种设想,这种相联不仅是民族间的交往,而且有相近的种类的底子,就是说,从山东到广东的整个沿海地带曾经是古代越人或粤人活动的区域。三国时吴国有山越,其先浙南有瓯越,福建有闽越,广东在汉代建有南越(粤)国,其西到广西还有骆越,都以越或粤名其人,可以认为是一个系统的人。

许多民族学者把古代的越人联系到现在分布在西南各省壮侗语族民族,直到东南亚,如广西的壮族,贵州的布依族、侗族、水族,云南的傣族。如果这个历史联系是可信的话,则可以把他们联上历史上沿海的越人。现在沿海的越人已经都融合成了汉族,而这个越人系统至今还保住了西南一隅,主要居住在山区的盆地里从事农业,这些地区的山腰和山上却住有苗瑶和其他山地小民族。这样一个分布颇广,人数又众的越人系统究竟怎样形成的历史,我们还没有具体材料来予以说明。

以上是长江下游、沿海和带到一点西南边境上的情况。现在让我们看一看长江中游的情况。

从新石器时代江汉平原的大溪—屈家岭—青龙泉文化之后,从地区上说,接下去就是楚文化了。春秋战国时代的楚国还保留着相当强烈的地方色彩。著名的屈原《楚辞》还是"书楚语,作楚声,记楚地,名楚物"。楚在中原人眼中还是南蛮,连楚建国后五代孙熊渠自己还说:"我蛮夷也,不与中国之号谥。"在楚国统治下有许多小邦,有人计算达60个之多,也就是说它曾是一个与中原华夏并峙的多元统一体。它的地域很广。《淮南子》里有言:"昔者楚人地南卷沅湘,北绕颖泗,西包巴蜀,东裹郯

① 《新中国的考古发现和研究》,第166页。

邳，颍汝以为洫，江汉以为池……中分天下。”楚还派人西进云南，占有滇池地区。

楚是一个农业经济发达，文化高超的国家。但是秦灭楚后，楚汉相争事实上还是存在，项羽是在四面楚歌之中，无面目见江东父老而自杀的。楚汉合并在统一体中也是经过一个相当长的过程的。

早在秦代，汉人已越南岭进入珠江流域，广西桂林还有秦渠留做见证。但是汉族文化越岭入粤尚在汉代，当时的南越王事实上还是一个强大的地方政权。但是南岭山脉以南地区要成为以汉人为主的聚居区，还需要近千年的时间。从海南岛的民族结构可以看得到这地区的历史层积。最早在该岛居住的是黎人，语言属壮侗语系，自成一语支，表示和同一语族的其他语支早已分开。由此可以推测在沿海还是越人居住的时代，有一部分已越海居住到了这岛上。继着黎人迁入的是另一部分说壮侗语系的人定居在海岛北部，称临高人，语言和今壮人相同，至今自认是汉人。其后，大约在明代，又有说瑶语的人移入，他们被人称为苗人，至今也自称苗人。按我上述的推测，他们是向南走得最远的瑶人了。其后到了宋元才有大量汉人移入，主要是住在该岛的沿海地区。

十、中国西部的民族流动

让我们回到中华大地的西部，至今是少数民族聚居的地方，即黄土高原、青藏高原和云贵高原，加上天山南北的新疆。这个广大地区考古资料比中原及沿海地区为少，远古的历史还不太清楚。但是已经知道的是在中国找到最早的猿人遗骨化石是在云贵高原(云南元谋县)，加上上面已说过的旧石器及新石器的遗留，可以断定在这些西部高原上很早已有人类居住。

从史书的文字记载中，早期在中原之西居住的人统称戎。贴近中原，今宁夏、甘肃这一条黄河上游的走廊地带，正处在农业和牧业两大地区的中间，这里的早期居民称作羌人，牧羊人的意思。羌人可能是中原的人对西方牧民的统称，包括上百个部落，还有许多不同的名称，古书上羌氐常常连称。它们是否同一来源也难确定，可能在语言上属于同一系统。

《后汉书》说他们是“出自三苗”，就是被黄帝从华北逐去西北的这些部落。商代甲骨文中有羌字，当时活动在今甘肃、陕西一带。羌人和周人部落有姻亲关系，所以周人自谓出于姜嫄。在周代统治集团中羌人占重要地位，后来成为华夏族的重要组成部分。

从历史上看，作为一个保持着民族特点的集团来说，羌人和中原一直维持着密切关系，是甘陕一带戎夏之间的强大集团。其中党项羌在公元1038～1227年间曾建立过西夏国，最盛时包括今宁夏、陕北和甘肃、青海、内蒙古的一部分，与辽、金先后成为与宋代鼎峙的地方政权，从事农牧业，有自己的类似汉文的方块文字。自从西夏政权被蒙古人击溃后，羌人的下落在汉文的史料中就不常出现了。可能大多数已和当地汉人及其他民族融合。至今仍自认是羌人的有约100万人（1964年普查时只有约50万人），聚居在四川北部，有一个羌族自治县。

羌人在中华民族形成过程中起的作用似乎和汉人刚好相反。汉族是以接纳为主而日益壮大的，羌族却以供应为主，壮大了别的民族。很多民族包括汉族在内从羌人中得到血液。

让我从西端的藏族说起。据汉文史籍记载，藏族属于两汉时西羌人的一支。西藏有“发羌”，发古音读bod，即今藏族自称。发羌是当时青藏高原上许多部落之一，而且和甘青诸羌人部落有来往。藏语族有三个语支，即藏语、嘉戎语、门巴语。有些语言学者把羌语、普米语、珞巴语都归入藏语支，也有把嘉戎语归入羌语支。一说西夏语实际是嘉戎语，即羌语。这说明在藏语和羌语间存在着密切关系。嘉戎语主要分布在四川的阿坝藏族自治州，说嘉戎语的人都被认为是藏族。

藏语本身还分三种差距较大的方言：卫藏方言主要分布在西藏自治区大部分地方，康方言主要分布在四川的甘孜、云南的迪庆及青海的玉树等藏族自治州，安多方言分布在甘肃的甘南、青海的一些藏族自治州。藏语的复杂性反映了这个民族的多元格局。即使不把羌人作为藏族的主要来源，羌人在藏族形成过程中的重要作用也是无可怀疑的。

藏族在历史上是一个强大的民族，它不仅统一过青藏高原，而且北面到达帕米尔高原，占领过新疆南部，东面到达过唐代的首都长安和四川的成都平原，南面的滇北和当时的南诏国对峙。在他们的强大时期，当地各族人民受到他们的控制。这些人也就被称为藏人。现在阿坝地区还有一种被称为“黑番人”，有些学者认为他们是古代氐人的后裔。在六江流域的走廊里还发现出门说藏语，回家说另一种语言的藏人。这些显而易见的是融而未合的例子。

如果语言的系统能给我们一些民族间历史关系的线索，汉语和藏语的近亲关系也支持了我在上面所提到的羌人是汉藏之间的联结环节的假设。从这个线索再推一步，我们又看到了和藏语近亲的彝语。而彝语的来源有许多学者也认为是羌语。胡庆钧教授在《中国大百科全书》彝族条目里是这样说的：“约在 4000 ~ 5000 年以前，羌人早期南下支系与当地土著部落融合为僰（濮）。僰系‘羌之别种’……公元 4 世纪初，羌人无弋爰剑之后自甘、宁、青一带河湟地区南下，到岷山以东，至金沙江畔，发展为武都、广汉、越嶲诸羌……是羌人南下的较晚支系。”

彝族在 1982 年人口普查时有 545 万人，如果加上彝语系统的哈尼、纳西、傈僳、拉祜、基诺等族，将有 755 万人。在少数民族中仅次于壮族，超过了回族。彝族所居住的横断山脉，山谷纵横，构成无数被高山阻隔的小区域，其间交通不便，实际上属于同一族类的许多小集团，分别各自有他们的自称，也被他族看成不同的民族单位。现在说彝语的人已被认为是属于不同名称的五个民族。即是包括在彝族范围之内的人，也还有诺苏、纳苏、罗武、米撒泼、撒尼、阿西等不同自称。

当蒙古军队进攻南宋，道出四川、云南、贵州时，彝语系统的各集团大多联合起来进行抵抗，出现了一个统一的名称：罗罗。这个名称在民间一直沿用到解放时。但因为被认为是一种歧视的辱称所以被废止了，而采用彝这个名称。

彝族在云贵高原长期在各地掌握过地方权力。元明两代均利用彝族本族的统治者作为臣属于中央政权的土司，是一种间接统治的方式。清代通过“改土归流”，进行直接统治，部分交通方便的地区，由于大量的汉人移入，在公元 1746 年有人记载在东川、乌蒙等地已经是“汉土民夷，比屋而居……与内地气象无异”。

彝族的社会发展是很不平衡的，即使在解放前夕，在城镇上还自认是彝族的社会上层和汉人往来中表面上已辨不出有什么差别，而且在地方政治和经济上还掌握着实权。但在偏僻的山区如四川的凉山，却还保持着其特有的奴隶制度，并成为独立的“小王国”，不受区外权力的控制。

从客观上看，云贵高原的民族格局中实际上存在着六种民族集团。一是在南部及西南边境上多属壮侗语族的民族，主要是傣族。他们是早就住在这地方的土著，还是由东方沿海地区移入这山区的人，现在还难说。二是从北方迁入的彝语系统的民族。三是早在这地区居住的土著民族。按考古学上的遗留来看，这是一块人类的发源地，不大能想像没有遗留人种。但是现存的知识，还不能明确他们和现在的民族有什么关系。但可能大多已淘汰，或是和外来的移民同化了。有人认为现有的仡佬族和仫佬族，散居于贵州、广西一带，系旧称僚人的后裔，可能是这地区较早的居民。四是早在春秋战国时代已开始从中原来的移民，见之于历史的最早有楚国的庄跻带兵进入滇池地区。到汉代从四川进入云贵高原的交通已经开辟，《史记》的作者司马迁就到过云南，滇池附近还发现了汉代的金印。明代及以后大批汉人移入云贵各省是有史可稽的。五是以上各种人的混血。白族可能是其中之一。六是一些跨境的说南亚语系的民族，如佤、德昂、布朗等族，很可能是从境外移入的。

为了提供西南部分更完整的面貌，还得简单说一说处在青藏高原、黄土高原及云贵高原之间的那个四川盆地。这个盆地适于农业，很早就有蜀人和巴人在此生息。根据现有的历史知识说，早在商代的甲骨文中已见到“蜀”字，那是四川盆地的古国。在周人伐商的战争中已有蜀人的参预。蜀人主要活动地区在四川西部。建立过地方政权，后来被秦所灭，而且据说置蜀郡后中原有大量移民入蜀，蜀人也就并入了汉族。

巴人的来源历史上没有明确记载，传说是廪君之后，起源于“武落钟离山”，有人考证在今湖北境内。他们的活动地区是在四川东部、陕西南部、湖北和湖南西部。西周初期在汉水流域建立巴国，被秦灭后，巴人作为一个民族集团也就湮没无闻了。50 年代潘光旦教授考察湘西土家族，认为是巴人的后裔。土家族在中华人民共和国初期，并没有被列入少数民族中，因为当时被认为是汉族的一部分。他们在生活和语言上和汉人已极相近。但是自从承认他们是一个民族单位后，湘、鄂、黔接壤地区很多过去自报汉族的，申请改正为土家族。1964 年人口普查时自报土家族的只有 52 万人，1982 年普查时达 280 万人，在 18 年中增长了五倍。这说明有许多已长期被吸收入汉族中的非汉民族，在意识上还留有融而未合的痕迹。

十一、中华民族格局形成的几个特点

以上我把中华民族多元一体格局形成的过程择要勾画出一个草图。中华民族的近百年和西方列强的对抗中成为自觉的民族实体，但是作为一个自在的民族实体是经过上述的历史过程逐步形成的。说到这里，我可以把从这个格局里看到的几个应注意的特点简述如下：

（一）中华民族多元一体格局存在着一个凝聚的核心。它在文明曙光时期，即从新石器时期发展到青铜器时期，已经在黄河中游形成它的前身华夏族团，在夏、商、周三代从东方和西方吸收新的成分，经春秋战国的逐步融合，到秦统一了黄河和长江两大流域的平原地带。汉继秦业，在多元的基础上统一成为汉族。汉族的名称一般认为到其后的南北朝时期才流行。经过 2000 多年的时间向西方扩展，融合了众多其他民族的人，到目前人数已超过 9. 34 亿（1982 年），占中华民族总人口的 93. 3%。其他 55 个少数民族人口总数是 6720 万，占 6. 7%。

汉族主要聚居在农业地区，除了西北和西南外，可以说凡是宜耕的平原几乎全是汉族的聚居区。同时在少数民族地区的交通要道和商业据点一般都有汉人长期定居。这样汉人就大量深入到少数民族聚居地区，形成一个点线结合，东密西疏的网络，这个网络正是多元一体格局的骨架。

（二）同时值得重视的是，少数民族聚居地区占全国面积一半以上，主要是高原、山地和草场，所以少数民族中有很大一部分人从事牧业和汉族主要从事农业形成不同的经济类型。中国的五大牧区均在少数民族地区，从事游牧业的人都是少数民族。

我们所谓少数民族聚居地区这个概念是指有少数民族聚居在内的地

区,所以并不排斥有汉族居住在内,甚至在人数上可以占多数。少数民族占当地人口10%以上的有8个省(区):内蒙古(15.5%)、贵州(26%)、云南(31.7%)、宁夏(31.9%)、广西(38.3%)、青海(39.4%)、新疆(59.6%)、西藏(95.1%),其中占一半以上的只有两个民族自治区。在这些地区,有些是汉族的大小聚居区和少数民族的聚居区马赛克式地穿插分布;有些是汉人占谷地,少数民族占山地;有些是汉人占集镇,少数民族占村寨;在少数民族的村寨里也常有杂居在内的汉户。所以要在县一级的区域里,除了西藏和新疆外,找到一个纯粹是少数民族的聚居区是很不容易的,即在乡一级的区域里也不是常见的。在这种杂居得很密的情形下,汉族固然也有被当地民族吸收的,但主要还是汉族依靠这深入到各少数民族地区的这个队伍,发挥它的凝聚力,巩固了各民族的团结,形成一体。

(三)从语言上说,只有个别民族,如回族,已经用汉语作为自己民族的共同语言外,少数民族可以说都有自己的语言。有些民族,如满族,在日常生活中还经常用满语通话的已经很少,认得满文的普通老百姓则更少了,他们都用汉语汉文来表达自己的思想,杰出的有我在上面提到的语言学家罗常培和文学家老舍。还有些民族自称有自己的民族语言,但经研究其实已经使用汉语方言,如畲族。有自己语言的民族中有10个民族有自己的文字,但群众里用文字的则只有几个民族,如藏文、蒙文、维文、傣文、朝鲜文等,有些虽有文字,但识字的人很少。少数民族中和汉人接触多的大多已学会汉语。我50年代初到广西和贵州访问少数民族时,当地各族的男子大多能和我用当地汉语方言通话。但是他们和同族的人通话时则用自己的语言。80年代我去内蒙古访问,就遇到有不会汉语的蒙族,也有不会蒙语只会汉语的蒙族。在不同少数民族间通话的媒介也多种多样,有以汉语交谈,有各用自己语言交谈,也有用对方的语言交谈,也有用当地通用的某一种少数民族语言交谈。这方面还缺乏具体的调查,但一般来说,汉语已逐渐成为共同的通用语言。解放后,人民政府的政策是各民族都有使用自己语言文字的权利,并列入宪法。

(四)导致民族融合的具体条件是复杂的。看来主要是出于社会和经济的需要，虽则政治的原因也不应当忽视。即在几十年前的民国时代，在贵州还发生强迫苗族改装剪发的事，但是这种直接政治干预的效果是不大也不好的，因为政治上的歧视压迫反而会增加被歧视被压迫的人的反抗心理和民族意识，拉开民族之间的距离。从历史上看，历代王朝，甚至地方政权，都有一套对付民族关系的观念和政策。固然有些少数民族统治者，如北魏的鲜卑族，入主了汉族地区后奖励和甚至用行政手段命令他们自己的民族和汉族同化，但大多数的少数民族王朝是力求压低汉族的地位和保持其民族的特点。结果都显然和他们的愿望相反。政治的优势并不就是民族在社会上和经济上的优势。满族是最近也是最明显的例子。

在历史上，秦以后中国在政治上统一的时期占2/3，分裂的时期占1/3，但是从民族这方面说，汉族在整个过程中像雪球一样越滚越大，而且在国家分裂时期也总是民族间进行杂居、混合和融化的时期，不断给汉族以新的血液而壮大起来。

如果要寻找一个汉族凝聚力的来源，我认为汉族的农业经济是一个主要因素。看来任何一个游牧民族只要进入平原，落入精耕细作的农业社会里，迟早就会服服帖帖地、主动地融入汉族之中。

重复提一下，现在那些少数民族聚居的地方，大都是汉人不习惯的高原和看不上眼的草原、山沟和干旱地区，以及一时达不到的遥远的地方，也就是“以农为本”的汉族不能发挥他们优势的地区。这些地区只要汉族停留在农业时代对他们是不发生吸引力的。在农业上具备发展机会的地方，汉族几乎大都占有了，甚至到后来还要去开垦那些不适宜农业的草原，以致破坏牧场，引起农牧矛盾和民族矛盾。这一切能不能作为农业经济是汉族得到壮大的主要条件的根据呢？看来正是汉族的两腿已深深地插入了泥土，当时代改变，人类已进入工业文明的时候，汉族要从泥土里拔出这两条腿也就显然十分吃力了。

（五）组成中华民族的成员是众多的，所以说它是个多元的结构。成员之间大小悬殊，汉族经过2000年的壮大，已经有9.34亿人，是当今世界上人数最多的民族。其他55个民族人口总共6720万人，其中还包括

"未识别"的大约80万人,所以把他们称作少数民族。其中超过100万人口的一共15个民族,最大的是壮族(1300万人),人数不到100万而超过50万人口的有3个民族,人数在50万以下10万以上的有10个,10万以下1万以上的有15个,1万以下5000以上的有1个,5000以下的有了7个,其中在2000人以下的有3个,人数最少的是珞巴族(1066人)。高山族因缺乏台湾部分的统计,没有列入计算。

各民族人口从1964年普查到1982年普查均有增长,少数民族总人口增长68.42%,平均年增长率2.9%,高于汉族(分别为43.82%及2.0%)。增长最多的是土家族,18年中增长4.4倍。这很明显,并不是出于自然增长,而是由于在这几十年中大批以前报作汉族的改报了土家族。这种情形,在其他少数民族同样发生。汉族原是有许多非汉民族融合进来的。如果推溯其祖先所属的民族来规定自己的民族,那就可以有大量人口从汉族中划出去。当然问题是在怎样来规定"所属民族"的标准了。

同样的难题出现在所谓"未识别"的民族,意思是这些人的民族成分还不明确。这类人总数约有80万。其中包括两类,一类是不能确定是汉人或不是汉人;一类是他们属于哪个少数民族没有确定。这种辨别工作我们称为"民族识别"。这并不是指个人而言,而是指:一些集团自称不是汉族,但是历史资料证明是早期移入偏僻地区的汉人,因种种原因不愿归入汉族。又有一些集团是从某些非汉族中分裂出来,不愿接受原来民族的名称。这些人就归入"未识别民族"的总类里。这说明,民族并不是长期稳定的人们共同体,而是在历史过程中经常有变动的民族实体。在这里我不能从理论上多加发挥了。

(六)中华民族成为一体的过程是逐步完成的。看来先是各地区分别有它的凝聚中心,而各自形成了初级的统一体。比如在新石器时期在黄河中下游都有不同的文化区,这些文化区逐步融合出现汉族的前身华夏的初级统一体,当时长城外牧区还是一个以匈奴为主的统一体和华夏及后来的汉族相对峙。经过多次北方民族进入中原地区及中原地区的汉族向四方扩散,才逐步汇合了长城内外的农牧两大统一体。又经过各民族流动、混杂、分合的过程，汉族形成了特大的核心，但还是主要聚居在平原和盆地等适宜发展农业的地区。同时，汉族通过屯垦移民和通商在各非汉民族地区形成一个点线结合的网络，把东亚这一片土地上的各民族串联在一起，形成了中华民族自在的民族实体，并取得大一统的格局。这个自在的民族实体在共同抵抗西方列强的压力下形成了一个休戚与共的自觉的民族实体。这个实体的格局是包含着多元的统一体，所以中华民族还包含着50多个民族。虽则中华民族和它所包含的50多个民族都称为“民族”，但在层次上是不同的。而且在所有承认的50多个民族中，很多本身还各自包含更低一层次的“民族集团”。所以可以说，在中华民族的统一体之中存在着多层次的多元格局。各个层次的多元关系又存在着分分合合的动态和分而未裂、融而未合的多种情状。这就提供了民族学研究者富有吸引力的研究对象和课题。

十二、瞻望前途

放眼未来，中华民族的格局会不会变？它的内涵会不会变？这些问题只能作猜测性的推想。

首先应当指出，中华民族在进入21世纪以前已产生了两个重大的质变。第一，过去几千年来的民族不平等的关系已经不仅在法律上予以否定，而且事实上也作出了重大的改变。自从1949年新中国成立以后，民族平等已成为了根本性的政策，而且明确地写入了宪法。为实现民族平等制定了民族区域自治法。凡是少数民族聚居的地方都实行区域自治，建立自治地方的自治机关，由各少数民族自己管理自己的事务。少数民族的语言和风俗习惯要受到其他民族的尊重，改革与否由各族人民自己决定。少数民族由于历史原因一般说来经济文化过去缺乏发展的条件，所以国家制定一系列对少数民族的优惠政策。这些政策的落实，使很多过去隐瞒自己民族成分的人敢于和乐于公开要求承认他们是少数民族了。

第二，中国开始走上工业化和现代化的道路。开放和改革成了基本国策，闭关锁国的局面已一去不能复返，从“以农立国”转变到工业化的过程中，对各民族的发展提出了新的问题。如果我以上的叙述和分析是符合历史事实的话，依靠农业上的优势而得到壮大起来的汉族首先遭到了必须改变经济结构的挑战。在他们聚居的地方原本多是在适宜于发展农业的地区，这些地区工业所需的原料是比较贫乏的，而过去对汉族缺乏吸引力，一向是少数民族聚居的地方却正是工业原料丰富的地区。同时，工业的发展需要科技和文化知识，而在这方面少数民族一般说来低于汉人的水平。要由少数民族自己利用本地区的资源去发展本地区的工业是有很大困难的。这些具体情况会怎样影响民族的格局呢？

如果我们要坚持在中华民族里各民族平等和共同繁荣的原则，那就必须有民族间互助团结的具体措施。这正是我们当前必须探索的课题。

如果我们放任各民族在不同的起点上自由竞争，结果是可以预见到的，那就是水平较低的民族走上淘汰、灭亡的道路，也就是说多元一体中的多元一方面会逐步萎缩。我们是反对走这条路的，所以正在依“先进帮后进”的原则办事，先进的民族从经济、文化各方面支持各后进的民族的发展。国家对少数民族地区不仅给优惠政策，而且要给切实的帮助，现在我们正在这样做。

第三，还可以提出一个问题：少数民族的现代化是否意味着更大程度的汉化？如果是这样，各民族共同繁荣是否指向更大的趋同，而同样削弱多元一体格局中多元这一头呢？这固然是存在的一种可能性，但是，我是这样想的：一个社会越是富裕，这个社会里的成员发展其个性的机会也越多；相反，一个社会越是贫困，其成员可以选择的生存方式也越有限。如果这个规律同样可以用到民族领域里的话，经济越发展，亦即越是现代化，各民族间凭各自的优势去发展民族特点的机会也越大。在工业化的过程中，各民族人民生活中共同的东西必然会越来越多，比如为了信息的交流，必须有共同的通用语言，但这并不妨碍各民族用自己的语言文字发展有自己民族风格的文学。通用的语言可以帮助各民族间的互相学习、互相影响而促进自己文学的发展。又比如，各民族都有其相适应的生态条件。藏族能在海拔很高的高原劳动和生活，他们就可以发挥这项特点成为发展这地区的主力，并通过和其他地区的其他民族互通有无来提高各民族的经济水平。我想到这些情况，使我相信只要我们能及早注意这个问题，我们是有办法迎接这个挑战的。在现代化的过程中，通过发挥各民族团结互助的精神达到共同繁荣的目的，继续在多元一体的格局中发展到更高的层次。在这层次里，用个比喻来说，中华民族将是一个百花争艳的大园圃。我愿意用这个前景鼓励自己和结束这篇论文。

1988 年 8 月 22 日

参考书目

1. 中国社会科学研究院考古研究所:《新中国的考古发现和研究》，文物出版社 1984 年版。

2. 陈连开:《关于中华民族的含义和起源的初步探讨》，《民族论坛》1987 年第 3 期;《中华新石器文化的多元区域性发展及其汇聚与辐射》，《北方民族》1988 年第 1 期;《我国少数民族对祖国历史的贡献》，北京书目文献出版社 1983 年版。

3. 徐杰舜:《汉民族历史和文化新探》，广西人民出版社 1985 年版。

4. 贾敬颜:《汉人考》，《中国社会科学》1985 年第 6 期。

5. 谷苞:《论正确阐明古代匈奴游牧社会的历史地位》，《民族学研究》1985 年第 3 期;《论中华民族的共同性》，《新疆社会科学》1985 年第 6 期;《再论中华民族的共同性》，《新疆社会科学》1986 年第 1 期;《论西汉政府设置河西四郡的历史意义》，《新疆社会科学》1984 年第 2 期。

6. 国家民委民族问题五种丛书编委会《中国少数民族》编写组:《中国少数民族》，人民出版社 1981 年版。

7. 国家民委财经司:《民族工作统计提要(1949～1986)》，1987 年版。

8.《中国大百科全书・民族卷》，中国大百科全书出版社 1986 年版。

9. 费孝通:《民族研究文集》，民族出版社 1988 年版。

从小培养二十一世纪的人[①]

人总是生活在希望里,对未来的瞩望和期待决定他当前的行为和忧乐。这种人之常情驱使我今天在这个讲台上陈说我对21世纪婴幼儿教育的瞩望。

像我这样一个在20世纪里生活了即将80年的人,面对10年后即将来临的21世纪,心情是复杂的,有衷心的盼望,也有满怀的忧虑。人类必然是不断进步的,我们对过去所知道的历史保证了这种信念。今既胜昔,来日怎能不比今天更好,这使人乐观。但是如果再想一想,还是让今天这样的人,带着现有的心胸和头脑,进入即将来临的世界里去,他们能很好适应一个不断革新和迅速发展的世界么?从这个疑问,使我看到了21世纪婴幼儿教育的重要性。那就是说,我们必须从现在开始就着手从小培养出适合于在21世纪世界里生活的人。人造下了世界,人还必须同时造就能在世界里生活的人。后者就是我们所说的教育、培养人的工作。对刚出生的婴儿和尚未能独自行动的幼儿的教育称之为婴幼儿教育,这段时期的教育是培养一个人身心发育的基础教育。

要着力于培养适合在21世纪生活的人,首先要问的是21世纪将是个什么样的世界。我说,如果对具有20世纪头脑的人不加适当的教育,原封不动地让他进入21世纪,恐怕会带来许多难免引起我们不愿见到的结果。这个担心是出于认为:21世纪的世界将不同于20世纪。客观世界改变了,在改变前的世界里养成的生活方式,能应付得了改变了的世界

① 本文是作者在21世纪婴幼儿教育与发展国际会议上的讲话。

么？问题就在这里。所以我们首先要看一看21世纪究竟和20世纪有什么不同？

用简单的几句话来点清楚20世纪和21世纪的差别是不可能的，至少是不会确切和周全的。如果容许我用个不太恰当的比喻来说，20世纪有点像世界范围的战国时期。战国时期是我借用中国历史上的名词，指的是一个从分到合的历史过程。我们中国现在是一个统一体，这个统一体是经历了一个很长的过程形成的。从分裂进入统一，重要的一步发生在大概2200年前经历了两个半世纪（公元前475～前221年）才结束的战国时期。这个比喻暗示着当今世界正在发生世界范围的，或全球性的，从分到合的运动。20世纪正处在世界统一体出现前的那个阶段。在这100年里发生了两次被称为"世界大战"的重大事件。20世纪前世界规模的战争是没有过的，因而"世界大战"成了这段历史的特征，称之战国时期，用来作历史类比的根据。

20世纪的这两次世界战争是和我同龄人亲身的经历，回忆犹新。在第二次大战期间，有人提出了One World的概念，不妨翻译成"世界一体"。世界要成为一体，已是当时的战争摆在人们面前的现实。居住在这个地球上的人们已经互相联系得休戚相关，如此密切，甚至能在世界规模上用枪炮来对话了。战争固然出于对抗，对抗却也是一种难解难分的联系；利益上的你争我夺，决不会发生在互不相关的绝缘体之间。对抗不仅表示了联系，而且也总是以加强联系为终结而导致联合。

在中国的这片东亚平原上，2000多年前出现的群雄争霸导致了秦代大一统的局面，形成了当前中国统一体的核心。从这点上来看20世纪，我领会到在"世界大战"中提出世界一体的口号绝非偶然。是否可认为20世纪已为向全球性大社会的方向发展作出了开导，准备了条件？

把20世纪看作是世界范围的战国时代，又把两次世界大战作为20世纪的标志，作为一个20世纪的人，在感情上似乎不那么容易接受。其实我作出上述的历史比拟，无非是想强调"世界一体"这个20世纪提出而没有能实现的构想。

"地球越来越小了"是我短短80年经历中最深刻的感受。不说别的,70 年前我心目中外婆家是那么遥远。在运河上坐一条手摇的小木船,一早上船,船上用餐,到外婆家已近黄昏,足足是一天。从地图上看只有 15 公里的距离。现在通了公路,中间不阻塞,10 多分钟就可以到达。距离的概念已经用时间来计算了。当年在运河上需要度过一天的路程,现在完全有可能一天打几个来回了。当然我们不再坐小木船,而是坐汽车了。这些话头现在已引不起听众的惊讶。那种怀旧的情绪已不再能得到年轻人的同情了。但不应当忘记的是这种变化恰恰是 20 世纪中人类杰出的创造。没有突飞猛进的科技发展,登上月球还是神话中的美妙想像。我们现在对这样大的进步已觉得受之无愧,视为平常,而这种变化的出现实际上却包含着人类知识的巨大积累和更新,也许更重要的是人们已找到了使得人类知识得以不断积累和更新的物质和社会条件。这一切书不胜书,以致不能不简单地用意义相当含糊的"现代化"一词来加以概括。现代化在我的理解中就是指由不断进步的科学技术无休止地改造人的物质和精神世界的历史进程。

现代化在人和人的关系上表现得最深刻的就是距离缩短了,接触加多了,范围扩大了,相互往来频繁了,搞得人们在生活上我离不开你,你离不开我。就这样,把全人类疏疏密密地编织在一个关系网里。出现了一个全球性的世界大社会。如果用比较具体但笼统而易懂的话来表达,就是现代化要把一个习惯于生活在自给自足的农业小天地里的乡下佬,变成一个和一刻离不开计算机的全球性大社会的运转相配合的角色。这句话包括了:生产的机械化,流通的商品化,信息的高速化等等的现代都市化的过程。再概括一下是从乡土社会到后工业化社会的转变。

我倾向这样的看法:接受这个现代化过程是当前人类共同的命运。它的开始是在 20 世纪之前,经过一二百年的发展才到今天,而且还会继续进入 21 世纪。它的发源地是在西欧,在这一二百年里,先是一面扩大到东欧和西亚,一面跟着西欧的移民扩及美洲和澳洲。接着是向全世界扩散,成为 20 世纪突出的历史性纪录。

从人类历史上看,世界上各种民族的人,虽则都住在这同一的地球上,但历来是分散在各地,各自为谋地经营着各自的生活,即使他们和邻近地方的居民有各种往来和联系。在20世纪以前,地球上并不存在一个牵连着所有人在内的一脉牵全局的大网络。这个网络在20世纪后期才出现,是以前几个世纪的科技发展的结果。在这个大网络所罩住的各地的人民,他们生活方式原是各自的历史条件所决定的,所以在经济发展上是不平衡的,在文化素质上是多种多样的。他们接受现代化的能力和速度各不相同,因而在20世纪现代化过程中发生了不平衡性和多样性。

世界在休戚相关的意义上形成了一体,但这个一体中存在着发展不平衡的许许多多国家和地方。发展不平衡主要是指经济的水平而言。在已有科技知识的条件下,这个世界上已经开发的资源是足以为所有的人提供基本需要的。现在还存在广大饥寒的人口,是由于分配上的问题。

文化上的多样性,性质却不同。这里包含着价值观念的内容。看来在饥寒线上下挣扎的人们,追求的目标比较容易一致,因为这些要求还紧密联系着生物的基础,所谓饥不择食就说明这种情况。在物质生活富裕的条件下,个人间身心上的差别有了分道扬镳的客观条件,不同地方、不同民族的人也更能发挥他们特有的价值倾向。这就使得文化多样性所产生的问题不能等同于经济不平衡性产生的问题。

尽管这两方面的问题在20世纪里已经都带来了严重的结果,甚至应当将两次大战的原因包括在内一并加以考虑。但是二者相比较,经济发展不平衡问题,实质上也就是所谓“南北问题”,在一定程度上已经提到人们意识范围之内,尽管这个问题在这个世纪里还没有找到比较圆满解决的办法。

文化多样性问题则属于另一层次或性质。文化就其广义而言就是人造的世界,包括社会制度和其意识形态。引起两次大战的矛盾,意识形态的争执还属于次要的地位。但第二次大战之后,却暴露出“意识形态”的矛盾成为“东西的问题”,形成了长达近半个世纪的冷战基础。直到这个世纪快结束时,才出现以对话代替对抗的信号,但还不能说在世界一体的格局中怎样容纳和处理文化多样性的问题已经有了一致的看法。

文化多样性是一个与人类同时出现的事实。我这样说表明我是同意人类起源多元论的。从世界各地考古学的发现,我们看到早期的人类生活似乎很相似,如使用石器,住在洞穴里等等,因而发生了一元或同源的印象。这些生活上的相似并不一定表示同源。人是从自然的基础上创造人造的世界的,文化是从自然中诞生的,是对自然的加工。人类初期和自然的关系十分密切,所以他们受到自然的限制也是十分大的。各地的人根据各地的自然条件开始他们的文化生活。只要自然条件相似,开始时的生活方式也就表示出相似状态。

这样说,我不仅认为人的世界一开始是多元的,而且在多元的基础上向着多样发展。文化的类型越来越多。到了 20 世纪,当各自相对独立发展的各地方的人被交通、信息和经济上的联系拉在一个难解难分的体系中时,文化上的多样性,包括社会制度的多样性,在互相接触中也就显著和突出了,而且开始在世界范围内以对抗性的矛盾出现了。这些问题已经以“东西对抗”的面貌引起人们的注意,并将带入 21 世纪,而逐步显示其紧迫性。要讨论培养什么样的人才能适应21 世纪生活的话,文化多样性的问题值得倍加注意。

现代化过程中文化的多样性是会像经济不平衡性一样在发展过程中逐步淡化么?望文生义地想,现代化既是全世界人民面临的共同趋势,就应当包括经济的趋平和文化的趋同。事实可能比这种看法要复杂得多。

现代化使人的流动和接触加强。静止的、封闭的小社区,经过开放和改革,逐步成为世界性社会或全球大社会有机的结合部分。这个过程无疑会产生一套共同的东西。假如没有一套传递信息的共同符号,人和人的往来和行为上的配合是不可能的。文化多样性最容易见到的例证是语言的分歧。话都讲不通,人与人的行动就配合不上。所以由多元向统一的发展过程中,语言的相通常是首要的条件。语言相通依靠一套能引起共同理解的表象或符号,这不是文化趋同的例证么?

现代化过程中存在着文化趋同的一面是不能否认的。有意思的是,即以语言来说,在 20 世纪的现代化过程中,确在形成一种共同通用的语言,但更多的是个人语言表象体系的多元化。有人曾企图创造一种新的语言,不同于已有的各种语言的“世界语”。我不知道世界上有多少人利用“世界语”作为日常国际间传播的工具。但是我确是看到统一的计算机语言已经在文化领域的较高层次里在全球通行和应用了，它在传播作用上的重要性将随着现代化的发展而日见增加。但是一般人的日常生活中这些世界性的符号体系，可以说还抵不过英语在国际上的通用。在当前国际交往体系中，懂得英语的人似乎不致在任何机场或世界大都市的旅馆和菜馆里发生生活上的困难。许多不会说英语的人开始学习英语了。结果是能操多种语言的人数正在迅速增加。

这表示在进入世界一体的过程中，文化的多样性激起的反应，显然有相反的两个层次，共同层和多元层。从整体看出现了通用的语言，从个人看学会了多种语言。不同文化的人往来中运用共同语言通话时，是以双方学会了多种语言为条件的。文化的多样性深化为相往来的人们个人的文化多样性。

文化的其他部分并不都是和语言一样。语言基本上是一种工具性的文化，它的价值取决于能否达到达意的目的，是一种使用价值，不附带贵贱好恶等感情选择。这在文化领域里并不普遍，普遍的倒是充满着爱憎、是非的规范，而且还和民族或地方自尊心密切结合在一起，容不得撞碰。每个人熟悉自己的生活方式，并依靠它在所属的团体中经营日常的生活。各是其是，各美其美，泾渭分明，是封闭社会的特点。当经济的力量冲开了这种孤芳自赏的国家、民族、地方的大门时，对抗性的矛盾总是在价值标准的差别上发生的。这可以说，一个分立的多元结合成协调的一体时很难避免会出现一种吵吵闹闹、“百家争鸣”的局面。

争鸣在人类历史上曾导致两种不同的结果。一种是，定于一尊，那就是从是非之争发展到对抗性的矛盾，结果不是甲方压倒乙方，就是乙方压倒甲方，胜者存，败者亡。中国历史上的战国时代就是走上这条路而告终。另一条路就是从“百家争鸣”进入“百花齐放”。人们不仅自美其美，而且能容忍各美其美，甚至进一步美人之美。也就是价值标准上容忍多样性的同时存在。中国的宗教史里多少出现过这种多宗并立的局面，而避免发展成对抗性宗教战争。

回到当前的现实世界来说，由于经济发展和科技进步而建立起休戚相关的世界体系里，多种文化集体正在各个层次发生着上述两种不同的倾向。北美可以提供一个值得注意的不同来源的移民文化接触的试验场所。美国,甚至包括加拿大,在文化上有着较强烈的笼罩着全体的共同性,但是这个共同性的底下显然存在着无可否认的多样性。文化上的共同性和多样性在现代化过程中是并行发展的。

再看欧洲情况就不同。在这里现代化的过程和北美基本相同,但是文化上的多样性的存在和发展似乎胜过了文化上的共同性。现代化起步较晚,处在发展中地区的亚洲、非洲和南美洲等地方,文化的多样性更是非常明显的。

从这个角度去瞩望21世纪的世界,在全球范围的共同体系中,文化多样性问题应当说还是个有引起对抗性矛盾的可能因素。我们是否有理由在这里提出一个想法,21世纪要解决的主要问题之一是:各种不同文化的人,也就是怀着不同价值观念的人,怎样能在这个经济上越来越息息相关的世界上和平共处。人类在21世纪怎样才能和平地一起住在这个小小的地球上?说到这里我认为应当提到这次会议的主题——21世纪婴幼儿教育与发展,就是怎样从小培养一个适合21世纪生活和工作的人了。

我虽则从事教育工作已经超过半个世纪,但并不是一个研究教育的专业人员。我对教育工作只有一般常识性理解。简单说,教育就是培养人的工作。人需要培养,因为人并不是生来就知道怎样做人的,一切生活方式都是从小向别人学习来的。孔子的《论语》就是用“学而时习之”这句话开始。从个人对社会来说是学习,从社会对个人来说是教育,是一回事。

近代心理学告诉我们,人们的行为有它的惯性,学会了的东西,经过反复练习,成为不需思索就能自动反应的习惯。人们的日常生活绝大部分依赖这些习惯性的动作来完成。习惯一旦形成要加以改变就相当费力。因此婴幼儿教育对人的启蒙工作特别重要。中国有句老话“三岁到老”,就是说,婴幼儿时期养成的性格到老难改。“孟母三迁”是中国重视婴幼儿教育的传统范例。这位母亲为了儿女们的早期教育,曾经三次迁居,寻找一个教育儿女最好的环境。

这样说来，我们如果关心21世纪的人能在这密切相关的地球上和平共处，协力发展，我们不能不在进入21世纪的时刻，多考虑一下当前和今后的婴幼儿教育。针对我在前面所设想的21世纪的主要特点，发展上的不平衡和文化上的多样性，我们应当用什么指导思想去培养将在21世纪里生活的人？我想在此提出一些不成熟的意见。

人所共知，20世纪后期科技迅速发展的重要原因是一些国家的教育改革。从小培养幼儿爱好和实物接触，养成敢于更新试验的习惯，发展了在客观实际中探索规律的理性活动。这些科技思维和行为通过婴幼儿教育植根到人的一生中。回顾我国20世纪初年的情况，就可以看到和这种教育的巨大差距，甚至方向性的差别。当时婴幼儿教育的目的是要把儿童的思想行为纳入传统的规范，所以把朗诵经典著作作为知识的入门，读书成了受教育的同义词。这种教育在一个滞止、封闭的社会中是有它的功能的。和我同龄的中国人虽则已有开始接受“新学”的，但还有不少是从背诵“四书”启蒙。所谓“新学”就是对这种僵化的传统教育的改革。如允许我提到我个人的经历，我的母亲正是在中国最早提倡新式幼儿教育的人。她在我家乡创办了一所蒙养院。所以婴幼儿教育在这方面的改革在我国起步是较早的，但发展尚不十分理想。

如果说科技进步是经济发展的基本动力之一，人们为适应这种需要，在教育上作出改革是相当重要的。尽管发达国家对这种改革也远没有完成，但是它们在这方面确是找到了一些可供发展中国家借鉴的经验。在这里我想着重指出，为克服当前世界上经济发展不平衡的状态，实现全世界共同繁荣的目标，不仅应当在先进国家的婴幼儿教育里总结出一套有效的经验，发展中国家也应认真总结自己的经验，提供本国及别国参考和借鉴，以促使它们能早日赶上先进水平。

我特别关心的是另一方面的教育工作，那就是怎样去培养出善于在文化多样性的世界里能和平共处、并肩前进的21世纪的人。我之所以特别关心是因为我认为目前世界各国的教育还很少重视这个问题。

当前国家与国家、民族与民族、种族与种族、宗教与宗教等等之间的公共关系，已经由于地球越来越小，使它们之间互相接触越来越频繁，而变得越来越复杂。早期由部落和血族斗争所遗留下来的那种以对抗来解决矛盾的办法已因科技发达逐渐失去其实际可行性。这个一发牵全局的世界，星星之火，足以燎原，超常毁灭性的武器所威胁的不只是斗争的对方，而且将包括自己在内的整个人类的生存。这已经是一般的常识。因而也使得这一类的矛盾必须避免发展成非常严重的对抗性质。但是到目前为止，针对这种威胁的思路却还是从减少或销毁这类武器本身着眼。20 世纪的整个年代似乎还没有走上更理想的道路。

我想提出来讨论的是，我们是否可以从人的思想和意识方面积极地进行和平共处的教育，就是在精神文化领域里建立起一套促进相互理解、宽容和共存的教育体系。我称这种体系为 Cross - cultural Communication。这个体系包括了 21 世纪人共同生存的根本规则，显然将联系到人对人，人对社会，人对自然等的基本意念，这些基本意念是每个人从小养成的。因之可以纳入我们讨论 21 世纪婴幼儿教育的范围。

人与人，族与族，国与国怎样共处本来不是新问题，是自从有了人，有了民族，有了国家之后必然要解决的问题，否则就不会有今天的世界。在这个问题上，在世界各洲和各国的历史上都有不少经验和教训。现在已有人提出对话代替对抗的主张，这是一个好的开端。对话要有共同的心理准备，那就是双方必须平等相待，宽容相对。在大家必须一起生活在这个小小的地球上的时候，人们共同利益是具体的，因而人们的理智可以在解决矛盾中起主导的作用。我们要培养这种能适合于 21 世纪世界中生活的人，也主要是打下这种理性的态度，这又必须从小加以培养，是婴幼儿教育中的重要任务。

我很抱歉，由于我缺乏婴幼儿教育的知识和经验，请允许我，把这种教育的具体设计留给更合格的和同意我这种观点的朋友们去进行吧。

1989 年 7 月 30 日

孔林片思[①]

今天是北京大学社会学系建立的10周年，我本想借此机会总结一下我对社会学这门学科的看法，但没有时间准备，所以只能即席讲一讲我目前在思考的问题，谈谈自己的活思想。

10天前我刚从山东考察回来。在山东考察了沂蒙山区，了解山区发展的情况是我此行的目的。另外附带还参观了曲阜的孔庙、孔府和孔林，又到泰安登泰山，靠缆车上了南天门，遥望十八盘，自叹年高难攀，衰老由不得人。我想了很多，从登山我想到了建设中国现代化的艰巨性，也想到了建设一门学科的艰巨性，哪里谈得到从心所欲。

10年前重建中国社会学的时候，我就给自己规定了个任务，就是跟上中国农村变革和中国社会发展的步子，认识它，认识这种变革和发展，并将它们记录下来。应该说，这10年是我一生中最好的10年。我利用一切给我的机会，每年都出去跑，出去看。现在除了西藏和台湾没有去外，其他省、区几乎都跑遍了，西藏是医生不让去，怕我身体吃不消，台湾是时机还不成熟。10年来，我马不停蹄地跑，越跑越觉得自己跟不上时代变革的步伐。

1989年我在《四年思路回顾》中对珠江三角洲城乡发展模式曾做了初步分析，现在看来已经很不够，太简单了。于是今年3月初，我又抽出10天时间，到这地区的顺德县做重点访问。返程中顺便还在东莞和番禺停留了一下。对珠江模式有了一些新的认识，并写了《珠江模式的再认

① 本文是作者在“北京大学社会学10年”纪念会上的讲话。

识》。

4 月下旬,我又到了浦东。龙是中国的象征。“龙的传人”已经进入歌曲。中国怎样才能真正变成一条龙?我看只有把经济全面发展起来,才能成为个名副其实的大国。这需要一个总体战略设想。这条经济上和文化上的大龙得有个龙头、龙身和龙尾。我看形势,或者可以说龙头就是上海。长江是一条可以带动整个内地发展的脊梁骨。龙尾有两端,长得很。一端在西南,以攀枝花和西昌为中心的南方丝绸之路;一端在西北,以兰州为中心,西出阳关的亚欧大陆桥。这是一个中华大龙的总格局。只能有了一个总格局,才能讲各地区的发展怎样配合,才能讲一个个中国人应当怎么办,才能讲每个人自己的位置和出路在哪里。

前两年许多外国朋友为了庆祝我 80 岁生日,在东京举行了一次研讨会,讨论我对中国社会的研究。我在会上宣读了一篇文章叫《人的研究在中国》,主要讲我一生研究中国农村中应用的比较方法,发表在《读书》杂志 1990 年第 8 期上。至于人的研究,内容很广,可以从人们的身体到人与人之间的关系,我所接触到的只是其中极小的一部分,说不到有多大分量。

这次到了孔庙我才更深刻地认识到中国文化中对人的研究早已有很悠久的历史。孔子讲“仁”就是讲处理人与人之间的关系,讲人与人之间如何相处。孔子的家族现在已经到了 76 代了,这说明中国文化具有多么长的持续性!“文化大革命”中有人要破坏孔庙,群众不让,被保护了下来。为什么老百姓要保护它?说明它代表着一个东西,代表着中国人最宝贵的东西,这就是中国人关心人与人如何共处的问题。

海湾战争之后人们已注意到战争造成了环境污染,认识到了人与地球的关系。这是生态问题。地球上是否还能养活这么多人,现在已经成了大家不能不关心的问题了。这是人与地的生态关系,但最终还是要牵连到人与人的关系上来,反映在人与人之间怎样相处,国与国之间怎样相处的问题。这才是第一位的问题。这个问题现在还没有很好地提出来研究,看来人类在这个问题上还没有足够的觉醒。

到泰安之前,我去了邹平县。邹平是梁漱溟先生当年搞乡村建设的基地。我去给梁先生的墓上坟，明年是梁先生 100 岁纪念。梁先生的墓建在半山上，视旷眺远，朴实如其人。这说明邹平的老百姓尊敬他。他为人民做了好事，人民会永远纪念他。梁先生在邹平 7 年，从事乡村建设实践，大力开展乡村教育、推广科学技术，改良农村经济，取得了一定成效。梁先生的主要观点之一是强调中国文化有它自己的特点，他把世界文化分成三种模式，西方文化、中国文化和印度文化。这三种文化造就了三种人生态度：西方人注重物质外界，力图改变环境，满足生活的物质需要；中国人不尚争斗，力谋人与人之间友爱共处，遂生乐业；印度人则纠缠在物质生活与精神生活之间永远调协不了的矛盾里。西方人讲了科学，促进了生产，发展了生产力。这是好的，但还有一面就是这种态度既可活人又可杀人。他们忽略了人与人之间应当怎样相处。

我们中国人讲人与人的相处讲了 3000 年了，忽略了人和物的关系，经济落后了，但是从全世界看人与人相处的问题却越来越重要了。人类应当及早有所自觉，既要充分认识人与环境的关系，更要明白人与人之间怎样相处才能共同生存下去，现在南北关系是很不合理的。第三世界中的中国，人口就占全世界人口的 1/5。而发达国家在世界上同样占 1/5 的人口却占用了 4/5 的资源。这样的世界上人与人怎么能和平相处下去呢？21 世纪是一个危险的世纪！这一点应当引起重视，如何进一步研究它，也值得考虑。

我从 30 年代开始研究的是如何充分利用农村的劳动力来解决中国的贫困问题。物质资源的利用和分配还属于人同地的关系，我称之为生态的层次。劳动力对于财富的占有就是人与人之间的关系了。我个人的研究到今天为止，还没有跨出这个层次。现在走到小康的路是已经清楚了，但是我已认识到必须及时多想想小康之后我们的路子应当怎样走下去。小康之后人与自然的关系的变化不可避免地要引起人与人的关系的变化，进到人与人之间怎样相处的问题。这个层次应当是高于生态关系。在这里我想提出一个新的名词，称之为人的心态关系。心态研究必然会跟着生态研究提到我们的日程上来了。

生态和心态有什么区别呢？我们常说共存共荣，共存是生态，共荣是心态。共存不一定共荣,因为共存固然是共荣的条件,但不等于共荣。

人们心态正在发生着变化,心态的关系及其变化由谁来研究?目前,文艺界正在接触这个问题,作家们用小说的体裁来表现人们的心态,但还没有上升到科学化的程度。怎样上升到科学化?弗洛伊德作出了尝试,但他却从"病态"来研究人的心态,这是从反面来探索的路子。我们需要从正面来研究,谁来研究?过去是孔夫子,他从正面入手研究心态,落入了封建人伦关系而拔不出来,从实际出发而没有能超越现实。他的背景是春秋战国时代,那是中国古代的战国时代。现在世界正在进入一个全球性的战国时代,是一个更大规模的战国时代,这个时代在呼唤着新的孔子,一个比孔子心怀更开阔的大手笔。

我们这个时代,冲突倍出。海湾战争背后有宗教、民族的冲突;东欧和原苏联都在发生民族斗争,炮火不断。这是当前的历史事实,在我看来这不只是个生态失调,而已暴露出严重的心态矛盾。我在孔林里反复地思考,看来当前人类正需要一个新时代的孔子了。新的孔子必须是不仅懂得本民族的人,同时又懂得其他民族、宗教的人。他要从高一层的心态关系去理解民族与民族、宗教与宗教和国与国之间的关系。目前导致大混乱的民族和宗教冲突充分反映了一个心态失调的局面。我们需要一种新的自觉。考虑到世界上不同文化、不同历史、不同心态的人今后必须和平共处,在这个地球上,我们不能不为已不能再关门自扫门前雪的人们,找出一条共同生活下去的出路。这使我急切盼望新时代的孔子的早日出现。看来我自己是见不到这个新的孔子了。但是我希望在新的未来的一代人中能出生一个这样的孔子,他将通过科学,联系实际,为全人类共同生存下去寻找一个办法。

这个孔子需要培养,我们应当学会培养孔子。要创造一个环境、一种气氛。这个时代在思想上理论上必然会有很大的争论,在争论中才能筛洗出人类能共同接受的认识。在这种共识的形成过程中中国人应当有一份。各国都应当有自己的思想家。中国人口这么多,应当在世界的思想之林有所表现。我在宜兴的新闻发布会上曾说过:中国是了不起的,中国的土地养育了50个世纪的人,50个世纪一共养活了多少人?现在活着的有11亿,还要盼望它再养活50个世纪的人。这不是值得研究的奇迹么?我们不要忘记了历史,这么长的时间里,我们中国人没有停止过创造和发展;有实践,有经验,我们应当好好地去总结,去认识几百代中国人的经历,为21世纪做出贡献。

这些都是我坐在车上穿行孔林时的飘忽的片片思绪。我想到我对人的研究花费一生的岁月,现在才认识到对人的研究看来已从生态的层次进入了心态的层次了。但在这方面,我还能做出什么成就呢?泰山十八盘,我只能望而兴叹了。

刚才社会学系的同志在发言中谈到社会学的发展要理论联系实际,教育与实际相结合。这都很对,但要落实,必须具体化,要善于研究发生在周围的变化。许多东西在我们的周围还在不停地发生着变化,我们却往往没有感觉到。只有紧紧抓住生活中发生的问题,多问几个为什么,然后抓住问题不放,追根究底,才能悟出一些道理来。

北大社会学经过10年的努力,我们大家在这个小小的园地中做了许多工作,我希望经过努力,在我们的新一代中出现几个懂得当"孔子"的人。

1992年6月21日

寻根絮语

絮语，脱了牙的老人啰唆之言，取其发音絮絮之状，既欠文饰，更不成章。厌烦者掩耳可也，闲着无事，姑妄听之。

那还是我10岁前上小学时的事。那时我老是病，常缺课，小朋友里给我提了个绰号“小废物”。在我们吴语的口音里废费同音。一天病在床上，妈妈在床头打毛线陪我。我拉住她的手，很认真地问她：“为什么要我姓费？”妈妈大概认为我热度高了在说胡话，拍着我说：“姓费有什么不好呢？”我说：“那么为什么人家叫我小废物？”妈妈笑了，“姓费的都是废物，我也不会嫁给你爸爸了。你爸爸姓费，你也得姓费，这是规矩。”

我至今还记得这段话，可以说是我上社会人类学的第一课。我这一代早期的社会人类学里亲属制度是个热门。妈妈所说是“规矩”，用课本上的话说，就是社会制度。她用中国传统的父系制度说明了我姓费的原因。但是当时我还是不满意这个答复。我想父亲的父亲，一代代推上去总有一个老祖宗挑定这个倒霉的姓，为什么他愿意他的子孙当废物呢？我没有把这个疑问说出口，怕妈妈又要说我老是“打碎罐头问到底”——意思是问题里出问题没有个完。可是这个问题却一直留在脑子里，而且还常常会冒出来，成了伏在我心里的“寻根”的根源。

我又还记得在中学里上学时，有个死啃书本的同学为了显示他知识多，高人一等，硬是当众说我连自己的姓也念错了，不应念“未”而应念“比”。吴语中费未同音，现在保存在苏州大学图书馆1929年《大学年鉴》里我的英文名字还拼成Vee。我那位同学从当时通用的字典《辞源》里查到了费姓音秘。他揭发我读错了自己的姓，不仅要挖苦我不学无术，而且在吴语里这个音是通俗粗话的构成部分。他既然有字典为证,我也只好认输了。后来我到北京上学,燕京大学的注册科把我填写的 Vee 改成了 Fei。我当时想 Vee 改成 Fei 是方言之别,所以推想 fei 和 bi 也可能是方言之别。

后来,我在朱熹注的《论语·雍也》章里见到在“季氏使闵子骞为费宰”句下注中有“费音秘,为去声……费,季氏邑”。因而想到读为 bi 的费在孔子时代也许是个地名,姓从封地是有例可据的。查了分省地图,现在以费为地名的还有一个费县,在山东临沂地区。现在的费县可能就是当时孔子自己也想去当官而没有去成的鲁国季氏封邑的故地。

去年 5 月我去访问沂蒙山区,便想顺便去费县看看。费县离临沂很近,又有公路相通。由于这次访问的日程安排得比较紧,费县之行只有一天,而主要参观对象是山区的扶贫成绩。我只在和当地主人闲谈时说起了寻根的意向。他们表示愿意替我查查地方志,找一找费县和费姓的来历,写份书面材料给我。在我离开临沂之前,果然收到了这份材料,给了我寻根的线索。

费县给我的关于费氏考证的材料引用了《续山东考古录》的话:“《通鉴》注:费字有两姓,一字蜚,嬴姓,出于伯益之后;其一音秘,姬姓,出于鲁季友。按春秋之初,已有费伯,不必皆出于季友也。今山东称费县读作蜚音,非是。”这份材料的作者认为这是说费姓和鄪(即季友封邑)浑然一体,由于后人把鄪误读为费所以费和鄪 Bi 两姓。或者作这种推断“鄪是祖先,他的后代一支姓了费,对此我们尚待认真探究”。所引《通鉴》的注说明当时费县已称 fei。

有位朋友听说我在寻根,摘录了胡尧著《中国姓氏寻根》有关费姓的部分寄给我。这个抄件中也说“费有两家,读音不同,来源也不同。一家读作 fei,源出于嬴姓。伯益辅佐大禹治水有功,被封在费(在山东鱼台县西南),所以又称大费,赐姓嬴……另一家费读作 bi,源出于姬姓……鲁僖公为了奖励季友的功劳,把费邑(音 bi)赏给他做封邑。季友的子孙有以邑名作为姓氏的,就是费氏”。

从以上摘引的两份材料看来,费姓 Fei 和 Bi 的不同读音由来已久。

来自两源，一是嬴姓，一是姬姓。要搞清这两个源头，就牵涉到了黄河流域的整部上古史。对我来说正如投入了个迷人的天门阵里。自从在大学里对顾颉刚先生的《古史辨》着过迷以后，我对这段上古史一向有点望而生畏。怎样走出这个天门阵呢？我想这根降龙木只能在考古学的宝库里去寻找了。于是去请教了一位考古所的朋友。他送来了一篇邵望平同志写的有关《禹贡》“九州”的考古学研究的论文。从这篇文章里我对黄河下游上古时代民族和文化背景有了一个概括的认识。从这个背景里也就比较容易找到费姓这两处源头的所在了。

我不妨把这篇文章中有关部分摘录一段在下面：“公元前第2000年中叶，商王朝势力已东进到海岱区的湖东平原一带……到商代晚期商文化向东又挺进到胶莱平原西侧，最重要的发现有山东益都苏埠屯，滕县前掌大两处……商文化的影响尚未深入胶东半岛……商朝东土的主要方国有奄和蒲姑……奄的中心或许就在曲阜以南滕县一带……[益都]苏埠屯大墓……可能就是蒲姑君主的陵寝……正是蒲姑和奄这两个由海岱土著文化与商文化结合所产生的方国文化实体，成为周初齐鲁立国的基础。”

这里所说的海岱历史文化区是指“以泰山周围、渤海、黄海、淮河故道为自然界际”的地区。“该文化区的形成可早至大汶口文化中晚期之交，即公元前3000年前后，整个公元前第3000年间则是它的鼎盛时代”，这时代是在夏王朝建成前约800年，当时“海岱地区社会发展及经济水平在黄河长江流域诸文化区系中是相当突出的……其社会发展程度决不比中原地区落后。……然而夏、商王朝以中央王国的优势凌驾于海岱及其他文化区系之上……当公元前2000年以后……昔日海岱文化的光彩在崛起的夏商文明前黯然失色了”。

这段话给了我对付古史天门阵的降龙木，找到了一个黄河下游古史的框架。在夏、商两代住在黄河下游泰山周围一直到海滨的居民，还保持了他们有别于中原的海岱文化。这些居民在古代文献中被称为东夷。在夏、商以前他们处于东亚大陆文化的制高点。在其后的1000年中对中原的夏、商文化做出了很大的贡献，但是自身却相对地失去了优势，特别是政治上逐步受到中原王朝的控制。到了公元前1122年姬姓和姜姓联盟的周王朝灭商之后，接着就向东扩张，控制了海岱地区，在原有东夷方国奄和蒲姑的基础上建立了鲁和齐两个侯国。此后到公元前256年周才亡于秦。从西周、东周、春秋、战国到秦一共大约又有1000年，在政治上是胶东半岛进入了统一的秦汉王朝，在文化上是海岱文化融合入中原文化，成了华夏文化核心的构成部分。我所想寻找的费姓的根源正处在这个历史的激流之中。

如果依费县给我的材料做线索，首先要弄清楚的是姬、嬴两姓的源头。姬姓来自周，我是早知道的，对我来说难点是在嬴姓。我查了《辞源》嬴字有“伯益为舜主畜，畜多息，赐姑嬴”。而这个伯益又就是帮禹治水有功，禹要让位给他，而他不愿接受，逃入箕山之阳的这个孔子推崇的人物。我再查《辞源》箕山，有一条说是在山东费县东南，上文中引《中国姓氏寻根》一文的括弧中有伯益封地在山东鱼台县西南，和此说相同。但接着又有一条说伯益避禹的箕山是在河南登封县东南。这两说的出处都没有注明。我也无法追究了。可是在《辞源》伯益条下却引了《竹书纪年》“夏启二年费侯伯益出就国”。这一条大概就是上述材料里所提到的费伯的文献根据。如果属实，费姓的根源可以上溯到夏代了。

上引考古资料中指出鲁侯的封地是以夏、商时代的奄为基础的。因此我又找《辞源》查奄字，果然有一条“商之盟国嬴姓，今山东曲阜旧城东”。夏、商两代，东夷和中原王朝关系是和好的，而且往来也不会少。且不说传说中夏初禹和伯益的关系，很可能表示是部落联盟，夏末在朝廷里还有费仲和费昌握有大权。如果这些记载是可靠的话，表明中原的王朝和东夷方国不仅有较密切的文化交流而且存在着政治上的联盟。

从商代留下的甲骨文来看，商朝对东方的居民是平等相处的，把东方的方国称人方。人、仁和夷在甲骨文里是一个字形。这表明并没有歧视的意味。中原王朝和东夷也发生过战争，史书里有的说商纣王之所以招致亡国是因为他在与东方诸方国的战争中把国力消耗了。这些战争的具体对象和地域我不清楚。到周初存在的东方大国只有奄和蒲姑了。周初的东征在历史上是有记载的，而且战争一直延长到鲁、齐两个侯国的建成之后。《尚书》最后第二篇《费誓》是封在鲁国的周公旦的儿子伯禽发动的对鲁以南的淮夷徐戎的誓师宣言。这篇宣言称作《费誓》,因为是在“费地”发布的。这篇大约在公元前840年留下的文件对我的寻根很有启发。

如果把费姓的一个源流放在和禹结盟的伯益,又认为伯益的老家是在鲁南,这应当就是费誓里的“费地”。它处于鲁南和淮夷徐戎接界的地方。可以设想原来称费的地方住的东夷和夏、商接触已有1000年,他们正处在海岱文化和中原的夏、商文化交流的桥梁地带。伯禽占领了奄国故地(汶、泗、沂、沭四河流域),费地正是它的南疆。周王朝对这地方的居民已不称夷和戎了。这样看来费地当在微山湖两岸。这和费伯封于今鱼台县一带的说法是符合的。但是据所引考古资料来看,奄的中心似在今滕县。鱼台、滕县、费县是在一条纬度上,这里就发生了奄和费的关系问题。我在此只能存疑不论了。

接着的问题是这个以东夷为主体的费,究竟读fei还是bi。我的看法和费县给我的材料不同。他们认为bi是古名,后人误读为fei。我则相反,认为在东夷读fei,乃是古音。bi是从西方来的鲁国姬姓人的读音。被封到费地建立鄪国的季友是伯禽之后,是姬姓,鄪音bi,不同于当地原有的fei。

我的根据有几条:(一)bi音起于季友的封邑,最初费字加上“阝”旁,写成鄪,用以分别于费。那是在公元前659年。范围只限于汶上和今费县地区。后来季氏强大了,在公元前427年,独立称费国,就不再用鄪了。这可能是从bi变成fei的表示。(二)朱熹注的《中庸》第十一章里“君子之道费而隐”一句的注是“费,符未反”即fei。可见朱熹也知道费音bi只限于季友的封邑,否则他不必在这句下加上这个注了。(三)《辞海》在费字下还有“春秋鲁邑,旧址在今山东鱼台县西南费亭”。我查《春秋》的《左传》有:“费,鲁大夫费庈父之食邑,读如字,与季氏费邑读曰秘者有别。”这是说在鱼台附近还有个音fei的封邑,不读bi。如果和伯益的费伯封地相联系,可以说原来东夷所据的费地是音fei的。(四)上引《资治通鉴》胡三省注,说当时人已把费县读为fei,胡系宋、元之际的学者,可见在宋末元初 bi 音已失传。

bi 是季氏封邑的专用音,什么时候这个地名改称为 fei,还是个疑点。现在费县上冶镇南部还有个古城,近年出土文物证明是个古代的政治中心,可能就是鄪国的都城。现在附近有个称西毕城的地名,城北乡有个称东毕城的地名。这个毕字引起了我的猜测:造出这个新字,是不是表明当地已把费字读作 fei 之后,读作 bi 的鄪邑不得不另造个音 bi 的毕字了?

从以上这些论据来说,bi 是一定时期一定地域费字的专用音。fei 是费字的经久通用的音。fei 念成 vee,那是吴语的土音。

总的看来,我的寻根寻入了黄河下游在先秦时代民族和文化交流的总格局,小小的费姓也只有在这个总格局里找得到它的起源。如果我以上的叙述有些符合历史事实之处,也可以用来充实我在前年所作《中华民族的多元一体格局》讲话的内容。现在自认为是汉族的费姓,很可能起源于山东早年的东夷。汉族原本是由多民族凝聚而形成的,费姓只是这个民族海洋中的一滴水罢了。这滴水也正反映出从多元到一体的过程。

写到这里我想应当收住了,不料我孙子辈的年轻人读到了我的底稿,说我并没有交代清楚,为什么我生在吴江。这一问提出了一个更复杂的民族融合中的人口流动问题。姓费的人现已散布全国,虽是个小姓,总人数也不会太少。我这一家怎么会定居在江苏吴江,也就是说姓费的人怎会从山东搬到各地去的呢?时间这样长,地域这样广,这笔账我是无从清算的。迁移和扩散经过,可能比根源更难寻找了。

孙子辈的一问使我想起了 10 岁前住在吴江县城里时的事。那时候,我们晚上出门,还没有手电筒,总得提个灯笼。灯笼两面贴着两行红字,一行是“江夏费”三个字,另一行是什么堂,堂名我已记不得。我也问过妈妈,江夏是什么意思。她回答我说,这是你这家费姓的郡名,就是你这家姓费的祖先曾是江夏的望族。我追问江夏在什么地方,远不远。妈妈也不清楚,没有答复我。

后来我看到了老家收藏的家谱,手抄本。这本家谱早已遗失,但是因为我那时正在看《三国演义》,所以家谱上费祎这个名字留下了深刻的印象，现在还记得。这是说我的祖先中有这个受诸葛亮表扬过的人物。其实哪一家的家谱都要找几个历史上的名人做祖宗装装门面，是否真有血统关系就难说了。这次要写这篇《寻根絮语》，我特地在《辞海》里查了费祎究竟是哪里人。结果发现这位历史人物果真是江夏鄳县(今河南信阳东北)人。当然这并不能证明费祎是我的祖先，很可能我的祖辈中有人为了要高攀这个名人，所以用江夏作为郡名。

我原有的《古今人名辞典》早已在“破四旧”中被抄走了，为了查明费祎的籍贯，所以还是只能请教《辞海》。查到了费祎，同时也查到不少其他费姓人名。这一系列人名中把外国人的译名抛开，我一数，共有 10 名是中国人。我想如果把他们的年代、籍贯排列一下，也许可以看到一些费姓迁移的路线。当然这是不够科学的，因为选样太少了，但也不妨试试。

这 10 个人名按时代安排如下：(一)费直，学者，东莱人(今山东掖县)。(二)、(三)费长房，a. 东汉方士，汝南人(今河南上蔡西南)；b. 隋佛教学者，成都人。(四)费祎(？ ~253)，三国江夏鄳县人(今河南信阳东北)。(五)费彪(502 ~ 567)，南朝梁江夏人(湖北武昌)。(六)费信(1388 ~ ?)，明航海家，苏州昆山人。(七)费密(1623 ~ 1699)，明清之际学者，新繁人(四川)。(八)费扬古(1645 ~ 1701)，清将军，满洲正白旗人。(九)费丹旭(1801 ~ 1850)，清画家，浙江乌程人(今湖州)。(十)费穆(1906 ~ 1951)，电影导演，江苏苏州人。

也可以说是巧合，按这张名单所列这 10 名历史人物的出生地，除其中一个是满族，按年代安排恰是从山东到河南、湖北，一支去四川，一支去江浙。有两个是江夏人，可是按《辞海》说一是在今河南，一是在今湖北。如果允许我凭主观推想一下：原在山东南部“费地”的东夷人，从周初在奄地的基础上成立了鲁国，受到了姬姓的统治。而且鲁侯对异族的居民采取了强制移风易俗的政策，一些不愿顺从的土著居民向南迁移是可以理解的。从鲁到楚原有道路相通。战国初年的墨翟据说曾经用了“十天十夜”从鲁步行到楚，即从山东走到湖北。这条路必须穿过今河南省境。从山东南下的费姓中有些在河南南部和湖北中部的江夏地方停留下来，当属可能之事。如果上述的费姓迁移路线，结合了我家灯笼上的郡名，我做出这样的推想，至少不能说全属想入非非。

汉末诸葛亮就是从山东琅玡进入河南南部的南阳，高卧隆中的。他后来转战于湖北荆州才进入四川。他很可能就在南阳韬光守晦之时结识了当地的望族费祎，一同入川，建立蜀国。按《三国演义》说，诸葛亮有个胞兄诸葛瑾却沿长江东下出仕于吴国。入川和入吴，兄弟两人在江夏一带分手也属可以想像之事，这和费姓的东西两支各奔前程，不谋而合。

在这里总结一笔，从民族形成的过程来说，在公元2000多年前费姓的祖先可能曾和中原的姒姓结成部落联盟，夏、商两代的1000多年里，他们和中原王朝一直保持了联系，成为东夷和中原文化、政治交流的桥梁，使海岱文化西进，充实提高了中原的夏、商文化。到周初从《费誓》这个文件来看，费姓已不再称夷戎以别于徐淮的东夷了。至于什么时候摘掉这顶异族的帽子，还很难说。经过近400年，“费地”的一部分被鲁侯封给了季氏成为鄪国，出现了姓Bi的费姓，至于什么时候统一于Fei已难查考。

春秋战国的500年之间，现在回头来看，正是华北地区民族大混合的时期，最后凝聚成了汉族，给秦、汉的统一国家打下了基础。这时原在山东的东夷子孙大部分已成了汉族。其实，汉族不就是像滚雪球那样滚出来的么？在整个世界上，从古到今，能包容凝聚如此多的不同来源的人，使其认同于一个民族的，除了汉族之外找不到可以相比的例子了。而这个在多元基础上形成一体的过程在汉族形成之后也还在继续不断发展，而形成了当前的中华民族。我想今后全人类认同于一个共同体，也许还得采用我们东方大陆经过5000年积累的这一点宝贵经验。这种设想已超出于我寻根的范围，不必在这里多谈了。

《寻根絮语》不是一篇学术论文，耄耋之年不可能有此壮志了。写此絮语只能说如下围棋、打桥牌一般的日常脑力操练，希望智力衰退得慢一点而已。当然，如果一定要提高一个层次来说，寻根就是不忘本，不忘本倒是件有关做人之道的大事。在此不多唠叨了。

1993年1月31日

对“美好社会”的思考①

非常感谢这次英迪拉·甘地国际学术讨论会为我提供今天这个机会,能在素来尊敬的学者座前陈述我对“美好社会”的一些思考,并听取各位的赐教。

在20世纪行将结束,21世纪即将来临的时刻,提出“重释美好社会”的课题,让赋有不同文化背景的学者交流见解,是一件对今后人类发展具有重要意义的事情。我能参加这次讨论感到十分荣幸。

我是来自中国的人类学者。由于我的学科训练,我不善于从哲学或伦理学的立场来探讨今后人类应当对“美好社会”做出怎样的理解。我只能从人类历史发展的事实出发,对具有不同文化的人和集团所持有的“美好社会”的意念,就其产生、变化和引起的社会效果,并对今后在全球社会形成过程中这种意念会怎样发生变化试作初步思考。

事实上,自从人类形成群体以来,“美好社会”总是群体生活不可缺少的意念。它是表现为诸如神话、传说、宗教、祖训、哲学和学说等多种多样形式的价值信念。总之,它是人类社会意识中必备的要素。它不仅体现了组成群体的各个人生活上追求的人生导向,而且也是群体用社会力量来维护的人和人相处的规范。它是个人的主观意识和群体社会律令内外结合的统一体。

“美好社会”的内涵是各群体从不同客观条件下取得生存和发展的长期经验中提炼出来,在世世代代实践中逐步形成,因之它属于历史的范

① 本文是作者在印度新德里“英迪拉·甘地国际学术讨论会”上的发言。

畴。所以，不同的群体对“美好社会”可以有不同的内涵，各自肯定群体共同认可和相互督促的理想。“各是其是，各美其美”。它是群体的社会行为准则的基础，是各群体社会生活所赖以维持的价值体系。具有“美好社会”的意念是人类社会的共相，而所认定的“美好社会”的内涵则是各群体不同历史条件所形成的个性。

在群体能够在自给自足的封闭状态下生存和发展时，各个不相关联的群体尽可以各是其是，各美其美，各不相干。但是，在人类总体的发展过程中，这种群体相互隔绝的状态已一去不复返了。群体间的接触、交流以至融合已是历史的必然。因此在群体中不仅人和人之间有彼此相处的问题，而且群体和群体之间也有彼此相处的问题。价值观点的共同认可使人和人结合成群体成为可能，而群体之间价值观点的认同使群体相互和协共处进而合作融合，却是个更为复杂和曲折的过程。价值观念不同的群体之间相互往来中，协作是经常的，而且是历史的系统的，人类只有不断扩大其分工合作的范围才能进步。但是矛盾甚至冲突也是不免的。当任何一方触及到对方的生活以至生存的利益而发生冲突时，双方都会利用其价值信念对内作为团结群体的凝聚力量，对外作为指责对方的信念为异端以形成同仇敌忾的对抗力。因而，意识形态上的相异被卷入了群体冲突的场合。这类冲突甚至可以发展到兵戎相见。历史上群体之间以意识形态中价值观念的歧异为借口而发生的战争世不绝书，至今未止。当前世界依然面临这种危险。

在这里简单地回顾一下人类的近代史也许是有帮助的。500 年前，西班牙人哥伦布发现了一个过去没有欧洲人到过的“新大陆”。这个发现不仅是欧洲人新的地理知识，而实际上是欧洲甚至世界进入了一个新的历史时期的标志。以欧洲的文艺复兴、宗教革命带来的现代科技和经济的发展，把整个地球上的各个大陆都紧密地联系了起来；原来分布在五大洲广大地域的无数人类群体却从此不再能相互隔绝，各自为生了。但是它们在这 500 年里，并没有找到一个和平共处的秩序，使他们能同心协力来为人类形成一个共同认可的美好社会。相反，从海上掠夺，武装侵略，强占资源开始，进而建立殖民统治和划分势力范围，形成了以强制弱，争霸天下，战争不绝的形势，这都是过去500年里的历史上的事实。在这段历史里，人类科技的发展固然一方面加强了人利用自然资源的能力，同时，却也出现了人类可以自我毁灭的武器。以上这短短几句话里所描述的局势，此时此刻正引起了广大人士包括在座同人的困扰和忧虑。

我个人在20世纪里生活了有80多年，从出生不久即发生的第一次世界大战起到现在，可以说一直生活在大大小小的战争的阴影下。两次世界大战给人带来了严重的灾难，我们这样年纪的人都记忆犹新。这使我感觉到，全球性的世界大战可能就是这个20世纪在整个人类历史里的独特标志。在它之前，群体间的战争是常有的，但没有过包括整个世界那样大的范围。在这个世纪行将结束的时候，我相信世界上没有人会还不明白，如果20世纪的这个经历继续进入21世纪，再来一次世界规模的战争，已有的人类文明，甚至整个人类，将告结束。但是怎样使人类在21世纪里走上一条能和平生存下去的新路呢？我认为这就是这次为纪念甘地夫人而举行“重释美好社会”讨论会共同关心的主题。

我总是认为各群体间价值观念和意识形态上存在一些差别不应成为群体冲突和战争的根据。如果用比较方法去具体分析人类各群体所向往的美好社会，基本上总是离不开安全和繁荣这两项基本愿望。这两项基本愿望只有通过群体和平协作来实现，没有引起你死我活相对抗的理由。因此我总是倾向于认为历史上群体间所有意识形态之争，不论是宗教战争、民族冲突以至结束不久的“冷战”，实质上都是群体间物质利益的争夺，意识形态的水火不相容原是物质利益争夺的借口和掩饰。

我也承认意识形态的歧异之可以被利用来作为其他实质的矛盾的借口和掩饰而上升为对抗，也有人类常有的心态作为基础。那就是各个“各美其美”的群体在相互接触中，发生了“唯我独美”的本位中心主义，或称自我优越感，排斥和自己不同的价值标准。中国古书上就记下了早期人类本位中心的信条，即“非我族类，其心必异”，那就是说凡是和自己不属于同一群体的人不能会有一条心的。本位中心主义必然会发展到强制别人美我之美，那就使价值标准的差别形成了群体之间的对抗性矛盾。我们古代的孔子从根本上反对这种本位中心主义，提出了“有教无类”，

“己所不欲,勿施于人”,意思是在可以接受教化上,人是不分类别的,凡是自己不愿接受的事,不要强加于人。人的价值观念可以通过教育取得一致,但是不能强加于人。

在这里可以回想起结束还不久的“冷战”时代。过去一般总是把这个时代看成是意识形态对抗的时代。事过境迁,现在是否可以说有识之士已开始明白,冷战的实质还是两霸对势力范围的争夺。不久前没有通过公开的战争,一时西风压倒东风,在旦夕之间结束了冷战。如果冷战的实质是意识形态之争,意识形态绝不是旦夕之间可以改变的,必须经过长期的群众自觉思想转变才能实现。

再看我们中国在解决香港顺利回归祖国的问题上提出“一国两制”的原则。这个原则的实质是从正面来说明以不同意识形态为基础的两种社会制度是可以在统一的政治体制下,一个主权国家之内,并行不悖,而且可以相互合作取长补短,促进共同繁荣的。那就是把意识形态和经济政治予以分别处理,求同而存异。

20 世纪最后的 10 多年中所发生的这些新事物值得我们深入地进行理解,其中是否可以得出一种看法,人类大小各种群体是可以各自保持其价值体系而和其他群体建立和平互利的经济和政治关系,只要大家不采取唯我独美的本位中心主义,而容忍不同价值信念的并存不悖。在群体间尚没有通过长期的交流达到自觉的融合之前,可以在求同存异的原则下取得和平共处并逐步发展为进入融合一致的大同世界准备条件。

作为人类学者,入门的第一课就是要设身处地地从各群体成员的立场去理解各群体人们的实际生活。我们要学会“美人之美”,像各群体自己的成员那样欣赏和领悟他们所爱好的价值体系。“美人之美”并不要求“从人之美”,而是容忍不同价值标准的并存不悖。但要求摆脱本位中心主义,而采取了多元并存的观点。应用到经济上,是不要阻障有利于双方的竞争,不采取只图单方面的短期利益的保护主义,而坚持相互开放和机会平等;应用到政治上,首先是不要干涉别的主权国家的内政,不以力服人,而以对话代替对抗,平等协商来处理国与国之间的矛盾。这是在人类的各群体还没有融合成一体,而政治和经济已经密切联系的现阶段,也可能就是即将来临的21世纪,我们可以力求做得到的现实态度。“各美其美”和“美人之美”并不矛盾,而是相成的。只要我们能更上一个认识的层次,大家在求同存异的原则上完全可以建立起亲密的共同合作相处。

这些作为群体之间共处的基本守则,是为一个完全繁荣的全球大社会的形成做出必要的准备,也是避免在这大社会形成之前,人类历史进程受到灾难性的挫折,而倒退回到不文明的状态,或甚至使人类让出其主持这个地球发展的地位。

作为一个人类学者,我也坚信人的信念,群体的社会意识形态是不断变化和发展的,我们永远是一个从不够美好追求更为美好的过程中,分散独立的人类群体经过了百万年的历史演化,到目前已可以遥望到一个囊括全人类的协作发展的全球性大社会。这个全球性大社会我们中国古人就称为大同世界的共同道德秩序,怎样实现和什么时候实现,在目前还活着的人也许尚难以做出答案。但是又只有在当前人类的努力追求和不懈探索中,这个最后的“美好社会”才会出现在这个地球上。

以上我冒昧地如实表达了我个人的一些看法,请多予指正。

1993年7月14日

个人·群体·社会[①]

——一生学术历程的自我思考

年近谢幕，时时回首反思多年来在学术园地里走过的道路，迂回曲折；留下的脚印，偏缪杂呈；究其轨迹，颇有所悟。趁这次老友会聚，略作自述，切盼指引，犹望在此生最后的尾程中勉图有所补益。

一

对“社会”历来有两种基本上不同的看法。一是把社会看作众多个人集合生活的群体。严复翻译 sociology 作“群学”。众人为群，一个个人为了生活的需要而聚集在一起形成群体，通过分工合作来经营共同生活，满足各人的生活需要。人原是动物中的一类，衣食男女，七情六欲等生活需要，来源于自然界的演化，得之于个人的生物遗传。在这些方面人和其他动物基本上是一致的，只是生物界演化到了人这个阶段出现了超过其他动物的智力。人被生物学者称之为 homo sapiens，sapiens 就是智力的意思。凭此特点人在其满足需要上具备了超过其他动物的能力。人和人能通过共识和会意建立起分工合作的体系，形成了聚居在一起的群体。

严复把 sociology 译作群学，以我的体会说，是肯定活生生的生物人是构成群体的实体，一切群体所创制的行为规范，以及其他所谓文化等一切人为的东西都是服务于人的手段。

---

① 本文是作者在香港中文大学社会科学院和北京大学社会学人类学研究所联合主办的“第四届两岸三地中国文化与现代化研讨会”上的发言。

另一种看法却认为群体固然是由一个个人聚合而成，没有一个个人也就没有群体，这是简单易明的。但是形成了群体的个人，已经不仅是一个个生物体，他们已超出了自然演化中的生物界，进入了另一个层次，这个层次就是社会界。在这个层次里一个人不仅是生物界中的一个个生物体，或称生物人，而是一个有组织的群体里的社会成员，或称社会人。社会是经过人加工的群体。不仅不像其他动物群体那样依从生物的繁育机制吸收新的成员，也不像其他动物一样，每个人可以依他生物遗传的本能在群体里进行生活。在人的社会里，孩子须按社会规定的手续出生入世，生下来就得按社会规定相互对待的程式过日子；在不同时间，不同场合，对待不同的对象，都得按其所处的角色，照着应有的行为模式行事。各个社会都为其成员的生活方式规定着一个谱法。为了方便作个不太完全恰当的比喻，像是一个演员在戏台上都得按指定了的角色照剧本规定的程序进行表演。每一个歌手都得按谱演唱。社会上为其成员规定的行为模式，普通称为规矩，书本上也称礼制或法度。它确是人为的，不是由本能决定的；是经世世代代不断积累和修改传袭下来的成规。通过上一代对下一代的教育，每个人“学而时习之”获得了他所处社会中生活的权利和生活的方式。不仅如此，如果一个社会成员不按这些规矩行事，就会受到社会的干涉、制裁，甚至剥夺掉在这个社会里继续生存下去的机会，真是生死所系。

社会在自然的演化中是继生物世界而出现的一个新的但同样是实在的世界。这个世界是以生物体为基础的，正如生物体是以无生的有机体为基础一样。生命的开始，出现了生物界，生物群体的发展，出现了社会界。人还是动物，但已不是一般的动物，人的群体已不是一般的群体，上升成为社会。从这个角度来看，社会本身是个实体，生物人不能认为是社会的实体，而只是社会的载体。没有生物人，社会实体无法存在，等于说没有有机物质，生物实体无法存在一样。有机物质是生命的载体，生物人是社会的载体。实体和载体不同，实体有自己发展的规律，它可以在载体的新陈代谢中继续存在和发展。正如一个生物人是由无数细胞组成，个别细胞的生死，不决定整个人的寿命。个人的生命正是靠其机体细胞的不断更新而得以延续。同样的社会里的个别成员,因其尚属生物体,还是受生物规律的支配,有生有死,但并不决定社会群体兴衰存亡。因之,生物实体和社会实体是属于自然演化过程中的两个层次。人有两个属性:生物人和社会人。

这一种把社会看成比生物群体高一层次的实体和把社会只看成是人的群体的生活手段,从理论上说是两种不同的看法。

二

我初学社会学时,并没有从理论入手去钻研社会究竟是什么的根本问题。我早年自己提出的学习要求是了解中国人是怎样生活的,了解的目的是在改善中国人的生活。为此我选择了社会学。现在回头看来,我是受上述第一种看法的引导而进入这门学科的。把社会学看作是一门研究人们群体生活的行为学科,很符合严复翻译的意思,社会就是人类的群体。更符合我的主观倾向的是社会所规定的一切成规和制度都是人造出来,满足人的生活需要的手段,如果不能满足就得改造,手段自应服从人的主观要求。中国人民在我这一生中正处在社会巨大变动之世。如果社会制度不是人类的手段,那就好像谈不上人为的改革了。

我第一本翻译的社会学著作是乌格朋(Ogburn)的《社会变迁》。那时我还刚刚和社会学接触。这本书给我的印象很深,因为我很同意他的科技进步引起社会变迁的理论。科技变迁了,社会的其他制度也得相应地变迁,不然就出现社会脱节和失调。科技的进步是人为的,是人用来取得生活资源的手段,其他部门向科技适应也得出于人的努力改造已有的制度。这个理论对我很有吸引力。我把这本书翻译成中文,在商务印书馆出版,也可算是我进入社会学这个学科的入门标记。今天提到这件事是想说,我是无意地从上述的对社会第一种看法进入这个学科的,我说无意地因为我当时还没有领会到还有第二种看法,所以并非有意的选择。

接着我在燕京大学学习的最后一年,适逢美国芝加哥大学的派克教授来华讲学。我被他从实地观察来进行社会研究的主张所吸住了,据说这种方法来自人类学,我就决心去学人类学,虽然我当时对人类学还一无所知。我从燕京大学社会系毕业后，由吴文藻先生介绍考入清华大学研究院跟史禄国教授学人类学。史禄国原是帝俄时代国家科学院里的人类学研究员。十月革命时他正在西伯利亚和我国东北考察，研究通古斯人。当时俄国发生了革命，他不愿回国而留在中国进入了当时的中央研究院，后来又和同事们合不来，转入清华大学教书和著书。人类学在中国当时还少为人知，我投入他的门下，成了他所指导的惟一的研究生。

他依据欧洲大陆的传统，认为人类学所包括的范围很广，主要有人类体质、语言、考古、社会和文化。可说是人和人文的总体研究。他为我定下了一个6年的基础学习计划，包括体质人类学、语言学和社会人类学三个部分，规定我以两年为一期，三期完成。我从1933年先修体质人类学，同时补习动物学，作为第一期。按清华大学的章程，研究生学习只规定至少两年，没有限期。我就准备按他的学习计划进行，预备修完三期。到1935年暑假我结束了第一期，学会了人体测量和体质类型分析，写出了两篇论文，经过考试委员口试及格，按清华的章程，两年后考试成绩优秀可以取得清华公费留学的资格。1935年正逢史禄国的休假期，而且他自己又另有打算，决定休假后不再继续在清华任教。所以他为我做出了新的安排，1935年暑假后到国内少数民族地区进行调查一年，然后1936年由清华公费出国进修，他不再自己指导我第二和第三期的学习计划了。

我按他的意见，1935年暑假到广西大瑶山，现在的金秀瑶族自治县去进行实地调查。我携带了人体测量仪器以进行体质调查，并有前妻王同惠同行，共同进行社会调查。该年12月结束了大瑶山里的花蓝瑶地区的调查后，准备转入附近坳瑶地区时，在路上迷失方向，遭遇不幸事故，我自己负伤，前妻单独离我觅援，溺水身亡。我在医伤和休养期间按和王同惠一起搜集的资料写成《花蓝瑶社会组织》。这是我第一个社会实地调查的成果。

按史禄国所设计的学习进程，这是我超前的行动，因为社会人类学这一部分是安排在第三期学习计划里的。在编写这本书之前我只阅读过史禄国关于满族和通古斯族的社会调查，印象并不深，而且我对社会学理论也并没有系统的学习过。回想起来，从史禄国老师学到的也许就是比较严格的科学态度和对各个民族在社会结构上各具特点、自成系统的认识。所谓各有特点、自成系统就是指社会生活的各部门是互相配合而发生作用的，作为一个整体就有它特独的个性。我通过瑶族的调查，对社会生活各部门之间的密切相关性看得更清楚和具体了。这种体会就贯串在我编写的这本《花蓝瑶社会组织》里。我从花蓝瑶的基本社会细胞家庭为出发点，把他们的政治、经济各方面生活作为一个系统进行了叙述。

瑶山里所取得的体质测量资料我没有条件整理，一直携带在行李里，最后在昆明发生李、闻事件后仓促离滇全部遗失，花蓝瑶的体质报告也就永远写不出来了。但这并不是说我这两年体质人类学的学习对我的学术工作上没有留下影响。除了我对人类的生物基础有了较深的印象外，在分析类型进行比较的科学方法也为我以后的社会学调查开出了一个新的路子。

我原有的学习计划既然发生了改变，1936 年暑假我就准备出国，并由吴文藻先生安排，决定到英国 LSE 跟马林诺斯基学习社会人类学。比史禄国给我预定的计划，免去了语言学的一节。

从瑶山回到家乡我有一段时间在国内等候办理出国入学手续，我姐姐就利用这段时间为我安排到她正在试办农村生丝精制产销合作社的基地去参观和休息，这是一个离我家不远的太湖边上的一个名叫开弦弓的村子。我利用在村里和农民的往来，进行了一次有类于在瑶山里的社会调查。我带了这份在这村子里收集到的有关农民生活的调查资料一起到了伦敦。

我根据这批开弦弓的调查资料写出的提纲，首先得到了当时我在伦敦的导师 Firth 的肯定，随后又得到 Malinowski 的注意，当即决定他自己亲自指导我编写以中国农民生活为主题的博士论文。当时我并不明白为什么我能获得这样顺利的学习机会。后来在有人看到我的论文后，向我提出了个问题：你怎么会在没有和 LSE 接触之前，就走上了功能学派的路子？那时我才明白我从史禄国那里学来的这些东西，着重人的生物基础和社会结构的整体论和系统论，原来就是马氏的功能论的组成部分。我当时只觉得马氏所讲的人类学是我熟悉的道理。我们相见以前，已有了共同的语言。

回到我第一节里提出对社会的两种看法，我在这个阶段还没有做出明确的选择。原因也许在我当时并没有意识到除了第一种看法之外，还有第二种看法，和两种不同看法的区别。这表明我在理论上不够敏感，也就是功底不深。

我对史、马两位老师理论上的特点直到现在也不敢说已经了然。我听说史禄国后来看到了我那本《江村经济》时曾经表示过不满意的评论。我模糊地感觉到在他的理论框框里，我这本书是找不到重要地位的。但由于我没有吃透他的理论，我还不敢说哪些方面引起了他不满意的反应。

对马氏的理论我多少有一些捉摸。按他已经写出来的有关文化功能的理论，按我所理解的程度来说，基本是属于我上述的第一种看法。马氏的功能论的出发点是包括社会结构在内的，文化体系都属于人用来满足其基本生物需要及由生物需要派生的各种需要的手段。这一点他一直坚持的，同时他也承认文化的整体性，就是说人为了满足其需要而创造出的文化是完整的。说是完整就是就完备而整体的。它必须满足人作为生物体所有全部需要，本身形成一个整体，其各部分是相互联系和配合的一个体系。简单说是整体论和系统论。

他提出这一套理论是有其历史背景的，他是个人类学中主张实地调查的先行者。他长时间住在 Trobriand 岛的土人中间，学会土语，直接参预土人的集体生活。他深深觉得要理解一个群体的生活必须从整体上去观察他们怎样分工合作，通过有系统的活动来维持他们的生活，也就是满足他们的需要，而人的一切需求都是从人作为一个生物体而发生的。食色性也，是从人是动物的这个属性上带来的。从这个基本的生物需要出发，逐次发生高层次的需要，如维持分工合作体系的社会性的需要等等。他用这个理论来批判当时在人类学界盛行的文化传播论、历史重构论等等，因为这些理论都是把文化要素孤立起来，脱离了人而独立处理的。比如当时就有些学者把图腾信仰脱离他所发生的具体群体而研究其起源、流动和在人类整个历史发展中的地位等等。他以当时盛行在欧洲的人类学作为靶子，针锋相对地提出功能论、整体论和系统论。这在人类学学科史上是一次革命性的行动，使人类学的研究回归到科学的行列。

三

马氏自己称他的人类学理论是功能学派。他的所谓功能，就是文化是人为了满足其需要而产生的，所以都是有用的手段，文化中各个要素，从器物和信仰对人的生活来说都是有功能的，功能就是满足需要的能力，简单说就是有用的。功能这一词是英文 function 的译文。这词在英文中原有两个意义，一是普通指达到目的所起的作用，二是在数学里的函数，如果说甲是乙的函数，甲变乙也随着要变。马氏称自己是功能学派实际上是一语两义都兼有的。但在叙述他的理论时却常强调第一个意义，比如他在论巫术时就强调它在支持实际农作活动的节奏和权威的作用，用来批判过去认为巫术是未开化的人思想上缺乏理性的表现，是一种前科学或假科学思想的产物。19 世纪在欧洲人类学充满着当时通行的民族优越感，把殖民地上的土人看成是未开化的野蛮人，把土人的生活方式看作是一堆不合理的行为。功能论是针对这种思想的批判，但是这种理论走到极端，认为文化中一切要素都是有用的，又会给人以存在就是合理的印象。这个命题在哲学上常受到批判，在常识上也和社会的传统中颇多对人无益而有害的事实不能协调。至于把满足生物需要作为功能的基础更是不易为普通人所接受。因之当马氏的功能论在人类学中盛极一时之际，就有不同的看法出现。而且就出现在也自称是功能学派的阵营里。最突出的是曾到过燕京大学讲学的 Radcliffe Brown。

布朗也是主张实地调查而且主张文化整体论和系统论的人类学者。但是他认为功能的意义不必挂上有用无用的鉴别上，更不应当和生物需要挂钩，他把功能意义做数学中的函数来讲，那就是把功能的含义去掉了马氏所强调的一半。当时我们这些年轻的学生，经常把他们两个看成是在唱对台戏的主角。对我这个对理论缺乏敏感的人来说，在这场争论中除了看热闹之外，并没有认真思考加以辨别，而实际上却被这个争论带进了我在本文开始时所述对社会的两种看法的迷阵里。当我接触了功能派的先锋法国涂尔干的著作之后，对第二种看法发生了兴趣。他比较明确的把社会看成本身是有其自身存在的实体，和生物界的人体脱了钩。

我在医预科和在体质人类学课上受到的基础训练和社会文化和生物挂钩原是比较顺理成章容易接受的。但是我对社会的看法却被马、布的争论所动摇了，特别是联系到在瑶山和在开弦弓的实地调查的经历，使我逐渐倒向布氏的一面。我在初步进入社区的实地调查中所得到的感受值得在这里回忆一下。

当我踏入一个社区时，我接触到的是一群不相识的人。我直接看到的是各个人在不同场合的行动举止。这一片似乎纷乱杂呈的场面里，我怎样从中理出个理解的头绪呢？这时我就想到了社会行为是发生在社会所规定的各种社会角色之间，不是无序的而是有序的。如果我从这个角度去看在我面前展开的各个人的活动，就有了一个井然的秩序。不论哪一家，我们如果用父母、子女、亲戚、邻居等社会角色去观察这些似乎是杂乱的个人行为，就可以看到在不同人身上出现重复的行为模式，比如不论哪一家，母亲对儿子之间相互的行为都是类似的，成为一种模式，而这套行为模式却不同于妻子对丈夫，甚至不完全相同于母亲对女儿之间的相互行为。我在实地调查中才理解到一个社区中初看时似乎是纷杂的众人活动，事实上都按着一套相关的各种社会角色的行为模式的表演。再看各种社会角色又是相互配合，关关节节构成一个网络般的结构。从这个结构去看这社区众人的行为就会觉得有条有理，一点不乱。而且这个有条有理的结构并不是当时当地的众人临时规定的，而是先于这些人的存在，就是说这些人从小在生活中向一个已存在的社会结构里逐步学习来的。这就是个人社会化的过程。这个结构里规定的各种角色间的相互行为模式也是个人在社会中生活时不能超出的规范，一旦越出就有人出来干涉，甚至加以制裁。也因之在一个外来的调查者所能看到经常都是些按照社会模式而行为的行为，有时也可以见到一些正在或将会受到制裁的超规行为。作为一个人类学者在实地调查时，通常所观察到的就是这些有规定的各种社会角色的行为模式。至于角色背后的个人的内在活动对一般的人类学者来说就是很难接触到的。

我的社区调查不论在瑶山或在江村，现在回头来看，是不够深入的，还是满足于社会角色的行为模式，因而影响了我对社会的看法，把它看成了自成格局的实体，表达得最清楚的是我根据讲课内容编出的《生育制度》。

我本人的具体经历也影响了我学术观点的形成。所以在这里得补充几句。我是1938年离开伦敦的。那时，我国的抗日战争已进行了一年，我的家乡已经沦陷，原在沿海的各大学都已迁入内地。所以我只能取道越南回国，到达昆明，在当时的云南大学和由清华、北大、南开联合的西南联大工作。实际上，我到了云南，立即继续我的社会调查，接着以罗氏基金对燕京大学的社会学系的资助在云南大学成立了一个社会学研究中心，由于避免轰炸，设立在昆明附近呈贡的魁星阁，普通就称魁阁。从这时起，我的学术环境是相当偏僻和孤立的，除了少数原来的师友外，和外地及国外的社会学界几乎隔绝。不仅我们在当时和自己这个小圈子之外的思想很少接触，而且没有收集和储藏过去社会学书籍和资料的图书馆，我们对国内外过去的社会学遗产也得不到运用。这种缺乏消息交流对学术思想的发展确是一个很大的限制。现在回想起来，就能看到这种特殊环境的确对我自己学术思想有很大的影响。影响之深不仅是当时孤陋寡闻，而且造成了自力更生，独树一帜，一切靠自己来的心理，一直发展成为我后来不善于接受新的社会学流派的习惯。

1943年我虽则有由美国国务院的邀请参加了当时所谓“十教授访美讲学”的机会在美国住了一年，但是我却利用这时期，忙着编写魁阁的调查成果。在美国几个大学的同行协助下写出了 *Earthbound China* 和 *China Enters the Machine Age* 两书。说实话我并没有用心去吸收当时国外人类学和社会学的新思潮。比如我在哥伦比亚见过 Linton，在芝加哥见到 Redfield，在哈佛商学院见到 Elton Mayo，我在编写上述两书时都得到了他们的关切和具体协助，但是我对他们的著作却没有深入的钻研。除了我回国后翻译过 Mayo 的一本著作外，对其他几位老师的著作并未认真阅读。至多是吸收了一些皮毛，为我已在胸中长成的竹子添些枝叶。

我在老朋友面前无需掩饰，从40年代后期起，直到70年代结束前一年，我在国际的社会学圈子里除了两次简短的接触之外是个遗世独立的人物。

四

回到我在昆明这一时期，我们在魁阁研究工作是按照《江村经济》所走出这条路前进的。这条路我们称之为社区研究。社区这个名词是我这一代学生在学时所新创的。其由来是 1933 年燕京大学社会学的毕业班为了纪念派克教授来华讲学要出一本纪念文集，我记得其中有一篇是派克自己写的文章需要翻译，其中有一句话“community is not society”，这把我们卡住了。原来这两个名词都翻成“社会”的，如果直译成“社会不是社会”就不成话了。这样逼着我们去澄清派克词汇里两者的不同涵义。依我们当时的理解，社区是具体的，在一个地区上形成的群体，而社会是指这个群体中人与人相互配合的行为关系，所以挖空心思把社字和区字相结合起来成了“社区”。

社区这个概念一搞清楚，我们研究的对象也就明确了，就是生活在一个地区的一群有社会关系的人，社区可大可小，一个学校，一个村子，一个城市，甚至一个民族，一个国家，以至可以是团结在一个地球上的整个人类。只要其中的人都由社会关系结合起来，都是一个社区。有了这个概念我们实地观察的对象也有了一定范围。我当时就提出可以在瑶山进行民族集团的社区研究，也可以在各地农村里进行社区研究。在 1933 年这种社区研究就在燕京大学学生里流行了起来。我到了昆明还是继续走这条路子。

还应当提到的是魁阁研究工作标榜的特点是比较方法与理论和实际结合。在接受派克社区研究的概念和方法时，同时是由吴文藻先生为首提出的社会学中国化的努力方向。燕京大学的学生就是想通过社区研究达到社会学的中国化。社会学中国化其实就是社会学的主要任务，目的是在讲清楚中国社会是个什么样的一个社会。通过社区研究能不能达到这个目的呢？当然我们要说明中国社会是个什么样的社会，科学的方法只有实地观察，那就是社会调查。但是有人就质问我们，我们的研究对象如是一个具体的社区，那也只能是中国的一部分，你们能把全国所有的农村城市都观察到么？社区研究只能了解局部的情况，汪洋大海里的一滴水，怎能不落入以偏概全的弊病呢？我们对此提出了比较方法和理论和实际结合的对策。我在这里不能详细加以说明，好在我前年在东京的一个讨论会上发表的《人的研究在中国》的发言中已经答复了这个问题，这里不再重复了。

这里我想说的是社区研究的理论基础是直接和1935年到燕京大学讲学的布朗有关的。他在美国芝加哥大学开讲的人类学课程，就称作为比较社会学。社区研究接纳了布朗对社区的系统论和整体论的看法。我想只有从每个社区根据它特有的具体条件而形成的社会结构出发，不同社区才能互相比较。在互相比较中才能看出同类社区的差别，而从各社区具体条件去找出差别的原因，进一步才能看到社区发展和变动的规律，进入理论的领域。

魁阁的社区研究从1938年到1946年，一共只有8年，而且后来的三年由于教课任务的加重和政局的紧张，我自己的实地调查已经无法进行。所以魁阁的工作只能说是社区研究的试验阶段。这种工作一直到80年代才得到继续。

魁阁时期的社区研究基本上是瑶山和江村调查的继续。如果把这两期比照看看，这一期除了继承整体性和系统性之外，加强了比较研究同理论挂钩的尝试。先说比较研究。如果要从我本人的经历中寻找比较研究的根源，还应当推溯于我在清华研究院里补读比较解剖学和跟史禄国学习的人体类型分析。我们既然已在由内地看到了和沿海不同农村在社会结构上存在着差异，我们更有意识地在昆明滇池周围寻找条件不同的农村进行研究，用以求证我们认为凡是受到城市影响的程度不同的农村会发生不同的社会结构的设想。这种方法上的尝试，我在*Earthbound China*一书的最后一章里作了系统的申说。这不能不说是魁阁的《云南三村》比了瑶山和江村的研究在方法及理论上提高了一步。

比较研究的尝试在另一方面更使我偏向于本文开始时提出的对社会的第二种看法，就是把社会作为一个本身具有其发展的过程的实体，这种思路难免导致“只见社会不见人”的倾向，也进一步脱离马氏的以生物需要为出发点的功能论，而靠近了布朗对重视社会结构的功能论了。

五

魁阁后期，由于兼任云大和联大两校的教职以及当时政治局势的紧张，我不便直接参预实地调查，所以有更多时间从事讲课和写作。也可以提到，当时直线上升的通货膨胀使个人的实际收入不断下降，而我又在1940年成了一个孩子的父亲。我们在呈贡的农村里赁屋而居，楼底下就是猪圈，生活十分艰苦。因之，我不能不在固定的薪金之外，另谋收入，我这个书生能找到的生活补贴，只有靠我以写作来换取稿费。我在当时竟成了一个著名的多产作家。大后方的各大报纸杂志上经常发表我的文章，我几乎每天都要写，现货现卖，所得稿费要占我收入之半。写作的内容，不拘一格，主要是我课堂上的讲稿和对时事的评论，以及出国访问的杂记。这段时间里所发表的文章后来编成小册子发行，其中比较畅销的有《初访美国》《美国人的性格》《重访英伦》《内地的农村》《乡土中国》《乡土重建》《生育制度》《民主·人权·宪法》等。

这许多为了补贴生活而写下的文章里，其实更直接暴露我的思想，而我的思想也密切和我的学术思路相联系的。现在回头翻阅一看，其中很明显地贯串着我在上面所说的向社会实体的倾斜。我的三本访外杂写，实际上是把英、美的社会分别作为各具个性的实体所谓民族性格来描述的。尽管其中我常用具体看到的人和事作为资料，我心目中一直在和中国社会做比较。比如我把住处经常迁移的美国城市居民和中国传统的市镇和乡村的居民相比较而以“没有鬼的世界”来表明美国社会的特点。文内尽管有人有事，而实际是把它们做文化的载体来处理的。

我在美国时特别欣赏 R. Benedict 的《文化模式》和 M. Mead 的《美国人的性格》，我根据 Mead 这本书，用我自己的语言和所见的事实写出了《美国人的性格》一系列文章，并编成一册。这里所说的社会性格都是超于个人而存在和塑型个人的社会模式。这不是把社会看成了超人的实体的思路么？我又写出了《乡土中国》一系列文章，也许可以说和《美国人的性格》是姐妹篇，现在看来，这种涂尔干式的社会观已成了我这一段时间的主要学术倾向。

上面已提到这种倾向在理论上表白得最清楚的是在1946年完成那一系列《生育制度》的文章。我明确的否定家庭、婚姻、亲属等生育制度是人们用来满足生物基础上性的需要的社会手段。相反的，社会通过这些制度来限制人们满足生物需要的方式。这些制度是起着社会新陈代谢的作用，甚至可以说，是为了解决生物界中人的生命有生有死的特点和社会实体自身具有长期绵续、积累和发展的必要所发生的矛盾，而产生的社会制度。我说如果从以满足两性结合的生物需要作为出发点，其发展顺序应当是说由于要满足两性结合的需要而结婚生孩子，接着不得不抚育孩子而构成家庭，又由子孙增殖而形成亲戚，这种一环扣一环可说是“将错就错”形成的社会结构。如果反过来看由于社会需要维持其结构的完整以完成其维持群体的生存的作用，必须解决其内部成员的新陈代谢的问题，而规定下产生、抚养新成员办法，而形成了“生育制度”。这个制度并不是用来使个人满足其生物上性的需要，而是用婚姻和家庭等规定的制度来确定夫妻、亲子及亲属的社会角色，使人人能按部就班地过日子。这两种对“生育制度”的不同理解正好说明功能派里两派的区别。

我这本《生育制度》是在1946年和潘光旦先生一起住在乡间时完成的，他最先看到我的稿纸，而且看出了我这个社会学的思路，和他所主张的优生强种的生物观点格格不入。当我请他写序时，他下笔千言，写了一篇《派与汇》的长文，认为我这本书固然不失一家之言，但忽视了生物个人对社会文化的作用，所以偏而不全，未能允执其中。

他从社会学理论发展上提出了新人文思想，把生物人和社会人结合了起来，回到人是本位，文化是手段的根本观点。这种观点我们当时并没有会通。而且我们当时的处境并没有条件和心情展开学术上的理论辩论。我把全书连着这篇长序交给商务印书馆出版后，自己就去伦敦访问。1947年回国，我和潘先生虽则同住一院，但却无心继续在这个社会学的根本观点上进一步切磋琢磨，这场辩论并没有展开，一直被搁置在一旁。经过了近半个世纪，潘先生已归道山，我在年过八十时才重新拾起这个似乎已尘灰堆积的思绪，触起了我的重新思考，这已是90年代的事了，留在下面再说。我这本《生育制度》实际上结束了我学术历程的前半生。

1947年在英国访问以及回国之后到1949年北平解放，这段期间从我写作上说我曾称之为“丰收期”，北平的《中建》周刊、上海的《观察》周刊和《大公报》经常有我的文章，但我所写的主要是时事评论，其中固然表达我对社会的基本观点，而且通过《观察》及三联书店出版了我在抗战时期所发表的文章的集子，一时流传很广，成了当时的一个多产作家，但是回头来看，这段时间，在学术思想上并没有什么新的发展。

六

如果限于狭义的学术经历来说，我觉得可以把《生育制度》一书来作为我前半生学术经历的结束。自从1930年进入社会学园地时算起到1949年解放，一共是大约20年。接下去的30年是一段很不寻常的经历，包括解放、反右和“文革”的中国大变革时期。这一段时期里我的思想情况在 *Current Anthropology* 杂志发表的1988年10月我和Pasternak（巴博德）教授的谈话记录中有比较直率的叙述，这里不用重复了。但是联系上面所提出有关对社会性质的根本问题时，我觉得有一些补充，说一说我近来才有的一点新的体会，足以说明我后半生学术思路的若干变化的由来。我越来越觉得一个人的思想总是离不开他本人的切身经历。我从解放后所逢到的我称之为不寻常的经历，必然会反映在我其后的学术思想上，以至立身处世的现实生活上。我如果完全把这段时间作为学术经历中的空白是不够认真的。

在比较这一生中前后两个时期对社会本质的看法时，发现有一段经历给我深刻的影响。我在前半生尽管主张实地调查，主张理论联系实际，但在我具体的社区调查中我始终是一个调查者的身分去观察别人的生活。换一句话说，我是以局外人的立场去观察一个处在另一种生活中的对象。我自身有自己的社会生活，我按着我自己社会里所处的角色进行分内的活动。我知道我所作所为是在我自己社会所规定的行为模式之内的，我不需犹豫，内心不存在矛盾，我所得到别人对我的反应也是符合我的意料的。这就是说我在一个共同的社会结构中活动。尽管这个社会结构也在变动中,这种变动是逐步的,而且是通过主动能适应的变动。我并不觉得自己和社会是对立物。

但是在解放之后的一段时间里,我自己所处的社会结构发生了革命性的变动,那就是说构成这个结构的各种制度起了巨大变动,在各个制度里规定各个社会角色的行为模式也发生了巨大变动。表演得最激烈的例子发生在“文革”的高潮中。作为一个教授的社会角色可以被他的学生勒令扫街、清厕和游街、批斗。这种有着社会权力支持的行为模式和“文革”前的教授角色的行为规范是完全相悖的。当然“文革”这种方式的革命是很不寻常的,但是在这不寻常的情景中,社会的本来面目充分显示了出来。我觉得仿佛是置身于一个目的在有如显示社会本质和力量的实验室里。在这个实验室里我既是实验的材料,就是在我身上进行这项实验。同时,因为我是个社会学者,所以也成了观察这实验过程和效果的人。在这个实验里我亲自觉到涂尔干所说“集体表象”的威力,他所说的集体表象,就是那“一加一大于二”的加和大的内容,也就是我们通常说的社会的本质。这个试验证实了那个超于个人的社会实体的存在。

但就在同时我也亲自感觉到有一个对抗着这个实体的“个人”的存在。这个“个人”固然外表上按着社会指定他的行为模式行动:扫街、清厕、游街、批斗,但是还出现了一个行为上看不见的而具有思想和感情的“自我”。这个自我的思想和感情可以完全不接受甚至反抗所规定的行为模式,并做出各种十分复杂的行动上的反应,从表面顺服,直到坚决拒绝,即自杀了事。这样我看见了个人背后出现的一个看不见的“自我”。这个和“集体表象”所对立的“自我感觉”看来也是个实体,因为不仅它已不是“社会的载体”,而且可以是“社会的对立体”。这个实验使我看到了世界是可以发生这种不寻常的社会结构革命性的变动。这种变动可以发生在极短的时间里,但是极为根本地改变了社会结构里各制度中社会角色的行为模式。为期十年的“文革”在人类历史上是一次少见的“实验”,一次震度极强烈的社会变动。我的学力还不够做更深入的体会和分析,但是我确是切身领会到超生物的社会实体的巨大能量,同时也更赤裸裸地看到个人生物本性的顽强表现。

从这次大震动中恢复过来，我初步体会是做个社会里的成员必须清醒地自觉地看到社会结构的不断变化，尽管有时较慢较微，有时较快和较为激烈。处在社会结构中的个人，应当承认有其主动性。个人的行为既要能符合社会身分一时的要求，还得善于适应演变的形势。学术工作也是个人的社会行为，既不能摆脱社会所容许的条件，也还要适应社会演进的规律，这样才能决定自己在一定历史时期里应当怎样进行自己的学术工作。这种自觉可说是一方面既承认个人跳不出社会的掌握，而同时社会的演进也依靠着社会中个人所发生的能动性和主观作用。这是社会和个人的辩证关系，个人既是载体也是实体。

这点理论上的感受，虽则一直潜伏在我的思想里，在我“文革”后的公开讲话中也有所表达，但是还不能说已充分落实在后半生的学术工作中。“只见社会不见人”还是我长期以来所做的社区研究的主要缺点。

七

下半生的学术生涯，可以说从 1978 年开始，直到目前一共有 15 年。刚从“不寻常”的经历中苏醒过来时，我就想既然得到了继续学术研究的机会，就该把 30 年丢下的线头接下去，继续从事社区研究，而且这时我对社区研究本身的功能有了一些更明确的看法，正如我在和巴博德教授谈话中所说的，我们做的研究实际上是发挥人特有的自觉能力，成为自然演化的一种动力。人类社会是不断发展的，表现为生产力的不断增长。我们就得有意识的把中国社会潜在的生产力开发出来，提高人民的生活水平。这个进化观点我是早就接受了的。解放之后我又接受了当时的马列主义学习，认识到生产力是社会发展的基本推动力。这种思想和我早日翻译的乌格朋的《社会变迁》中强调科技的发展也正相合。我的《江村经济》调查就是接受了我姐姐改革蚕丝生产技术的启发而进行的。所以我在 80 岁生日那天以“志在富民”四字来答复朋友们要求我总结我过去 80 年所作所为的中心思想。“志在富民”落实到学术工作上就是从事应用科学，所以我把调查看作应用社会学。这一个思路，我有机会于 1980 年

2月在美国丹佛接受应用人类学会授予我马林诺斯基奖的大会上发表的《迈向人民的人类学》讲话时，得到公开发表的机会。

1981年我又接到英国皇家人类学会授予我赫胥黎奖的通知，并由我的老师Firth建议，要我在会上介绍江村在解放后的变化。为此我特地三访江村进行一次简短的调查。就是这次调查引起了我对当时正在发生的乡镇企业和小城镇的研究兴趣。从那时起我就抓住这个题目不放，组织了一个研究队伍，跟着农村经济发展的势头，从江村一个村，扩大到吴江县的七个镇。然后一年一步从县到市，从市到省，从一个省到全国大部分的省；从沿海到内地，从内地到边区，不断进行实地观察，直到现在已经有10年多了。我每去一地调查常常就写一篇文章，记下我的体会。10年来已积了近40篇，其中大部分已收集在今年出版的《行行重行行》一书中。这一系列文章还在继续写下去，可说是我下半生的主要学术方向。

这一系列文章在理论上说是以《江村经济》为基础的。把社区的经济发展看成是社区整体发展中的一个主要方面，并和其人文地理及历史条件密切联系起来，进行分析。我看到在不同条件下社区发展所走的路子不同，于是我又应用比较观点分出不同模式，并提出"多种模式，因地制宜，随机应变，不失时机"的发展方针。更从城乡结合的基础上升到经济区域的概念，逐步看到整个中国发展过程中形成的区位格局。这种社区研究是以农民自己创造的社会结构为出发点，分析这种结构形成的过程，它所具有的特点，并看出其发展的前景。这是实事求是的看法，而其目的是在使各地农民可以根据自身所处的条件，吸取别地方的经验，来推动自身的发展。所以可以说这种社区研究是应用社会学，一门为人民服务的社会科学。

回顾我这60年的研究成果总起来看还是没有摆脱"只见社会不见人"的缺点。我着眼于发展的模式，但没有充分注意具体的人在发展中是怎样思想，怎样感觉，怎样打算。我虽然看到现在的农民饱食暖衣，居处宽敞，生活舒适了。我也用了他们收入的增长来表示他们生活变化的速度。但是他们的思想和感情、忧虑和满足、追求和希望都没有说清楚。原因是我的注意力还是在社会变化而忽视了相应的人的变化。

翻阅我这段时间里所发表关于社会学的言论时，我看到我思想确是已经改变了一些原来对个人和社会关系的看法，我不再像在《生育制度》中那样强调社会是实体、个人是载体的论调，而多少已接受了潘光旦先生的批评，认识到社会和人是辩证统一体中的两面，在活动的机制里互相起作用的。这种理论见于我在 1980 年所讲的《社会学和企业管理》及《与医学心理学者谈社会学》里。

《社会学和企业管理》是我在第一机械工业部的讲话，在这讲话里我提到了 1944 年我在哈佛商学院遇见的埃尔顿·梅岳教授，他曾在芝加哥的霍桑工厂里研究怎样提高劳动生产率的问题，做了一系列实验。起初他采取改变各种工作条件，如厂内的光线、休息的时间等，来测验工作效率是否有相应的提高，结果确是上升了。但梅岳认为并没有解决提高工作效率的关键问题。他接着再把实验倒过来做，一一取消了这些客观条件的改变，出于大家意料之外的，工作效率却依然上升。他从中得到了一个重大的发现，原来不是客观条件的改变促使了工作效率的上升，而是他的实验本身起了作用。因为工人参预了这个实验，自己觉得在进行一项有意义的科学工作，从而发现了自己不仅是一个普通拿工资干活的机器，而是一个能创造科学价值的实验者了。这个转变提高了他们的积极性。梅岳在这里发现了普通"工人身分"后面潜伏着一种"人的因素"，这个因素是工作效率的泉源，梅岳的"人的发现"改变了美国的工厂管理。联系我们所关心的问题来说，他是使社会身分，即社会规定的行为模式，背后这个一直被认为"载体"的个人活了起来了。使行为模式变成人的积极行为的是潜伏在社会身分背后的个人。其实我们在舞台上评论演员时，总是看他是否进入了角色。进入了角色就发挥出演员的积极性，演好了戏，演唱的好坏还是决定于演员本人。明白这一点，个人和社会的关系也就明白了。

上面提到的第二篇讲话是我在北京医学心理学讲习班上的讲话。我最初的题目是《神兽之间》，意思是说人既是动物而又已经不是动物，人想当神仙，而又当不成神仙，是个两是两不是的统一体。社会总是要求"满街都是圣人"，把一套行为规范来套住人的行为，可是事实上没有一个人是甘心情愿当圣人的，即便是我们的至圣先师孔老夫子也是到了快死的70岁时方才做到“从心所欲不逾矩”。但是人又不能不在社会结构里得到生活，不能不接受这个紧箍咒，小心翼翼，意马心猿地做人，所以我用了Freud所说的三层结构来说明人的心理构成：一是id（生物性的冲动），二是ego（自己），三是super－ego（超己）。id就是兽性；ego是个两面派，即一面要克己复礼地做个社会所能接受的人，一面又是满身难受地想越狱当逃犯；Super－ego就是顶在头上，不得不服从的社会规定的身分。我当时指出神兽之间发生的形形色色的矛盾正是（精神病）医生要对付的园地，神兽之间有其难于调适的一面，但是普通的人并不都是要挂号去请教精神病医生的。那就是说神兽之间可以找到一个心安理得做人的办法的。于是我得回到潘光旦先生给我《生育制度》写的序言里所提出的中和位育的新人文思想。

新人文思想依我的理解就是一面要承认社会是实体。它是个人在群体中分工合作才能生活的结果，既要分工就不能没有各自的岗位，分工之后必须合作，岗位之间就不能不互相配合，不能没有共同遵守的行为规则。有了规则就得有个力量来维持这些规则。社会是群体中分工合作体系的总称，也是代表群体维持这分工合作体系的力量。这个体系是持续的超过于个人寿命的，所以有超出个人的存在、发展和兴衰。社会之成为实体是不可否认的。但是社会的目的还是在使个人能得到生活，就是满足他不断增长的物质及精神的需要。而且分工合作体系是依靠个人的行为而发生效用的，能行为的个人是个有主观能动性的动物，他知道需要什么，希望什么，也知道需要是否得到了满足，还有什么期望。满足了才积极，不满足就是消极。所以他是个活的载体，可以发生主观作用的实体。社会和个人是相互配合的永远不能分离的实体。这种把人和社会结成一个辩证的统一体的看法也许正是潘光旦先生所说的新人文思想。

我回顾一生的学研思想，迂回曲折，而进入了现在的认识，这种认识使我最近强调社区研究必须提高一步，不仅需看到社会结构，而还要看到人，也就是我指出的心态的研究。而且我有一种想法，在我们中国世世代代这么多的人群居住在这块土地上，经历了这样长的历史，在人和人中和位育的故训的指导下应当有丰富的经验。这些经验不仅保留在前人留下的文书中，而且应当还保存在当前人的相处的现实生活中。怎样发掘出来，用现代的语言表达出来，可能是今后我们社会学者应尽的责任。对这个变动越来越大，全世界已没有人再能划地自守的时代里，这些也许正是当今人类迫切需要的知识。如果天假以年，我自当努力参预这项学术工作，但是看来主要是有待于后来的青年了。愿我这涓滴乡土水，汇归大海洋。

1993 年 7 月 24 日

面对世纪之交　回顾传统文化

这半年来,我在国内外跑了许多地方,最近参加了两岸三地(大陆、台湾、香港)的"中国文化与现代化研讨会",还去了一次印度。通过这一段在外面跑,我感受到了一种新的气氛,回来后就在民盟中央谈这个问题。依我个人的感觉,似乎有一阵风,改变了西方世界对中国和中国文化的看法。这是一个可以说有点突然的变化。昨天我接待了一个美国议会代表团,交谈中他们说,我们美国现在经济萧条,到这儿来想学学你们怎么增长得这么快。当然这是他们的客气话,但几年来我们经济增长速度比较快是没有问题的。至于现在有人讲中国已经排到第二或第三位,对这种论调我们应当有所警惕。

我今年年初在《群言》上发表过一篇题为《脚踏实地胸怀全局》的文章,谈到我对有些人讲的500年一个周期的历史观不敢苟同。哥伦布发现美洲标志着世界史上的一个新时期,不少西方史学家称之为世界文明史的开始。500年过去了,我们即将迎来新的世纪。在这个改革开放的时期,我们要注意一个问题。因为我们压抑了很久,封闭了许多年,现在突然透过气来,很容易有一种心理反应,认为这下好了,下一个500年应当是东兴西衰,轮到我们当令了。西方也有持这种观点的人,有的是真心觉得西方文化应当自己重新反思了,但也有别具心肠的人想以此制造一种恶毒的空气:"黄祸"又要来了。国际上的事物总是很复杂的,我们要有思想准备、冷静观察。

现在世界上研究中国文化的风气很盛,美国的学术界和新闻界出现不少文章。有不少说是"儒家"文化又要抬头了。在这历史的转折时期,我们自己怎样对待我们的传统文化，确是应当提出来加以思考。我这次去印度，是应拉·甘地夫人的邀请参加为纪念英·甘地夫人而举行的讨论会。到会的是世界各国的名流。在会上我感到了一种气氛，不少人对当前世界的前途忧心忡忡，很有点六神无主、群龙无首，拿不出办法来的样子。我认为现在确是到了一个东西方文化真正要碰撞的关键时刻了。大家都急于找一条出路。虽然我们现在离实现全人类共同生存、荣辱与共的大同世界还比较遥远，但总得树立个信心向这方面前进。看来这里要有一个过程，中间免不了有一个全世界人类能和平共处的阶段。在这个阶段里要能使大家接受一个共同的信念，一个人和人怎样相处的问题，我希望能把这个问题提到《群言》来讨论一下。在这种新的形势下，我们如何扩大视野，从世界角度来看待中国文化，想一想对建立这个新的全球社会我们能做出什么贡献。

中国人口这么多，地方这么大，对这个有关人类前途的大问题，应该有我们的发言权。1954 年周总理和尼赫鲁在联合声明中提出了和平共处五项原则。这是针对当时国际形势规定的国与国之间关系的准则。这就是世界各国怎样能维持和平，共同进步，过渡到世界大同社会的基本原则。

现在我们可以回想一下：第一次世界大战时威尔逊提出过所谓"十四点"和平纲领，第二次世界大战时罗斯福和丘吉尔提出过《大西洋宪章》。看来，他们都还有一套吸引人的理想。现在正值冷战结束的时刻，却只提出一个空洞、没有内容、没有号召力的所谓"世界新秩序"。究竟这是个什么样的秩序，怎样去建立这个秩序，谁都说不明白，以致当前全世界人心惶惶不知所以，充满了道德上的失落感。看来没有道德基础的新秩序是不可能号召大家向一个共同的目标前进的。

我今年到过山东的曲阜，还去了齐国的古都临淄和墨子的家乡滕县。一路上有个问题苦恼我，很想向各位请教。就是在山东这块地方，齐鲁之间，为什么在几百年战国时期里出现了这么多高水平的学者、一流的思想家？而更使我不明白的是，在百家争鸣之后却又能安定下来，取得相容和一致。其后 2000 年间我们这个国家尽管引入了各种外来的思想，却都能相容，都能融合。当然我不相信一种政治权力靠杀几个人，靠烧一些书能把群众的思想统一起来的。把这样众多的人口，在这样长的时期内形成一个基本上一致的中华传统文化，必然还有一种力量，一种容忍的同化力，也可叫它凝聚力。这种使我们这个民族几千年来一直能维持延续下来的力量就是包含在传统文化里的这股相容和融合的凝聚力。这种精神力量是隐藏在群众的生活里的人生态度，也可以叫心态。凭借这种人生态度，中华民族有能力吸收外来的各种文化思想。这是我们传统文化的特点，对照了当前西方社会上的种种矛盾更显得突出，很值得我们进行深刻的思考。这里边大有文章可作，而且我认为对今后人类的和平共处大有用处。

在这种世纪转换的时候，我们应回顾一下历史上中国逐步走向统一的过程，更深入一步，在这过程中找出一个历久常新的为广大群众接受的共同的道义基础。这个人类过去的经验应当可以对形成的一个新的世界性和平新秩序做出贡献。我这番话只提出这个问题和这个希望。

1993 年 12 月

继承优秀文化传统 注入新的时代精神[①]

这我在1988年11月应香港中文大学之邀,发表Tanner演讲。当时,我曾提出“中华民族的多元一体格局”。从历史上、地域上、人文上,并以考古、历史、经济、文化几个方面论述中华民族多元一体的形成过程。也曾着重说明:“它的主流是由许许多多的分散、孤立存在的民族单位经过接触、混杂、联结和融合,同时也有分裂和消亡。形成一个你来我去、我来你去;你中有我、我中有你而又各具个性的多元统一体。”这一论点已逐渐为学术界、理论界所接受。

这些年,我跑过许多地方:广西,这是我搞民族学研究起步的地方,以后又多次前去学习;四川、云南、贵州这几个多民族的省份也是我长期生活过并且经常留心的地方,这些年又常去重温旧业;内蒙古、宁夏、甘肃、青海和新疆是我这些年比较关心的省、区,为这一片大西北地区写过调查报告、提出过新的丝绸之路的构想。在座的同志大概都熟悉我搞社会学、民族学——文化人类学研究始终结合我们中国的国情,希望解决我们中国的民族问题。我们这一辈人朝思暮想的就是如何使中国强盛起来,富裕起来,壮大起来！就像刘半农和赵元任二位先生出名的歌曲:《教我如何不想她》！这个她就是我们所钟爱着的中国,我们悠悠几千年从未中断过的中华民族文化！

根据邓小平同志建设有中国特色的社会主义理论,改革开放、经济搞

① 本文是作者在《中华文化通志》第二次作者大会上的讲话。

活、一系列的方针政策，高速度的发展规模，整个中国沸腾起来了。我想一个社会越是富裕，这个社会里的成员发展其个性的机会越多；相反，一个社会越是贫困，其成员可以选择的生存方式也越有限。如果这个规律可以用到民族领域里的话，那就是说，经济越发展，亦即越是现代化，各民族间凭各自的优势去发展民族特点的机会就越大。大家可以看苗族、布依族的刺绣和蜡染，回族的饮食文化，藏族的唐卡艺术，蒙古族的皮毛工艺等等在新的经济形势下发展的趋势，证明我所言不谬也！

但是，上面所说的情况还需要中央的领导和指导，还需要“共同富裕”的决策，在现代化的过程中，通过发挥各民族团结互助的精神，达到共同繁荣的目的，继续在多元一体的格局中发展到更高的层次，在这个层次里，用个比喻来说：中华民族将是一个百花争艳的大园圃。

今天，萧克老将军领导了全国一批专家学者编撰《中华文化通志》十典百卷，总计3000万字，皇皇巨著，对中华民族文化进行全面、系统的概括和总结。就时限来讲是从中华文化的起源直到当代；就地域来讲是包括了中华文化覆盖的每一地区，包括港、澳、台和海外华人社区；就内蕴来讲是有各民族和文化的各个层面（历史沿革、区域、民族、制度、教化、学术、科技、艺文、宗教和中外交流），真正成为中华民族文化百科全书。

这一套丛书将会继承和发展我国历史上著名的《通志》《通典》和《通考》三通的优良传统，而又注入新的时代精神。这一套丛书丰富和阐述了邓小平同志所提出的建设有中国特色的社会主义的理论，并且可以从书中更进一步看清楚什么是中国特色。

1994年2月18日

我的第二次学术生命[①]

这本“随笔”文集是我从已经发表过的存稿中，选出一部分大体上符合“大系”编者的需求标准而编成的。所选的文章不属专题性的学术论文，而是学术性的随笔，与学术问题有关的杂文，或是各种学术会议上的发言，特邀的演讲稿，和受记者、学人采访的记录等。从全书来说似乎缺乏系统性，各篇之间并无紧密的连续性。但既是出于一人之笔，一人之口，思想理路是一贯的，如有出入也是发展上的变化，看来也并不多。

本书限于篇幅，如果要求它能包罗作者学术思想的整体性，实难办到。首先是我生命尚未结束，过去60年在学术园地里所做的工作，多属探索性质，尚未达到完整的程度，相距还远。从写作时间上说，这本文集中所挑选的一些文章，只是近15年里的作品。这些文章多少可说是这一段学术生命中留下的脚印，串联起来也许可以成一条由若干点形成的虚线，隐藏着我这个还在发展中的思路历程。要我用话语简短地、清楚地总括这条历程，实感功力不足，火候未到。

我从这个历程中剪取从80年代初到90年代中为止的这一段时期是我意外得到的“第二次学术生命”。意外是指这段生命的取得我确是没有预料到的。自从50年代的反右斗争起，接着又经过触及灵魂的“文化大革命”，为亲人痛惜，路人侧目，不仅别人甚至自己，对我早年的学术思想早已全盘否定。我也口服心服地认为我的学术生命已告结束。不料70年代后期世态剧变，我如大梦初醒，重又回到正常生活的轨道，拾起了

① 本文是作者为《费孝通学术文化随笔》所写的跋。中国青年出版社1996年版。

我的学术工作，所以称之为我的“第二次学术生命”。

我还记得1980年在当局宣布为我“改正”的那次座谈会上，我说过：“我袋里只有10块钱了，不该随意零零星星地买些花生米吃，而应当集中起来买一件我心爱的东西才是。”意思是当时我年已七十，估计自己可能还有10年的生命。这段生命我不忍再白白消费掉了。所以当众下了决心，要用10年时间来夺回失去的20年。言犹在耳，转瞬间到了1990年。在一次朋友们为我祝寿的宴会上。有位主人突然问我，你能否总结一下，一生想做到的是哪件事。我未加思索，脱口而出“志在富民”四个字。其实这就是我10年前想用此得之意外的“第二次生命”来购取的那件心爱的东西。我本是个教书先生，没有钱，又没有权，怎么能去富民呢？那就只能靠我这脑瓜子里的智力来为富民事业想办法，出主意，这也就是我所谓的“学术”。至于我所有的“学术”属于通常所标明的哪一门、哪一科，我觉得无关宏旨；称之为社会学也好，称之为人类学也好，反正我只学会这一套。这一套是否够格称学术，我想还得看它是否抵用，能不能富民为断。

我在第二次生命里所走的学术道路其实还是早年走过而被迫中断的老路。这条路就是从观察人们的实际生活中去理解他们怎样适应和利用具体的客观条件，通过人际关系，依靠上辈传下的知识和自身创造的办法，取得生活上的需要和解决生活上的问题，从而形成的一套物质设施和社会结构相互结合的体系；并在时间中观察其社会经济上的变动，从其效果上辨别出是发展还是倒退。我在这15年中继续采取这个实地观察的方法到各地农村去调查，然后“想办法、出主意”帮助各地的农民脱贫致富。我觉得高兴的是想的办法、出的主意由于顺着改革开放的总形势，有些已取得了成效。这也使我对自己所走的学术道路有了信心，使我深深地感到生逢盛世的幸会。

总的说来，我这第二次生命得之偶然，过得愉快，自己觉得满意。有时也能略略地尝到一点霭理士在他《我的生平》序言所说的话的滋味。他说：“我的一生有时像是用流血的双脚走向基督受难的圣地。凡是我的双脚踏过的地方都盛开了芬芳的玫瑰。我已在任何一个方面都尝到了天堂里的愉快。胜于理解的宁静牢住我心。青年时所打算的一生事业在半个世纪里能得到完成，和它所给我的安慰，不能不说是已超过了我梦寐所求。”当然，我不是基督徒，不信上帝和天堂。但是在我的第二次生命的15年中我有时也得到过超过了梦寐所求的安慰。

现在回想，我在这第二次生命开始的70岁时确是没有想到老之将至。80岁还是没有服老，每年用1/3的时间在各地奔波。越是穷地方，越是要去。现在已是85岁了。不服老可能已做不到，同时也觉得应当想想身后之事了。人作为一个生物个体，生命终究是有限期的。我没有长寿的愿望，关于生命的长短，听天由命而已。但是我明白由一代代个体所构成的社会却可以常青不老。每一个时刻，每一个个人都享受着前人所积累的遗产，也在为后来者创造生存和发展的资料。人是依靠世世代代积累下来的文化生活的，文化本身离不开历代个人的创造。这些创造也就使子子孙孙能绵延不绝，使人类继续存在而且不断发展。从这个角度看去，生物的人固然不能永生，但生物的人所创造的文化却可永葆青春。杜甫的骨肉早已腐朽，而杜甫的诗歌却至今还活在人们的心中，构成一代代活着的人的精神实质，怎能说它已随杜甫的肉体而化为乌有呢？人之所以异于禽兽的也许就是这一点之差。“苟日新，日日新，又日新”此之谓也。

人原是有生物人和社会人这双重性。两者可以合一，也可以分离，社会人是可以离开生物人而存在的。当其存在，仍在社会上发生作用，没有死，还是活的。古人所谓立德、立功、立言就是指利用生物人活着的时机，立下一些不朽的或是比肉体消亡得比较缓慢的社会存在。我在进入85岁时，心头考虑的正是这个“身后之事”，这些还会影响我身后还活的人的事。我本人固然不一定能是个跨世纪的人物，但不能想到生活在21世纪的人，想到自己对生活在21世纪的人所负有的责任。

我认为，我们不应轻视我们这一代人所处的历史机遇。这是一个人类历史大变动的时代，一个个由封闭自给的小群，融合形成一个全球一体的大社会的时代。形成要一个过程，这过程要多少时间，我不敢预测，看来经过不论多少迂回曲折，全球一体的大社会势必出现。如果出现的是它的反面,人类将终结,甚至是地球的终结。历史不是自动变化的,是一代代人创造的。如果我们从积极方面去希望,就应当为我们所希望的历史趋势出一把力,为21 世纪的全球一体化铺平一点道路,这也就是我上面所说我们这一代人的责任。这也就是我在上面所说的“身后之事”。

进入 85 岁时,我想到的“身后之事”是向前看的,因为“身后”在时间上现在还是在我的前面。同时我也不能不回头看看,因为决定前面的是留在后面的那一段过去了的事。我并不是担心后人对我这一生的毁誉。眼睛闭了,后世的毁誉对我本人是无所谓的。我活着的时候,别人对我的毁誉已经够变化多端了,身后更会仁者见仁,智者见智。知我罪我,不必我费神动心。但是自己却应该有一点自知之明,有个评估,有个交代。我对自己过去的学术成果的评分,已经多次表白过,是不高的。这倒并不是虚伪的自谦,或是对苛求的自卫,我自认为是实事求是的。

怎样评估一个人的学术成果?我认为,应当采取吴泽霖的“天平”。他是以个人得之于社会和对于社会做的贡献做天平上两端的砝码。很显然如果一个社会中的人都是取用得多而产出得少,结果必然使社会走向倒退,表现在贫穷落后上,反之则欣欣向荣,日趋进步。个人亦然,有人得之于社会的少,就不应要求他产出得多,两端平衡才算及格。得多于出,不论出多少,还是不能给高分。

用这个天秤来评估我自己,应当说我是属于得多出少的人。只从学业的一方面说,我在同代人中就学的条件就比较优越,甚至可说是少有的。我生在一个重视教育的家庭,我父亲是江苏省的“视学”,即教育督导员,我母亲是首创蒙养院(即幼儿园)的当时妇女界先进人物。我的父母上有祖母和她守寡的妹妹,下有子女五人,我是老五。一家九口的生活全靠父亲微薄的工资来供养。母亲在家以有限的收入经营管理这个小集体。当她病重时,曾要我几个哥哥根据历年的日用账进行统计分析,按各项支出画成曲线并列在一张表上。用红线表示的教育费用高高居上。她指着这张表说,她的理财原则是量入为出,先扣除教育费用然后以余额安排其他项目。我曾在一次全国政协会议上的发言中重复我母亲的理财原则,希望国家也能采用。我母亲按这个原则把五个子女都培养成才。在她临终时说,除了最小的一个外,我对子女的教育是尽了力的,结果也能使我放心。她除外的一个就是我。我当时还是个中学生。我进大学是靠我姐姐的支持,进入了研究生院以后就靠国家的公费,完成了我的学业。一生督促着我不敢自暴自弃的还是我母亲的那句遗言。

在学校里从小学到大学和研究生院,从国内到国外,我又有幸受到许多教师接近于“偏爱”的关心、指引和培养。他们不仅给我言教,更重要的是身教。屏息静思,历历在目。这些难忘的情境,常常在我杂文中流露。再以第二次生命的过去15年来说,我所得到的学术工作条件的优越也不同寻常。一开始我家乡的省领导就对我的农村调查做出了“要人给人,要钱给钱”的支持,其后在统战部、政协、人大的支持下,我能经常闯南走北,东西穿梭(除下西藏和台湾)几乎走遍全国。所到之处,上下合作,左右协力,穿门入户,热情接待。这一切都是社会给我学业的投入。以此沉重的砝码压在天秤的一端,立刻显出了我产出的单薄和轻微了。在这客观的事实面前我怎敢做出强自提高的评估呢?

尽管我自知我的学术不够成熟,但出于我另一种考虑,还是凡有所见,不忌被人菲薄,乐于公开发表。早年如此,晚年还是这样。这15年中追随着农村社会经济的发展,在各地调查观察,“走一趟,写一篇”,写完就发表,向读者汇报,其中大部分已汇编在《行行重行行》一书中。我这样做,自有我的打算。这就是想实现我用脑用笔来参与这一段旷世难逢的大变局的发展,并希望这样的参与能起到推动这个发展过程的前进,以尽我的天职。

再说一点,这也有关我上述对个人“身后”的理解。我在这个世界上活了80多年,寿命不算短促。作为一个生物个体生命息灭之后,还应当留给后来的人一些对他们生存和发展有用的东西,一点文化遗产。我相信我所身逢其境的20世纪大变局中见到的情节,对21世纪的人应当是有启迪的,至少可以知道我国的农民怎样走出贫困的过程。这里包含着中国人民的智慧和胆略,是永葆青春的民族精神在这个历史阶段的表现。我所抱歉的是自己学力不足,没有把这精神更确切地、更明白地表达清楚，但所表达的事实会长期的在今后的历史中发出光和热。

如果天假以年，我还是要在这条路上走下去，至于还能走多远，那就难说了。

1994 年 12 月 9 日于北京北太平庄

晋商的理财文化

谁曾想一代晋商驰骋九州方圆?
谁曾见玲珑小城气吞八方地面?

这是电视连续剧《昌晋源票号》主题歌开端的两问。可说是偶然的巧合,我一听正是我去年7月间在山西大学华北文化研究中心开幕时召开的学术讨论会上提出的问题,当然提得没有那么文雅,有诗意。

我去山西访问原是想填补《行行重行行》的一个缺档。到了太原适逢山西大学召开这个学术讨论会,坚持要我参加,而且说有几位从台湾、香港、日本来的人类学界老朋友有意在会上和我聚谈,我欣然应邀。谁知开幕式完毕就点名要我首先发言。这真难为了我,一是我事先并没有准备论文,二是我对华北文化并无研究。话从何说起?

幸亏我前一天参观了太原附近祁县的民俗博物馆。这个博物馆坐落在有名的"乔家大院"的老宅里。乔家大院是清代遗留下来的比较完整而精美,具有时代特色和地方风格的建筑院落。但地处偏僻,要凭此建筑学上的标本来吸引游客,至少在这个年头,还是不易办到的。乔家大院之所以出名却得力于前几年红极一时的电影《大红灯笼高高挂》这部吸引过西方观众的名片。这部名片就是以乔家大院做背景拍摄的。剧情虽说是虚构,却也隐射晋商面貌。

我没有看过这个电影,当年电影评论界对"大红灯笼"的议论也没有引起我的关心,倒是那位导游一再用该片的情节来介绍"民俗博物馆",不由得我不被引进对真实晋商历史的兴趣。我对该馆所陈列着的民俗标本，包括那挂在大门口的大红灯笼并没有细心观看，印象都不深。因为我当时心里被一个问题占住了：这个至今尚没有脱掉农业地区小镇本色的小小祁县怎么会在200多年前就产生了这么多豪商巨贾？这些晋商又怎么会垄断全国金融业直到解放前夕？我的一连串问题，似乎为难了导游，所以他送了我一本小册子《在中堂——乔家大院》（山西人民出版社1992年版）。这是本经过多人，包括乔家的后人核对过的对晋商乔氏的简介，阅读后我受益不少，至少没有使我在山西大学这次讨论会上砸锅。

我的发言从参观乔家大院说起，其实就是提出了上述主题歌里晋商何故能驰骋九州，小小祁县何以能气吞八方的问题。以这个主题为例发挥了一通我们怎样可以从"天地人"三才入手去理解一个地区的文化特点。

近年来我在各种会上只要一开腔就收不住，这是年老病，噜噜苏苏说了一大篇。其实所谓"天地人"三才，用现代话语来说，就是历史机遇（天时）、地缘优势（地利）和人的素质（人才）。从这三方面入手就多少可以答复一些上述的问题了。

根据那本小册子所提供的资料，我把乔氏家属作为晋商的标本，随口试作一次简单的"三才分析"。我先讲了一段山西人大多都已知道的乔氏历史。早在乾隆初年（18世纪30年代）祁县乔家堡有个农民叫乔贵发。他是乔氏晋商的创业始祖，为人忠厚，助人为乐。但家贫无业，受到族人奚落。一气之下，决心离乡独自去闯口外，在内蒙古萨拉齐厅一家当铺里当了个伙计。萨拉齐厅是当时山西人闯口外进入内蒙古地区形成的一个移民区。在那里他认得了同店里的另一个伙计姓秦的乡亲，结拜了兄弟。后来他们积了点资本合伙在包头开设了个"草料铺"，是个专门接待马帮寄宿的客栈。

这类"草料铺"在抗战期间我在云南内地农村调查时是很熟悉的。大概凡是有马帮用来作为运输通道的路上都有这类小旅店。天晚了，搞运输的马队就在这种小店里歇脚，马喂草料，人打尖。天一亮就起程赶路。我也曾在这种"鸡鸣朝看天"的店里打过尖，歇过夜。当然这是我30年代在云南的经历，而乔贵发的小店是在内蒙古的包头，相去万里，相隔百年，在此相提并论，似乎时空相距太远，但再一想这类小店恐怕在全国各地已有千年的历史,而且至今还有。

说到乔贵发在包头的草料铺又唤起了我 1984 年初访包头时参观老城的印象。包头老城是靠黄河边的一个水旱码头,年代已久。我在《行行重行行》的《包头篇》里写过:“(这里)到解放前还不过是一个人口不过 7 万人的‘水旱码头’。水旱码头是指这地方由于地处黄河要津,形成了内蒙古皮毛牲畜和药材汇集内运和内地输入商品的转运中心,有名的西北皮毛集散地。据说当时 5 月份黄河开冻,就不断有各式各样的船只汇集此地,在 7 月中旬达到高潮,码头上停驻有三四百条船只,长达 10 多里。包头城内大街小巷做短途运输的马车有 500 多辆,集市上车水马龙,盛极一时。”

这段话里描写的包头旧城景象说明这是个农牧区接界处的内陆商埠。这里的居民以商为主,大多是从山西来的移民和流动的商贾。至今市上还可以听到一片山西口音,和包头新兴的工业区里几十万人的东北腔有鲜明的区别。乔贵发一气之下闯口外,就是当时在旧城里落脚的那一类人,可以说都是些穷困而有志气的山西老乡。闯口外是当时山西农民利用农牧贸易找到的一条脱贫致富的生路。过去几百年里走上这条路的人何止百万,但能像乔氏家族在几代人的短期内从个穷伙计变成个腰缠万贯的富商巨贾,却没有多少。围绕着这众人瞩望的标兵,流传了一个动人的传说。

传说一个严寒的冬天,有一个“鹤发童颜,慈眉善眼”的老年客商牵着匹高头大马,带着个沉重包袱。找到那时还是个无名无号的乔氏小店来投宿。小老板照例侍候得十分“熨帖”(祁县方言周到舒服之意)。次日一早这位客商说要出门访友,临行叮嘱小心保管好留存在店里的行李。一天天过去了,不见这位客商回店。小老板怕行李受潮发霉,想替他晒晒太阳,打开一看,大吃一惊,原来尽是足金的元宝。他当即跪下向天磕头,心里想这位客商准是个财神化身。正由于他平时为人正直善良,这件事传了开去也没有人怀疑他得了不义之财,反而作为善有善报的见证。靠了这笔启动金,他发起来了。到他儿子手上,立了个商号叫复盛公,成了包头这个水旱码头的支柱企业,因此至今传言:“先有复盛公,后有包头城。”

用我在上边提到的三才分析法来解剖这家晋商的兴起并不难。从天时的历史机遇说，乔氏这个晋商正赶上18世纪中叶，西方现代商业势力大举入侵之始，从此直到解放，中国一直是个列强逐鹿的大市场，国内商业和金融势必随着发展。他赶上了这班车。

从地缘优势来说，山西隔条黄河，紧联内蒙古，正是农牧两大经济区的交接边缘。历代在广阔草原上以放牧为主的蒙族，似乎没有经营商业的本领，以致历史上的茶马贸易一向是掌握在汉人手中。包头属蒙族地区，但是作为贸易中心的水旱码头却是汉商聚集的据点。当时所谓闯口外，就是现在流行的“下海”，投身到这商业巨流里去。

至于人的素质，晋商大多是闯口外起家的。乔贵发个人传记可以说明和他一般闯口外的人几乎都是那些从勤劳勇敢的中国农民中选拔出来敢于冒风险，善于和人结伙合作的人才。这和近年来我国经济大发展中大显身手的海外侨胞是一类人物。三才具备，正是晋商所以能驰骋九州方圆的根据。

有意思的是包头的金融业，当时称票号或钱庄，十家有九家的财东是山西人，而且其中又大多是祁县和祁县附近的人。这主题歌里的第二个问题为什么祁县成为金融中心，我还没有找到答案。勉强可以想到的理由是200多年来中国内地企业的所有权是跟亲属系统继承的，而合伙的搭配是跟乡土关系走的。和乔贵发合伙经营的最早的对象就是同县的秦姓。亲属和乡土是中国的传统社会关系，看来一直支配着这项企业的发展。

我说着说着还在寻思，偶然一看手表已超过了一般这类讨论会上个人发言的时限，不能不到此收住。正因为急于收口，忘了把这番议论和讨论会的主题“华北文化”挂上钩。画了近一小时的龙，还没有点睛。坐在旁边从台湾来的李亦园教授，帮了我的忙，加上了一句收场语：“这不就是对山西理财文化的分析么?”

李教授接着发言，他也从参观乔家大院说起。他针对电影《大红灯笼高高挂》的剧情展开他所谓“理财文化”的论点。他很有礼貌地说该片也许有其艺术上的成就，关于这方面，他作为一个人类学者不必发表什么评论，但总觉得该片用乔家大院做布景，更用突出引人注目的大红灯笼为片名，编出这段妻妾成群的家族故事，似乎有点对不起乔家大院的主人，而且也歪曲了山西文化的本来面目，可说不太公道。他接下去就根据乔家大院主人创办金融企业的经过，所奉行的企业纪律和建立的企业组织，对我的发言作了补充。并说这正是一个体现山西人自创的理财文化的典型。他认为如果进一步深入研究就可以看出我国200多年前已经有了利用传统的家规，严格管理一个巨大的企业的能力，体现了一套具有特色的理财和管理哲学，甚至在现代管理学中也许还是一种值得注意的有效模式。

李教授比我年纪轻，科班出身，文化人类学的根底比我深，而且一向在大学里讲课和在科学机关里做研究工作，没有像我那样长期中断过。他讲起学来有板有眼，不像我那样野马乱闯，无边无垠。我本想规规矩矩地做些笔记，预备介绍他的观点时可以不致走样，但是边听边记的习惯我在“文革”期间已被打断。所以上面所述的不能视为原话，只是我现在还记得的一些当时的体会而已。好在我回京之后，过了一段时间，接到有朋友转来李教授在台湾《联合报》上发表的那篇《乔家大院的大红灯笼》(1994年9月6日)。这篇文章比他在研讨会上口头所讲的“山西理财文化”更头头是道，所以关于他的论点我不必在这里多说了。

李教授在他的文章里强调乔氏企业不仅有传统式的严禁纳妾、宿娼和赌博的家规，而且还有一套理财和管理的哲学，和与此配合的相当于现代西方企业管理中的科层机构，实行所有权和经营权的分立，和相应的制度和纪律。我想要值得一提的是李教授称之为乔氏企业里的那一套商业伦理。他根据这些事实，用“不公”两字来指责“大红灯笼”的电影。其实在我看来他也在指责“无商不奸”一类重农轻商传统里的思想意识。商有商德，无德不成商。但是这种公平的论断，到目前还不是中国人的共识。理财文化和商业伦理还需要有人多讲讲才不致使市场经济走入歪道。

我看了李教授所讲的山西理财文化的伦理基础，产生一种体会。这一套伦理看来还是以我国小农经济为基础的,或者有人可以说还是在儒家文化的基础上发展起来的。从结构上说是以亲属和乡土关系为轴心,从内容上说还是治家要勤俭,对人要讲信义,讲厚道,反对营私,巧取。这些不都是沉淀在我们中国传统文化里的伦理基因么?从山西的理财文化看来,我们这些传统伦理基因还是发展出与西方现代企业管理可以相比的企业精神的。我这一点似乎是极平常的体会。对于一些崇尚西方人文思想的人可能会很敏感。因为有一位德国早期的权威学者名叫 Max Weber(1864 ~ 1920),曾经因为发现西方现代资本主义的发展曾得力于基督教里的被称为 Protestant 的新教精神,而倡言缺乏这种精神的东方国家不可能自发地发展现代的企业。我的老朋友杨庆堃教授曾经在 Max Weber 这一部著作的英文译本出版时写过一篇引论,批评了这种在西方学术界风行一时的理论(*The Religion of China*,英文版,1951 年)。40 多年后再读这篇引论,我不免触动私谊。如果有人把早于 Weber 出生前 100 多年乔氏企业的起家历史事实及时的写成德文,我想 Weber 也许就不会写下那些有劳庆堃大动笔墨的话了。

任何经济制度都是特定文化中的一部分,都有它天地人的具体条件,都有它的组织结构和伦理思想。具体条件成熟时经济发展出一定的制度,也必然会从它所在文化里产生与它相配合的伦理思想来作为支柱。Weber 的西方现代资本主义的理论对西方社会来说是具有灼见的。但走进了他不熟悉的中国领域,没有机会接触到中国社会经济发展的具体事实,那就难免受到我老同学的严正批评了。

我同意山西的埋财文化应当有人仔细进行深入研究。这里不仅有理论的问题,比如儒家思想中有没有可以继承来发展我们社会主义市场经济的部分?儒家思想在阻碍中国的经济发展上又起过什么作用?我们对经商理财这一业,甚至“商”这一字,为什么至今还有人带着负性的感情?它传统的历史基础又是什么呢?正确对待经商理财文化,我想是有利于国家生产力的发展的,希望山西大学的华北文化中心能考虑到这一点,做些切实的研究工作。

1995 年 5 月

黑龙江行

早就听说位于黑龙江牡丹江上游的镜泊湖是避暑的好去处，但是一直没有机会去。去年应省里朋友的盛情邀请，决定到那里躲避几天京城的炽热，静心读几本书。趁这次北上的机会还访问了辽宁铁岭市，了结一笔欠账。一路上有机会与当地同志共同探讨一些问题，从中学到了不少新东西。

避暑回来，按照我的走一趟写一篇的老习惯，把这一趟暑期的黑龙江之行的一些思考拖到冬季才写下来。

一

众所周知，黑龙江省是我国位置最北，纬度最高的省份。北部和东部隔黑龙江、乌苏里江与俄罗斯相望，西部与内蒙古自治区毗邻，南部与吉林省接壤。

从现状看，全省人口 3672 万人，土地面积 45.4 万平方公里，大体是“五山一水一草三分田”，人均占耕地 3.7 亩，列全国首位。这里是世界著名的三大黑土带之一，土质肥沃，盛产大豆、小麦、玉米、水稻、土豆等粮食作物和亚麻、甜菜、烤烟等经济作物。黑龙江拥有全国最大的林区，地下还埋着丰富的矿产。大庆的石油，鸡西、鸭岗、双鸭山等地的煤早已闻名遐迩。

从历史上看，黑龙江省历来也是我国一个非常重要的地区。在我国民族大家庭里曾经干出过一番大事业，建立过强大政权的民族，有不少是出自东北。公元前 1000 多年前，满族的祖先肃慎人已经和西周王朝建立了密切的关系。隋朝肃慎人更名靺鞨。到唐朝大荣作统一靺鞨各部，建立了渤海国。渤海国存在了229年，在东北历史上占有重要的地位。全盛时期的疆土东至日本海，南接新罗(今为朝鲜)，西邻契丹，北抵黑水，西南与唐毗邻。渤海是臣属于唐朝的一个地方政权，与中原地区经济文化联系极为密切。

五代时，契丹族兴起。终于灭渤海国建立了辽代。其时，靺鞨人改称女真。到12世纪初女真灭辽，征服北宋，建立了大金。之后，北方的蒙古族兴起，统治了整个东北地区，在灭金和南宋后，出现了统一的元王朝。17世纪中叶，满族强大起来，清朝统治者入主北京，确立了中央政权。这些都是大家熟悉的历史。我个人也有幸在几年前亲自到过契丹人早期居住地大兴安岭的嘎仙洞。北魏建国之后曾派专使到这发祥地来祭洞拜祖，刻石立碑。这次又有机会参观了"渤海上京遗址博物馆"，看到了大量的渤海国的出土文物。

一个民族能够发展壮大起来，没有一定的经济文化基础是不行的。我们从赤峰发掘出来的"红山文化"就可以看到，大约在公元前3000年时，这里的居民已经具有较高的经济文化水平，相当于中原同时的殷商的铜器时代。到15世纪初，明朝政府开辟了六条从辽东通往东北各地的交通干线，据史书记载，万历年间，辽东的"马市"已有四五处，几乎日日开市，每次入市少则数十人，多时可达数千人。明朝输往东北各地的货物中，主要是耕牛和铁制工具，这表明那时东北地区的农业生产已有了很大发展。后来，这片资源丰富的东北地区，由于民族间频繁战争，生态环境被破坏，经济和文化衰落了。特别是近两百年来，遭受帝国主义列强的侵入，最早是俄罗斯帝国。它步步东进，不仅霸占了西伯利亚的中国领土，还进一步企图吞并我国的东北大地，建筑了从满洲里到海参崴的中东铁路，沿路的广大森林几乎破坏殆尽。日俄战争后，日本帝国主义先控制了辽河流域，继之扶植伪满傀儡政权，占领了这块宝地。

这两个帝国主义入侵我国东北地区主要的目的是掠夺资源，包括森林、煤铁矿产和大豆、高粱等农产品。它们尽管曾经长期占领这个地区，但撤走时并没有留下任何重要的工业。可以说，东北地区的现代工业建设实际上是解放后才开始的。

东北各地现代工业建设的初期不能不归功于前苏联在我国第一个五年计划时所援助的项目。但是这些大中型国营企业是按照前苏联的计划经济模式建立的。改革开放以后,这些企业在体制上已经不能适应社会主义市场经济的要求,在一定时期内不可避免地成为东北各地较重的包袱。但是只要我们坚决落实改革开放的各项政策,困难是一定可以克服的。我在牡丹江市就看到了很好的例子。这个市利用一厂多制、多种经营、外引内联、引资嫁接、资产重组等多种办法,使2/3的国有企业有了出路。1994年与1993年相比,国有大中型企业完成的产值、销售收入、实现利税分别增长8.9%、38.3%和21.5%。

该市以生产轮胎为主的桦林橡胶厂,其前身始建于1938年,是1950年由沈阳迁到牡丹江的老厂。1990年利税仅6250万元,还背了2亿元欠款的包袱。1991年初,省、市政府对该厂实行投入产出总承包的政策。他们抓住机遇,以"主动建设永远不倒的市场"为中心,转变观念,加强管理,开拓市场,提高产品质量,经济效益连续大幅度提高,当年就创利税超亿元。1994年生产轮胎190万套,实现产值11.7亿元,销售收入10.4亿元,利税1.97亿元。去年1~7月份已生产轮胎120万套,实现产值7.1亿元,销售收入6.8亿元,利税1.36亿元,出口创汇1200万美元。从1993年开始,以这个厂为核心组建了"桦林集团",目前合资、控股、参股的公司已达35个,形成了以轮胎工业为主导,多业并举,科工贸一体,跨国、跨地区、跨行业、跨所有制的大型企业集团。目前,全厂继续深化改革,努力探索自我减轻负担、自卸包袱的新途径,积极开辟第二战场,大力发展第三产业,建立了"桦林民营科技园区",以保证改革、发展与稳定协调推进。

还有一家1971年建起的电视机厂,建厂20多年来一直处于微利或亏损状态,到1992年各种债务达7000多万元,资不抵债。这年年底这个厂与深圳康佳集团合资,组建了"牡丹江康佳实业有限公司",1993年初投产,当年生产彩电7.6万台,销售收入1.35亿元,利税2503万元。1994年生产19.9万台,销售收入2.52亿元,利税3226万元,彻底摆脱了困境。最近,康佳集团又同该市电冰箱厂签订了合资合同,并继续探索新的合作领域。

目前,国有大中型企业虽然还面临着种种困难,但是我相信,只要思路对头,政策、措施得当,通过"化整为零"、充分搞活,最终还会"集零为(集)团",继续成为我国现代经济的巨大动力的。

二

1983 年,我曾到哈尔滨参加一个关于医学社会学的讨论会。与这个讨论会不搭界的另一个课题也引起了我的兴趣,那就是当时人们称为"盲流"的人口流动问题。

据了解,1949 年黑龙江省人口有 1014 万人,到 1979 年达到 3169 万人,30 年增长了 2.13 倍。这 3000 多万人口中,大约 1/3 是建国前原有的居民,1/3 是建国后出生的人口,另外 1/3 则是外来的移民。这些大量的外来人口当中有一部分是有组织的来黑龙江参加工农业建设的。例如"一五"时期,国家曾一次派驻几千名复转军人在完达山南北建立大型国营农场。到 1957 年全省这样的农场已达 70 多个。以后又有大批的知识青年来到"北大荒"开发边疆。随着松嫩平原、三江平原农业新垦区的建立和大小兴安岭林业的开发,加之 60 年代初大庆油田的发展,黑龙江省外来人口大大增加了。除了这部分有组织的移民之外,还有大量从关内迁徙来的农民,可以说这是历史上"闯关东"的延续。我曾听说,60 年代时关内有整村的农民集体迁移到东北的事例。改革开放后,农村劳动力得到解放,农民可以外出从事各种生产活动。从而引发了 80 年代初开始的农村劳动力的大流动。我又听说黑龙江有关方面花费了大量的人力物力,将"盲流"遣送回原籍,但今天送走一批,明天又来一批,效果并不大。这里边实际是反映出我国自 70 年代中期以来,人口压力越来越大的问题。我国农村经过十年浩劫,生产效率大为降低,另一方面人口却不断增长,农村中大量的剩余劳动力被迫出来另找出路。东北地广人稀,土地肥沃,又有"闯关东"的历史,自然就成了移民的热点。由于当时人们对人口大量迁移还没有足够的思想准备,如何因势利导,妥善安置缺少办法。

一味采取简单的收容、遣返并不是一条好的出路。

那次访问时，我曾提出，虽然从40年代末到70年代末这30年间，黑龙江人口增加了两倍多，过去北大荒人烟稀少的状况有了一些改变。但是这里大片的土地资源远未被充分开发，我们完全可以有组织、有计划地引导、吸收内地的移民去开发那些处女地。这样做不仅仅是为了解决"盲流"带来的压力，而且应该看到这是一项加速开发黑龙江，增强经济实力，为今后参与发展东北亚国际竞争准备实力，是项具有长远意义的措施。但我的这些想法，没有获得当时地方领导的共识。

这次在黑龙江我听到主人介绍，他们正在努力要把一个农业大省建设成农业强省、富省，在战略上首先要打破过去的封闭模式，建立多元投入机制来开发荒地。黑龙江省后备土地资源占全国的1/10，有待开垦的宜农荒地2460万亩。他们把国土资源的开发和利用作为战略突破口，制定一系列优惠政策，努力吸引农民、工矿企业、省外和国外资金来共同开发。据说这一项措施已经取得了可喜的初步成效。例如绥化市两年来已有3850户农民到三江平原垦荒70万亩；哈尔滨史丹克公司投资4700万元买了1000亩荒地筹建养猪场；近年来韩国、日本、泰国及港台客商，还有国内的广东、江苏等十几个省、市都看中了黑龙江的土地资源，纷纷前来洽谈投资开发。最近深圳好威实业发展公司与黑龙江一些公司共同投资3亿元，对虎林县的38万亩荒地进行综合开发。北大荒长年沉睡的千万亩黑土地日渐苏醒。

三

1991年，我到吉林省延边朝鲜族自治州访问，这时的国际形势发生了巨大变化，东北亚将成为21世纪经济发展的热点越来越清楚地摆在了人们面前，这将是一场经济实力的竞争。在珲春的时候，我乘车经过夹在俄罗斯和朝鲜两国之间一条狭窄的小路，到达边防哨所访问。这里离日本海仅有15公里，边防战士说，晴天能见度好的时候，在瞭望塔上，可以看到茫茫的日本海。而图们江就从瞭望塔下流向大海，那里就是东北地区的一个重要的入海口。我国人民在图们江通航有着久远的历史。清末民初，当地居民一直可以通过图们江出海捕鱼、通商，清政府还在珲春设立商埠，设海关总管。后来，在与俄国订立的《北京条约》的划定边界中保留了我国从图们江的出海权。只是到了 1938 年，由于日俄冲突，日军强行封锁了图们江口，从此中国人民被迫中断了沿图们江出海航行达半个多世纪。在我那次访问珲春时，高兴地听说我国已经开始恢复行使图们江的出海权，我们的船从珲春通过图们江进入了日本海，这对今后开发图们江口地区具有重要的意义。

这次访问牡丹江我了解到，该市与俄罗斯接壤的边境线有 200 多公里；市区距边境线仅 130 公里，距俄罗斯远东重要基地海参崴 340 公里，距扎鲁比偌港 500 公里。辖区内有绥芬河、东宁两个国家一级口岸，与虎林、密山和吉林的珲春等地构成东北北部口岸群，牡丹江市是这些沿边口岸群依托的中心城市，在 21 世纪我们参加东北亚竞争的时候，这里正是这场竞争的桥头堡。为此，我们对东北地区的社会经济发展，要有一个战略性的全盘考虑，及早做好准备。除了要行使中国在条约上有规定的图们江出海权之外，还应该根据牡丹江市的特殊地理位置和自身条件，积极扶持，把它发展成一个与海参崴实力相当的工商业城市。并应加强中俄间的友好合作，充分利用海参崴已有的港口来促进我国三江平原的发展。

如果我们把眼光再扩大一些，从区域经济的观点来看，黑龙江省资源丰富，有强大的工业基础，交通通讯发达，腹地广阔。省会哈尔滨是全省的政治、经济、文化、科技中心，是东北北部最大的城市。哈尔滨在本世纪二三十年代就是一个著名的国际商埠，曾有 16 个国家在这里设领事馆，28 个国籍的侨民在这里从事贸易、金融活动。解放后“一五”时期奠定了该市现代化工业的基础。经过几十年的建设，特别是改革开放以来，综合经济实力显著增强，成为东北北部重要的工业和商品粮生产基地以及最大的商品集散地，这就构成了它在东北北部的经济核心地位。

我在哈尔滨听说，全市正在积极准备条件，争取把哈尔滨市建设成为一个“内陆港”，为东北北部营造一个具备进出港口功能的内陆城市。这一点和我对形成一个经济区域必须有村镇腹地、流通网络、中心城市和对外出口的想法是一致的。在哈尔滨建立内陆港，不仅能加快实现把哈尔滨建成东北亚重要的国际经贸城的战略发展目标，而且能够大大促进东北北部经济区的形成，从而提高我国北部边境地区的综合经济实力，为我国在21世纪参与国际上共同开发东北亚时，能占有与我国国际地位相称的一席之地做好准备。

四

解放以来，国家在黑龙江投入了很大的力量，建立起了雄厚的现代化工业基础，但是由于历史的原因，并没有在全省形成强大的经济综合实力。黑龙江省还是一个农业大省。当前摆在黑龙江省广大群众和干部面前的任务，就是怎样尽快地从一个传统的农业地区走出一条工业化的路子，简单地说就是怎样从农业里长出工业来呢？这也是我一生在努力研究、探索的课题。

近几年我花了不少时间到河北、河南、湖北、湖南、安徽等地区去考察。在这些传统的农业地区，我看到了许多迅速富裕起来的乡村。在湖北孝感有养鹦鹉、养甲鱼发财的村子；在河北沧州有靠玉米深加工，发动家家户户养鸡、养猪富裕起来的后董景村。最后在河南我又看到漯河市的南街村，从建砖瓦厂烧砖起步，积累资金，然后利用本地区产粮优势，大搞粮食深加工，建起了几十条方便面和锅巴生产线。经过10年的努力，这个村围绕农副产品加工办起了汽车运输队、等级面粉厂、纸箱厂、彩印厂等配套企业。1994年全村产值超过8亿元。村委书记风趣地说，他们是“靠玩泥蛋起家，玩面蛋发家”的。

从上面的这些例子里我们可以看到，在中部传统的农业地区，已经出现了许多摆脱贫困，奔向小康，逐步走上工业化的乡村。他们从一家一户的庭院经济起步，扩大到一村一品、一品多村，联片发展，形成基地，开辟市场，在发展中组织起为产前、产中、产后服务的公司，出现了公司+基地+农产的局面。他们用自己的智慧和力量，把农村里所有的劳动力通过老百姓熟悉的手工业、副业生产，充分地转化成生产力，使家家户户增加收入。当农民富裕了，口袋里有了钱以后，他们就进一步办起乡镇企业，逐步扩大，形成实力强大的企业。可以说他们已经在农业和工业之间广阔的领域里，找到了一条加速发展的道路。

黑龙江省提出要用15年左右的时间，建成农业强省，这里很重要的一个方面，就是要尽快使广大的农民富裕起来，黑龙江是有其独特的优势的。这里土地辽阔，农业资源和矿产资源都很丰富。1991年我访问吉林时曾经提出一个想法，东北的广大农村历来有“猫冬”的习惯。有半年的农闲时间，如果我们能够想办法解决这半年闲，那么一户农民每年增加几百元收入是不困难的。这次还高兴地听到，近年黑龙江大力推广塑料大棚和其他技术，已经有不少农村在冬天也能生产蔬菜，取得很好的经济效益。我想如果再加把劲，引导家家户户的农民在手工业和副业生产上，多闯出几条路子，那么用不了几年，黑龙江的农民就会走上富裕之路。

我这次在阿城料甸满族乡西华村访问农民石万山家时，女主人告诉我，现在全村老乡都能吃上大米、白面，肚子是吃饱了，就是没钱花。我问她为什么不多养几头牛？她说饲料不够，玉米秸秆都烧火用掉了。因为没有钱买煤，水费、电费、化肥、农药涨价太厉害了。我们作为人民的公仆和掌握科学技术的知识分子，应该有义务和责任帮助农民减轻负担，把科技知识送到农民兄弟手里，为他们服务。

黑龙江省已经制定了把农业大省建设成为农业强省的规划，方向明确了，路子也有了，现在就要我们埋下头来，扎扎实实地苦干，让老百姓尽快富裕起来。在人人有余款，家家有积蓄的基础上，让农民从农业里走出来，向发展工业的方向前进，使黑龙江不仅是农业的强省，而且是个以现代化工业建立起来的实力充沛的强省。

1995年11月

从马林诺斯基老师学习文化论的体会(节选)

五

马老师既以他的《文化论》来概括他对社会人类学这门学科的理论内容,我想我们不妨从“文化”这个概念先说几句。“文化”这个名词在一般的语言里,还没有一个一致公认的含义。我们也不必在名词上费工夫,在这里只要弄清楚马老师所说的“文化”是指什么?其实他在不同场合、不同时间用这个名词来表达的意义也并不是一成不变的。而且他在学术的实践中不断丰富和修改他对“文化”这个客观存在的现象的认识。我在这里只能简单地说一下我对他所谓“文化”的体会。

我首先想到,尽管说马老师是代表 20 世纪 20 年代世界大战之后兴起的那一代新的英国社会人类学者,但是从对文化的基本认识上说还是继承了前一代的遗产。他只是在前一代的基本认识上做出了一定的发展,澄清了前一代不够明确或不够完整的内容。

马老师所接班的那一代社会人类学者在英国来说一般认为是以 E. B. Tylor(1832 ~ 1917)开始的。他是 19 世纪中叶英国人类学的代表人物,他所著的 *Primitive Culture*(1871 年)和达尔文《人类的由来》同年出版。在这本书里 Tylor 为英国人类学第一次为“文化”写下了一个定义:“文化是一个复合的整体,包括知识、信仰、艺术、法律、道德、风俗以及其他人们作为社会成员所获得的一切其他能力和习惯。”

如果比较一下马老师在《文化论》所讲的文化,可以说他是基本上接受了这个经典定义的。他在《文化论》第一节里也是用列举的方式来说明文化的内容,他说:“文化是指那一群传统的器物、货品、技术、思想、习惯及价值而言。”接着又补充了社会组织在内。和 Tylor 的定义相比较,在列举的文化内容中多了物质的那一部分。至于所补充的社会组织也可以包括在 Tylor 定义中“作为社会成员的一切其他的能力和习惯”这一个概括的提示里。

马老师和前一代社会人类学家的差别不在所认定文化的内容,而在对文化的基本看法。老一代社会人类学家不论是进化论派或传播论派,总是有一种倾向,认为文化本身是个客观存在的实体。研究的目的是在发现这个实体本身的发展或变动的规律。比如说包括在风俗中的一项称作婚姻的“文化要素”,可以看作一项独立的研究对象,对各地居民有关婚姻的风俗比较其异同,从而可以得到这种风俗的发展和变动的规律。

我自己在大学里就按照这种思路写过我的毕业论文,题目是《亲迎婚俗之研究》。我搜集了我国各地方的地方志中有关婚姻风俗的记载。发现有的地方有亲迎的风俗,有的地方没有亲迎的风俗。亲迎的风俗是新郎在结婚那天要亲自到新娘家里去迎接新娘。据说这是中国的古礼。我根据有没有这种风俗的记载,按所在地方在地图上标出来,结果发现这种风俗的地区分布并不是杂乱无章的,而是能在地图上很明白地显示出来有一大块区域都有这种风俗,并有一些小块地区穿插在附近。我当时很高兴,认为找到了一个亲迎风俗的分布规律了。而且联系上这个分布规律推论到某个民族在地理上的扩张。

我提到这篇论文,因为是我自己的研究成果,比较亲切。回想我当年的思路。可以看出我当时对文化的基本观点是和 19 世纪后半期不少英国社会人类学家和欧洲大陆的民族学家是相同或十分接近的。因之我能体会到在研究方法上,如果关在图书馆里搜集地方志里的那种有关各地风俗的记载作资料来进行对风俗习惯的研究,很容易把所研究的风俗孤立起来?视作可以独自成立的“文化要素”,然后填入不同的地图或年表,即空间和时间的框架里,得出各种结果,再加以整理成一套似乎很合逻辑的体系来。

我在写“亲迎”这篇论文所用的方法，正是马老师所反对的方法，因为马老师对文化另有一种看法。马老师要我们进入群众的生活中去看“文化”。他所见到的文化不是刊印在书上的关于文化的记载，而是群众的活动是他们活生生的生活的一部分，充满着有哭、有笑、有感情的举止言行，把文化回给了人的生活本身。这种看法上的转变，使社会人类学得到了新的生命。它成了一门充满着生气的科学，成为真正的人的科学，人类学。马老师在学术上的最重要贡献，也许就在这点上。

回到生活中去了解人，还不够说尽马老师的全部的主张。一个文艺作家也必须到真实的生活中去体验生活，到人中间去了解人。作为一个研究人类的科学家却还有一道工序，就是要在一个个人的生活中去概括出一个任何人的生活都逃不出的总框架。通过这个总框架才可以看到每一个人的生活一举一动的“意义”这才是人的科学应当探索的对象，也正是吸引马老师为此追求了一生的“伟大的科学”。马老师想在前人的基础上，把人类学扭转到科学研究的轨道上来。他在这轨道上做出了实实在在的探索。在这方面也许可以说他是个开创者。

没有人比他更清楚，他所向往的目标，绝不是一步可以到位的。但没有预想到的，他自己能工作的时期是这样短促，以致留下一叠叠未定稿就停笔了。这样多的未定稿说明他许许多多创造性的思考尚在探索和思考之中，连告一段落程度都还没有达到。这些都成了要留待后人去完成的事业了。他所留下的早年的实地调查著作一直是鼓舞着后人的榜样。

六

把社会人类学建成一门生动活泼的人的科学，它所涉及的范围是十分宽广的。用马老师的话来说“是人所接触到的人类自己所创造的这个世界”，也就是文化的总体。我们可称之为人文世界。要理解这个世界还得看到这是人们对自然世界的加工。人并不能创出任何物质的东西来。这个人文世界处处都得以物质为基础。人利用其独有的得之于自然的能力，把自然世界的物质作为原料，加以改造，塑成为足以满足他们生活上一切需要的那个人文世界，即所谓“文化”。文化是人对自然的加工。

马老师在《文化论》里强调说:“人因为要生活,永远地在改变他的四周。在所有和外界重要接触的交点上,他创造器具,构成一个人工的环境。”这个人工的环境就是我所说的人文世界。人文世界并不是神秘的产物,如一度有人相信它是神的杰作,并写在所谓《圣经》上,传播得很广。人是自然的产物。人这个自然的产物对其他的自然产物加工制造成了个人文世界。这个加过工的世界虽然和原来未加过工的自然面貌有所不同,但还是自然的一部分。人文世界和自然世界一样可以用实证的方法去观察和分析以取得有概括性的认识,所以可以成立人文的科学。正如马老师所说,它也可以用“比它年长和表达得更确切的学科”一样的方法去进行研究而建立成为一门实证的科学。这门学科由于它和人类的关系比其他的学科更为密切,所以对人来说更为重要。人开始要研究人这一部分自然了,不是一件值得说是伟大的宏图么?

人要研究人自己,从科学历史上说是人类 19 世纪开始的创举,经过了一段探索,到 20 世纪初年建立起了一套科学的方法,不能不说是人文世界中的一项新发展和新突破。但建立这一门科学可能比其他科学更为困难些,不仅是因为人文世界领域广阔,而且是人研究人,不同于人研究物。研究者必须要有一种新的观点和境界,就是研究者不但要把所研究的对象看成身外之物,而且还要能利用自己是人这一特点,设身处地地去了解这个被研究的对象。看到这种种困难,我们对这门学科的发展必须有耐心,艰难的道路和曲折的途径是不可避免的。

企图用实证的科学方法来研究人文世界不是从马老师开始的,但不容怀疑在马老师这一代确有了重要的进展。马老师在《文化论》的第一节的结语里,提出了关于人文世界里的一系列问题后接着说:在这门学科里“有事实根据的科学探讨,至今还没有开始……我们正可以从文化方面下手来接近这个问题,并且在此可以提出一个必需的初步的研究大纲”。这个大纲就是他送给吴文藻先生的“文化表格”,也可以译为文化领域的框架。

马老师提出对文化的看法,同前一代还是有重要的区别,值得重复提一下。第一，文化是人为的，所以说是人文世界有别于自然世界。第二，人是为了要生活和生活得更好才创造文化，文化是为了生活，是生活得以运行的手段。第三，文化是人作为社会成员创造的，不但要依靠前人已有的文化基础，而且要跟别人合作，才能继承和创造文化。第四，文化是自然世界的加工，一定要有自然供应的物质基础。人文世界和自然世界并不是对立的或相互排斥的，而可说是重叠的。只有没有加过工的自然世界，没有脱离自然世界的人文世界。第五，人文世界有许许多多组成部分，但不是各自独立的零部件，而是在相互联系、配合、互动中构成一个体系的整体。在这里我不再按上列诸点，一一地去对照老一代不同的看法来加以比较说明了。下面讲到有关的问题时再作必要的阐述。

七

把文化看成生活的手段实际上是达尔文生物演化论的逻辑发展。首先肯定了人类是从较低级的动物中演化的结果，所以人类首先是一种动物，具有动物的共性。但是因为人类按生物演化的规律也产生了其他动物所不具备的生物性的体质功能，比如躯体的直立，拇指的捏合，特别是由于大脑神经系统的发达使他产生了能利用自然世界为自己服务的生理功能，即所谓"智力"。凭借这些超过了任何动物的体质功能，使他能利用自然世界所提供的种种物质满足生活上的种种需要。人的体力不如狮虎，而可以利用陷阱和刀剑来制伏狮虎；四肢不能腾空，而可以用弓箭射中飞鸟。这些体质功能使人在适应自然、利用自然的力量上超越了任何其他动物，以至一度自称是"万物之灵"，把自己作为造物者用特殊材料制成的产品，自以为和禽兽具有本质的不同。达尔文戳穿这种狂妄自大的意识，把人归回到动物的行列。用事实证实人的体质功能包括所谓智力没有不是从动物一般的体质上发展出来的。

看来面对事实是不容易做到的，即使承认了从猿到人的演化历程，但是人还是不太甘心和禽兽并论，所以看到了人类能创造个人文世界，而禽兽不能，于是又想把人文世界和自然世界对立起来，认为人文世界和自然世界有本质的不同。这同样是和客观事实不符的玄想。他们认为人文世界可以脱离自然世界而存在。他们又强调人的特点就在他有感情、有思想、有语言，通过感情、思想和语言这些似乎和物质可以分离的东西，形成了人和人的结合，出现了个分工合作的组织和有条有理的社会秩序。这个社会世界具有能利用自然世界的能力，于是又被认为是个超越自然世界的实体。从这个思路上推论下去，就幻想出了个超自然的神秘实体。这个实体并不和生物演化相衔接，即使不说是对立，也是断链的。

我不想在这里列举一些早年人类学家的这类看法来做例证。只想指出，马老师的文化论的一个重要之点就在把这个似乎有隙可乘的文化和自然的联结处给填实了。这就是把文化作为物质、社会和精神结成一体的基本看法。他把人文世界拉回到自然世界，成了个能实证的实体。

一个学过体质人类学的人比较容易明白人的智力本身是人的生理机制的一种功能。这种生理机制不仅包括着大脑神经中心的活动，而且牵连着整个机体各器官的相应活动。即以我在写这篇文章来说，当然可以说一种高级的脑力劳动，也就是大脑神经系统的活动，但是再全面看一下，我的骨节、肌肉，甚至内分泌等等生理器官，都在配合着活动。任何部分一受到障碍，文章立刻写不下去。这种整体的机体相配合的活动综合起来不就是人的智力么？所以我很明白我所有的智力活动决不能脱离我这个全部生物机体而发生的。如果承认文化是人的智力活动的结果，也就是说人为一定目的而利用客观物质条件创造的人工环境，那么文化归根到底是一个个人的生理活动的结果，也就是说人和包括禽兽在内的其他动物，是在一条生物演化的链条上联结无间的。人的文化不过是这个链条上表现出来的最新的一个环节。

这样使我觉得马老师对文化的基本看法，实质上是和达尔文的生物演化论一脉相承。我这种体会在马老师生前没有机会向他请教过，所以这种看法是否合乎马老师的本意我不敢作断。但是我把马老师和达尔文接通，对于理解马老师的文化论似乎很重要。

八

人要生活才创造了一个人文世界。这是任何一个普通人都能懂得的道理。如果不是要吃饭,为什么去耕种呢？如果不是要能蔽风雨为什么要去造房建屋呢？所以我说马老师的文化论是个朴实的文化论,用人人自己的生活经验来讲为什么我们这样生活的道理。说起来自然没有什么不容易明白的深奥之处。但是也许正因为这些是我们日常习见的常识,常常会认为是当然的事,不去追问一个为什么了。如果要追问一下,又常会答不上来。马老师的文化论,或是社会人类学者要做的事,就是把我们生在其中而不知其中所以然的道理,作出个有系统的说明,结果会使在其中生活已久的人,恍然大悟,觉得原来如此这般的生活是有道理的。说是悟道似乎有点玄了。马老师所要讲明白的是经得起实证的道理,目的是在帮助我们去理解我们这个人文世界的实质、构成和变化的一般规律。如果明白了这一套道理,就可以掌握这套规律,对个人和群体的处世,也就容易适应和改造这个人文世界了。这就进了实用人类学的范围,留到以后再说。

人文世界既是人为了生活而创造出来的,要去理解这个人文世界,我们还得从分析人的生活开始。生物是有生命的东西。生命有生有死,从生到死这一段期间的活动我们称它作生活,有生命就要活动。活动是要以新陈代谢的机制来维持。新陈代谢就是能的转化过程。活动和生长都要消耗能,因此人要吸收新的能,消耗能的过程中多余的废料要排出体外。这是人作为一个生物的个体必须维持的基本生物机制。

人不同于其他生物之处是在生活的这一段过程,内容很复杂,就在这段过程里产生了个人文世界。“生死有命”是说生死是生物规律决定的,人力起不了决定性的作用。但是人自从出了娘胎就进入了个人文世界,在人文世界中经营人的生活。这句话适用于任何人。马老师在《文化论》里斩钉截铁地说:“世界上是没有自然人的。”就是说没有不在人文世界里生活的人。不仅如此还应当说没有没有经过人文世界改造过的人。人在改造自然世界同时也在改造自己。以我们自身的经验作证,吃的是经过烹调过的饭菜,没有烹调过的米和菜,我们大部分已不能消化了。我们住的是各式房屋,没有房屋我们挡不住冬天的风雨,夏天的烈日了。我们连行路都坐车和坐飞机了,没有汽车和飞机,我们已不再用双脚把自己搬运到较远的地方了。再看看我们有很多人,脸上戴着眼镜,这些人没有眼镜远处的东西可以根本看不清楚。我们老来不少人嘴里装配了假牙,没有假牙硬一些的东西就吃不了。现在世界上真的不仅人人都不能不在人工改变过的世界里生活,而且也没有一个人是多多少少不被人工改造过了的。我们离开自然世界和自然人已经越来越远了。

尽管如此说,人还是生存在自然里,人还是自然的产物而且还是自然的一部分。不论人的生活千变万化,归根到底还是跳不出动物这个属性。真如《西游记》的作者所描写的孙悟空,自以为可以一跳十万八千里,结果还在如来佛的手掌之中。马老师为社会人类学者所树立的目标就是要用科学方法如实地把人文世界画出个蓝图,把孙行者怎么也跳不出的如来佛掌心,画出个框架。这个企图确是够宏伟的了。马老师自己知道这门学科还不能一下赶上比它年长的和更确切的科学,但还是不甘心知难而退,他要向如来佛挑战。他等于是说不论如来佛的手掌多大多高,大不出这个自然世界,人文世界只能在自然的物质世界里做文章,变也变不出服务于人的生活,人的生活还是受生物基础的限制,跑不出这个范围,因之只要能抓住人的生活,这蓝图和框架还是画得出来的。

马老师在他的《文化论》开始划了个人文世界的范围,总结出文化的四个方面,包括了整个领域:(一)物质设备,(二)精神文化,(三)语言,(四)社会组织。这是人文世界的大框框。这个人文世界的四分法曾经引起了不少学者的困惑、不满和责难。我本人也应当坦白地说,对马老师这种分解法原本不很明白。后来再想一想,引起别人不易理解的原因是在不明白他所说的"文化的方面"。他不用"要素"、"部分"等等名词来分析文化,而用"方面"。我猜测他有他的用意和苦心。首先要记住在马老师眼中人文世界是一个不可分割的整体,如 Tylor 所说的文化是个"复合的整体"。若说文化可以分为四个部分或四个要素,那就会引起文化可以分为四块,也就把文化这个整体割碎了。若说方面就不致发生这个毛病。一个整体可以就各方面去看,方面尽管多,不失其为完整的一体。

他所提出的文化的四个方面,意思可说是:我们从这四个方面去看人文世界才看得全。人文世界必然有个物质基础,就是我在上面已说过的人文世界是用自然世界的物质为资料而塑造成的。但文化不仅仅是物质的设备,还要看到它有知识、宗教、法律、伦理规则等精神的方面。此外还有语言和社会组织这两个方面。当人们在人文世界里生活时,这四个方面同时配合在起作用。所以如果只看到其中的一个方面,就看不到正在起作用的文化。文化必须从四个方面去看。我想这是马老师讲文化四方面的主要意思。

他这样说的另一个目的,或说是在要实地研究者不要满足于单看文化的一方面,像文物博物馆里的收藏者那样只看到一些文物的物质部分。手里拿着一根雕着图像的木柱,认为这就是文化,可以大发议论了。他向这些人说,收集到的这根木柱怎能说是看到了文化呢?还应当和有关这根木柱的精神、语言、社会等方面的资料配合起来才构成人文世界的一部分。单是一根有图像的木柱是没有文化意义的。这样一讲,我认为这个"四方面论"对人类学的研究者就十分重要了。马老师的文化四方面的说法其实就是文化的整体论。这是他的基本立论。

但是我们如果进一步追问几个问题,就不好回答了。比如:人文世界是不是只有这四个方面?语言和社会组织能不能归入精神这一方面里呢?我本人也推敲过这些问题。我想到如果我能直接向马老师提问,他会怎样回答呢?我猜想他很可能这样回答我:你看语言和信仰、宗教、价值等是不是一回事,如果不同要不要把它看成几个方面?这是说他并没有把这"四方面"作为定论,只是一种启示。

至于把语言作为文化的一个方面也许可以联系到马老师对语言的看法。他把它看作是一种象征性的发音行为。语言作为一种人的行为同人用身体其他部分来动作的性质是一样的。人可以用拉手、点头、鞠躬、接吻等行为来表示一定的象征性意义。实际上,用目前流行的话来说就是传媒行为有它独特的性质。把语言看成自成一格的文化的一个方面未始不可。

九

把文化看作满足人类生活需要的人工体系,是马老师所开创的功能学派的基本观点。这个观点是明白易懂的。文化既是为人们生活服务的体系。人是体,文化是用,体用分明。这是个朴朴实实的观点,所以我称之为朴实的文化论。也可以说是人本主义的文化论,因为人文世界里的一切东西无不是人造出来为人所用,连“上帝”都是为了对人有用处而被人造出来的。这句朴素的老实话,很多人却不愿听,不能接受,因而掀起了人类学这个小小茶杯里的不少风暴。可以说从马老师把这个朴实的理论说出来之后,一直有争论,甚至可以说至今未休。

马老师提出文化的功能观点,在他所处的时代的社会人类学里,是有的放矢的,是攻击前一代人类学家的有力武器。回到我在上文所说的人类学领域里的新旧交替过程,这个观点是一把突破旧堡垒的有力匕首。我在这里并不能详述这段人类学的史实。简单说来,占据在这个学术领域里的旧一代最主要的学说就是所谓“重构文化历史论”和“文化传播论”。“重构文化历史论”也称“文化演化阶段论”。不论哪一学派,在方法论上的一个重要武器就是“遗俗(survival)说”。

上文已提到过我自己的论文《亲迎婚俗之研究》可以为例。亲迎是一种古礼,古礼的意思是现在已经失去其原来意义的自古传下的风俗。这就是所谓遗俗。有些人就从遗俗去推想它原来的意义,然后据此再推想出古代的社会性质,以重构历史发展阶段。一个新郎为什么要亲自到女家去迎娶新娘呢?有人就从此推测出一种意想中的“掠婚制”,就是说古时由于禁止族内婚,要娶个妻子必须到另一部落中去掠夺。进而推测人类都经过这个“掠婚制”的历史阶段。这就是重构历史论者利用“遗俗”进行重构婚姻史和历史阶段的研究方法。

在19世纪后叶风行一时的许多“婚姻史”大多是用这种方法写成的。比如说古书上我们称妻子的父亲作舅,因而推测有一个时期一个男子只能娶自己母亲的兄弟的女儿为妻,因为母亲的兄弟至今还称作舅。用亲属制度中的称谓推测出来的古代的制度真不少。由于有地方把父亲的兄弟都称作父亲而推测出“群婚制”,再加上传说有个时期人们只知其母而不知其父,不仅推测出了群婚制,母系制,还有许多从来没有人亲自看到过的种种婚姻制度。马老师对这种人类学很不满意,而且概括出一条有关这些学派共同的“方法论”,说他们专门寻找失去了现实作用的奇闻怪俗作为立论的关键论据。他说那不是把科学建立在“无知”之上么?因为所谓“失去了现实作用”就是说研究者不明白这种风俗在当地人民生活中的作用。那不是“无知”么?无知的基础上怎能建立科学呢?

针对这种“遗俗”论,马老师提出了“文化的意义就在其对人们生活所起的作用”。用通俗易懂的话来说,“文化的意义就在其功能”。更明确些可以说“不能满足人们生活需要的东西,不是文化。文化因其对人有用处才能存在”,这样就根本否定了“遗俗”。

马老师进一步认为,只有在人们现实生活中才能理解文化的功能,所以他强调研究文化的人类学者必须深入被研究者的现实生活。生活是活人的活动,文化是活着的人文世界。这是走出了书斋,在实地体验过另一种文化生活的人才能领会到的观点和境界。

让我在这里补充说一点。有些人由于马老师反对过重构历史学派的社会发展阶段论,从而对他作出各种批评和攻击,甚至说他反对研究文化的历史,否认历史对文化的作用,等等。这是不符合实际的。马老师一再说明他所反对的只是凭空臆造的历史,“遗俗”重构的历史是主观的设想,不是事实。他强调实事求是,言必有据的实证论。这是现代科学的研究方法。

文化是人类历史的遗业,每一代人都继承了前人所创造的文化。所以文化是有历史的。历史发展是前后衔接的过程,在这个过程中前后存在着差别,所以有前后不同的变化。为了便于理解历史的过程,可以就其突出的变化划分阶段。历史阶段是人为的,不是历史本身。同一地方,同一人群所经历的历史过程,不同的人为了不同的目的可以划出不同的阶段。在过去人类学领域里有人把从某一特定的人群中看到或者设想的历史阶段硬性地套用到其他人群的历史上去,认为美洲土人所经历的历史阶段必然适用于太平洋或非洲的土人。这是不科学的,不是实事求是的。马老师不反对文化有发展过程,不反对可以把发展过程分成若干阶段,但反对把某种特定的历史阶段看成放之四海而皆准的固定的标准尺度,用来衡量一切文化的历史发展过程。

马老师的实地研究主要限于西太平洋上一个小岛上的土人，前后的时间跨度只有四年。这个岛上的土人长期以来处于封闭的状态。岛上土人的生活在这样短的时间里并没有发生过令人注目的显著变化。按这岛上的土人所能记忆的过去，生活上似乎也很少变化。这种情形我们是可以想像得到的。在这具体的处境里生活和工作的马老师不容易对土人的历史发生兴趣。土人不是没有历史，但没有留下历史记载。土人们留在记忆中的历史，是在当前的情境下用语言表达的。这里发生了一个很值得我们注意的时间序列。我们讲历史是指不同时间里前后发生的客观存在事情，客观存在事情发生在过去、现在、后来这个三维直线的时间序列里。如果一个人回想到过去发生的事情，再用当前的话来表达，而且又是向一个外来人传达有关土人自己过去的事情。这里三维直线的时间序列（昔、今、后）融成了多维的一刻。这一刻所表述的事情说是昔时的原样的复本，似乎不一定切实了。作为一个功能论的学者，马老师在处理这类“历史”资料时，一定会感觉到相当为难。严格地说，他所听到的土人对他们昔时的叙述，只能看作是昔时在今时的投影，而且受到叙述者对后时的期待的影响。

正像他处理有关巫师在作法时所用的术语一样，怎能相信表面上所说的话是符合过去的事实呢？怎样处理多维一刻的时间交融的格局，确是研究人文世界的一个难度较大的焦点问题。我觉得，在这个焦点问题上，马老师只隐约地提出了这个难点。他在研究一个小岛上的土人这个对象时是可以回避这个问题的。不去牵涉到这个文化的历史范畴，他还是可以从整体出发来分析当地的人文世界。但是这个难题似乎并没有予以解答而留给后继者了。

1995 年

东方文明和二十一世纪和平[①]

我是1910年出生的，现在已86岁，有生以来过去的岁月都在20世纪之内，可以称得上是一个20世纪的见证人。在这个世纪中，世界发生了巨大变化，人类有了很大进步，可是从大多数人的生活来看，并不能说是一个很愉快的世纪。

20世纪是西方文明继续大发展的世纪，带来了对人类进步的伟大贡献，同时也带来了多次巨大的灾难。说到进步和贡献，首先是科学技术的大发展，使人们利用科学技术来开发自然资源的力量，超过了历史上任何一个世纪。但是这个力量像是一把有正反两刃的剑，既可以用来为人类服务，转化成生产力来提高人们的生活和文化，建立人类前所未有的幸福生活。但也有可能变成这个世界的消极和破坏因素，被人类中的一部分人用来掠夺另一部分人，压迫另一部分人，造成人类的灾难。最突出的就是到20世纪后半期才逐步衰亡的殖民主义。我这一生贯穿了整个20世纪，既看到了科技力量转化成生产力所带来世界的巨大进步，造成了现在这个被称为现代化的世界，又看到殖民主义所带来的灾害和至今未消的余毒，以致这个现代化的世界并没有为世界上大多数人带来美好的生活，我看到并身受到不少痛苦和悲惨的经历。

以我这个出生在中国的东方人来说，从小就碰上列强侵略，军阀内战，战争不断，一生两次逢到世界大战，出外逃难，安定的生活都谈不上，其他更不用说了。比我更贫困的农民受到的不幸那就更多了。我的家乡

① 本文是作者在国际幼儿教育会议上的讲话。

江苏吴江在中国历来是个富庶的鱼米之乡和丝绸产地，但在20世纪初年传统制丝技术竞争不过先进的现代技术，农村里的家庭手工业被淘汰，农民陷入贫困。我姐姐用学会了的养蚕缫丝的现代技术知识，在家乡农村里促进丝业改革，帮助农民建立乡村工业，很有成效，农民生活也有了改进。可是不久发生了日本的侵略战争，家乡沦陷，桑园荒芜，民不聊生，丝厂也被毁坏了。我切身的经验使我明白不接受现代科技又没有和平的环境，各地人民是不可能丰衣足食，安居乐业的。

从全世界来看，我个人的经历也正是20世纪世界上多数人的普遍经历。进入20世纪后刚刚十几年，列强为了争夺殖民地，第一次世界大战就开始了。33个国家参战，打了四年多的仗，有15亿人被卷了进去。停战后不到30年第二次世界大战又发生了，规模更大，战争里受害的人更多，20亿以上的人和60多个国家与地区深受这次战争带来的灾难，直到最后动用了原子弹，打上20世纪最黑暗的印记。这段历史明明白白告诉人们，本来应该用来为人类造福的科技力量，变成了大规模的杀人武器。这是20世纪前一半的事情。这个世纪的后半叶，虽然到今天为止并没有再打世界大战，局部地区的炮火却是接连不断，再加上持续了长期的“冷战”，意识形态的斗争更加激烈，大多数人安居乐业的和平局面还是没有出现。

20世纪开始时，西方文明进入东方已经有几个世纪，改变着东方的面貌。东西方文明碰头，应当使人类能创造一个比过去更优越的新时期。我在30年代所写的《江村经济》中提到过当时自己的一点看法：“在上半个世纪中，中国人民已经进入了世界的共同体之中。西方的货物和思想已经到达了非常边远的村庄。西方列强的政治、经济压力是目前中国文化变迁的重要因素。”当然，把范围扩大一点，也可以说西方文明是促使东方各国文化变迁的一个重要因素。在这个变迁过程里，东西双方都存在着文化发展、社会进步的契机，但由于压在东方大多数人民头上的殖民主义却为他们带来了前所未有的贫困和不幸。

殖民主义列强以其物质上的优势向弱小民族进行剥削和掠夺，阻碍了全世界人民共同开创和平和繁荣的局面，以致在整个20世纪世界经济中出现了各民族和各地区之间极大的反差。少数地方发展得快,多数地方发展得慢;少数地方受益多,富了起来,多数人受到压迫和剥削,日益穷困;少数人占用了大量财富,消耗大量资源,多数人的生活水平长期停顿在甚至下降到衣食不足的水平。这就是我们通常所说的成了20世纪特征南穷北富的“南北问题。”

现在,20世纪很快要结束了,这个“南北问题”不仅没有得到解决,也没有出现缓解的迹象,而且还在继续恶化。全世界的贫困人口现在不是在减少,而是在增加。联合国把1996年确定为“国际消除贫困年”,这个事情本身就说明全世界各地人民已开始看到了贫困问题的严重性了。严重到什么程度呢?让我举一个最近的实例来作一点说明。

1996年1月17日,联合国北大厅里边启动了一座“贫困钟”,来表示世界上贫困人口不断增加的情况。按照设计,世界上每增加一个贫困者,“贫困钟”就上跳一个数字。现在,据说这座钟每分钟要跳47个数字。照这个速度推算,全世界每天的贫困人数大约增加67680人。在这里我们看到了当前世界惊人的悖论:一方面,人类的科技事业取得了巨大的进步,利用自然资源的能力超过了过去任何年代;另一方面,却是每一天都在大量增加贫困人口。以这种悖论来总结20世纪的特征,是无法令人心安的。

“南北问题”是不是要被带到下一个世纪呢?“下一个世纪”这样一个跨世纪的时间概念,大家直觉上似乎感到是个遥远的未来。因此到现在为止,对于人类在21世纪应当建立起什么样的秩序,对一般人来说好像还是个可以从容地慢慢斟酌的事情。事实上我们只有四年就要进入这“下一个世纪”了,而我们对应当建立的世界秩序至今还没有形成一个共同的、正确的认识,更没有一个具体的行动纲领。这真是个值得人们忧虑的局面。

我认为我们不应当在21世纪的门口带着忧虑的心情迟疑徘徊,而应当充满希望地迎接这个历史给我们人类又一个宝贵的时机,有信心地去总结过去的经验,充分利用前代留下的丰厚遗产,改正我们过去的失误,创造一条康庄大道来实现人类丰衣足食、安居乐业的共同愿望。

我认为过去这几个世纪给人类所创造下的科技知识，应当说是17世纪以来西方文明给人类的巨大贡献，在现有的基础上，在今后的岁月里，还要西方带头普及科技知识并不断丰富和提高以增强人类创造美好生活的条件。同时在过去这段时间里，我们也应当指出，西方各强国采取了殖民主义向世界各地扩张，造成了不少种族绝灭，自相残杀和贫困失业的人间悲剧，把20世纪的伟大成就抹黑了。这段历史教训也明白地显示了我们必须在21世纪将这个历史性的失误从根本上加以纠正。人类必须在不断加强他们利用资源的同时，创造一个和平和均富的社会条件。

在这里值得我们这些东方文明所培育出来的人反身自问，我们东方文明的传统里有什么可以用来纠正20世纪的失误，用以补足西方文明的不足？东西双方能否共同努力为21世纪创造一个全人类可以享受到丰衣足食、安居乐业的美好世界？简单一些说，是否可以开创一条通过东西互补合作来消除南北差距的道路？

我们传统的中国文化，固然糟粕不少但也不缺乏精华。在这样悠久的历史中，这样众多的人口能长期地共同生活在这块土地上，必然积累了丰富的正反两面的经验，大可总结出不少值得后人借鉴的教训。其中有一条很切合当前换纪时刻的情况，我认为值得提出来作为人们共同思索的参考。那就是人对人和群体对群体的关系中有霸道和王道的区别。中国的历史经验教训说“以力服人者霸，以德服人者王”。人与人协力合作坚固的韧带不是“力”而是“德”。要集合普天下的人和平共处，人与人之间需要凝合成的群体必须在个人和个人、群体和群体之间建立起价值观念上的认同。以德服人就是用仁爱之心来处理自己与别人的关系。心中有我，也有别人；在人际关系中推己及人，老吾老以及人之老，幼吾幼以及人之幼。在共同的生活里边，建立起一种互相尊重、互相容忍、互相有利的合作关系，实现共同的发展，达到幸福生活的目标。所以可以说所谓“德”，就是心中有人，己所不欲，勿施于人。以德凝聚成的群体是牢固的，所以说“以德服人者王”。相反是霸道，就是用强力来压迫别人或别的群体服从自己。用力来维持的社会关系是不能持久的。所以我们的古训主张王道而反对霸道，这是历史的经验总结。上面关于20世纪西方强权国家推行的殖民主义就是典型的以力服人的霸道。当前殖民主义名义上是消灭了，但其余毒霸权主义还在流行，霸权主义就是以力服人之道。

东方文明的一个基点就是崇尚以德服人，反对以力服人，强调包容性，使不同群体能和平共处，在和平共处中不断扩大合作面，小的矛盾不影响大的合作，在合作中实现大家的共同理想。我想，这是人类即将进入21世纪的时候，东方文明的这种经验教训可以为世界形成新的和平秩序提供的一条值得思考的启示。

6年前在日本东京参加若干朋友为庆祝我80岁生日而举行的座谈上，我在答词中关于人类发展的过程，依据上述的东方精神，说了四句话，“各美其美，美人之美，美美与共，天下大同”。可以为上述反对霸权主义的主张作一点诠释。

人类社会的发展是一个历史过程。在这个过程里边的不同阶段上，都会出现和当时的生态秩序相适应的心态秩序。进入现代社会之前，世界上各个群体大多是处在封闭状态之中，自给自足，自我发展，互不关联，这就是“各美其美”的经济和社会基础。各个群体各自有各自的传统价值标准，而且都认为只有自己的标准是美的，排斥别人的价值标准。

随着人类社会的发展，不同群体相互间隔绝的状态渐渐地被打破了。群体间不断发生接触、交流乃至融合。自从进入现代社会，尤其是跨进20世纪以来，全世界各个地方的人群，越来越紧密的被交通、通讯等联系了起来，被捆成了一个休戚相关的整体。在这个阶段上，如果还只抱着“各美其美”的心态就不相适应了。整个世界格局要求人们不应再惟我独美，不应要求别人按自己的标准行事，不然就会引起群体间的矛盾和纠纷。当前我们就身逢这种处境。在这种处境下，必须从“各美其美”上升到“美人之美”，就是要容忍不同价值观点的并存，并做到别人觉得美的自己也觉得美。力求摆脱本位中心主义，不要求别人“从我之美”。至少要承认多元并存，求同存异，相互理解，日趋靠拢。这样才在心理上能接受不同群体的平等相待和平共处。“美人之美”是和多元社会相适应的心态。

有了“美人之美”为基础，我们还应当更进一步，通过加强群体之间的接触、交流和融合，在实践中筛选出一系列能为各群体自愿接受的共同价值标准,实现“美美与共”。就是说已经被捆在一体中的人们能有一套大家共认的价值标准,人人心甘自愿地按这些标准主动地行事。这样的社会也就是我们中国前人遗留给我们的理想,即所谓“天下大同”的美好世界。

在跨入21世纪的前夕,我相信当前的世界已进入应当力求实行“美人之美”的阶段了。经过几百年来科学技术的发展,当前的人类确已具有绰绰有余的能力为全人类提供丰衣足食的物质条件。现在所缺的就是和这物质条件相适应的精神条件,包括普遍接受的道义感,共同遵守的价值标准,平等相待、和平共处的协作态度,就是我在上面所说的“美人之美”的心态基础。

在这种心态上建立起来的世界就不会容许霸权主义的横行,大小各种群体才能建立起和平互利的经济和政治关系。在经济上不设置障碍,而是真心平等互利,不采取单方面的短期利益的保护主义,坚持开放和竞争。在政治上,不以力服人,强迫别人接受不平等条约,不干涉别的主权国家的内政,用平等协商来处理国与国、地区与地区之间的矛盾,用对话代替对抗。

上述这种和平互利的经济和政治关系正是当前大多数人们跨越20世纪这个时刻心理渴望的世界格局。这是实现可行的群众要求,而且也正是人类进入我们祖祖辈辈所瞩望的“天下大同”,即人类共同的美好世界,必然要经过的一个阶段。

我是充分肯定历史是向着天下大同的目标不断前进的。首先要感激西方文明在过去大约三个世纪里凭借科技的发达,打下了今后前进的物质条件,现在正是我们要进一步考虑怎样利用这巨大的物质力量来为全世界人类实现丰衣足食、安居乐业的大同世界。我相信20世纪的缺点正是它没有建立起一个人们可以和平共处的社会秩序,而对人与人道德秩序的重视正是东方文明历史的特点。我相信加强东西文明的互补,加强价值观点的共识一定能解决20世纪遗留下的南北反差问题。人类一定要在新的21世纪里,至少要在今后新的1000年中,能够促使我们中国人祖祖辈辈所追求的大同天下的实现。

1996年2月7日

重读《江村经济》序言(节选)

五

马老师在《江村经济》序言中重提他的预言,社会人类学的研究对象应当包括文明人,又鼓励本民族人研究本族的社会文化。如我在上节提到的,第一个在他指导下得到博士学位后来又成为他接班人的 Firth 教授曾依他所指出的方向,在马来西亚用马老师一贯强调的田野作业方法和功能主义理论,研究了一个海滨的渔村。他在实践中提出了“微型社会学”的概念。微型社会学是以一个人数较小的社区或一个较大的社区的一部分为研究对象,研究者亲自参预当地的社会活动,进行亲密的观察。在研究方法上还是等同于马老师在 Trobriand 岛土人中和 Firth 自己在 Tikopia 岛土人中所用过的田野作业方法。Firth 的实践认为可以证明这种微型社会学是可行的。实际上他是想在人类学领域里一步直接跨过了我在上边所说的“文野之别”。

他这样一步跨越的试验,基本上消除了西方社会人类学的研究对象被困住在“野蛮人”里的传统桎梏。但是这也引起了许多值得注意的方法上和理论上的问题。这些问题的来源首先是出于“文野之别”的别在哪里。我们不应过于简单地以西方的种族成见一语把这区别予以抹掉。Trobriand 土人和中国农民以及伦敦的居民存在着相同的一面是基本的,因为他们都是人,所以应当都是人类学的研究对象。这一点我在那篇讲马老师的文化论中已经说清楚了。我认为马老师和功能论就是要想以一切人类文化都是人类依据自己的生物需要和集体生活的需要而产生的这种基本认识，来消除人文世界中本质上文野的差异，比如他批判了把理智思考作为文明人所独具的特性等，就是为"文野一致"论找根据。但如果我们只讲文野一致也会导致文野无别的错觉，也就是忽视了人本身在文化上的演化，忽视了人的历史。所以我们既要从根本上肯定人类的一致性，也要注意到人类本身还是处在自然的演化过程之中。这个过程首先表现在人在发挥它生物遗传的底子上创造的人文世界因处境不同存在着各种不同的选择所以不同民族在社会文化上可以有差别。这种差别也是客观存在的。而且这种差别也曾引起了不同民族在过去的历史里产生了不平等的地位。我们不应当因为反对这种不平等而把差别也根本否定掉。我们既要承认文化本质的一致，也要重视文化形式上的差别。

我并不同意文化的发展是有一定不移的阶段，但也不同意完全是偶发的和无序的。从整个人类历史过程中看去总的来说大体上是，一个社区里共同生活的人是由少而多，人所能支配的环境是由小而大，人和人的关系是由简而繁等等，这些基本上都是日常可见的实际情况既以 Firth 自己研究过的 Tikopia 人和马来西亚渔民相比较，我想也会看到二者在这方面的差异。

人口既有多少、社区既有大小、社会既有繁简，有人提出对"微型社会学"的责难就值得我们认真对待。责难是一个包括人数众多，历史悠久，文化复杂的民族或国家，只研究其中的一个由少数人组成的小社区，能不能了解这个民族整体的社会文化？这正是 Leach 教授在 1992 年所写的 *Social Anthropology* 一书中向研究中国农村的社会人类学者提出的责难。

Leach 教授责难我们从一个小小农村入手研究中国社会文化时提出了的这样一个问题，就是"中国这样广大的国家，个别社区的微型研究能否概括中国国情"？我在 1990 年所发表的《人的研究在中国》一文中答复了这个问题。我在当时的答复中首先承认他的"局部不能概括全部"的定式，即方法上不应"以偏概全"，而提出了用"逐渐接近"的手段来达到从局部到全面的了解。

后来我又提出在云南内地农村调查的实际中采用的"类型"的概念，

和在90年代城乡经济发展的研究中提出了“模式”的概念,对局部和全面的关系做了进一步的修正。我认为:“把一个农村看成是一切都与众不同,自成一格的独秀,sui generis 也是不对的。一切事物都在一定条件下存在的,如果条件相同就会发生相同的事物。相同条件形成的相同事物就是一个类型。”(《人的研究在中国》)以江村来说,它果然不能代表中国所有的农村,但是确有许多中国的农村由于所处条件的相同,在社会结构上和所具文化方式上和江村基本上是相同的,所以江村固然不是中国全部农村的“典型”,但不失为许多中国农村所共同的“类型”或“模式”。我这种思考,使我进一步摆脱了 Leach 的责难。我认为有可能用微型社会学的方法去搜集中国各地农村的类型或模式,而达到接近对中国农村社会文化的全面认识。

最近我在重温马老师的文化论时,又有所启发。在人文世界中所说的“整体”并不是数学上一个一个加起而成的“总数”。同一整体中的个体有点像从一个模式里刻出来的一个个糕饼,就是这个别是整体的复制品。生在社会里又在社会里生活的一个个人,他们的行为以至思想感情的方式是从先于他存在的人文世界里学习来的。学习基本上就是模仿,还加上社会力量对个人发生的规范作用,即所谓教育,社会用压力强制个人的行为和思想纳入规范中,一个社区的文化就是形成个人生活方式的模子。这个模子对于满足个人生活需要上是具有完整性的,每个人生活需要的方方面面都要能从这个人文世界里得到满足,所以人文世界不能是不完整的。关于这层意思我在关于学习马老师的文化论的体会那篇文章里已经说过,这里不再重复了。

这样看来,如果能深入和全面观察一个人从生到死一生生活各方面的具体表现也就可以看到他所处的整个人文世界了。在实际田野作业里,要观察一个人从生到死一生的行为和思想是做不到的。所以实际研究工作是把不同个人的片断生活集合起来去重构这个完整的“一生”,从零散的情境中,见到的具体镜头编辑成整体的人文世界。他所以这样做,是因为每个人在一定社会角色中所有的行为和感情都不应看作是“个人行为”,而都是在表演一套规范的行为和态度。我们都知道每个当父亲的人在他当舅舅时就不是一个面孔。社会人类学者首先要研究的对象就是规范各个个人行为的这个“模子”,也就是人文世界。从这个角度看去,人文世界里的“整体”必须和数学里的“总数”在概念上区别开来。这是“微型社会学”的基本理论根据。

Leach 认为我们那种从农村入手个别社区的微型研究是不能概括中国国情的,在我看来,正是由于混淆了数学上的总数和人文世界的整体,同时忘记了社会人类学者研究的不是数学而是人文世界。其实 Leach 也明白这个道理。因为他在自己的 *Political Systems of Highland Burma* 一书里所分析的克钦人的社会结构时也只根据他在缅甸的一部分被称作克钦人的景颇族中所调查到的资料。他根本没有对跨越中、缅两国的景颇族全部进行调查,而敢于下笔把在其中一部分克钦人中观察到的政治关系着手分析解放前在景颇族里广泛实行的山官制度。他在社会人类学研究实践中实际也是采用了“微型社会学”的理论根据:只要在一部分克钦人中深入细致观察他们政治生活中所遵守的规范就可以用来概论跨越中、缅边境的景颇族的整个山官制度了。如果他有机会在解放后看到在我国境内的景颇族实行了民族区域自治,他就可以说历史的条件变了,所以两地发生了不同的政治结构,而且进而可以用缅甸境内克钦人的山官制度来做了解我国境内景颇族区域自治的参考体系了。这种研究方法,我是可以赞同的。我也同意在人文世界里不必去应用“典型”这个概念,道理是在人文世界有它的特点。但是他在对待我们中国人研究农村时却忘记了这一条研究人文世界的基本原理。

1996 年 3 月 25 日

开创学术新风气[①]

首先谢谢北大领导给我在这次汇报会上一个旁听的机会。我所以来参加这个会,是一个感情问题,想看看自己培养出来的孩子(北大社会学系和社会学人类学研究所)长得怎么样了。

我最近看了一本书,书名是《北大校长和中国文化》(三联书店出版),从京师大学堂的校长讲起,讲到了蔡元培、胡适、马寅初等,很受感动。同时也想到了北大当前的定位问题。怎样去认识北京大学在改革开放的新形势下的文化任务。看来到这时候北大又要再开创一代学术的新风气了。

当今世界各种文化有如欧美文化、伊斯兰文化、印度文化、中国文化等等,都在接触、在碰头。世界正在进入一个地球村,形成一个全球多元文化的时代。这是北京大学应当能够开创一代新风气的时机。

开创什么新风气呢?我想用“文化自觉”四个字来表达。我意识到中国正走上了小平同志所指出的有中国特色的社会主义道路,通过四个现代化,开创出一个新的精神文明。北大应抓准这个机会。历史发展到一定时期就需要找到一个地方和一群人来发扬一种新风气。我想当前的新风气就是文化自觉,各民族开始要求自己认识自己的文化,提出一系列的问题:为什么我们这样生活?这样生活有什么意义?怎样发展下去?人文科学负有答复这一系列问题的重大责任。现在自然科学发展很快,人对人类本身生物学的研究已进入到了绘制基因图谱,科技研究的空间

① 本文是作者在北京大学重点学科汇报会上的讲话。

发展已从地球扩大到了太空。以人文科学来说，就要看我们如何跟上时代，认真地各自认识自己的文化了。

在中国开创学术风气，北大一直是带头的，五四时代北大出了个蔡元培。北大和清华作为一个学术中心，在马克思主义新的发展中，理应出现一个相适应的文化自觉，也就是认识文化的自觉行动。我感觉到这个风气不仅限于中国，而且正在许多先进国家中酝酿和展开。我们中国要抓住这个机遇，参与和推动这个学术的新风气。19世纪在西方出现了文艺复兴"人的自觉"，看来21世纪将开始出现"人类文化的自觉"了，人类开始要求认识自己的文化了。

社会学是研究人在集体中的生活。社会人类学就是研究人在集体生活中所创制的文化。文化在哪里？就在集体生活的人的行为和意识中。文化是代代相传的，是有子有孙的，它靠一个个人在他们生活中表现、改变和发展着，日新不已。我们作为一个中国人就应当深入到中国的文化中和中国人的生活中去认识自己文化的历史和现状。人们往往生活在自己的文化中，而没有用科学的态度去体会、去认识、去解释，那是不自觉的文化。我们需要懂得各国、各地区的文化为什么不同，只有抓住了比较研究，才能谈得到自觉。以中国来说，开展这方面的学术研究工作的希望在北大。因为北大有这方面的传统，也有成就。现在要的是善于继承和发扬这个传统，取得更大的成就。

我一向在名片上不印任何公职，只写某某大学教授，这说明了我自己对于学术工作的重视和偏爱。大家知道我已辞去民盟主席的职务，明年人大副委员长的工作也到届了。如果我还能多活几年，我想用我一生中最后的那段时间继续做我的学术工作。我想到了北大应当开创学术新风的问题，也愿意有机会参与。

去年在我家乡召开的学术活动60周年的欢聚会上，我发表了《重读〈江村经济〉序言》的论文。60年后重温当年老师给我这篇论文出版时写的序言，我理解到他当时已看到了人类学这门学科在发展中存在的问题。我的几位人类学导师都教我要直接去观察人的生活，从人的实际生活中去理解社会和文化。科学资料必须从实际中来。早期的人类学大多主张到异文化中去认识人如何生活。而我的论文却采用了从本乡人的生活中去做人类学研究的方法，在人类学这门学科开了一个新风气，把这门学科推进了一步，就是把原来只研究所谓“野蛮人”的人类学推进到用人类学的田野工作方法来研究自己熟悉的本乡“文明人”的生活。我当时还是刚刚踏进这门学科的年轻学生，并不是有意识地跨过这限制西方人类学发展的那条“文野之别”的门槛。所以我说这是我“无心插柳柳成荫”。60 年后重读老师的序言，才有豁然贯通之感，明白了马老师为什么说这本书是人类学发展中的“里程碑”。他赞扬的是我开始自觉地认识自己的文化了。我把中国一个农村中农民如何生活、生产、分配的过程按我自己直接观察中得到的理解写了出来。这种研究本土文化的尝试，对这门学科来说，是前进了一步。

我们中国用文字来描述人们的生活方式早已有之。《红楼梦》是一个例子，可是它采取的是用小说来表达的方式，写出的是作家个人的体会。人类学却要在观察人的生活实践中，用实事求是的科学态度有系统地去表达人们的人文世界，也就是用实证主义的科学方法去认识人的文化。所以我认为人类学所起的作用就是在促进人的文化自觉。

人类依靠文化而得到生存和生活。文化是一个民族祖祖辈辈积累下来经过不断改革的集体生活经验。我们每一个人无时无刻不能离开自己从小学得的文化。正如《西游记》里的孙行者自以为本领大，翻一个筋斗十万八千里，但终于发现翻来翻去还是在如来佛的手掌里。人同样跳不出文化，但人有智力可以认识它，有能力去改造它。人类学就是想用现代科学方法来认识人类文化的学科。以中国来说，最先把人类学从西方介绍过来的就是早年的北大校长蔡元培先生。

以我本人来说，60 多年前就在这未名湖畔接触到社会学和人类学。当时在这里办学的燕京大学请来几位国外的访问学者。一位是美国社会学芝加哥大学学派的奠基人 R. Park 教授。他引导我们直接到北京市民的生活中去学习社会学。另一位是英国人类学功能学派创始人之一 A. R. Radcliffe - Brown 教授，他鼓励我们下乡去实地调查中国农民。我有幸碰到当时开拓这两门学科的前沿学者。在他们影响下，我接受在燕京时的老师吴文藻先生提倡的“社会学中国化”的主张和“社区研究”的方法；又由他介绍我去师从清华的史禄国教授和伦敦的B. Malinowski教授学人类学。在这条学术道路上我走了60多年，直到现在还没有停止。

通过我这60多年的经历，我深深体会到我们生活在有悠久历史的中国文化中，而对中国文化本身至今还缺乏实事求是的系统知识。我们的社会生活还处于“由之”的状态而还没有达到“知之”的境界。而同时我们的生活本身却已进入一个世界性的文化转型期，难免使人们陷入困惑的境地，其实不仅我们中国人是这样，这是面临21世纪的世界人类共同的危机。在多元文化中生活的人们还未能寻找到一个和平共处的共同秩序。

正因为我是个以研究社会和文化为职志的人文学科的学者，对当前的人类的困惑特别敏感，对这种新形势所提出急迫的问题特别感到严重。所以我到了耄耋之年，还是忍不住要呼吁人文学科的同行们及时集中智力，首先在我们学术范围里开创这个适应当前局势的新风气，就是致力于我们中国社会和文化的科学反思，用实证主义的态度，也就是用实事求是的精神来认识我们有悠久历史的中国社会和文化。

这是件艰巨而伟大的工程，需要多种学科的共同努力。包括哲学、伦理学、政治学、经济学、生物学、心理学、美学、社会学和人类学的学者们共同从各自已有学术基础上向这个“文化自觉”的目标进军，合力形成一个新学风。在我们国内有这个条件的看来只有北京大学，所以我今天不愿放弃这个和北大领导会晤的机会，不自量力，提出这个“文化自觉”的设想，请予批评指正。

最后让我表示对各位校长的同情，我深知现在当校长很不容易，事务上的工作已使他成了一个公司的经理，天天忙着创收。怎样能把校长们解放出来，多多在学术本身的发展上打算打算，为中国的精神文明多动动脑筋，校长的责任确实不小，不能辜负我们国家的这个伟大的改革开放时期。我衷心希望北大的校长们站出来，带头在学术上树立一个“文化自觉”的新风气。

言有不尽，不当之处请多多批评指正。谢谢北大的各位领导同志。

以上是潘乃谷同志在汇报会上现场的记录稿，我只在文字上略加修改。自己重读一遍，觉得对“文化自觉”这个概念还应加一些注释。文化自觉只是指生活在一定文化中的人对其文化的“自知之明”，明白它的来历，形成过程，在生活各方面所起的作用，也就是它的意义和所受其他文化的影响及发展的方向，不带有任何“文化回归”的意思，不是要“复旧”，但同时也不主张“西化”或“全面他化”。自知之明是为了加强对文化发展的自主能力，取得决定适应新环境时文化选择的自主地位。

文化自觉是一个艰巨的过程：首先要认识自己的文化，根据其对新环境的适应力决定取舍；其次是理解所接触的文化，取其精华，去其糟粕，加以吸收。各种文化都自觉之后，这个文化多元的世界才能在相互融合中出现一个具有共同认可的基本秩序和形成一套各种文化和平共处、各舒所长、联手发展的共同守则。7 年前在我 80 岁生日在东京和老朋友欢叙会上的答谢词中，我瞻望人类学的前途时所说的“各美其美，美人之美，美美与共，天下大同”这一句话，其实就是今天我提出的文化自觉历程的概括。

1997 年 1 月 4 日

反思·对话·文化自觉

下面是根据我在北大社会学人类学研究所开办的第二届社会文化人类学高级研讨班上多次发言的录音整理编成的记录。我历来不喜欢在讲课时照本宣读我已写出的讲稿,而喜欢随稿补充一些即席的思考,这也可名之为“讲课旁白”。

一

上届研讨班上我们大家约定:回去后都到田野去做一次调查研究,对中国社会和中国文化思考思考,过一段时间大家再聚在一起互相汇报心得。一年过去了,今天能在这里召开第二届研讨班,实现了这个约定,我感到十分高兴。同时李亦园教授主张,这样的研讨会不仅要有第二届,还要有第三届、第四届,每年召开一次,继续开下去,我十分赞成。在这里我也得表示一下决心,只要我还活着,不论哪一届,我一定参加。当然有一个前提,决定权不在我手上,要看老天还打算让我在这个世界上再活多少年。我是属狗的,依传统算法,已经 88 岁了。俗话说“八十不留宿”是指像我这样年纪的人到人家去做客,主人不愿再留我在他家过夜了,为的是谁也保不住第二天我是否还能起得来。我这样长的寿命,已超过了我的几位老师,包括吴文藻、潘光旦、史禄国、马林诺斯基。但在学术成就上实在无法相比,我对几位老师,只有惭愧二字可说。从《花蓝瑶社会组织》和《江村经济》的两次实地调查算起,到去年已过了 60 年,老话是一个花甲了。如果不是在 1980 年我又获得第二次学术生命,我这一生就留不下多少对后代也许还会有用的遗产了。也正是这种“岁月春水逝”的生命短促感，促使我这10多年来不停地“行行重行行”，力求此生能对得住祖祖辈辈的培育和期待。

最近这几年，我在外地跑得少了一些，原因不尽是由于年老力衰，而是因为我打算用这最后的一段生命，把自己一生中已经写下的东西多看看，结结账，写一套反思性质的文章，这不能不占去我一部分时间。我曾利用上一届的研讨班推出了我重读马老师文化论的体会一文，作为我在这个研讨班上的第一讲。同时我也为这届研讨会上的第二讲预定了内容，打算发表我对《江村经济》一书的反思。讲稿是写了出来，却花了有好几个月。今秋定稿时正好许多亲友建议利用我江村调查60周年的机会，大家到我家乡去欢叙一番，顺便去看看今天的江村。我就把那篇刚写好的文章送交《北京大学学报》(1996年第4期)印发，供大家讨论之用。

北大社会学人类学研究所决定召开这届研讨班时，又把这篇讲稿编入《社区研究与社会发展》一书中，在讲课前分发给参加这届研讨班的学员们。一稿两用，不得已也。但因此大家能在听讲之前，看到这篇讲稿，思想上有些准备便于听得明白我这个南腔北调的口音。这篇讲稿题目是《重读〈江村经济〉序言》。讲稿既然预先发给你们了，由你们自己去念好了。我将利用这两个小时，随心所欲地讲些有关这篇讲义的旁白。

这篇讲稿也是我正在写的一系列反思文章中的一篇，和在上一届研讨班上所讲的是相连续的。现在电视不是时兴连续剧么？我写连续性的文章，固然有点赶时髦的味道，其实这也是我在抗战时期养成的习惯。《乡土中国》《生育制度》等等都是先写连续性的文章，然后合编成的。我这一系列反思文章还刚开始，打算还要写下去。我这样说不是又在作预约，而是想说，各位最好把我的那几篇反思文章连起来念，一个人的思想是不断发展的，前后有个继承性、连贯性，不掌握其中的思路，也就难于理解作者想在所写的文章中表达的论点。

我今天提供大家的那篇讲稿，不仅是想为我写的那本《江村经济》在人类学这门学科里定个位，而且也想借此说明这篇序言的作者，马老师，对这门学科发展上的贡献。我想把我今天的讲稿和60年前开始动笔的那本《江村经济》和马老师为这本书写的序言，三者连结起来，来说明第二次世界大战前这门学科发展的一段经过。用以引出人类学在当前的处境和可能出现的新突破。

我在这篇讲稿里一开始就声明，我这本《江村经济》是一棵我无心插下的杨柳。马老师在序言里对它的评语，我当时不仅没有预料到，甚至没有完全理解。也就是说我在江村调查时并不是有意识地要用此把人类学这门学科推进一步。当时我还是个初入门的年轻小伙子，既没有这眼光，也没有这雄心，甚至我在江村调查时并没有想到会写成一本书。我是在我姊姊的好意安排下到江村去养伤的。从插在这本书里的相片上还可以看出我当时扶着手杖，病容满面，一副未老先衰的样子。我是凭着从当时留我寄宿的农民合作丝厂给我的深刻印象和启发中想为这"工业下乡"的苗子留下一点记录而开始做江村调查的。

这棵无心插下的树苗，得到了泥土和雨水的滋养居然成活并长大了。论文写成，又印成了书出版，马老师还为它写了序。序里写些什么，我只是在伦敦回国前从出版这本书的书局送来该书的校样上粗粗地看了一遍，说实话印象并不深。当时占着我心头的是国内抗日战争。我记得船过印度停泊时才知道汉口和广州已经沦陷，当时我和同伴们正忙着办越南起岸和过境的签证手续。我和《江村经济》英文本初次见面是在 1948 年清华胜因院的书房里，离开这本书问世已有 10 年之隔。

我从西贡上岸经河内回归祖国。到达云南的昆明后，接着我就遵循马老师的主意，在滇池边上继续搞农村调查。其后，抗日战争结束后，内战发生，我开始投身民主运动。在这段时间里，我在学术工作上只完成了《云南三村》的中英文稿，英文本的名称还是用了和马老师同桌吃饭时他建议的 *Earthbound China*。中文本《云南三村》直到 1990 年才正式出版。闲话不说了，总之我对这本《江村经济》的认识是逐步形成的。这次为了要准备这届研讨班的讲稿，才用心细读此序，似乎开了窍。我现在的想法，认为马老师写这篇序的目的，似乎并不完全在评论我这本书，而是想借这篇序吐露他自己心头蓄积着的旧感新愁。

我在讲稿里已说出了我这一点体会，不必在此重复。他当时正面对第二次世界大战的严峻形势，心头十分沉重，所以说"我们的现代文明，目前可能正面临着最终的毁灭”。他介绍我时强调我是个“年轻爱国者”,他对我能有机会成为一个“研究自己民族”的人类学者,用自己的研究成果真正“为人类服务”,竟流露出“时感令人嫉妒”,甚至他表白对“自己的工作感到不耐烦”,他用了“好古、猎奇和不切实际”来贬责当时的许多人类学者。他还自责“人类学至少对我来说是对我们过分标准化的文化的一种罗曼蒂克式的逃避”。这些话我现在看来正是一个寄寓和依托在拥有广大殖民地的帝国权力下失去了祖国的学者的气愤之词。但是为了表达他的信心,他紧接着又说:“我认为那面向人类社会、人类行为和人类本性的真正有效的科学分析的人类学,它的进程是不可阻挡的。为达到这个目的,研究人的科学必须首先离开对所谓未开化状态的研究,而应该进入对世界上为数众多的,在经济和政治上占重要地位的民族较先进文化的研究。”

我重复这些话是要指出马老师在把现代人类学者从书斋里拉进充满着新鲜空气的“田野”之后,接着他很明白地表示要把人类学的研究从野蛮人的田野拉进文明人的社区里去。在人类学的发展过程中第一步从书斋到田野的转变上他是立了功的,但从野蛮到文明的第二步,他在一生中并没有实现。目前那些以“文化领导人”、“掌握着优势文化”自居的人还坚持着先进和落后之分,实质就是上一代的“文野之别”。这条鸿沟看来一时还难于跨越。这是我体会到马老师的内心的新愁。

我自问自己怎么会似乎毫不经心地跨过了这个“文野之别”的呢?马老师的这篇序又替我回答了这个问题,他在序末的一段话里说:“作者的一切观察所具有的特征是,态度尊严、超脱、没有偏见。当今一个中国人对西方文明和西方国家的政治有反感,是可以理解的。但本书中没有显示出这种迹象。事实上通过我个人同作者和他的中国同事们的交往,我不得不羡慕他们不持民族偏见和民族仇恨——我们欧洲人能够从这样一种道德态度上学到大量的东西。”他替我所作的答复是归根于中国和欧洲在文化上的差别,即他所说的道德态度上的基本差别。中国人在马老师看来并不像欧洲人那样心存民族偏见和仇恨。马老师这个概括是否正确还有待实证。我常自己审察自己总觉得我们传统文化中对异民族的偏见不能说没有，但是和欧美相比是有差别的。我在讲稿里已提到过欧美人类学里反映出来的“文野之别”历来被认为是文化本质之别，甚至在30年代还有人怀疑土著民族的头脑是否具备欧美白种人所认为人之所以为人的理性。西方人类学的学者中否认“野蛮人”有逻辑思想的为数不少。这个问题到了马老师的时代还要由他挺身而出极力争辩，巫术并不是出于缺乏实证的逻辑思想。

在我们的传统文化里也有夷夏之别，但孔子一向主张“有教无类”。教就是可以学习得到文化，类是本质上的区别。孔子看到他不能在中原行其道，曾想乘桴浮于海，甚至表示愿意移居九夷之中，就表白他认为夷夏只是文化上有些差别，有教则夷即入华，人的本质是一致的，并没有不能改变的本质上的区别。

通过我的行为和思想，在马老师眼中看出了我们中国人和欧美人在道德素质上的不同，也许就是这种不同，使我在进入人类学的领域时，很自然地闯过了“文野”这一关。这一点认识使我更感觉到要理解一门学科的发展绝不能离开学者所有的文化素质。我们中国人要认真地去研究人和文化，就不能不警惕各种理论的历史背景和从事这门学科的人的文化修养。

二

我在这个高级研讨班上的两次讲稿，都可以归入我所说的反思性质的文章中，就是回过头来，多读几遍自己过去发表的文章，把自己新的体会写下来。这类文章我是从1993年在苏州召开的两岸三地社会人类学座谈会上开始的，当时我在会上宣读了《个人·群体·社会》一文，是我重读《生育制度》一书时的新体会。1994～1995年又写了两篇关于怀念我在清华研究院的史禄国老师的文章，和一篇对我《小城镇 大问题》那篇文章的10年回顾，以及去年在第一届高级研讨班上所讲的关于马老师《文化论》的体会。以上几篇已收集在《学术自述与反思》这本新近出版的文集里。现在还可以在市面上买得到。这一系列文章是我这几年开辟的一条推进我学术思想的新路子。希望这个研讨班能帮助我对我过去写的文章、出版的文集，多提意见。我受到了启发之后，可以在班上一次一次地写我的讲稿，作为答谢。

学术反思并不是我发明的，拿我个人来说就是从马老师那里学来的，是从他在 LSE 讲课时所采用的“席明纳”方式中推衍出来的。“席明纳”是 seminar 的音译，其实就是有一位教授主持的学术研讨班。采用这种方式来改变过去“先生讲，学生听”的教育方法。采取了由学生讲，通过师生平等的对话和先生与学生一起讨论，最后由先生总结的教育法。我正在试验的学术反思其实就是自我讨论或称自我对话，针对我自己过去的学术成果，通过自己的重新思考，进行自我反思。我把这些反思文章作为讲稿，请参加研讨会的同行们一起用对话方式进行研讨，性质上是一样的。同行们一起对话，比一个人自己对话自然高出了一个层次，接近于我在 30 年代参加的马老师的“席明纳”。

鼓励对话，使这一届研讨班比上一届研讨班前进了一步。上一届主要是请了几位在人类学这门学科里已有一定学术地位的各国学者作主讲，各人讲各人的，参加研讨班的学员只是到会听讲，很少像这届大家进行对话，因之多少还偏向于传统的“先生讲，学生听”的一般上课方式。这一届研讨班上有了改变，学员间的对话增多了，大家放言无忌，真是一个大改进。可以说是开创了一种学术新风。这不仅得到学员们的积极支持，而且在对话中，我确实得到很多启发，充实了我今后继续“反思”的内容。

举几个实例来说，在这届研讨班上有一位学员对我所说的“文化没有界线”这句话提出质疑。这位学员是出生在新疆多民族地区的汉族移民，现在北京工作。她说从她本人的生活体验中感觉到到处都碰着文化的界线。我听了之后发觉她感到的“文化界线”很值得深入思考。我初步想到的是她是个生活在不同文化相互接触地区的人，文化间的差别在她是生活中日常可以感觉到的活生生的事实。她在新疆生活时，带着外来文化的底子，在本地人看来她还没有完全融合在本地文化里；当她回到原籍，又因为在外地生长过，留有外地文化痕迹，有点异味。这种人在社会学里有人用“边际人”来形容他。边际和边界不同。边界是地域上用来划分两个不同单位的界线，在界线两边分属于不同的单位，一过界就属于另一个单位。两方不相重叠。边际是对中心而言的。从一个中心向四周扩张出来的影响，离中心越远，受到的影响就越小，成一种波浪形状。这相当于力学里“场”的概念，适用于声、光、电、磁。场就是一种能量从中心向四周辐射所构成的覆盖面。在这一片面积里，所受强度只有程度上的差别，深浅、浓淡等等。但是划不出一条有和无的界线。行政区域是属于前一种状态，在地图上可以用一条线划定边界。而文化属于后一种状态，有中心和扩散的范围，远离中心的可以称为边际。边际是不能用界线来划定的。两个文化中心可以向同一地域扩散，所以常出现互相重叠的边际。这种受到不同文化波及的人，可以称作“边际人”，是文化接触中出现的现象。我回想到早年在《乡土中国》中用“差序格局”来表达亲属关系的结构形态，意义并不十分明白。经过这次对话，遇到了文化有没有边界这个问题，我才进一步想到用“场”的概念来补充“差序格局”的意思。这是我从这次对话中得到的启发。

由于提出文化是否有边界的问题，促使我联想到我们当前正生活在其中的这个世界上，若干主要文化正处在大规模的接触、冲突、嫁接，一直到融合的过程中。我在考虑是否应当引进“场”这个概念来认识这个过程。我注意到现在西方的欧美国家里出现了一种把文化和国家这个制度挂钩的倾向。把国家的领土概念引申到文化领域中来，把不同文化划出界线，以强调文化冲突论。我意识到这种看法是有很大危险的。如果把边界的概念改成“场”的概念，也许可以纠正这个倾向。“场”就是由中心向四周扩大，一层层逐渐淡化的波浪，层层之间只有差别而没有界线，而且不同中心所扩散的文化场在同一空间互相重叠。也就是在人的感受上可以有不同的生活方式、不同的规范，可以自主地选择。把冲突变成嫁接、互补导向融合。

在扩大对话的范围中，这次研讨班从文化是否有界线这个问题，引起了一位鄂伦春族的学员提出的文化存亡问题。鄂伦春是个长期在森林中生存的民族。世世代代传下了一套适合于林区环境的文化，以从事狩猎和饲鹿为生。近百年来由于森林的日益衰败，威胁到这个现在只有几千人的小民族的生存。提出的问题是,从鄂伦春的立场看,要生存下去应当怎么办?其实这不仅是鄂伦春人特有的问题。在我看来这是个现代人或后工业化人类的共同问题,是一个人类文化前途问题,值得我们研究文化的人重视和深思。

我这样说是因为我想到这是个人和文化的关系问题。人利用自然资源,创造、维持和发展了自己的人文世界。文化是人为的,也是为人的。从这方面看去,鄂伦春人碰到的是人创造的利用自然来为自己服务的狩猎文化因森林的破坏而受到了威胁。如果坚持原有的文化,就会导致人的灭亡。现在正面对一个严酷的选择,保存文化呢还是保存人?如果依照我的文化是为人的认识,选择是明显的,就是要保持的是人而不是文化。这就是说鄂伦春人只有从文化转型上求生路。问题是怎样转,转向何处?

我记得我在访问大兴安岭鄂伦春人时曾建议他们能不能发展饲鹿业来代替狩猎,又因他们提出了鹿种退化问题,我曾向农业部申请向当时的苏联引入鹿种。后来听说这件事办成了。但是我没有去追踪调查,不知道鄂伦春人是否发展了饲鹿业。我当时的建议是想到文化转型不大可能是个急转弯。从狩猎文化要转到农业或工业文化是有困难的,其中不妨用已有传统的饲畜文化作为过渡台阶。这个想法看来是可行的。我又在这个思路上,后来提出善于发挥原有文化的特长去发展少数民族经济的主张,其实这个思路和我提倡乡镇工业和庭院经济的主张是一脉相通的。

我认为文化转型是当前人类的共同问题,因为现代工业文明已经走上自身毁灭的绝路,我们对地球上的资源,不惜竭泽而渔地消耗下去,不仅森林已遭难于恢复的破坏,提供能源的煤炭和石油不是也已在告急了么。后工业时期势必发生一个文化大转型,人类能否继续生存下去已经是个现实问题了。

以上我举的两个例子,说明了我在这次研讨会上从对话中得到的收获。我相信为了在班上讲课我在准备讲稿时所进行的反思和在班上与同仁们的对话,确实已成为推进我学术生命的动力。我希望这样的研讨班能继续下去。反思和对话这两个法宝能继续发挥作用。

三

反思和对话是我们这届研讨班采用的行之有效的方法。但是目的是什么呢，我们当前的社会人类学走向何处？也就是我们从四面八方、五湖四海来到这里参加这个研讨班，所为何事？在这个班刚开始时，我自己也回答不了这个问题，但经过了实践，我开始觉得逐渐有点明白了。我们大家一起回顾了几代人对人类文化的研究经过，大家都亲自参加了“田野工作”，对我们切身参与的社会生活进行了观察和思考，总结了个人的心得，又在这班上互相对话、讨论。到最后一刻，我想总结一下，问一句：我们大家在搞什么？心头冒出四个字“文化自觉”。这四个字也许正表达了当前思想界对经济全球化的反应，是世界各地多种文化接触中引起人类心态的迫切要求，要求知道：我们为什么这样生活？这样生活有什么意义？这样生活会为我们带来什么结果？也就是人类发展到现在已有开始要知道我们的文化是哪里来的？怎样形成的？它的实质是什么？它将把人类带到哪里去？这些冒出来的问题不就是要求文化自觉么，我们这届研讨班上大家的发言和对话不是都环绕这几个问题在动脑筋么？我提出“文化自觉”来作为我们这个研讨班的目的是否恰当和适合，还得请大家思考，体会和讨论。

我提出这四个字“文化自觉”来标明这个研讨班上的目的，确实是我在为这个班作闭幕发言中冒出来的。但是这个概念的形成也有一个经过，不妨在这里对它作一点跟踪追忆。

上面已说过，我想到要对自己过去的学术思想进行反思可以推到1993年在苏州举行的两岸三地社会学人类学座谈会，那时我已83岁，心头在盘算我如果还要在这个世界上活几年的话，我应当做些什么事？还有哪些未了的心愿？我又自问这一生做了些什么事？立德、立功当然都说不上，可是从14岁开始在《少年》杂志上发表文章起，确实写了不少文章。这些文章大多都在各种刊物上发表了，也就是说通过文字曾对社会发生过影响。这是不是可以说“立言”？

在写文章和拿出去发表时，我并没有想到这并不是个人的行为，而是会对别人发生一定作用的，所发生的是好作用还是坏作用，过去一直未曾感觉到是自己的问题。童年时我看到过我祖母把每一张有字的纸都要拾起来，聚在炉子里焚烧，并教育我们说要“敬惜字纸”。我长大了一些，还笑老祖母真是个老迷信。我长到了老祖母的年纪时我才明白“敬惜字纸”的文化意义。纸上写了字，就成了一件能为众人带来祸福的东西，不应轻视。我一旦理解了祖母的行为和教训，我心头相当郑重，因为我一生对字纸太不敬惜了，想写就写，还要发表在报章杂志上，甚至还编成了书，毫不经意地在国内外社会上流行。“文化大革命”时期，大字报上攻击我到处放毒，罪该万死。事后想来，不无道理。如果我确是发表了一些有害于人民的文章，不能不说是贻害了人。“文革”结束了，别人不再批判我了，我却想到了祖母的遗教，应当自己回头看看我过去的文章和著作。当然不是想像托尔斯泰那样自己把一生的著作付之一炬。已经行世的著作，火是烧不尽的，但这样想至少表白了他个人的心迹。我也明白我写下这么多字纸，并不是我个人的作品，而是反映当时中国知识分子的心态。是非祸福自有历史去公断，不必由我去审定，我要审定也无此能力。但是我至少应当回头把这些旧著作为客观存在的东西，凭老来的眼光，反思一下，再花点字纸，写点反思文章，聊尽作为历史载体的责任。同时我也解决了怎样打点我余生的问题。这是我这几年下笔写反思文章的衷曲。

反思实际上是文化自觉的尝试。如果不停留在个人的“衷曲”上，再前进一层，我所以会发生这些“衷曲”，还是反映了客观的社会现实。我的处境和上节里提到那位出生于新疆移民家庭的我称之为“边际人”的学员，实在是大同小异，我们都是在不同文化的接触、矛盾中求安身立命的人。我当时曾用“上不着天，下不着地”来形容这种人的尴尬状态。旧的文化已不能给我们心安理得的生活方式，新的文化还正处在形成的过程中。我同情鄂伦春族学员的处境，要在保存文化还是保存人中做出选择。概括地说，我们都是生存在文化转型过程中的人物。

在这种心理状态中，我进行反思，重读马老师给《江村经济》写的序言，我就很敏感地联系上了英国人类学在20世纪上半世纪的变化，看到马老师自己越过了从“书斋到田野”这个关。但在面临“文野之别”的那一道关时，只能叩关而未能夺关了。我又看到在我面前关山重重，我在“微型到宏观”的关上观望，在“传说到历史”的关前犹豫，在“生态到心态”的关口缩手缩脚。环视左右，人类学将何去何从至今还没有人能站出来说“俱往矣，数风流人物，还看今朝”。20世纪一转眼就将过去了。新时代的呼唤已在耳边。

这个声音最近由于巧合又在新近译成中文的美国畅销书中听到了。从这个声音里我仿佛又听出了“文化自觉”四个字。

在这次研讨班开始前十几天里，完全是由于偶然的机会，我接触到这一本小说。书名是《塞莱斯廷预言》。这几年，小说对我并不具吸引力。但由于这本小说作者的名字，引起了我的注意。他是不是就是在北京解放前几天回美国的我熟悉的那位当时和我在小学里的女儿差不多同年的小朋友 James Redfield？天下同名同姓多得很。这本小说的作者如果确是我过去的小朋友，那就太有意思了。所以我就在百忙中抽出两天时间把这本小说读了一遍。

这是一本寓言性的小说，虚构的奇遇。作者假托一个美国青年听说秘鲁的塞莱斯廷地方发现了一本古代传下的关于人类过去和未来的预言文本，有点像我在童年时看到过的刘伯温的《推背图》。由于这本预言对当前当局不利，被列入禁读禁传之列。这位青年却偏偏要去寻觅，于是构成了一本探险记。这故事其实并没有惊险场面，不能和美国流行的这类电影相比。但是经过逐段探索到的预言内容却激动了当前美国的读者。这书一出版，1995年到1996年两年间畅销了600万册。流传之广成了雄踞榜首的奇书。反映了当前美国群众的精神状态。这却不是件小事，一叶知秋深。

在我看来这本书实际上是一本西方文化的反思录。它假托“预言”，总结了西欧人在公历纪元后第一个“千年”中走过的道路，道出了当今欧美文化的来源去脉，当前遇到的危机，和今后的出路。这是一本可说是用小说体裁编写的一篇人类学论文。

虽则本书的译者有意或无意地没有在本书前后介绍作者的简历，但从这些问题的提出就不能不使我怀疑我早年的小朋友和这同名同姓的作者是一人。我的这位小朋友是美国社会学和人类学的世家子弟。他的外祖父就是我在燕京大学读书时,教我到人们生活中去学社会学的那位访问教授,他的妈妈又是在我初访美国时帮我翻译《云南三村》和《中国的士绅》的得力助手。在临近解放时她和她丈夫老两口带了个小儿子全家应邀来华,曾在清华的胜因院和燕京的临湖轩落脚。我就是在这时认识了这位我们都叫他作詹曼的小朋友。转瞬间已过了半个世纪。后来我知道詹曼在芝加哥大学继承了祖业,而且曾当过现在知名的华人学者林毓生的博士导师。这就使我怀疑这本小说的作者有可能就是我早年相识的小名叫詹曼的小朋友。如果我猜中了,也算是一回巧合吧。

撇开小说里的奇遇不说,只就它作为西方文化的反思那一部分来说,也是值得我们注意的。作者从第一个千年的西方文化说起,前半个500年里欧洲正处在所谓"中世纪",人们在"原罪意识"控制下把自己一生命运统统交给了一位全能的上帝去支配,这样浑浑噩噩地过了半个"千年"。后来经过一场宗教革命,推倒了神的权威,接着又被世俗的追求所控制。人们既不再想在死后进入天堂,眼前只有现世的需求。个人的生活关切把人带进了物质享受的小天地里,只求舒适地生活,不再问为什么活着。一生追求感觉上的刺激,到头来落得个心理上的空虚和焦急。在这500年里人类的科技大为发达,使人利用资源的力量大增,配合上但求享受的人生观,对地球上有限的资源,肆意开发和浪费,导致那一部分有权有势可以控制资源的人无餍地挥霍、掠夺。于是这个世界出现了贫富的两极化。如是过者又500年。到目前快要进入第二个千年之前,也就是当前的时候,众生所依赖的大地,因为经不起这样的糟蹋而亏损到了日暮途穷的地步,甚至整个地球都已变色。人们出现了"千年忧患"的情结。以上就是我所说的对西方文化的反思。下个千年还是这样在老路上盲目前进,自毁所赖以生存的生态系统么?秘鲁塞莱斯廷地方所隐藏的那本预言,到此结束了反思,进入了"前瞻"。预言说是人类到了第一千年的结束前那一刻,出了个大转变。这个转变出于强烈的危机感,认识到了人与人之间的争夺物资,必然会导致匮乏。人类到这时才"迷途知返",才开始打算走出这个匮乏—争夺—更匮乏的怪圈。怎样走出来呢?

作者并没能跳出基督教的影响，提出了一个“爱他人、爱自然”的观念作为救命圈，但是人类这条命怎样救得过来？这本《塞莱斯廷预言》似乎没有给出答案。但对于人类最后达到的境界却作了预言：一是计划生育，人口取得控制，二是用机器人代工人劳动，三是物资充沛后实行各尽所能，各取所需。看来这个作者对我们中国现在所走的社会主义道路是赞同的。

读完这本小说，我觉得作者主张在跨入21世纪之前，西方文化应当清理一下自己的过去，认清自己的真实面貌，明确生活的目的和意义，这不也正是我这一段时间里所想到的“文化自觉”么？看来文化自觉是当今世界共同的时代要求，并非哪一个人的主观空想。

在座的都是有志于研究人类学的学者，对当前人类的困惑自然会特别敏感，对当前新形势提出的急迫问题自然会特别关注。所以我到了耄耋之年，还要在这个班上呼吁文化自觉，希望大家能致力于我们中国社会和文化的科学反思，用实证主义的态度，实事求是的精神来认识我们有悠久历史的中国社会和文化。

文化自觉只是指生活在一定文化中的人对其文化有“自知之明”，明白它的来历，形成过程，所具的特色和它发展的趋向，不带任何“文化回归”的意思。不是要“复旧”，同时也不主张“全盘西化”或“全盘他化”。自知之明是为了加强对文化转型的自主能力，取得决定适应新环境、新时代时文化选择的自主地位。

文化自觉是一个艰巨的过程，只有在认识自己的文化、理解所接触到的多种文化的基础上，才有条件在这个正在形成中的多元文化的世界里确立自己的位置，然后经过自主的适应，和其他文化一起，取长补短，共同建立一个有共同认可的基本秩序和一套各种文化都能和平共处、各抒所长、联手发展的共处守则。

7年前我在80岁生日那天在东京和老朋友欢叙会上，曾瞻望人类学的前途，说了下面这一句话：“各美其美，美人之美，美美与共，天下大同。”这句话我想也就是对我今天提出的文化自觉历程的概括。

1997年春节于北京北太平庄

附　记

上文定稿后接到詹曼的姊姊丽莎复我的信，告我《塞莱斯廷预言》的作者不是她的弟弟，这两个人是同名同姓。

复信如下：

Feb. 20 1997

Unfortunately, the James Redfield who is author of the *Celestine Prophecies* is not the James Redfield who is my brother; indeed, we have so far been unable to find any kinship relation.

Regards to you all.

Lisa Peattie.

丽莎 Lisa Peattie 是 Robert Redfield 之女，Robert Park 的外孙女，系 MIT 退休教授。去年 9 月曾应邀来吴江参加纪念我江村调查 60 年的聚叙。该书中译本未介绍作家简历，致有此误，但也可视为一次巧合，所以上文可按原稿发表，未加修改。

人文价值再思考[①]

一、引　言

我十分高兴能到香港来参与关于第五届“中国文化与现代化”的研讨会的开幕式。这是中国大陆、香港、台湾社会学和人类学同仁学术定期交流的第五次会议，上一次是1993年在我的故乡苏州举行的。当时我提出的论文，已经用“年近谢幕”这句话开头，转瞬间又是四年，我们大家都增添了四岁。我自己已经到了87岁，应当是从社会活动中退休的年龄了。但是还是舍不得这个和各位老朋友再一次交谈切磋的机会，违背了家人的劝阻，做此旅行。我这种心情，深盼朋友们能体会，如果我在发言中有什么不能达意或不妥之处，请多体谅。

在座的不少朋友都知道，我曾在一些场合中提到，这几年我想做的一件事就是“反思反思”自己60多年来的学术道路，对自己耗费过的笔墨“结结账”。几次聚会虽没有特地安排与老朋友们讲述我的过去，却在客观上为我的自述和反思提供了机会。

这次研讨会的主题是“社会科学的应用与中国现代化”。这个主题隐含一种程序，即把我们这些从事人与社会研究的人所得出的结论运用到实际生活当中去取得具体效果的一个过程。然而，对我这样一个已经

① 本文中的第二节文字与《反思·对话·文化自觉》一文中的第一节在内容上有个别重复，但考虑到本篇文章源于作者对此问题的再思考和行文的需要，故在编辑时给以保留。

——编者

在60多年的时间距离之间行走过来的老人来说,它却使我想到更加复杂的问题。稍有知情的人都了解,我曾经在国际上获得过"应用人类学马林诺斯基奖"。我获得这个奖,自然是因为我在一生中写出不少文章,其中有许多早已被称为"应用研究"了,而我也曾指出自己的研究形成了为了解中国和推动中国进步为目的的中国式应用人类学。① 想起来大家也必定知道,对于我的研究及其"应用价值"以及关于中国现代化的看法,60年来海外一直存在不同的评论。

去年9月在吴江与朋友们聚会时,一位来自英伦的友人提起我的同窗 Edmund Leach 教授在人类学的价值问题上与我形成的差异。② 我与 Edmund 可以说是 Malinowski 门下的同门弟子,可是 Edmund 坚持认为人类学是纯粹的智慧演习,而我则觉得人类学如果不从实际出发,没有真正参与到所研究的人民的生活中去,没有具有一定的实践雄心,就难以获得自身应有的价值。Edmund 已先我而去世,我与他无法进行面对面的论辩,只能在他"缺席"的条件下"自言自语"了。在《人的研究在中国》(1993)这一讲演稿中,我不仅对 Edmund 对中国人类学者的评论作出理论回应,而且还承认了中国知识分子的传统烙印对我的"应用研究"的影响,承认了儒家"学以致用"价值观对我的潜移默化。③ 不过,我能相信,Edmund 在世时一定知道我们之间的差异不全是学术传统之间的民族差异,而可能也是对社会科学体系的不同理解,甚至推得更远一点,可能是对社会科学价值观当中 Max Weber 的论点的不同看法。

Weber 曾经用"valueless sociology"来形容社会科学,并用"vocation"一词来形容学者的追求与学术的定位。所谓"Valueless sociology"就是要求社会科学研究者在其研究中不要带着个人和社会的价值观来观察社会事实,干预社会的客观存在,如果一定要翻译出来的话,这个词的意思就是"与价值判定无涉的社会学"。"Vocation"一词,我现在还找不到一个

---

① 见《费孝通文集》第12卷,《人的研究在中国》。

② 见《费孝通文集》第12卷,《人的研究在中国》。

③ 见《费孝通文集》第12卷,《人的研究在中国》。

对应的中文词汇，实际上它既指一种才能又指一种具有感召力、超离社会实际的智慧，也许相当于中文中的“天职”一词。Edmund 的看法，大致说来是社会科学老祖宗之一 Weber 的理论的人类学延伸。我们之间的差异，不是单独、偶然的现象，而是社会科学中的一个共同的问题，Edmund 怀疑我的学术实践的价值观，我则常想“valueless sociology”是否有存在的可能性。

问题何在？在这里我不想再继续重复学术传统差异的溯源工作，倒是想提提学者的平常事。就我个人而言，在写文章和拿出去发表时，我并没有想到这并不是个人的行为，而是会对别人发生一定作用的，所发生的是好作用还是坏作用，过去一直不曾感觉到是我自己的问题。今年年初在北京高级研讨班上我提到，童年时我看到过我祖母把每一张有字的纸都要拾起来，聚在炉子里焚烧，并教育我们说要“敬惜字纸”。我长大了一些，还笑老祖母真是个老迷信。我长到了老祖母的年纪时才明白“敬惜字纸”的文化意义。纸上写了字，就成了一件能为众人带来祸福的东西，不应轻视。我一旦理解了祖母的行为和教训，我心头相当郑重，因为我一生对字纸太不敬惜了，想写就写，还要发表在报章杂志上，甚至还编成了书，毫不经意地在国内外社会上流行。如果我确是发表了一些有害于人的文章，不能不说是贻害了人。因此近来常想到祖母的遗教，觉得应当自己回头看看我过去的文章和著作。当然不是像托尔斯泰那样想把自己一生的著作付之一炬。已经行世的著作，火是烧不尽的。同时也明白我写下这么多字纸，并不仅仅是我个人的作品，而是反映了当时中国知识分子的心态。是非祸福自有历史去公断，不必由我去审定，要我审定我也无此能力。

我不知道 Edmund 在老年时是否也发生过同样的问题，但我相信他能够是意识到我的老祖母的“敬惜字纸”的意义，也是能够理解到不存在不产生社会影响的学术作品，影响只有好、坏、大、小程度以及社会空间范围之别，因而谈“valueless sociology”我认为是不切实际的。走过 60 年的学术道路，我回过头来反思一番，深感不妨多耗费些字纸进行一些自我批评。我原来只是埋头走我的路，到了近些年来才回过头来问一问、想一想有关学术价值与社会价值的关系问题。我不久以前想到了一个词汇叫做“文化自觉”。[1] 在今天这个“社会科学的应用与中国现代化”学术讨论会上，我愿意把这个类似于号召的词汇赋予一个学术的说法，我认为这四个字可以代表我对人文价值的再思考。

二、我对自己学术的反思

回顾我一生的学术生命可以从1936年的江村调查算起，到去年已有60年，用老话说就是一个花甲了。现在就让我从这本《江村经济》说起吧。我曾经一再声明，这本书可以说是一棵我无心插下的杨柳。Malinowski老师在序言对它的评语，说这本书可以说是社会人类学里的里程碑，我当时不仅没有预料到，甚至没有完全理解。也就是说我在江村调查时并不是有意识地要用此把人类学这门学科推进一步。当时我还是个初入门的年轻小伙子，既没有这眼光，也没有这雄心，甚至我在江村调查时也没有想到会写成一本书。我是在我姐姐的好意安排下到江村去养伤的。从插在这本书里的相片上还可以看出我当时扶着手杖，病容满面，一副未老先衰的样子。我是凭着从当时留我寄宿的农民合作丝厂给我的深刻印象和启发中想为这“工业下乡”的苗子留下一点记录而开始做江村调查的。

这棵无心插下的树苗，得到了泥土和雨水的滋养居然成活并长大了。论文写成，又印成了书出版，Malinowski老师还为它写了序。序里写些什么，我只是在伦敦回国前从出版这本书的书局送来该书的校样上粗粗地看了一遍，说实话印象并不深。当时占据我心头的是国内抗日战争。我记得船过印度停泊时才知道汉口和广州已经沦陷，当时我和同伴们正忙着办越南起岸和过境的签证手续。我和《江村经济》英文本初次见面是在1948年清华胜因院的书房里，离开这本书问世已有10年之隔。

我从西贡上岸经河内回归祖国。到达云南的昆明后，接着我就遵循Malinowski老师的主意，在滇池边上继续搞农村调查。其后，抗日战争结

① 见《反思·对话·文化自觉》。

束后，内战发生，我开始投身民主运动。在这段时间里，我在学术工作上只完成了《云南三村》的中英文稿，英文本的名称还是用了和 Malinowski 老师同桌吃饭时他建议的 *Earthbound China*。中文本《云南三村》直到 1990 年才正式出版。总之我对这本《江村经济》的认识是逐步形成的。我现在的想法，认为 Malinowski 老师写这篇序的目的，似乎并不完全在评论我这本书，而是想借这篇序吐露他自己心头蓄积着的旧感新愁。

当时，Malinowski 正面对第二次世界大战的严峻形势，心头十分沉重，所以说“我们的现代文明，目前可能正面临着最终的毁灭”。他介绍我时强调我是个“年轻爱国者”，他对我能有机会成为一个“研究自己民族”的人类学者，用自己的研究成果真正“为人类服务”，竟流露出“时感令人嫉妒”，甚至他表白对“自己的工作感到不耐烦”，他用了“好古、猎奇和不切实际”来贬责当时的许多人类学者。他还自责“人类学至少对我来说是对我们过分标准化的文化的一种罗曼蒂克式的逃避”。这些话我现在看来正是一个寄寓和依托在拥有广大殖民地的帝国权力下失去了祖国的学者的气愤之词。但是为了表达他的信心，他紧接着又说：“我认为那面向人类社会、人类行为和人类本性的真正有效的科学分析的人类学，它的进程是不可阻挡的。为达到这个目的，研究人的科学必须首先离开对所谓未开化状态的研究，而应该进入对世界上为数众多的，在经济和政治上占重要地位的民族较先进文化的研究。”①

我重复这些话是要指出 Malinowski 老师在把现代人类学者从书斋里拉进充满着新鲜空气的“田野”之后，接着他很明白地表示要把人类学的研究从野蛮人的田野拉进文明人的社区里去。在人类学的发展过程中第一步从书斋到田野的转变上他是立了功的，但从野蛮到文明的第二步，他在一生中并没有实现。他希望他的下一代去完成他的任务。“文野之别”这条鸿沟从目前看来一时还难以跨越。这是我体会到 Malinowski 老师内心的新愁。

① Malinowski：“Preface”，to Peasant Life in China，by Fei Hsiao Tung，London，Routledge and Kegan Paul，1939.

我自问自己怎么会似乎毫不经心地跨过了这个“文野之别”的呢?Malinowski 老师的这篇序又替我回答了这个问题,他在序末的一段话里说:“作者的一切观察所具有的特征是,态度尊严、超脱、没有偏见。当今一个中国人对西方文明和西方国家的政治有反感,是可以理解的。但本书中没有显示出这种迹象。事实上通过我个人同作者和他的中国同事们的交往,我不得不羡慕他们不持民族偏见和民族仇恨——我们欧洲人能够从这样一种道德态度上学到大量的东西。”他替我所做的答复是归根于中国和欧洲在文化上的差别,即他所说的道德态度上的基本差别。Malinowski 老师认为中国人并不像欧洲人那样心存民族偏见和仇恨。这个概括是否正确还有待实证。我常自己审察自己总觉得我们传统文化中对异民族的偏见不能说没有,但是和欧美相比是有差别的。我在研讨班的讲稿里已提到过欧美人类学里反映出来的“文野之别”历来被认为是人的本质之别,甚至在 30 年代还有人怀疑土著民族的头脑是否具备欧美白种人所认为人之所以为人的理性。西方人类学的学者中否认“野蛮人”有逻辑思想的为数不少。这个问题到了 Malinowski 的时代还要由他挺身而出极力争辩,巫术并不是出于缺乏实证的逻辑思想。

在我们的传统文化里也有夷夏之别,但孔子一向主张“有教无类”。教就是可以学习得到的文化,类是本质上的区别。孔子看到他不能在中原行其道,曾想乘桴浮于海,甚至表示愿意移居九夷之中,这就表明他认为夷夏只是文化上有些差别,有教则夷即入华,人的本质是一致的,并没有不能改变的本质上的区别。

通过我的行为和思想,在 Malinowski 老师眼中看出了我们中国人和欧美人在道德素质上的不同,也许就是这种不同,使我在进入人类学的领域时,很自然地闯过了“文野”这一关。所以也可以说我是靠我的文化素质过了关的。

同时,我在这里还必须指出,作为一个中国学者,我之所以能够超越文化的偏见,大概与我的国家所处的世界文化格局有密切的关系。近代以来,西方文化一直处于上升的阶段,通过它的力量延伸,数百年来为自身造成了世界经济文化的“霸主”地位。在这样一个居高临下的地位上看自己、看别人,不见得能够采用“虚心求教”的态度。这一点直到Malinowski 老师逝世 30 年以后,才逐步为西方学者意识到。

1978 年出版的一本叫《东方学》的书的作者 Said 教授说了如下一段值得警醒的话:“现代东方学者对自己的定义是,他们是与别人有所不同,是把东方从迷惑、异化和怪诞中挽救出来的英雄。他们的研究重构了东方已消失的语言、习俗甚至精神。他们的角色,类似于占坡里安,是他把古埃及的象形文字从罗萨塔石堆里发掘出来的。在东方学者看来,东方学的技巧如词典学、语法学、翻译学、文化阐述学等,服务于古代的、古典东方的文化价值的复原和弘扬,同时对哲学、历史、修辞学、学术流派具有贡献。但是在历史的过程中,东方和东方学者的学科必然发生变化。‘东方’的意义已从‘古典’的东方变成‘现代化’的东方,而东方学也从传统学科变成了当代文化的一部分。不过,东方和东方学不管如何变化,都难以避免带有权力的痕迹,这种权力就是改造或再造东方的力量,也是把东方学塑造成哲学和人类学研究的方法。总之,把东方转变为现代世界的一分子之后,东方学者便可以对自己的成就和地位加以庆贺,为自己作为世俗化的创造者感到骄傲,他们的骄傲来自他们把自己当作新世界的创造者,这样的骄傲与神创造旧世界时的感觉是一样的。”①

Said 也指出,19 世纪以来,东方学经历了两次大步伐的“进步”。第一次是 19 世纪中期至第一次世界大战结束。此时期,英国和法国在世界上获得大片的殖民地,对殖民地的研究成为殖民地行政的必需品。同时,大片殖民地的获得也为东方学研究提供了调查和搜集材料的机会,因此东方学在巴黎、牛津等大学出现了一个“黄金时代”,许多资料直接来自住在殖民地的语言学家、历史学家、人类学家、考古学家。东方学的第二次大步伐“进步”发生在第二次世界大战及其后。此时期,世界格局再次发生很大的变化,二战之后许多东方社会的殖民地地位获得了解放,西方的霸主地位从英、法手中转移到新兴的美国手中。旧的霸主(英国和法

① 转引自王铭铭:《文化想像的力量:读萨伊德著〈东方学〉》,《中国书评》,香港,第6 卷。

国）自然还是力图保持它们的传统地位，东方学研究在它们手中仍然被“保护”为“国宝”。不过，新兴的霸主美国支持更大量的战略性区域研究，使东方学研究扩大到整个太平洋圈和亚洲的所有地区。这些区域研究大多以“跨文化理解”为口号，但是对维护美国在世界格局里的霸主地位有不可忽略的“贡献”。在这两个时期，东方学不可避免地出现了不少变化，但是它的叙述、言论、研究制度的深层结构并没有脱离传统。

《东方学》一书指出的东西不仅对西方的东方学有效，而且对西方现代社会科学也同样有效。在西方现代社会科学中，广泛存在一个具有两面性的“二元一体”概念。这个二元一体的概念里有一条分割世界的界线，它把世界划分为两个部分：西方和东方。而且认为，西方是强大的本土，而亚洲是被打败和遥远的“异邦”。又认为，亚洲代表一种潜在的危险，它的神秘文化在西方科学的体系里面无法解释和操作，而且可能在未来对西方造成挑战。在东方学的作品中，这种二元论一直被描绘为互补的对立。

Said 教授为我们指出，东方学与 16 世纪以来逐步成长起来的西方资本主义世界体系有密切的关系。实际上，资本主义世界体系所创造的东、西关系在社会学和经济学中被当成是“传统”与“现代化”的关系，在社会学和经济学的研究中东方常被当成是传统的、古老的，西方才是现代的、新兴的。这使 19 世纪东方作为“白种人的负担”的理论进一步“合理化”。“白种人的负担”的理论把东方传统看成西方人的负担或西方应该对之实施教育的异教徒。产生于西方的一系列“现代化”理论与这种东方观有着直接的渊源关系。

我自己的一生处在文化接触过程中被欺凌的文化一方，因而较为能够避开占支配地位文化对别人文化的偏见，我在许多著作中确实能够广泛参考、评论西方观点，甚至能够在中国文化内部格局中强调弱小的“草根文化”或“小传统”的动力，在文化价值观上与把世界格局中弱小民族的文化当成与“先进文化”格格不入的观点形成很大差别，这也就是我能够做到不排斥外来文化、拒绝复制“文野之别”的根本原因。

务必指出的是，提出文化的兼容并蓄观点，并非是为了一味好古、守旧,也并非为了实现 Wallace 教授讲到的“revitalization”[①]在受到外来支配文化冲击的状况下,站在被欺凌的弱小文化的立场上看,一时的复旧意识是值得同情的态度。但是,当这种态度发展到排斥外来文化的地步,成为与西方中心主义相对的另一种民族中心主义,那就可能忽略世界文化关系中“适者生存”的无情现实。我近来正在思考一个令我烦恼的问题。在北京召开的高级研讨班上,针对民族生存的危机,有人提出了“保留文化”与“保留人”的矛盾问题。这个问题在国内人口极少的民族当中特别突出,但在我看来它并非只是这些少数民族特有的问题,而是个现代人或后工业化人类的共同问题,是一个值得我们研究文化的人重视和深思的难题。“保留文化”与“保留人”本来不该是一个严重的问题,因为人的生活与文化是分不开的,我的老师就认为文化就是满足人生活需要的器具。但是,到了西方中心的世界体系形成之后,非西方文化的确产生了很大危机,这些文化类型在外来强有力的文化冲击下,是否还能满足人们的需要? 在社会科学里面,“现代化”这个概念的提出,大概就是为了解答这个本来与文化价值相关的问题。

西方首先发展出来的现代化理论说法多端,很难加以概括,而它们所采取的路线却是一致的。法国社会学先驱 Emile Durkheim 认为,世界上存在两种类型的社会。其中,一类是“传统社会”,另一类是“现代社会”。前者的特征,以社会内部群体组织的稳固性为特征;后者以多元的社会分工为特征。“现代化”指前者向后者的转型。德国的 MaxWeber 认为,“现代化”意味着工业化、科层化,工业化和科层化又意味着理性化,即资本利用的有效化过程、减低投入增加产出的过程、击败竞争对手的过程及满足消费者需求的过程。对此类过程,韦伯统称为“the capitalist spirit”。[②]虽然 Durkheim 与 Weber 在许多方面截然不同,但是二者所强调的实质是一样的。“现代化”就是“西方化”,或“东方”将向“西方”社会形态转型。

① Anthony Wallace,“Revitalization movements”,American Anthropologist,1956 年,第 58 期。

② Max Weber,*Protestant Ethics and the Capitalist Spirit*,New York,1958.

从 Said 的角度看，诸如此类的“现代化”构想都是以单线性的阶段式的演化论为基础的，而把所谓“现代社会”（实质上即“西方社会”）视为“传统社会”（实质上即“东方社会”）的未来图景的看法，这些看法都是旧时代的遗留，说明过去东方学偏见在西方学术界所起的作用。不过，一旦东方社会拒绝接受现代化过程中的文化转型，它们又如何可以使自己的人民生存在这个“物竞天择”的世界？

这不是一个新问题，在我的一生中，我们国内从“器用之争”到“中西文化论辩”，甚至到目前海内外儒家文化、小传统与现代化关系的争论，文化传统与现代化的问题一直没有间断地影响着学术思考。许多人想把自己的社会建设成为与原来不同，同时能与西方社会相匹配的社会。在这个前提下，东方社会出现了对现代化和现代特性的追求。充满“东方学”偏见的西方现代化理论，常成为非西方政治的指导思想，使作为东方“异文化”的西方，成为想像中东方文化发展的前景，因而跌入了以欧美为中心的文化霸权主义的陷阱。然而，怎样“医治”这一文化心理危机，怎样避免上述的陷阱，在学术表述上应当采用什么理论？

三、跨文化的“席明纳”

我在这里的叙述，目的不在为上述一系列“考题”提供应试的答卷，我相信问题的提出与思考、理论的反思，本身就具有自身的价值，而我今天的讲述及近来的几篇讲稿，都可以归入我所说的反思性质的文章中去，也就是回过头来，多读几遍自己过去发表的文章，把自己新的体会写下来。这类文章我是从 1993 年在苏州召开的两岸三地社会人类学座谈会上开始的，当时我在会上宣读了《个人·群体·社会》一文，是我重读《生育制度》一书时的新体会。这几年又写了好几篇这类文章，已收集在《学术自述与反思》（1996）这本新近出版的文集里。

学术反思并不是我发明的，拿我个人来说就是从 Malinowski 老师那里学来的，是从他在伦敦经济政治学院讲课时所采用的“席明纳”方式中推衍出来的。“席明纳”是 seminar 的音译，其实就是学者之间的对话。最近我们在北大又开办社会文化人类学高级研讨班，着重导师和学员之间的对话,使学术讨论超越了单向信息传播的模式。我正在试写的学术反思文章其实就是自我讨论或称自我对话,针对我自己过去的学术成果,通过自己的重新思考,实行自我反思。对话增多了,大家放言无忌,可以开创一种学术新风。

学术对话如此,文化之间的对话亦当如此。我在这里讲述我的思考时,世界离21世纪不到三年了,在跨入21世纪之前,一些西方学者已经开始自觉到应当清楚一下自己的过去,认清自己的真实面貌,明确生活的目的和意义,这也正是我这一段时间里所想到的"文化自觉"的含义。西方人文社会科学界的这种表现,正表示他们已经感觉到当前文化的危机,引起了许多学者的苦恼,并且有人已开始为其寻找新的出路。一些人类学家认为,由于对"异文化"(实质上即非西方或东方文化)的研究不可能达到完全客观,因此人类学者就应该主动地把它当成"自我文化评论"的工具,利用对非西方社会的了解,来揭示西方文明的弱点。"[①]在关于现代化理论的讨论中,自六七十年代开始世界系统论者采取了进一步的看法,他们指出,"东方"社会的低度发展,并不是因为这些社会没有足够的"工业化"和"西方化",而是因为近代以来西方的殖民扩张造成了"东方世界的依赖性和从属性"。这种看法是对西方中心主义的反映,无论怎样都表明对当前世界文化走向的思考。

看来文化自觉是当今世界共同的时代要求,并不是哪一个人的主观空想。有志于研究人类学的学者,对当前人类的困惑自然也会特别敏感,对当前新形势提出的急迫问题自然会特别关注。所以我到了耄耋之年,还要呼吁文化自觉,希望大家能致力于我们中国社会和文化的反思,用实证主义的态度、实事求是的精神来认识我们有悠久历史的文化。

文化自觉只是指生活在一定文化中的人对其文化有"自知之明",明白它的来历、形成过程、所具的特色和它发展的趋向,不带任何"文化回归"的意思,不是要"复旧",同时也不主张"全盘西化"或"全盘他化"。自知之明是为了加强对文化转型的自主能力,取得决定适应新环境、新时

---

① George Marcus and Michael Fischer, *Anthropology as Cultural Critique*, Chicago, 1986.

代时文化选择的自主地位。文化自觉是一个艰巨的过程，首先要认识自己的文化，理解所接触到的多种文化，才有条件在这个正经在形成中的多元文化的世界里确立自己的位置，经过自主的适应，和其他文化一起，取长补短，共同建立一个有共同认可的基本秩序和一套与各种文化能和平共处、各抒所长，联手发展的共处守则。

7 年前在我 80 岁生日那天在东京和老朋友欢叙会上，曾瞻望人类学的前途，说了下面一句话："各美其美，美人之美，美美与共，天下大同。"[①]这句话我想也就是今天我提出的文化自觉历程的概括。"各美其美"就是不同文化中的不同人群对自己传统的欣赏。这是处于分散、孤立状态中的人群所必然具有的心理状态。"美人之美"就是要求我们了解别人文化的优势和美感。这是不同人群接触中要求合和共存时必须具备的对不同文化的相互态度。"美美与共"就是在"天下大同"的世界里，不同人群在人文价值上取得共识以促使不同的人文类型和平共处。总而言之这一文化价值的动态观念就是力图创造出一个跨越文化界限的"席明纳"，让不同文化在对话、沟通中取长补短。

人类的历史是分散、孤立的人群逐步由分而合的过程。我曾经用"战国时期"来形容 20 世纪。[②] 20 世纪里发生过两次世界大战，世界列强争雄了 100 年。第二次大战后殖民地民族纷纷独立，在世界舞台上出现了政治和经济上的多元局面。但由于交通和信息的发达，已出现向一体发展的势头。当前这个世界性的"战国时代"与古代中国的"战国"有类似之处，是一个由分到合的过程，所以两次"世界大战"的发生，可以说已经预示了"世界一体"(one world)格局的生成。[③] 当前国家与国家、民族与民族、种族与种族、宗教与宗教等等之间的相互接触越来越频繁，使原来分立的人文世界逐步向一个"地球村"转变。社会学者把这个世界一体化的现象称为"globalization"(全球化)，我也认为全球一体化是历史的

---

① 见《费孝通文集》第 12 卷，《人的研究在中国》。

② 见《社会学在成长》，天津人民出版社，1990 年版。

③ 见《费孝通文集》第 12 卷，《人的研究在中国》。

前景。

与此同时，尽管在全球的交往过程中，人类满怀着一个良好的愿望，希冀我们之间逐步能够通过沟通、宽容、互补，获得对利益和价值的共识，但以权力格局为背景的社会文化界限却尚未消除，民族—国家的现实使我所说的统一的"文化场"目前还是一种理想。

全球一体化固然可以认为是历史的前景，但是如果不解决如何一体化的过程，在这过程中不解决一系列的矛盾，这一体化的结果是不容易出现的。现在看来在多种文化接触中，最难以多元取得一体的是文化的价值观念。正是因为这个原因我才特别提出"美美与共"的问题，这是一个人文价值怎样取得共识的问题。所以我想在这次研讨会上着重提出人文价值的再思考的题目。

其实，社会人类学既以研究人文世界为对象，人文价值自应是它研究的主要对象。上面提到的关于"现代化"的观点，其实就是在多元的人文价值的状态下怎样进入全球一体化的问题上提出的各种观点。这些观点中，如我在上文的分析，有些是想采用由一种优势文化来取代各种不同于这种文化价值观的文化，取代方法可以是强制的或是自愿的。隐藏在"现代化"背后的西方中心主义就是要以欧美的价值观念来取代其他文化的不同观点。这种看法我认为是不符合我上面所说的达到"美美与共"的路子。为了探索这一条全球一体化的路子，我们以研究人类学为天职的人，应当认真地展开讨论并通过对话来取得共识。如果能对人文价值实事求是进行再思考，不仅可以推动社会人类学前进一步，而且还可以为人类的发展前途做出贡献。

从英国功能主义的社会人类学和美国历史主义的文化人类学的理论来说，我体会到它们都承认各民族文化是各具合理性的，所以首先要承认各人群的"各美其美"，然后要使具有不同价值观点的人群去互相理解别人的价值观点，首先要以容忍的态度来尊重别人与自己不同的观点。在共同合作和思想交流中逐步地认同于相同的价值观点。这个过程中，必然要有一个时期使不同的价值观点在相互的容忍中共同存在，不相排斥。我相信在有利于各方的和平共处和共同合作中，不同的观点是可以相互接近和融合的。

我进入人类学领地，正是因为受到这种跨文化的人文价值观的激励。正如 Edmund Leach 教授指出的，我的人类学的确是从理解中国本土文化开始的。但是，我关注本土文化并非为了把自己的视野局限在本土文化的界限之内，而是为了在了解自己的前提下，寻求不同人文类型和平共处的途径，因而我的不同时期的作品，既体现出一种对本土观念和不同文化价值观念的尊重，又力图展示文化之间互译和沟通的可能性。强调世界全球化过程中不同民族文化在同一时间里并存的格局对实现“天下大同”也许是必要的。

现在想起来，这确是一种异文化与本文化兼容并包的探索。Edmund 认为，社会人类学应该研究“异文化”，因为只有在别的社会中人类学者的观察才能充分地客观化，避免由于社会制约造成的偏见。① 针对中国本土人类学者，Edmund 认为，除了功能论色彩有可取之处外，其他均未能超脱本土人类学者本身从小习得的司空见惯的文化，因而无法提出有说服力的人类学解释。对此，我愿意加以两点反驳：第一，无论人类学者如何能够旁观他人的社会，最终他们还首先是自己社会的一员，受他们从小习得的本文化观念的影响，在他们的写作活动中，他们更需要在家乡文化的体验下叙述他们对异文化的认识，因此他们的“旁观”与本土人类学一样不可能达到完全客观；第二，本土人类学者的工作实际上不只是在一个单一的参考系下面展开的，在像我所做的那一类研究中，有两种“异文化”作为我的参考体系，这两种“异文化”便是在国内外其他民族中我自己亲身的阅历以及从社会人类学和其他社会科学的学习中获得的关于世界各国和各民族的知识。

Edmund 的看法现在看来在西方也只是一种保守的观点。实际上，70 年代以来，西方也出现了大量本土人类学作品，它们指出了西方的叫“非西方研究”所存在的问题。由于人类学者过于信仰西方人的分析能力，因此他们在探讨“非西方”文化时就可能把产生于本文化的观念强加在

① Edmund Leach, *Social Anthropology*, London, 1983, pp. 122 ~ 148.

异文化之上。这个问题的根源，不仅在于人类学者对本土社会及其人类学意义不够关注，而且也在于人类学者与“他人社会”的文化距离。具体地说，人类学者本身所处的社会场域以及他们与研究对象之间的距离，可能导致他们对其他文化的误解。通过本土社会与文化的关照以及通过缩短文化距离，本土人类学有着消除文化误解的潜能，因为本土人类学者生活在本土社会之中，他们对当地的社会与文化有着切身的感受。

在人类学中，与“异文化”相提并论的常是“参与观察”一语。传统人类学主张，人类学者不仅要研究异文化，以便避开自己社会的偏见，而且还要参与到别的社会中去深入理解他人的生活。用我自己的话来讲，异文化容易使人类学者能“出得来”，而参与观察则是要求人类学者能“进得去”。主张以异文化研究为己任的人类学者认为，人类学者在本文化中容易犯“出不来”的毛病，因而认为本土人类学者往往无法从自己所处的社会地位和文化偏见中超脱出来做出“客观的观察和判断”。不过，“异文化”的研究往往也存在“进不去”的缺点，也就是说，研究他人社会的人类学者通常可能因为本身的文化偏见而无法真正进行参与观察。对于从事中国社会研究的外国人类学者来说，这一点是十分明显的。Freedman、Skinner 等西方优秀的汉学人类学者可以说是一群被西方承认的“中国通”的人，但是他们从研究中得出的结论在西方也常被认为代表“外国人对中国的看法”。对于致力于中国本土人类学研究的学者来说，问题可能是与此相反。中国本土人类学者面临的是“出得来”的问题，也就是说，作为研究本土社会的人类学者，重要的是要从我们所处的社会地位和司空见惯的观念中超脱出来，以使对本土社会加以客观的理解。本土人类学的要务在于使自身与社会形成一定的距离，而形成这种距离的可行途径是对一般人类学理论方法和海外汉学人类学研究的深入了解。通过这种了解，我们可以在一定程度上把自己的社会和文化“陌生化”(defamiliarization)。

不过，我对参与观察的反思不只是考虑如何“出得来”的问题。Edmund 等西方人类学者认为，参与到异文化中去的目的在于让人类学者获得一种个人的涵养，使之有能力从自己的社会中分化出来，客观地认识人的生活。我的人类学研究，则强调田野工作和理论对社会产生应用的作用，同时强调使之回到本土社会去推进文化发展的必要性。

我反复强调“参与”，目的不在于要“推广”一种自我文化封闭的研究类型。当前西方和中国的人类学思考不少是在批评西方殖民主义和文化霸权的前提下展开的。对于第三世界的人类学者来说，批判西方文化的支配作用固然重要，但是，从一种文化偏见落入另一种偏见的可能性也是存在的。学者应当如何克服自己社会身分和权力格局导致的偏见？为了解决这个问题，对不同文化加以交叉比较和反思，对学术价值观加以定位将是十分重要的。我们在超越西方文化支配性制约的同时，也要超越自身社会对我们的局限。我曾强调把研究者和被研究者联系起来，人类学者不仅要了解“别人”还要了解“自己”。这也就是为什么我这个长期位居中国“大传统”的人，会如此执著地在“小传统”民间社会中追求理解的缘故。

人总是生活在希望里，对未来的瞩望和期待决定他当前的行为与忧乐。今天会议的主题是“社会科学的应用与中国现代化”，它无非要求与会者把自己置身于“现代化”过程当中去思考我们的理论，看看我们自己的希望何在。现代化理论的创始人之一 Max Weber 把文化的转型当成是现代化的前提，他所讲的符合现代化的思想意识是欧洲的“新教伦理”。我不能不承认 Weber 是一位学识渊博的学者，他不缺乏文化比较的功夫，事实上他的现代化理论恰好就是在宗教文化的比较观察中提出来的，他的研究方法与我今天在这里讲的“跨文化”研究没有多大差异。令我惊讶的是，这位值得尊敬的德国学者在隐喻的层面上否定了其他人文类型在现代世界的生存权利，没能在跨文化的关怀中获得人文价值的自我反思和宽容，所以难免会在步入老年时逐渐变成一个厌世的悲观论者。

如果大家能同意现代化是当代世界中人际关系的新发展，那么也当可以认为现代化应当是一个“文化自觉”的过程，即人类（包括学术人）从相互交往中获得对自己和“异己”的认识，创造文化上兼容并蓄、和平共处局面的过程。从这个角度来理解现代化，为的是在跨入 21 世纪之前，对 20 世纪世界“战国争雄”局面应有一个透彻的反思；为的是避免在未来的日子里"现代化"的口号继续成为人与人、文化与文化、族与族、国家与国家之间利益争夺的借口；为的是让我们自身拥有一个理智的情怀，来拥抱人类创造的各种人文类型的价值，克服文化隔阂给人类生存带来的威胁。对于不同的人来说，社会科学可以有不同的"应用价值"，在跨入下个世纪之前，我看到的是另一种价值的需要，那就是在社会科学中出现一次人文价值的重新思考，这种思考如果可以被称为"文化自觉"的话，那它的"用处"就远胜于以往我们从事的明显可见的"应用社会科学"了。我也寄希望大家在听完我这篇发言之后能够看到人文价值再思考的重要，看到这是人类美好前景所依托的基础。

1997年3月20日于北京北太平庄

完成“文化自觉”使命
创造现代中华文化

我于1930年进燕京大学社会学系读书，又于1980年北大筹建社会学系时，正式担任北大的教授，其间跨越了50年，却一直与北大保持着很深的关系，这是因为在燕京、清华、西南联大的学习和工作经历都无法与北大分开。

1930年我是从苏州东吴大学医预科转学进入燕京大学来学社会学的。30年代的青年遇到了中国普遍贫困的时期，又赶上了日本帝国主义的侵略，使中华民族陷入了水深火热之中，那是中国最困难的时期。因此当时我认为中国紧迫的社会问题是群众的饥饿问题，我选择学习社会学并把了解认识中国社会作为自己的使命，实现“志在富民”的愿望成为我一生追求的目标。

自1936年进行江村调查至今60多年来，我始终围绕这个愿望在进行调查研究，了解中国农民的生活状况，理解中国的文化和中国人的人文世界，以期参与解决贫困问题的努力，使中国人民逐步进入现代化的时代，能以平等地位加入世界各国的行列。直到1997年我感觉到实现和平和公平的世界的早期的愿望已走上逐步成为事实的路子，这条路子实际上是历代中国人的共同愿望，“天下大同”早就是中国文化千年求索的目标。

在这个心情里迎来了北京大学100周年。我感到莫大的欣慰。回想解放初期参加开国大典时有机会站在天安门城楼上，听毛主席宣布“中国人民站起来了”的情景，50年后的今天这句话已成为全世界公认的事实了。那时我们国家实际上还很弱小,而今天经12亿人民几十年积累的辛勤劳动,已经不再是东亚病夫了。

形势大好也明确了我们中国人在世界进入新世纪事业中的责任和使命。

北京大学作为中国的最高学府,一直标志着中国文明先进的里程碑。五四运动预示了独立、自由、平等、民主、科学精神的开始,为我们那时的一代青年人指明了中国人的前进的方向。我这几天正在看刚出版的我的同代人北大教授苏秉琦先生的著作《中国文明起源新探》,深有感触。这本书代表了北大对中国文化发展历程实事求是的研究,这是一本人文科学研究的成果,是中国人对自己文化的自觉,它用实物来实证中国5000年的文明发展的过程。在当前中国人面临空前大转型的时刻,在学术方面集中了北大几代学者的研究成果得出这样一本著作,意义深长。

在中国面向世界,要世界充分认识我们中国人的真实面貌,我们首先要自己认识自己,才谈得到让人家来认识我们和我们去认识人家,科学地相互认识是人们建立和平共处的起点。北大在50年代院系调整过程中接纳了清华国学研究创始的优良传统,推动了中国人文学科的发展。人文学科就是要以认识文化传统及其演变为目的,也就是我常说的"文化自觉"。在文化传统上说,世界没有一个民族有我们中华文化那样久长和丰富。我们中国人有责任用现代科学的方法来完成我们"文化自觉"的使命,继往开来地努力创造现代的中华文化,为全人类的明天做出贡献。

中国人几千年来的理想,就是要实现一个人类和平共处并共同发展的世界,不同文化之间不应是互相冲突的,而应是相互协调的。这就需要培养能完成这一使命的人。北京大学即有这样的传统,从五四运动开始,她在近代已经起了很好的作用。她最早吸收了马克思主义;她提倡兼容并包,求同存异;她有超过西方文化的宽阔胸怀,反对霸权,反对控制他人;她提倡世界大同,各尽所能,各取所需,发挥各有特色的人类文化。

北京大学的已有传统,说明上一辈人已走出了几步,打下了基础,但是这还不够,不能停留,百年庆典时应当回头总结一下,进一步肯定中国人在全人类文化中的地位和今后的责任，不能凭感觉，靠空论，而是要实事求是的、脚踏实地的、真正的科学研究，来表达出我们共同的认识，融会为大众的文化。

21 世纪人类的重大任务就是跨文化的交流，世界上不同的民族团结起来共同创造更美好的前途。我们今天已看到了平等对待、和平共处的可能性，但这可能性尚属有待实现的理想。我们中国 5000 年的实践已证明众多人口和众多民族是可以一起共同生活的，这是中国文化凝聚力的表现。香港的回归，"一国两制"又证明了当前的不同社会制度是可以共处的。香港的回归不单单是我们 100 多年来忍辱负重的岁月画上句号，更大的更深远的意义是在于一国中可以有不同制度协调并存，这是邓小平理论的创造，就中国文化而论又进入了一个更高的境界。

中国文化讲王道，主张以理服人，反对以力服人的霸权。现在西方似乎仍有人相信物质力量能用来压倒别人的理性观念。其实如果没有共同的认识和共同的价值观，就谈不到真正的全人类团结成为一体的前途。

1997 年是一个重大转折就表现在中国地位不同了，世界不能忽视中国的声音，那么谁来讲话？谁来代表这个声音？我认为这是学术机构的责任，要培养一代有"文化自觉"素养的学者来表述这个声音。北京大学在百年纪念时要起一个带头作用。我希望 21 世纪高等学校在培养目标方面要强调培养能理解和研究人文世界的人才。我们光有自然科学来对付物质世界是不够的，还要看中国文化中存在着重视协调人与物、人与人关系的认识和实践，进一步加以发扬，并培养胸怀更为开阔的，不但能为中国人民服务，还能为世界人类服务的人才。我们不但不排斥，而且要吸收西方文化中好的东西，正如前面提到五四时期提倡的科学、实事求是精神，反对空谈，反对狂妄，这些都是北大传统、北大的精神。

我常讲中国人是一个上有祖宗、下有子孙的社会，个人生命只是长江中的一滴水，一个人的生命总是要结束的，但有一个不死的东西，那就是人们共同创造的人文世界，而且这个人文世界是不断发展的。人文和社会学科就是要研究这个不断发展的人文世界。

我特别希望社会学、人类学年轻一代学者能跟上这个发展的时代。

那就首先要深入到老百姓中间去，向人民学习，要懂得生活在文化中的人，有聪明才智，他们在不断创造，所以我们要向他们学习，吸收营养。我们的任务是用科学的方法把看到的事实讲清楚，讲得人们都能明白。我期望年轻的学者如果同意这个道理，自觉坚持这样去做。

北京大学要建设成为世界一流大学，不仅要继续培养出蔡元培时代能兼容并包、进行综合发挥，还要能接上本土5000年的历史、有开阔胸怀的大学者。这就需要给青年人更多的条件和机会，让他们接受多种多样的文化，包括世界各国文化中的优良部分，培养他们学会表述中国的人文世界，整理出有思想有创造性的东西来，并不断开拓前进。

1998年2月

读马老师遗著《文化动态论》书后(节选)

四

马老师对于非洲土人的社会和文化的研究兴趣可说是从20年代后期开始,一直到30年代上半期的1934年才初次直接访问在非洲南部和东部英国殖民地上的从事社会人类学田野工作的研究人员。[①] 这和他在西太平洋岛屿上的田野工作性质不同,严格说来不属于亲自进行的田野工作。但他这一年在南非开普敦向殖民地的教育工作者发表过一篇讲话《土著教育与文化接触》,很能表示他当时鲜明的主张。他在讲话中警告非洲殖民地的白个教育者,不要机械地用欧洲式的教育取代部落的传统教育方式。他指出,白种人实际上并没有通过所谓教育工作给予非洲土著人民任何有用的东西。他们真正在做的是在那里掠夺大量的经济资源。这样说等于揭露了殖民主义的实质。他提倡让会讲本地话的人授课,避免破坏非洲部落文化,表明他反对西方在殖民地的文化霸权。他又向当地黑人听众讲述社会人类学,并且承认以前的人类学确实有种族主义的倾向,但是极力声明这种倾向已经发生变化。他表明自己主张的人类学是一门尊重别的种族的学问。而且带着幽默的声调子说他自己的研究,已从研究"裸体的非洲人"转变为研究"穿着整齐的非洲人了",这番话不仅表示他对过去社会人类学把殖民地上的人民看成和白种人性质上

① 他的访问从6月到10月共延续四个月。

不同的“野蛮人”，而且从而反思到从这种以种族主义为背景出发的社会人类学理应加以改革。所以他在1937～1938年的席明纳里，提出了研究文化动态的三项分析法。

马老师针对殖民地的社会文化基本情况作出下面的论点。他认为非洲文化动态的实际情况是“一个较高级的文化对一个较简单而且处于被动地位的文化的主动冲击的结果”（the result of an impact of a higher, active culture upon a simpler, more passive one）。[①] 他从而指出对这种地区的文化应当着重注意西方文化的冲击和本土文化对这种冲击的反应。[②]因之，研究的对象应当包括三个方面：西方文化、本上文化和二者冲撞着的变动中的殖民地文化。文化动态实际是发生在第三方面即前两方面发生冲撞的结果；这也就是马老师所说过的在飞越非洲时所见到的鸟瞰中可以在非洲地图上画出的三个圈子：一是占优势的欧洲人地区，二是真正的非洲人地区和三是正在变动的地区。文化动态的主要空间恰恰是第三个地区。

如果把这三个地区放在一个时间维度上，从空中予以鸟瞰，很像一幅平面的文化分布图。这使人想起了早年社会人类学中“德奥文化传播论者”心目中的文化传播历程，某个文化特质从地理上的一个中心向着四周扩散和移动。但是如果飞机降落在第三个圈子里，就是文化正在变动的地区里，就会见到这里人们生活上表现出来的文化却不是第一或第二两个圈子里所见到的那些东西的重复。大多都是由于白人入侵的文化碰上了土人原来部落中带来的相应文化，在种族隔离的殖民地特有的条件下发生的变种。这个变种既带有它侵入时的原相，但已受了土人传统文化的抵触而发生了改变。这个变种又已不再是土人从原有传统带来的本相，是一种可以称之为没有脱尽土气又没有全部洋化的变种。在这种白人和土人杂居的社区里，人们的行为实际上更因互相接触对象种族和身

---

① B. Malinowski, *The Dynamics of Culture Change*: *An Inquiry into Race Relations in Africa*, Yale University Press, pp. 15～17.

② B. Malinowski, *The Dynamics of Culture Change*: *An Inquiry into Race Relations in Africa*, Yale University Press, pp. 15～17.

分的不同而发生多种多样的变化。如果作为一个生客进入这种社区里观察人和人对话时所用的语言，就能领会这种复杂性。一般说白人对白人或土人对土人之间可以用白人或土人原有的语言交谈，但也不尽然，不论白人或土人所用的语言，大多已和他们各自在本乡所用的语言有所差别。不仅可以听到各种程度的白土夹杂的语言，甚至在接触中创出了新的特殊语词和语调，有如早年在上海的“洋泾浜”，或假洋鬼子话。这种有点像万花筒里见到的既混乱又有秩序的文化上的拼凑、混杂物成了这个第三圈即白土文化撞碰地区的文化特色。马老师并没有机会深入到这个“万花筒”里边去体会这些文化变种，所以只能对这种千变万化的局面大体上指出了，要分析这个文化局面，必须追根寻底，进入到白人和土人相接触双方所带来的文化原样里去，要求弄清楚双方在没有接触前各自原来所有的传统文化。这就是三项法的大杠杠：A、B、C 三项。A 项指白人的影响、利益和意向。B 项指白人和土人的文化接触和当地文化的变迁和发展。C 项指土人文化的遗留。

通过席明纳里的讨论和启发，当时大家已感觉到这个三项格局似乎太简单化了，需要进一步诠释。多数认为 A 项和 C 项不能简单地指白人或土人原来的文化。以 A 项说白人带进殖民地的文化，和他们原来生活中的和移入殖民地后继续对他们发生影响的家乡文化，和他们在殖民地上生活中表示的文化是有区别的。殖民地的利益和社会风尚本身对白人在殖民地上的文化生活发生着它特有的影响和作用。以 C 项说殖民地上土人的实际生活和他们在本乡部落中生活时所表现的传统文化也是不断在变动。以 B 项说，就是土人和白人文化直接撞碰的殖民地社区的文化，既不是以洋代土，也不是以土加洋的简单过程，洋土文化双方的变动的关键看来是取决于相互之间的关系和态度，二者是合作还是抵触。如果双方处于合作的关系时，在土人和白人双方文化上都可能产生互相取长补短的融合取向。相反，如果双方处于抵触的关系时，就会引致冲突甚至仇杀和战争，在文化关系上说是分离、对立、破坏和取代。在三项法中发现动态取向的关键在于接触双方的利益上是否有一致的基础。马老师在他的文化动态论里提出一个重要的论点，就是决定动态取向的是他所谓“common measure of interest”(即“利益上的一致性”)也称之为“the common factor in cultural change”(即“文化变迁中的共同要素”)。

他的这个提法表明他接触到了殖民主义的实质问题。殖民主义就是列强对殖民地掠夺资源和劳力的政治制度。殖民者和殖民地人民是站在根本上对立的立场,在这种政治关系上要找个利益亡的一致性是等于缘木求鱼或与虎谋皮。现在我们可以觉得马老师为什么会连这一点基本知识都没有?这是个历史过程中以今论昔的人们容易提出的,而可能永远难于回答的问题。马老师的文化动态论里在提出利益一致是文化融合的前提时,他何尝不知道在殖民地上这是个不现实的前提呢?在他这本遗著里转弯抹角地表达这个意思。现在我们重读他遗著中这一节的论点,可以说他实质上已指出了在殖民地上,如果不消灭以西方掠夺当地土人的资源和劳力这个根本实质,文化接触和撞碰必然导致冲突和战乱,招致一个历史上最黑暗的时代。马老师在第二次世界大战前能说到这个程度,我想他实在已经在当时的历史条件下,对殖民主义做出了不可能更鲜明的批判态度了。

马老师 1938 年在席明纳里明确提出了对他三项法的初稿要增加两项即 D 和 E 的修正方案。这两项都是补充 C 项的,C 项原是指土人方面“传统的遗留”。增加的 D 项是指对土人部落文化的重构,E 项是指土人自发的整合和反应的新力量。

D 项和 E 项的补充显示了马老师已感觉到他的文化动态论的初步分析中对土人的定位似乎过于处于被动的地位。殖民地文化接触中把西方文化放在主动地位是符合历史事实的,因为事实上整个过程确是西方文化入侵引起的。但是处在被动地位的土人也有他们从长期的传统文化中培养出来的要求生存的愿望和在一定条件下积累着取得生存的办法。而且正在不断谋求处于西方殖民者接触中继续生存和发展的条件和事实。土人的意愿和利益在文化接触中决定了他们对西方殖民者的态度和关系。所以当马老师提出文化接触中的共同利益一致的因素时,不能不感到必须加强他对土人方面传统文化的认识,这是他补上 D 项的一个原因。在把土人方面的因素从纯粹的被动地位上升到对立的地位时,席明纳里的田野工作者自然会想到当时正在欧洲殖民地上发生的种种土人的反抗运动，而且非洲土人们在殖民地上也正在主动地吸收侵入的文化，把新引进的那些文化整合进生活中去，发生了一系列殖民地土人文化改革运动，不论这种运动是取向于合作的或对抗的，这些运动也不能不承认是文化接触的产物，并不是单纯的传统的复旧或保守。这就促使马老师增加另一项表格来注视这方面的情况。于是，在修正的表格中又增加了 E 项。[①]

由于我本人对非洲的文化动态并没有感性知识，没有权利在这个三项或后来修正的五项表格上多作议论。我只在重读这本《文化动态论》时想起了一些对于 1937 ~ 1938 年"今天的人类学"的席明纳里的一些至今还没有消失的回忆，并想联系马老师对这新课题的思考和摸索历程，在这篇"书后"中记下来，增加一点对马老师不断面对事实开拓前进的为学精神和他的"文化动态论"不断修正和发展的认识。

1998 年 3 月 3 日初稿于北京

① 参见 B. Malinowski, *The Dynamics of Culture Change: An Inquiry into Race Relations in Africa*, pp. 75 ~ 76. 这里，马林诺斯基列出供文化分析用的表格为：

A	B	C	D	E
白人的影响利益和意向	文化接触与变迁的进展	传统的遗留情况	过去的重构	非洲人自发的再整合与反应

他的原文对 D、E 二项作了如下解释："为了更明确我们的论点，有必要（在三项基础上）加上 D 这一项，其中包含的是对欧洲殖民主义入侵前非洲状况的重构。""最后……我们用 E 项来记录非洲人自发的再整合或反应的新力量。这里出现的是诸如非洲种族主义、地方民族主义以及部落爱国主义的重新解释。"

从反思到文化自觉和交流

学术反思是这几年来我为自己定下的一个工作内容，就是要求自己对过去发表过的学术思想回头多想想，我的思想是怎样来的，为什么这样想，现在看来是否还有点道理，是否要修正，甚至改动。这可以说是我个人的“文化自觉”。学术反思是对个人而说的，文化自觉是学术反思的扩大和发展。从个人扩大到自己所属的文化，从个人的学术发展扩大到一门学科的演变。学术反思是个人要求了解自己的思想，文化自觉是要了解孕育自己思想的文化。因为要取得文化自觉到进行文化对话，以达到文化交流，大概不得不从学者本人的学术反思开始。学术反思到文化自觉，我认为是一脉相通的。

我这篇文字，其实不仅是我个人的学术反思，思想的再思考，也是对我所学到的社会人类学的反思，对社会人类学这门学科还可以说是一种文化自觉的尝试。

我觉得，人类学也好，社会学也好，从一开始，就是要认识文化、认识社会。这个认识过程的起点，是在认识自己。我这个人作为一个生物体，是在既定的文化里边长起来的，一切离不开自己所属的文化。但是尽管如此，要了解自己所处的文化，这个事情并不容易。我记得 1979 年我访问芝加哥的时候，已经提出 Cross - cultural Communication 这件事，主张进行文化之间的交流。跨文化交流的基础，就是得从认识自己开始。我一生所做的事情，就是希望能认识自己。搞了这么多年，写了不少文章，也只能说是认识自己的开始。文化，我叫它是个人造的人文世界。这个人文世界是我们的祖先和我们自己造出来的。造得怎么样呢？我们自己生活在里边,可是并不清楚这个问题,从来也没有人对我们讲过。我现在老了,想要看一看,自己从小学来的这一套文化,究竟是个什么东西。它的内容是什么样的,怎么去分析它,怎么去理解它,看它在我们生活上发生了些什么作用,又怎样发生变化,它是怎么变动的,为什么变动,动到哪儿去……这些问题,我认为就是人类学者、社会学者要去观察和研究的题目。也就是说,要用我们现在所掌握的认识客观事物的科学方法,直接去看、去观察、去分析社会生活里的事实、秩序、格局和基本规律。这既是在认识社会、认识世界,也是在认识自己。这样得来的认识才能运用来满足我们生活的要求。

昨天晚上,我得到一本北大出版社刚刚出版的我自己写的书,书名叫《从实求知录》,是我最近几年发表的学术反思文章的结集。为什么叫《从实求知录》呢?意思是书里边记录了我从实际中得到知识的经过。我这些年来所得到的知识很少,也不见得都正确,但是我确实是从实际生活当中得到的。这本书就是讲我这一个人求知的经过,从中也可以看出我的思想在60年里的发展脉络和发展的过程。

从1995年开始,我觉得自己有点老了。以前我没有感到自己是个老人,这是老实话,就像孔子说的,“不知老之将至”。1995年以后,做事情有点力不从心了,感觉到了有个“老”字来了。讲话的时间一长就讲不动了,走路要人扶着了,一样一样地表现了出来。总的感觉是力不从心。心里边还想着做这个做那个,可是实际上做不来了。我这个生物体和在人文世界里形成的精神要求合不到一块儿了。感觉到自己老了之后,我就在考虑一个问题。我虽然老了,可还没有死。从老到死还有一段时间,叫“老而未死”。老而未死这段时间里边,我应当做些什么事情呢?中国人有个说法,叫“身后之事”,我也开始考虑身后之事了。从前写《生育制度》的时候,我发挥过一个观点,认为社会同人一样,都有新陈代谢,英文里边叫做metabolism。我为此专门创制了一个名词,叫“社会继替”。社会自身的发展,要求人口不断地再生产。新的进去,老的退出来。退出来的过程中,有一个老而未死的阶段。在这个阶段上,他会想一个问题,即个体受到生物的限制,不能再活下去了。这是上帝决定的。中国人叫

"命"。天命如此。到这个时候,人会感觉到,有个东西在自己死后还会继续延长下去,这就是人文世界。想到这一点,会产生一种感觉,想再做点事情,留点影响给身后的世界。

我在1995年之后,开始考虑这个身后之事。想到的具体要做的事情,是写我的反思文章。站在现在的位置上,回头去看去想自己思想的来路和过程,看看这套想法是怎么来的。我想自己大概还有几年的时间,能用来回头看看自己写过点什么,为什么这么写,写得对不对,自己做点反思,进行自我批判。也就是要自己看自己。后来我又写过一篇文章,题目是《我看人看我》,意思是看看人家是怎么看我的,看看我写的文章起了点什么作用。这事情很有趣味。大家到了我这个年龄,可以试一试。自己看自己,批评自己,再看别人怎么看自己、批评自己,不仅有趣,而且可以有启发。通过这样的思考,可以对问题看得深一点。

我怎么去进行反思的呢?一个办法,是在我的老师身上做文章。思想有它的来源的。我学的这套东西哪儿来的呢?我的思想哪儿来的呢?应该说是从我的老师那儿来的。我的几个老师当中,第一个影响我的是吴文藻先生,第二个是潘光旦先生,然后是三个外国人,一是Park,二是Shirokogorov,三是Malinowski。作为学生,我从这些老师身上得到些什么呢?关于吴文藻先生,我写了一篇文章,叫《开风气 育人才》。他在中国提出来了两个重要思想,一个是社会学中国化,一个是把人类学和社会学结合起来,运用人类学的方法发展中国的社会学,从实际调查中出思想,出理论。潘先生对我影响比较重要的思想是"两个世界",一是人同物的关系的世界,一是人同人的关系的世界。我在潘先生思想的基础上提出了"人文世界"这个概念。我这个概念是从潘先生的思想里边来的。

对人文世界怎么理解呢?这个话要说得远了,意思也深了。太史公司马迁写《史记》,是承父命。他的父亲要他做的事情,总起来讲是两句话:一是究天人之际,二是通古今之变。"天人之际"是什么意思呢?可以有不同的理解。我的理解是,天是指自然世界,人是从自然界里边发展出来的,天人之际就是人在这个自然世界里边处的地位。人是自然世界的一部分,不是天外来客。人逃不出这个客观的自然世界,但是人有能力可以利用这个自然世界来创造一个人文世界,用人文世界来利用自然以取得人的生存和发展。这使人既是自然世界的一部分,又是自然世界的对立面。Malinowski 的一个关键思想是,文化是人造的东西,是为了人的需要而造的。在自然界里边,从没有生命的状态里出现了生命,又从生命里边出现了文化。这个过程到现在还没有完,还在进化,还在发展。连起来看,就是历史。要弄清楚这一套,就需要究天人之际,通古今之变。这也可以说是中国人历来做学问的基本内容。人的知识,大概就是从这一"究"一"通"当中来的。根据我的理解,人类学、社会学的目标,也可以表述为"究天人之际,通古今之变"。这个话,古人早就说清楚了,但是我们到现在还没有通,还不大明白。

我现在确实感到时间不多了,力不从心了。Raushenbush 写的《派克传》的最后一章题目是"*So Little Time*"。时间之少,生命之短,到老才体会得真切。现在我真是觉得整天想问题都来不及,更不用说把问题想明白再写出来。

我在反思的时候,先回到自己的老师那里。这一来,我发现自己对几个老师的东西都没有吃透。要真正理解上一辈人并不容易。最近我在看什么书呢? 讲讲也许很有意思。我在看几本传记。陈寅恪、顾颉刚、傅斯年,还有钱穆,这些人的传记很吸引我。他们是我的上一辈人。我想看看他们一生关切的是什么问题,他们这代人是怎么过来的,这里边很有意思。顾颉刚是我的同乡,尽管相差一代,他所处的文化背景,和我的还有很大相同之处,所以他讲的话我很熟悉。从传记里边看到他的很多苦衷,我很能体会其中的原因。我看这些人的传记,是想争取多懂得他们一点,也是想多懂得自己一点。

在我的老师里边,中国的老师,只是差了一代,理解他们就不大容易了。外国老师理解起来就更不容易。Shirokogorov 写了很多东西,我也看过不少,可是到现在我还不能说自己懂得这位老师。我跟他学体质人类学,他对我影响很大。这种影响从当时一直持续到现在。10 年前,我提出了"中华民族多元一体格局",觉得是自己的发明,还很神气。现在一看,Shirokogorov 早就讲了。今天我把这个话说明,这是 Shirokogorov 影响我的学术思想的一个例证。

我从去年暑假开始，看 Malinowski 的一本书，*The Dynamics of Culture Change*。我好好读了一遍。我应当说明，这是 My teacher in my eyes，只是我眼中的老师和他的想法，是我的理解。这本书对我的影响很大。我从这本书里边看到了 Malinowski 学术思想的具体变化和发展。他最早成名的著作和他早年的文化理论，是从他参与 Trobriand 土人的实际生活里边出来的。Trobriand 那个地方，有点像中国的陶渊明在《桃花源记》中描写的那个样子，是个孤立的、封闭的、静态的文化。Malinowski 确实是很深入地理解了 Trobriand 岛民的日常生活和情趣，从中看出来了文化表格，即文化的结构，写出了《文化论》。后来他到了伦敦，做了教授，就不同了，他不再到 Trobriand 去了。他要考虑下一步怎么办，人类学往哪儿去。他后来接触到了非洲殖民地上土人的情况，看到当地的原有文化快要被西方殖民主义破坏尽了，他心里不舒服，对殖民主义这一套很反感。他希望还能保留住原来的本土文化。Malinowski 当时的心情，可能跟我在 1957 年时候的想法有点类似，想凭借自己的知识去改造天下，像唐吉诃德。他热心于应用社会学，想改造殖民主义，为殖民地的人民做点好事。这与总的形势是冲突的，成了个不可能实现的梦。想靠书生去改变它也是劳而无功的。但是在这一段经历当中，Malinowski 却看到了一个正在发生文化巨变的社会，看到了文化变迁的现实，这使他后来写出了《文化动态论》。这是人类学历史上的一个很大的转折，从静态的分析转向了动态的研究。他把这个转折作为一个人类学的大题目，认为新的人类学必须以对变动中的文化的研究作为自己的主题。他明确地提出了这个主题。可是人生有限，他没有机会由自己来完成这么一个主题的转折了。

Malinowski 的学术思想，始终没有离开他所接触到的实际。实际是静态的，他的思想也是静态的。实际发生变化，他的思想也发生变化，他的理论也发生变化。我们看书不能不看人，要看是谁写的，什么时候写的，为什么这么写的，为什么有这套思想。弄清楚这些，才能理解作者，懂得作者。Malinowski 在人类学上的贡献，就是实现了从书本到实地调查，从静态研究到动态研究，并倡导从对野蛮人的研究转向对文明世界的研究。

今天的人类学,社会学的主题又是什么呢?这是我们大家都很关心的问题。我想,要回答这个问题,必须先看清楚我们现在处在一个什么样的大环境里边,看清楚全人类的文化是在怎么变化,这样才能看到我们努力的方向。也就是说,先要定好位,才好往前走。这里边的意思,还是我反复强调的一条,不能脱离实际,要坚持从实求知。当前最大的实际,就是人类社会从20世纪向21世纪过渡时期的文化变迁。

1989年,我参加过一个国际儿童教育方面的学术会议。我在会上说,在儿童教育方面,当前要做的最重要的事情,就是为他们准备一个能适应21世纪人类生活的脑筋。21世纪会是个什么局面呢?这个话要从20世纪说起。我曾经用过一个比喻性的说法,说20世纪是一个世界性的战国世纪。意思是这样一个格局中有一个前景,就是一个个分裂的文化集团会联合起来,形成一个文化共同体,一个多元一体的国际社会。我觉得人类的文化现在正处在世界文化统一体形成的前夕。要形成一个统一体,而又尚未形成。要成而未成的这样一个时期,就表现出了"战国"的特点。这个特点里边有一个方向,就是多元一体的世界文化的出现。我们要看清楚这个方向,向这个方向努力,为它准备条件。如果不是这样,而是老在那儿打来打去,不知道什么时候什么人发了昏,扔个原子弹,毁灭整个人类社会,即使人类没有全部毁灭,文化也得重新再从头创造一遍。我们要避免人类历史的重新来一遍,大家得想办法先能共同生存下去,和平共处。再进一步,能相互合作,促进一个和平的共同文化的出现。这个文化既有多元的一面,又有统一的一面。

我虽然是看不到这一天了,但是可以想像天下大同的景象,而且还想通过现在做的事情来影响这个鼓舞人心的前景。所以,我还在想身后之事。不能说我快死了,看不到那一天了,就跟我没什么关系了。中国人不这么想问题的。我虽然快死了,文化还存在,人类还存在,地球上的人还得活下去。活下去就会碰到这个问题,就得想办法解决这个问题。我们有责任为后来的人们想想问题,做点准备。怎么准备呢?要形成一个世界文化统一体,首先要知道世界上有多少个文化集团,每个文化集团是什么样子，和平共处的关键在什么地方。思考这些问题时，可以回到Malinowski那里去。他在《文化动态论》中得出一个值得我们发挥的结论：人类必须有一个共同的一致的利益，文化才能从交流而融合。这个结论很重要，是他从非洲殖民地上看出来的。换句话说，殖民主义不可能解决文化共存的问题。我们中国人讲，以力服人为之霸，以理服人为之王。霸道统一了天下，也不能持久，王道才能使天下归心，进入大同。维持霸道的局面，可能最后会导致原子战争，大家同归于尽。我希望避免同归于尽，实现天下大同。所以我在80岁生日那天提出这样的四句话：各美其美，美人之美，美美与共，天下大同。

1998年6月15日于北京大学

中国文化与新世纪的社会学人类学

——费孝通、李亦园对话录

费：今年春天全国人大换届的时候，我从原来的工作岗位上退了下来，但是退而未休。你也到了退休的时候了。我们有这点共同的地方。我想我们找这个机会见见面，谈谈我们今后的打算。我的生命大概还有几年。我们是老朋友了，我也想听听你的意见，看我们今后做点什么事情好。

前些天在北大研讨班上的讲课插话里，我讲到了自己最近几年的一个感觉。85 岁以前，我天天在那里忙着做事，不觉得自己老，有点“不知老之将至”，这是确实的情形。过了 85 岁，感觉到自己有点老了。做事情吃力了，力不从心了。要做的事情做不成了，要走的路走不动了，想写文章力量不够了，写一阵就要休息了。感觉到自己衰老之后，对生物性的个人同社会性的和文化性的个人之间的不同，看得比过去清楚了。生物性的个人是会死的，这是自然规律，是天命，在这个问题上只能听天由命。

我们在社会上生活的过程中，同别人打交道时真正接触和发生作用，实际上不是个人的因素，而是社会性的因素，文化性的因素。这些因素是超越了人的生物性的个体存在的。人可以死，可是人所处的这个人文世界却是长存的。人文世界的延续过程不但比我们个人的寿命要长，而且它的意义也更大。一个人从进入这个世界到离开这个世界，最长不过百年。在这段时间里边，我们从前人那里继承过来已经创造的文化成果，在这个基础上又做了一些事，为人文世界增添了一点东西。这点东西会留在这个世界上，不管好事还是坏事，抹不掉，也改不了。作为当事人，在老而未死的时候，回过头来想一想，自己在世界上留下了点什么。这是一种老来的心态，很有意思。年轻人不大想这个问题，还想不到这个问题。我今年已经88岁了，算高寿的人了，想到这个问题了。今天你来，我想对你说说我心里的打算，同时也想听听老朋友的意见，希望我再做点什么事。这会影响到我今后几年的生活。这两年我出去走走，感觉身体还可以。医生做检查，也说没有什么大毛病。在生命的最后这段时间里，我想做点人家希望我做的事情，也是我自己愿意做的事情。所以我想趁我们聚谈的机会，交换一下看法。

李：我很高兴有今天这样一个机会。您说是聚谈，这是您对我的客气，我应该说是请教。我是从今年7月份开始退休，也想学着费先生做人做事的办法，退而不休。虽然离开了正式的职位，但是学术研究工作还要继续下去。清华大学（新竹）要给我一个荣誉讲座的工作，每年还有一笔经费，可以做研究用。我在中央研究院（台北）还有一个最近确定下来的研究主题，跟养气有关。题目叫《文化·气·传统医疗》。中国文化和西方文化在认识客观世界上的一个最本源的区别，是用身体与心灵的内在体验的方法来了解世界。这个课题需要进行好几年，希望能通过研究来解释这样一种中国认知和传统的根源是怎么样的。我就要开始下一段的研究工作的时候，能有机会向费先生请教，我感到很难得。

费先生很客气，在计划今后几年做事情的时候，想听到我的意见。我首先想说的是；您在此前所做的事情，比别人多得多。虽然现在年纪老了，但是您正在思考的问题，正在发展的思想，对整个学术界还是具有很重要的意义。我昨天晚上还在想，您对于人类学、社会学的贡献，既有理论上的一面，又有实际上和实用上的一面。这是一般的学者很不容易做到的。您有一个“志在富民”的愿望，把学术研究作为实现这个愿望的工具，开辟了很多具体的研究题目，使田野调查既产生了理论的学术成果，也收到了具体的富民效果。一般做研究的人，大半不难想出一个很理论的东西，但是未必实际可用。我在最近的一篇论文里边就辩论了这一点。我认为一个好的学者不一定纯粹是理论的，在应用上面做出实际的贡献，也许更重要一点。所以我觉得您的“志在富民”的学术实践非常重要。

您从对乡村的研究到小城镇，到对整个大的区域的格局和战略性的研究，不仅具有促进国家生产力发展的实际意义，而且在人类学、社会学领域具有重要的方法论上的开拓意义。过去人类学家研究的多是一个很小的村落，不大容易跳得出来。而您实现了从村落到小城镇又到大区域的跨越，这是人类学本土化的一个非常重要的成果。“志在富民”这四个字，我听着是响当当的。一个读书人读到了“志在富民”这样的境界，而且真的做出了实际的贡献，确实难得。

我昨天读到了您赠送的新书的序言。您在讲《从小培养二十一世纪的人》这个题目时所表达的思想，又是非常之重要。对整个人类的发展前途做出分析，提出设想，主张不但“各美其美”，而且要“美人之美”，在人类为进入21世纪而做的各项准备当中，这一点也许是最为重要的。世界已经形成了一个地球村，容忍多样性应该是大家在互相交往当中的一条基本的共识。亨廷顿写《文明冲突与世界秩序的重建》，就是认定西方文明和东方文明、回教文明一定会有冲突，怎么避免这种冲突是重要的。对这个问题，人类学家的主张似乎要更积极一些，不仅是避免冲突，也不仅是容忍别人，而且还进一步到欣赏别人。您提出的主张，是人类学家面对世界问题而做出的积极性、建设性姿态的一个证明。

我想，在我上面说到的两个方面，一个是在实践的方面，怎么使中国的经济和社会更进一步地发展，成为一个强盛的国家；一个是在理论的方面，怎么使整个人类和平共处、相互合作、走向天下大同的发展前景，这是我在您的著述当中体会到的两个最重要的主题。您为这两个主题已经花费了大量的心血，写出了很多重要的篇章。但是从更久长的历史来看，也可以说是刚刚破题。您离百岁还有十多年，还有机会也有力量进一步思考。这十多年里，在这样两个主题下面的社会发展还会提出新的问题，推动您进一步思考。您的文笔实在是漂亮，思考得又深入，可以不断地加一点，再加一点，把更加厚重的东西留给后人。我有一个书柜，专门放您的书，台湾出版的也都完整。前些天我又翻了翻，总的感觉以上面说的两个方面最为突出。我希望看到您在这两个方面的思考有更进一步发展。

费：我昨天送给你的这本书，书名叫《从实求知录》，“从实求知”这四个字表示了我的科学态度。一切从实际出发。“实”就是实际生活，就是人民发展生产、提高生活的实践。从“实”当中求到了“知”之后，应当再回到人民当中去。从哪里得到的营养，应当让营养再回去发挥作用。中国人讲“知恩图报”，我图的“报”就是志在富民。我写过一篇文章，讲“人生的天平”，这是吴泽霖先生提出来的。我们从社会所得到的投入，和我们为社会所做的事情，是天平的两端。拿我来说，从小受到比较好的教育，并不容易。我父亲只是一个普通的公务人员，全家靠他一个人的工资生活。我的母亲很节俭，目的就是要让孩子都受到教育。母亲去世后，姐姐供养我念书。清华毕业后，出国留学用的是庚子赔款，是人民的血汗。这些都是社会花在我身上的投资。社会对我有这么多的投入，我自己产出多少，这个问题不能不想。我觉得自己的产出远远不够，这不是虚话，是实情。

我最近准备写跟 Park 学社会学的文章。我在大学时期学他的社会学，可是没有学通，现在感到需要重新看。我把自己上大学时候读过的教材找出来重读，包括 Park 的书，有些地方还是看不大懂，还要细细地想。这也是从实求知。有了几十年的学术工作实践，再回到提供早期学术训练的基本课程里边，进一步体会实践知识怎样接通书本知识，书本知识怎样推动受教育者更自觉地进入学术实践。

说到教育问题，我们这一代算是好的了，下一代人的条件比我们要差，主要是基础教育差。讲起来很有趣，我父亲是最后一代的秀才，科举制度在他那一代取消了。改变办法以后，在考取的秀才中挑出比较好的，送出去留学。我父亲被送到了日本，学教育。他留学回来就搞新学，办了一个中学。后来他到了南通，张謇请他去那里教书。我名字里这个“通”字就是这么来的。我母亲创办了县里第一个蒙养院，我从小就是在这个蒙养院里边长大的，所以我没有进过私塾，没有受过四书五经的教育。连《三字经》《百家姓》也没有念过。“人之初，性本善”，这话很有哲理，可是我从小没有念过。我念的是“人手足刀尺”，是商务印书馆出的小学课本，是新学的东西。我父亲是处在文化变迁时期的一个人物，他主张新学，不要旧的一套，在儿女身上不进行旧式的教育。所以我缺了从小接受国学教育这一段。最近我在看顾颉刚、傅斯年、钱穆这样一些人的传记,他们都是从私塾里边出来的,是我的上一代人。我和上一代人的差距的一个方面,就是国学的根子在我这里不深。

李:我这一代就更没有了,完全是新学了。

费:因为缺少国学的知识,我也吃了很大的亏,讲中国文化的时候,我不容易体会到深处的真正的东西。看陈寅恪写的书,我想到了两个字:归属。文化人要找的安身立命的地方,就是在找归属。我从小没有进到旧的文化教育里边去,所以我的归属是在新学教育的基础上形成的。陈寅恪的归属是过去的时代,他写《柳如是别传》写得真好,他能同明清之际的知识分子心心相通。我同上一代人比,在中国文化的底子上差得很多,这是真的。可是这又不是我一个人的事情,是历史的变化造成的,是不能不如此的。但是也要看到一代人有一代人面对的问题,一代人有一代人的长处。我这一代人的长处是比较多地接触了西方的东西。

李:您是先有了一个西方的架构,再倒过来看自己,思考问题。

费:Arkush 为我写了一本传记,用一个西方学者的眼光来看我,缺了一段,就是我的中国文化的底子。可是我的中国文化底子既不是顾颉刚那样的,也不是钱穆那样的……

李:他们是纯粹从大传统里边、从经典里边得到的传统文化,您是从一般人的实际生活里边得到的中国文化。这不一样。他们也许没有对实际生活的系统观察和体验,您是经常性地接触实际生活,面对生动的现实进行思考,提出问题,发表意见,这一点是他们所没有的。

费:我是自觉地把自己放到农民里边去的。可是实际讲起来,还不是真正的农民的心理。

我的本质还不是农民,而是大文化里边的知识分子,是士绅阶级。社会属性是士绅阶级,文化属性是新学熏陶出来的知识分子。最初我是从教会学校东吴大学出来的,有西方文化的基础。后来到了英国留学,就更进一步接触了西方的文化。回国之后,我自己有意识地投入到中国农民和少数民族里边去。我对旧的大文化的了解不深,对新的农民小文化的了解也不深。在这样一种底子上进行学术研究,我觉得自己的知识很不够。这样一种分析很有意思，代表了我一生的经历。这不是我自己造出来的经历，而是历史决定的。我这样一个人，生在这样一个家庭，这样一个时代，经历这样一番变化，回头看看，的确很有意思。

李：像陈寅恪、顾颉刚他们那样一种学术研究，没有办法提出一套可以供全世界的学者了解的人们如何相处的理论。您一开始就提出的“差序格局”的想法，是从旧学出来的学者很难提出来的。您提出的理论，是一个有了一番国外经历和西学训练的中国学者提出的对自己民族的看法和理论。这个理论架构是有长久生命力的，直到现在，研究生们还经常引用这个理论。我在想，在您这样一类理论观点的基础上，能不能再追进去一层，看看在中国人的生活经验当中，在中国的文化秩序当中，哪一些可以提供给将来在21世纪生活的人们，有益于他们懂得容忍别人，谅解别人，欣赏别人，形成一些大家愿意共同遵守的基本原则，超越东西方的界限。如果中国文化里边确有这样的值得挖掘出来的东西，也只有您这样的长期思考、深入思考，并能提出全局性主张的人，才能把它挖出来。

费：实际地讲，这确实是我一直在考虑的一个问题。社会上的文章里边经常讲“有中国特色的社会主义”，马克思主义到了中国变成了毛泽东思想，现在又变成了邓小平理论，这也是中国化，同德国的马克思，已经有了很大的差距。这说明有一个中国文化里边的东西，也可以说是中国特点，在那里影响外边进来的东西。这个现象值得我们好好研究。总是在那里讲“中国特色的社会主义”，特色是什么？特色在哪里产生出来？现在还没有人能把它讲得很清楚，原因就是并没有好好研究。西方的学者，像 Durkheim 那样的，他就可以把西方资本主义的特点讲出来，像 Weber 那样的，他就可以把资本主义精神的特点和文化背景讲出来。在我们这里，马克思主义进来后变成毛泽东思想，毛泽东思想后来又发展成了邓小平理论，这背后有中国文化的特点在起作用。可是这些文化特点是什么，怎么在起作用，我们却说不清楚。我觉得，研究文化的人应该注意这个问题，应该答复这个问题。

李：您提出一个命题，作出一个暗示，可能会引导后人跟上来，接着往前走。关于这个问题,最近几年,您有时候也谈到过一点想法,以后还可以继续思考,把思考结果提供给大家。年轻人没有您这样的身世,没有您这样的经验,一时还不具备您的思考深度,所以既需要您点题,也需要您破题,需要您把想到的写下来。虽然不一定很成熟,但是可以暗示他、刺激他思考问题,也许就能上路,逐渐地发展起来。我看您最近写的文章,都还是很有意义。忽然就提出一个人家想不到的事情,忽然就提出一个人家想不到的问题,启发了人家的兴趣和思考。一个人的生物性生命是有限度的,他的文化思想的生命却是可以长久地延续下去的。您的学生,或者是别人,看了您的文章,再把其中的思想发挥下去,文化的生命就这样延续下去了。我们常讲的 Durkheim,他的思想经过 Strauss 等人的发展,学术的生命就延续了一个多世纪。

费:看到历史发展的继承性,前有古人,后有来者,这大概就是中国文化思想的一个特点。我有一次和胡耀邦在一起谈话,他表现出一种重视家庭的思想,把家庭看成是社会的细胞,他的这个思想是从实际里边出来的。我是赞同注重家庭的重要作用的,这个细胞有很强的生命力。我们的农业生产在人民公社之后回到了家庭,包产到户,实行家庭联产承包责任制,生产力一下子就解放出来了。我从这个事情上再推想一步,我们的农村工业化,恐怕也离不开家庭力量的支持。最近我又到浙江、福建、山东等地的农村里去跑了一圈,亲眼看到了真正有活力的就是家庭工业。家庭工业规模很小,一家人在一起搞,心很齐,肯出力,不浪费,效率很高。当然它的技术水平还不高,但是劲头很足。一回到家庭,怎么干都行,甚至能发挥出超常的力量。如果整个国家能把这个力量发挥出来,那我们就不得了。

胡耀邦讲过家庭的重要性之后,我就在想这个问题,我的《生育制度》的话题还没有讲完,中国社会的活力在什么地方,中国文化的活力我想在世代之间。一个人不觉得自己多么重要,要紧的是光宗耀祖,是传宗接代,养育出色的孩子。把这样的社会事实充分地调查清楚,研究透彻,并且用现在的话讲出来,这是我们的责任。要让陈寅恪、顾颉刚这一代人做这样的事情,恐怕不行。我们这一代人的长处是接触了这个现代化的世界,我们的语言可以 communicate with the world,可以拿出去交流,人家可以懂得。我叫它 Cross - cultural Communication,我们这一代接受新学教育的人才能做到这一点。这是我们的长处。上一代人的长处是对传统文化钻得深。为了答复中国文化特点是什么的问题,上下两代人要合作,因为要懂得中国文化的特点,必须回到历史里边去。我们这一代人中还要有人花工夫,把上一代人的东西继承下来。不能放弃前面这一代人的成就。这条线还要把它理清楚,加以发挥、充实。陈寅恪、顾颉刚的成就是清朝的考据之学,它是有根的。我们要保住根根。这也是中国思想的一个特点。傅斯年多少接下来了一点,胡适已经近于我这一代了。我们要接下上一代的好东西,发扬下一代的新精神。在这个文化的传承过程当中,自己要找到自己的位置,明确在这条线上我处在哪个地方,该做点什么事,做到什么程度。我在想这些问题,想得很有趣,可是能讲这个话的人已经不多了。我们下面这一代人,像我的女儿,她就不大能懂我的意思了。不能怪他们,教育破坏得太厉害了,接不上啊。看来继承性应该是中国文化的一个特点,世界上还没有像中国文化继承性这么强的。继承性背后有个东西,使它能够继承下来,这个东西也许就是 kinship,亲亲而仁民。我一时还讲不清楚,但是在慢慢想这个问题,希望能想清楚,把想法丰富起来,表达出来,讲明白,使人家能容易懂得。表达可以有各种办法,我喜欢写散文,最近写了一些散文,在《读书》杂志上发表,文章有长有短。长文章写我思考时间比较久的话题,短文章容易表达临时来的一些灵感。

李:您为这次学术演讲做准备的这一篇学习马老师文化动态论的体会,也很重要。您讲到,马老师看到了非洲殖民地上的本土文化面临着解体和消失的困境。现在我们倒过来看中国,我们虽然没有被殖民,但是受到的压力是很大的。可见非西方文化与西方强势文化接触之后所处的情况大都是一样的。不过,我觉得目前的情势应该是有转变了,虽然 Samuel Huntington 还在讲他的文化冲突论,但是如您前面所说的,现在应该是讲究 Cross - cultural Communication 的时代了。21 世纪即将来临之时,人类的各种族各文化应该讲究互相容忍、互相沟通了解,以至于互相欣赏的时候了，也就是您前面所说的"美人之美"的意思。您所说的"美人之美"的确是道出人类学家对人类文化存在的真谛，在当代的人类社会里，最重要的目标就是容纳多元文化的共存，要容纳多元文化的共存，就是要"美人之美"，也就是要能欣赏别人，以至相互欣赏，人类的世界才能永续发展。

从人类学全貌性(holistic)的观点而论，文化多元的理念并非一种口号而已，这是人类学家从人类的生物性推衍而来的理论。生物在演化过程中大致都要保持其基因特性的多元化，避免走入"特化"(specialization)的道路，以免环境变化而不能适应。很多古代的生物种属，都是因为"过分适应"而走上体质特化的死胡同，最终走上绝灭的道路。人类是生物的一种，不但其生物性的身体要保持多元适应的状态，即使人类所创造出来的文化，也是受生物演化规律严格的约束，必须尽量保持多样性的情况，以备有一日环境巨大变化时的重新适应之需。西方文化的发展已有"特化"的趋势，今天面临的能源危机、核子扩散危机等都是其征兆，因此保持其他族群的生活方式与文化特性，就如保护濒临绝灭的稀有种属一样，是为了人类全体文化的永续存在而保存，这也就是提倡容忍别人、了解别人、欣赏别人的多元文化理论的真实意义，也就是费老您所说"美人之美"的根本原意了。

费：现在我正在想这套问题。

李：您在这次系列演讲中提出的那一篇文章，虽然讲的是别人，但是暗示的是我们自己。这一点，我想我是看出来了。暗示的意思，是要考虑我们自己应该怎么样再往前走。在21世纪快要来临的时候，中国文化应该发展的道路可以是怎么样的，这是个大问题。这一点不一定现在就展开全面的讨论，但是不妨有机会就讲一点，平时也不放松思考，多想一想。

费：你刚才讲的话让我想到一个新的话题。我最近在想"一国两制"这个事情。"一国两制"不光具有政治上的意义，它本身是一个不同的东西能不能相容相处的问题，所以它还有文化上的意义。这个试验很重要的，很有意义，在人类整个历史里边，是一个很重要的创新。人家认为，资本主义和社会主义是对立面，可是到中国来，它们可以并存，"一国两制”。邓小平想到这一点，不一定是从理论上边想，他是从实际生活里边感觉可以这样做，后来实践也证明可以这样做。这就伟大了。我不是把他看成一个神仙，能够预先知道后来的结果。我是看到了文化在里边发生作用，中国文化骨子里边有这个东西。在他身上，在一个特定的时候，这个东西发生了作用，他来了灵感，可以“一国两制”啊，为什么一定要斗来斗去呢？这样想了，这样做了，结果是好的。把对立面合了起来，和平共处，而且作为一个历史事实摆出来，让大家看，可以这样做，这样对大家有利。我们应当这样去理解这个事情，看到在世界文化的发展过程中，不同的制度有和平共处的可能性，可以出现对立面的统一，再进一步去看它的来源，有一个中国文化的本质在里边，它可以把不同的东西合在一起。没有这样一个本质，那就不会有今天的中华民族和中国文化，也不会出来“一国两制”。

当然我们现在对中国文化这个本质还不能从理论上说得很清楚，但是它确实是从中国人历来讲究的“诚意、正心、修身、齐家、治国、平天下”里边出来的。这里边一层一层都是几千年积聚下来的东西，用现在的语言不一定能很准确地表达它，可是用到现实的事情当中去，它还会发生作用，这一点很了不起。这一点可以通过“一国两制”的实现得到证明，我们中国文化里边有许多我们特有的东西，可以解决很多现实问题，可以解决很难的难题。现在的问题是我们怎样把这些特点表达出来，让大家懂得，变成一个普遍的信息，从中找到一个西方文化能接受的概念。这个工作很不容易做，但是不能不做。我相信中国人有他的本领，这个本领是从文化里边积聚出来的。你讲大文化小文化讲得很好，大文化是在吸收小文化的过程中出来的，小文化就是实践啊，就是几千年里边从中国这块土地上出来的东西啊。实践的经验不断提高，形成原则性的东西，这样大文化就出来了。大小文化的关系，我们还可以进一步发挥一下。在讨论大小文化的关系当中，找到中国文化的特点。

李：在 21 世纪的人类生活当中，您认为中国文化应该怎样扮演更积极的角色？

费：现在是一个很重要的时刻。去年我去香港参加政权交接仪式的时候，感受很深。我在现场不是看热闹，而是在想“一国两制”这个问题。我希望大家想这个问题时能提高一点来看，沉下去想一想，再提高到理论上分析，就可以有一个新的看法。这的确是一个创造，也是中国文化对当今世界的一个贡献，会影响到今后东西文化并处共存的问题。我们可以容忍不同，如果大家都可以容忍不同，多元一体的局面就有条件了。多元一体是中国式的思想的表现，包含了各美其美和美人之美。要能够从人家和你不同的东西中发现出美的地方，才能真心地美人之美，形成一种发自内心的、感情深处的认知和欣赏，而不是为了一个短期的目的，为了经济利益。

李：您的这些想法可以一段一段地整理出来，慢慢地加以深化，好好地发挥。您提到中国文化中的多元一体思想，也是很值得再发挥的部分。近代文化人类学理论流派中有所谓“族群理论”者，他们主张族群（ethnic group）的认定不应用客观的文化特质为标准，而应以主观的文化认同为依据，换而言之，族群理论的提倡者认为客观的文化特质如语言、风俗习惯、文物制度，甚至身体特征都是易于变换的，不足以作为族群认定的标准，只有自我认同的意识才是族群存在的真正准则。这种理论实际上最早提出的是费先生您的老友 Edmund Leach 教授，他认为他调查的北缅甸克钦人在客观的种族文化上与邻近的掸族人实无太大差距，只是克钦入主观地自认为是另一个族群，所以克钦就成为是一个有别于掸族的族群了。这一种主观认同的族群理论自 1969 年 Fredrick Barth 编的 *Ethnic Groups and Boundaries* 一书出版以后，就在人类学界大为流行，成为一种新的典范理论。这一新理论确很有其可取之处，但也有其弱点，同时也常被有意无意地误用或延伸解释，例如很多人类学家和民族史家就对我们“中华民族”，甚至“汉族”的存在，以族群理论提出很多质疑。

我自己对族群理论也能欣赏，但也有一些批评与疑问。首先我认为所谓客观文化特质，不应该只限定于那些可以看得见的特质，如语言、服饰、风俗习惯以至于体质特征等，我觉得把“文化”限定在这些“可观察”的特质是误解了“文化”，“文化”应该也包括很多看不见、“不可观察”的思维部分，或者就是人类学家所说的“文化的文法”那一部分，例如一个民族的价值观、宇宙观、人观,甚至于逻辑架构等等。这些抽象不可观察的文化特质经常是较难变化的,却也是一个民族的文化核心,实在是不可忽略的。自然有人要说既是抽象思维的部分,应该是属于主观的范畴了。但是那些内在思维的深层文化结构难道不是文化研究者客观分析,并且认定是一个民族文化特性的部分吗?从这样的立场去看,所谓“客观”与“主观”的界限岂不是已经很难于再分辨了。

在这里我要特别提出的是有关中国民族的内在文化特性的问题。我认为自古以来中国文化中一直有容纳、吸收不同文化成分于其中的主体观念存在,也许就是费先生您所说的多元一体的想法,这不是中国文化中可观察到的特性,却是理解中国文化深层结构的人类学家、民族史家所共通体会得到的。这种容纳、吸收的多元一体基本思维体系,也许是几千年来不断综合环境调适与资源互补所形成的所谓“和谐均衡”宇宙观的长久作用所致。换而言之,在中原区域中居住的中国民族文化基调中一直是一种容纳、吸收居住于边缘民族的“主旋律”在发生作用,因此几千年来,整个中国境内许许多多不同的族群都是笼罩在这一“融于一体”的主旋律之中而作旋转,每一历史阶段、每一历史过程的剖面,都有可看做是接受这一主旋律的一个阶段或过程,在每一阶段中我们都可观察到周边民族一方面接受了“融于一体”的基本观念,但又在做某一程序推拒徘徊的状态,这种情形显然与缺乏“融于一体”主旋律的西欧民族国家不一样,他们的文化思维中只存在如何分辨“你群”与“我群”之别,而忽略掉别的文化中却是一直在思考如何成为一群的“另类”想法。因此用这种不知有“另类”想法的族群理论来看中国民族文化的过程与现象,就觉得是格格不入,而认为有背常规的行为,这是强调发现文化偏见的文化人类学家所不该犯的过错。换而言之,族群理论的主观认同模式,假如只用欧洲人的观点去解释,仍会犯了以偏概全的毛病,假如能无偏见地体会中国民族文化的特性,其解释能力就将有更大的空间了。

总之,我觉得费先生您所说的“多元一体”的民族观,并且如前面所说的依此而伸展出来中国文化的“和谐均衡观”,应该是一个值得再加发挥、再加深入探讨的重要题目,可以使中国民族文化在 21 世纪的人类共同生活中成为很有贡献的一个重要成分。

费:看来世界必然会出现一个互相依赖的格局。首先是经济方面的互相依赖,这次亚洲的金融风暴表现得很清楚。风暴一起,谁都逃不掉,"看不见的手"把大家弄到了一起。所谓"看不见的手",我体会就是经济、文化、社会的综合力量。虽然看不见,可是它的确存在,存在于文化的基本原则里边。

李:在这次的东亚经济危机当中,中国就扮演了一个从来未有过的特定的重要角色。人民币不贬值,成了一个稳定东亚经济的强大力量。这样一个角色,中国自从进入20世纪以来还从来没有过。过去,是日本在东亚经济中占据一个稳定全局的地位,但是在这次危机当中,它成了一个变数,中国成了一个稳定全局的角色。在这样一个转换当中,是哪些因素使中国的重要性在一夜之间凸现了出来,值得大家深思。其中会有经济的因素,有财政的因素,等等,但是在这些因素之外,还会有文化的因素……

费:能想到人家,不光是想自己,这是中国在人际关系当中一条很主要的东西。老吾老以及人之老,幼吾幼以及人之幼,设身处地,推己及人,我的差序格局出来了。这不是虚的东西,是切切实实发生在中国老百姓的日常生活里边的,是从中国文化里边出来的。"文化大革命"对这一套的破坏太厉害,把这些东西否定了。我看不能否定,实际上也否定不了,这些好的传统还是会有人接下来,还会在现实生活里边起作用。我们这些研究文化的人类学家,应该把这一套讲出来,讲明白,让人家懂得。中国文化天天在现实生活里边发生作用,实际得很,我们要从实求知,从实际生活里边学,再把学到的东西讲出来,这是我们知识分子的责任,尤其是研究文化问题的知识分子。司马迁有两句话,叫"究天人之际,通古今之变",搞研究的道理就在里边。就是要从实际当中"究"出来学问,再把它"通"到实际当中去。面对金融危机,可以这样做,也可以不这样做。人家贬值,我也可以贬值嘛。为什么中国人选择不贬值呢?有对人的关怀在里边。中国人之所以这么做,因为他是中国人,他有一个文化的根子在发生作用。

最近几天我看世界杯足球赛，给我一个很大的启发。人同人即使是在竞争激烈得不得了的情况下，也是可以和平相处的。不同的球队放到同一个球场上争胜负，冲突和竞争一直在发生。可是大家有一个共同的law，有公认的体育精神，就可以在竞争中友好相处。我写汤佩松的文章时，在《清华人的一代风骚》里边就讲到体育精神，sportsmanship 和 teamwork 的精神，可能是社会生活里边所需要的一种普遍的精神。说到底，我们还是要相信，中国也好，外国也好，这么多人在这么长的历史中走过来，必然会有好的东西积聚起来。现在人类世界希望有一个天下大同的前景，需要我们这样一些研究文化的人出点力量，把各个文化中积聚起来的有利于人类和平共处的东西提炼出来，我们中国的人类学家有责任先把中国文化里边的推己及人这一套提炼出来，表达出来，联系当前的实际，讲清楚。现在做这个事情的人还不多，至少可以说还没有形成风气。我们的社会科学、人文科学要造成一种好风气，承认我们中国文化里边有好东西，当然也不是一切都好，这就需要提炼，把好的提炼出来，应用到现在的实际当中去。在和西方世界保持接触、积极交流的过程中，把我们的好东西变成世界性的好东西。首先是本土化，然后是全球化，communicate to the world。能够做这个事情的学者队伍现在还没有形成，还要培养。从现在起的几十年里边，培养这样一批人是一件很重要的事情，也很不容易。我们在北大开高级研讨班，就是努力在做这个事情。

我们曾经有过一段反面的历史，要把传统的东西统统打倒，“文化大革命”达到了顶点，连我们自己都怀疑，中国文化这套东西是不是好的。现在，这一段历史过去了。去年是个转折点，香港回归，“一国两制”，全世界都看到了中国的地位。中国人又有了自信心。我们要发挥自信心，先要沉下去想问题，想明白我们今天在国际上的地位是怎么来的，接着努力下去，我们要警惕自我中心主义。现在又出现了东方中心主义，觉得中国多么了不起，好像关起门来也可以成大事了。说到这里，我想起了自己感到忧虑的一个问题，就是潘光旦先生常讲的民族整体的素质，从知识分子这个群体来看，是比不上上一代了。从抗日战争开始到改革开放之前，动荡得太厉害,破坏得太厉害,一直没有停,年轻的一代没有条件向做学问的方向走。没有良好的教育,怎么可能出来高素质呢?所以现在我觉得首先需要安定,大家有时间喘口气。国家有心情办教育,学生有心情学知识,把今后的世界所需要的人培养出来。这些人有比较高的文化素质,不忘人类发展的大目标,懂得不同的文化怎么相处,而且善于把中国文化中的好东西发扬出来,补充到世界现代化的过程里边去。

李:您讲到这里,我们是不是可以把话题回到刚才谈起来的"志在富民"上面去。您最近对于区域发展问题的调查和研究,有没有新的题目和心得可以谈一下?

费:我今年已经开始做起来的一个题目,是想利用京九铁路穿成一根"糖葫芦"。意思是利用铁路干线的交通条件,促进一连串中等城市的兴起,通过这些中等城市对周边农村地区的辐射和带动,形成一个位于东部沿海地区和中部地区之间的经济发展速度明显提高的区域。能够说明这个想法的一个例子,是现在已经比较发达的沪宁铁路。南京到上海之间就有苏州、无锡、常州、镇江等等一串中等城市。我希望在京九铁路上也促进各地加快发展起一串中等城市来,所以把这个题目说成是"穿糖葫芦"。但是不应吹大话,而应具体去做。

我沿着京九铁路一站一站去看,有没有切实的基础,有没有条件,已经有什么条件,还缺什么条件。这条线上的有些地方我曾经去过,这一次再连起来全部走一遍。傅斯年的家乡聊城我也走到了,实地一看,很不错,有一定的实力。那里造的双力牌农用汽车,适合农村的需要,很实惠。乡镇企业的产品,不仅在国内畅销,而且销到了南美和非洲。这个事情很有意思,是世界已经开始进入洲际经济时代的一个例子。

我前不久在《读书》杂志发表文章,提出了"洲际经济"的题目和自己的一点想法。聊城的农用汽车又给我新的启发。开拓洲际经济是我们的方向,我们的对外贸易不一定都要集中在美国、日本这样的地方,可以向南美、非洲这样的发展中国家和地区开拓市场。我们的劳动力便宜,吃苦耐劳,这是我们的长处、优势,把这个优势发挥出来,学习新技术,抓住适用技术,生产出适合发展中国家需要的产品。这是个很大的市场。如果中国中部地区有更多的企业能进入这个市场，增加农民收入的问题就解决了，中部地区就起来了。农民手里有了钱，国内市场也出来了。这是一箭双雕的做法，我们在开拓了国际市场的同时，自己也富了起来，国内市场也有了。

我经常说，市场就在农民的口袋里边。农民有了钱，要买电视机，买洗衣机，这个市场大得不得了。就是要多搞这样的东西，适合农民需要的，农民买得起的，能使农民进入现代化生活的产品。这是我在许多地方都看到过的例子。过去北方农民都睡在炕上边，冬天冷的时候，就在炕下边烧点柴火取暖。现在住楼房了，堆柴烧柴不方便了，取暖也想更干净、更方便，所以要用暖气片了。暖气片不难造，又有那么多农民需要，所以成了一些乡镇企业发家的一大门路。

最近一次我到农村去，看到农民在这方面又提高了一步。他们在想办法利用过去废弃掉的庄稼秸秆，制造类似于煤气的生物气。一个村子只需要几十万元的一套设备，就可以提供全村人烧饭、烧暖气所需要的能源。农民自己在那里找现代化生活的出路，我看到这些一样一样的发展和提高当然高兴，就鼓励他们，并且把他们的做法值得推广的道理讲给他们听，他们也很高兴。我现在正在做这个事情，沿着京九铁路走了一半了，还要接着走完。我一路把看到的情况记录下来，准备到最后向领导提出一份建议，关于促进京九铁路沿线地区发展的设想和实际操作的办法。我一路走，经过的地方的农民和基层干部都很欢迎我，县长、市长也很欢迎我。我为他们致富出主意出得对，可以帮助他们改善生活，自己心里也很舒服。我确实感受到，中国农民的确有本领，吃得起苦，有办法，干起来没有人挡得住。只要相信农民，放手让他们去发展生产，就可以维持一个比较好的局面。如果能这样稳定下去，我们就会有几十年的时间，把中国文化好好研究研究，从理论上边提高一下。这个路子大概可以这么走。当然我的力量是不够了，你现在可以独当一面，可以更多地发挥作用。台湾这一面，我们的力量达不到，你可以把这里的信息带回去，鼓励他们想大问题，不要只看到一个小天地。站得高一点，一个大天地在那里等着我们，大家将大有作为，这个前景真是太美了。我们现在有条件，真正把祖宗的梦想实现出来，天下大同。

Malinowski 在《文化动态论》里边讲的一段话，可以使我们得到一个很好的启发。在殖民主义的情况下进行的文化接触，里边是霸权主义的做法，结果是破坏文化。霸权搞不得，不能再走这条路。文化接触要得到一个积极性的结果，必须要在平等的基础上进行。平等相处，相互理解，取长补短，最后走向相互融合。用我们的说法讲，就是天下大同。我们还是要将心比心，推己及人，老吾老以及人之老，幼吾幼以及人之幼。这样想问题，就是希望不要出现太大的曲折，不要因为使用核武器解决冲突而使人类文明再来一次。这两天中美两国首脑会谈，从积极的方面看，是建设性的。两个大国能和平一个时期，就不得了。我们还是从和平共处上想办法，不光是共存，而且要共同繁荣，把人类的发展水平提高一步。

李：我很高兴今天下午有这样一个机会，来听听费先生在这些问题上的想法。我想，费先生谈到的这两个主题非常之重要。一个是从理论上看中国文化的特点和它可以对人类的未来发展所能做出的贡献，主张相互容忍，相互理解，相互欣赏，寻找人类在 21 世纪实现共同繁荣的道路，为天下大同准备思想的和物质的条件。能够做出很有深度的思考的人，到底是极少数。您能把中国文化中深藏的好东西挖掘出来一些，提出几点重要的思想，帮助后来的学者进入题目，学术的生命就可以得到延续和发展。再一个是实用的这一面，"志在富民"这个主题也非常有意思。在一般情况下，人的思考方式容易集中到一个方面去，着重于理论的大半就忘掉了实用，能够做到实用的又往往回不到抽象的理论的方面去。您在一生的学术活动中能够兼及两面，一面是理论的思考，一面是努力把知识转化成物质财富。京九铁路完成以后，您能够马上想到要"穿糖葫芦"，这里边又会出现将来的人可以看到的地区发展的事例，而且应该可以提炼出来"糖葫芦理论"。我看费先生的身体很好，头脑的思考也非常敏锐。说不客气的话，我今天有一点考您的想法。平时读您的文章，您的文字有很感人的力量。今天听您谈话，又在现场感受到了您思考问题的力量。我很感动，也很为您高兴。还有很多年的时间可以利用，您可以逐步把想法一点一点整理出来，我希望有更多的机会读到您的文章，听到您的想法。

费：那你就多来几次。你可以提出一些问题，我们共同研究。我们都退出事务工作了，老来求知，多几次“有朋自远方来，不亦乐乎”？多几次“学而时习之，不亦悦乎”？

1998年6月28日下午于北京北太平庄

中华文化在新世纪面临的挑战

我觉得很荣幸能参加这次“中华文化与21世纪国际学术研讨会”，因为这个研讨会对我来说是一个极好的学习机会。我自从参加中华炎黄文化研究会以来，一直觉得自己对我们常说的中华炎黄文化，也就是现在所说的中华文化，缺乏深刻的认识，一直想找机会向学者专家们请教学习。我衷心支持和愿意积极参加这次“国际学术研讨会”，因为我相信这个研讨会不仅能满足我个人急迫的学习上的要求，而且更重要的是为了适应我们的中华文化进一步发展的实际需要。

每一个人，都依赖他所受之于前人的文化取得生存的物质和精神基础，并生活在人和人组成的社会中。人类历史发展到最近几个世纪，发生了激速的变动。社会和世界日新月异。个人赖以生存和生活的文化也必须适应这些动态。当前世界上各个文化都面临改革的选择，事关存亡绝续，历经着和面临着不断的挑战。我们中华文化并非例外。

在我看来，中华文化在新世纪面临的一个推陈出新、继续发展的迫切课题，是我们作为炎黄子孙、中华民族这一代的成员，首先要实事求是地认识我们受之于历代祖先的中华文化。人贵有自知之明，一个文化也不能没有实事求是的自觉意识。获得“文化自觉”能力的途径离不开对中华文化全部历史及其世界背景的认识。在20世纪向21世纪过渡的关口提出这个课题，着重加深对我们亲身经历的这段中国和世界历史的认识也许更具现实意义。

一

文化自觉,意思是生活在既定文化中的人对其文化有"自知之明",明白它的来历、形成的过程、所具有的特色和它发展的趋向。自知之明是为了加强对文化转型的自主能力,取得决定适应新环境、新时代文化选择的自主地位。

经过将近20年来对中国改革开放过程的追踪观察,我从中国经济和社会发生的深刻变革中意识到,中国正在走上小平同志所说的有中国特色的社会主义道路,通过四个现代化,开创出人类历史上追求发展、繁荣、文明、富强的新天地。可以说,20世纪最后20年中国经济的持续高速发展,使中华文化焕发出了自从鸦片战争以来未曾有过的强大生机。这种生机的生成时间恰逢新旧两个世纪的交接,为中华民族加强文化转型的自主能力、取得新时代文化选择的自主地位、在世界新文化的生成过程中发挥更大的作用提供了物质条件和精神自信。

历史上,中华文化的包容性是一以贯之的。但是,这种包容性并非在任何时代都能得到充分的体现。事实上,它的充分体现总是与某些历史时期相联系。根据常识可以知道,春秋战国时期、两汉时期、盛唐时期,都是中华文化的包容性得以充分体现的辉煌时期。这可以给我们一个有益的启示,文化特色的发扬,离不开强盛的国力。如果我们有理由认为,中华民族在新世纪中又将进入一个强盛时期,我们就应该意识到,生活在新世纪中的中国人正面临着一个充分发扬中华文化特色的历史机遇的到来。

历史发展到一定的时期,总是需要找到一个地方和一群人来发扬一种新风气。我想,当前需要的新风气就是文化自觉。最近一个时期的很多迹象都提示我们,现在世界上的各个民族都开始要求自己认识自己的文化,提出了一系列的问题:为什么我们这样生活?这样生活有什么意义?究竟应该确定什么样的生活方式和发展目标?怎样实现这样的生活方式和发展目标?人文科学负有答复这一系列问题的重大责任。现在自然科学发展很快,人对人类本身的生物学研究已经达到绘制基因图谱的地步,科技研究的空间发展已经从地球扩大到了太空。以人文科学来说就要看我们如何跟上时代,认真地各自认识自己的文化了。我感到,目前正在兴起的文化自觉这股风气已经在许多先进国家中酝酿和展开。我们中国要抓住这个历史机遇,参与和推动这股新风气。从文艺复兴到19世纪,西方出现过“人的自觉”,写下了人类文化发展的重要篇章。看来21世纪将开始出现“人类文化的自觉”了。在新一页人类文化发展史上,应该有中华民族实现文化自觉的恢弘篇章。

二

即将过去的20世纪的历史事实,会对新世纪中的文化自觉风气发生重要影响。我出生于1910年,基本上可说是和20世纪一起走了过来。作为一个以社会人类学为职志、一生关注社会文化变迁的学者,我的切身经历和感受,也许可以认为是对这段历史的一点印证。

“地球越来越小了”——这是我一生经历中最深刻的感受。七八十年前,我心目中的外婆家相当遥远,要在运河上坐一条手摇的小木船走上一整天。一早上船,船上用餐,到外婆家已近黄昏。实际距离多远呢?15公里。现在通了公路,中间不阻塞,10多分钟就可以到达。距离的概念已经用时间来计算了。这是一个具体例子,说明现代化在人和人的关系上表现得最深刻的就是距离缩短了,接触加多了,范围扩大了,往来频繁了。全人类就这样被疏疏密密地编织在了一起,出现了一个全球性的世界大社会。

再一个给我深刻感受的经历是战争。20世纪的前一半时间里,发生了两次被称为“世界大战”的重大事件。20世纪之前,世界规模的战争是没有过的。进入20世纪之后,居住在这个地球上的人们已经联系得休戚相关,如此密切,甚至可以在世界规模上用枪炮来对话了。战争固然出于对抗,对抗却也是一种难解难分的联系。利益上的你争我夺,决不会发生在互不相关的绝缘体之间。对抗不仅表示了联系,并且也总是以加强联系为终结而终于导致联合。

联想到中国历史上也有过群雄争霸的战国时期,我曾经把20世纪的人类历史比喻为世界范围的战国时期。也许这个比喻不太恰当，但是其中包含着的一个暗示我认为还是值得注意的，这就是：当今世界正在发生全球性的从分到合的运动过程。在第二次世界大战期间，已经有人提出了 One World 的概念，不妨翻译成“世界一体”。中国历史上 2000 多年前出现的群雄争霸，导致了秦朝的大一统局面，形成了当前中国统一体的核心。从这点上来看 20 世纪，我领会到，在世界大战中提出的“世界一体”绝非偶然，它也许是合乎逻辑地指出，群雄争霸的 20 世纪已为人类向全球性大社会的方向发展做出了先导，准备了条件。

在这样一个历史时期，充分注意、深入阐发中华文化的包容性特点将是富有建设性的题目，也可以作为我们实现文化自觉的一个入口。一个充分体现出这一特点、富于时代色彩而又影响广泛的史实，是众所周知的“一国两制”。我认为，“一国两制”的顺利实现不光具有政治上的意义，由于它本身是一个不同的社会制度能不能相容相处的问题，所以它还有文化上的意义。这是 20 世纪末叶发生的一场具有重大意义的实验，它为新世纪中人类对不同文化可以抱持的明智态度做了重要提示。在很多情况下，资本主义和社会主义是对立的，左右分明，互不相容，对峙几十年的冷战时代成了 20 世纪突出的历史事件。可是这种矛盾在中国，它们却可以并存。“一国两制”，也许就是中国文化特点中的包容性的继续发展。窥斑而知豹，可以帮助人们建立信心，在中华文化的发展过程中，不同的制度具有和平共处的可能性，可以出现对立面的统一。香港回归以来的这段中国历史又可以进一步证明，不同的社会制度不仅能和平共处，而且在实践中越来越显示出它的互补性，具体地发挥出了互相促进的作用。经过历史的考验，也可能逐步发展成持续繁荣发展的长期的制度。

三

在“一国两制”的设想从无到有，从设想到现实的过程中，中华文化的包容性所出自的本质性的东西究竟是怎样在发挥作用，现在我们还没有从理论上说得很清楚。我们相信中华文化中还有许多特有的东西，可以解决当今人类面临的很多现实问题，甚至可以解决很难的难题，这是可以相信的，不然哪里会有曾绵延了5000年的巨大活力。现在的问题是我们怎么把这些特点发掘出来，表达出来，这也就是我们实现文化自觉的具体课题。

上面所提到的中华文化的包容性和中国古代先哲提倡“和而不同”的文化观有密切的关系。“和而不同”就是“多元互补”。“多元互补”是中华文化融合力的表现，也是中华文化得以连绵延续不断发展的原因之一。我在《中华民族的多元一体格局》一文中，提出了中华民族形成过程中的“多元一体”理论，得到了学界同人的广泛认同。在中华文化的发展过程中，多元的文化形态在相互接触中相互影响、相互吸收、相互融合，共同形成中华民族“和而不同”的传统文化。中国人从本民族文化的历史发展中深切地体会到，文化形态是多种多样的，丰富多彩的，不同的文化之间是可以相互沟通、相互交融的。推而广之，世界各国的不同文化也应该相互尊重、相互沟通，这对各个不同文化的进一步发展也是有利的。

更进一步，我们可以看到，中华文化对待其他文化、其他民族的态度也有她的特点。中华文化自古以来就讲王道而远霸道，主张以理服人，反对以力服人。“以力服人者霸，以德服人者王”。以德服人就是用仁爱之心来处理自己与别人的关系。心中有我，也有别人。《论语》从古流传到今，仍然被大家自觉地尊为圣贤之书，说明大家衷心赞同孔子提出的正确处理人与人之间关系的主张，说明这些主张在今天的社会里还可以发挥积极的作用。在人际关系中“推己及人”，懂得“己所不欲，勿施于人”，自觉地“老吾老以及人之老，幼吾幼以及人之幼”，由此出发，才能在群体生活里，建立起一种互相尊重、互相容忍、互相有利的合作关系，实现共同的发展。以德凝聚成的群体才是牢固的，所以说“以德服人者王”。我想在人类即将进入21世纪的时候，中华文化的这种历史经验可以为世界形成新的和平秩序提供值得思考的启示。

但是，相对于我所期望的文化自觉应该达到的境界而言，我以上的表述还是远远不够的，也是不能令我满意的。这只是从一般的认识水平做出的表达，离科学的表达还有相当的距离。通过我个人这么多年的经历，我深深体会到，我们生活在具有悠久历史的中华文化中，而对中华文化本身至今还缺乏实事求是的系统知识。我们的社会生活还处在“由之”的状态，没有达到“知之”的境界。同时，我们的生活本身已经进入一个世界性的文化转型期，难免使人陷入困惑的境地。这确实是中华文化即将进入21世纪时面临的一个无以回避的挑战。我们还需要以科学的态度、实事求是的精神、实证主义的方法来真正认识和理解具有悠久历史的中华文化。

我们对历史上传下来的世界上的各种文化是一视同仁的。孔子一向主张“有教无类”，看到自己在中原不能行其道，曾想乘桴浮于海，甚至表示愿意移居九夷之中，这些都说明他没有文化中心主义的思想和态度。这一点，也是中华文化传下来的一个好传统。在今天提出并且实践“文化自觉”的迫切课题时，我们要发扬这个好传统，一视同仁地看待包括中华文化在内的世界上的各种文化。我们相信，人类传下来的每一种文化都具有对人类的发展起积极作用的一面，同时也都会有它消极的一面。我们应当在梳理和理解人类文化古今之变的过程中，对每一种文化都采取存其精华、去其糟粕的选择态度。我们主张对各个已有文化适应新环境的过程中，应强调选择上的自主地位，但反对任何文化中心主义的思想和态度。为了使得各种文化在适应全球一体化的同时能发挥其选择上的自主性，我们认为首先各种文化应当有充分的自觉性，都应该有“自知之明”。所以我们提出，当前要提倡文化自觉。

文化自觉是一个艰巨的过程。首先要认识自己的文化，根据其对新环境的适应力决定取舍。其次是理解所接触的文化，取其精华，吸收融会。各种文化都实现了自觉之后，这个文化多元的世界才有条件在相互接触中自主地相互融合中出现一个具有共同认可前提的基本秩序，形成一套各种文化和平共处、各舒所长、联手发展的共同守则。

作为中华民族的成员，我们有责任先从认识自己的文化开始，在认真了解、理解、研究传统文化的基础上参加现代中华新文化的创造，为新世纪的文化建设积极准备条件。

1998年9月1日于西山

文化的传统与创造[①]

费:你的书稿《传统与变迁》,我已经看过了,写得很好,就这样继续研究下去,一定会有所成就的。你这本书稿也引起我的许多回忆和思考,简单的说一下:中国是世界上做瓷器最早的国家,所以被外国人称为"China",记得1981年我到英国去接受皇家人类学会赫胥黎奖时,参观了英国历史最悠久的也是英国最大的一家陶瓷公司,叫埃奇伍德。该公司的董事长知道我是从中国来的,非常激动,当时就让公司升起五星红旗来对我表示欢迎,因为他们最早生产瓷器的方式就是18世纪从中国学来的,在瓷器生产方面中国是他们的老师。他们的董事长还亲笔签名,送给我一本记载了他们公司历史和英国陶瓷历史的书,我现在将这本书转送给你,希望你能从这里面了解到瓷器是怎样在英国发展的,中国的陶瓷文化又是怎样和世界的陶瓷文化联系在一起的,18世纪中国陶瓷对世界的陶瓷发展起了个什么样的推动作用。

方:谢谢费先生,回去后我一定会好好的读一读。其实我在研究景德镇民窑的时候,就对这一段历史非常感兴趣。中国从唐、宋开始向国外输出瓷器,到明末清初达到高潮,那时的欧洲贵族们无不以能得到一件景德镇的瓷器而感到荣耀。其实这时候中国向世界大量输出的不仅仅是一种生活用的器皿,而且,还是一种中国的文化。它对世界的文化艺术的发展产生过很大的影响,如18世纪风靡欧洲的"洛可可"艺术风格,就是在中

① 本文是作者对博士后学生方李莉进行学术指导时的谈话。

国瓷器装饰的影响下而产生的，这种影响是巨大的，从建筑到家具、室内装饰、绘画等方面都无不受到其影响。

费：我看了你在书稿中曾对这段历史有一个较详尽的叙述，这很重要。我认为中国的陶瓷生产既然有一个很长的历史，从彩陶算起有7000年左右，那么发展到今天，应该有新的东西，新的艺术、新的美学观点、新的陶瓷文化，这就要看你们这辈人的推动了。我认为陶瓷的生产有两个方面，一个方面是艺术陶瓷，另一个方面是日用陶瓷。日用瓷是实用品，可以大有发展。记得小的时候我们用碗吃饭，不小心打破了，因为是便宜东西，本身又容易破，所以大人是不骂的，只是说一句“岁岁平安”就行了。碗这个东西很普遍，从小就出现在我们的生活里面，可以说是要伴随我们一生的，是谁也离不开的生活器物。尽管科学发达了，出现了许多的新材料，但人们在生活中的食具还是以陶瓷器为主，就连外国也一样。“民以食为天”，所以作为人人每天要用的陶瓷器，就和人类的生活及文化有了许多说不清道不白的联系。

说到这事我就想起，当年我在干校劳动的时候，要做东西吃，没有炉子，就用泥巴做了一个土炉，土炉我是很会做的。当人能用土为自己做一个用具的时候，我想，这就是人类文化起源的开始。我认为中国的文化就像陶器一样，是从土里面出来的。我写过一本书叫《乡土中国》，后来这本书翻译成了英文，当时问我这个书名怎么翻译才好，我就说翻成“From the Soil”，意思是从土里面长出来的东西。什么叫做文化呢？用人工把自然的土变成用具，变成能服务于人的生活的东西，这就是文化。人类第一次改变物质的化学成分，并将其制作成用具的就是陶器。我的意思是我们不要丢掉对这方面的研究，这种研究不仅是器物上的，还有文化上的。这种文化在我们中国一直延续了近万年（从最早的陶器开始）。后来又出现了瓷器，而且，发展到后来，不仅有提供人们生活用的日用陶瓷，还出现了供人们欣赏的工艺陶瓷、艺术陶瓷。你在书中也写得很清楚，近年来在景德镇新出现了许多的制作工艺瓷的手工艺作坊，这是中国传统陶瓷文化艺术的延续，应该发展、应该研究。你把这种发展的过程记录了下来，并从这种发展看到了一种文化和技术的变迁过程，这很好。陶瓷艺术是科学技术和艺术的结合，所以，我认为你在书中谈了两个问题，一个就是如何用制瓷用的泥、釉和燃料，通过人工的技术来进行制作的问题；还有一个就是，在这制作过程中如何注入作者的艺术思想的问题。前一个制作过程就是科学技术实施的过程，在这一方面我们可以吸收西方先进的科学技术。你在书中也说到了，景德镇的窑已经从传统的柴窑改成了瓦斯窑，对温度的把握也不再是凭经验和肉眼，而是用了先进的科学仪器来加以测试。后一个问题是，这里边不仅是要把西方的先进技术放进去，还要把作者的新的艺术思想放进去。

方：也就是把一种新的文化和观念放进去。

费：对，是一种代表新的思想、新的时代的艺术观念。你在书中把这些都记录了下来，并把前因后果都分析了出来，这很有意义，也很有价值。这不仅是一个科学技术发展过程的记录，也是一个文化艺术发展过程的记录。要把中国陶瓷的历史和现状的发展过程记录清楚，透过这个过程我们还会了解到中国其他文化的发展状况，因为文化像一张网，它们的发展是相互渗透和相互影响的，要把它们相互联系起来考虑。

你的研究不是从书本上来到书本上去，而是到生活实践中去，亲眼看人的事情，亲身体验社会的发展，这是很好的。在书中，你通过对几个从乡下来到景德镇打工和开作坊的青年艺人的生活经历及遭遇的描述，比如他们怎么来到景德镇？怎么从打工到开店？从这样一个个人的历史和发展的经历中，去发现整个社区和行业的发展趋向，还有国家政策的改变、新技术的引进等所引起的一个传统手工业城镇的文化变迁的过程，也就是从各个案的具体研究中发现整体，这很好。

你在书中所记载的基本上是一些手工艺人们的活动，他们所制作的都是一些工艺瓷，也就是艺术瓷，这些瓷器不是日用品而是用来装点生活的陈设品。这些陈设品只有在人们的生活达到一定水平以后，才会有需求，才会有市场，人们才可以买得起和收藏得起。我觉得，景德镇不光要发展这些艺术陶瓷，还要发展日用陶瓷和建筑陶瓷，这些陶瓷需要量大，市场宽阔，当然，这是一种大规模化的机械生产，和你在书中记录的小手工业作坊的手工生产是不一样的。

不过我认为景德镇的这些手工艺术陶瓷还是会很有发展前途的,刚才我已经讲了,艺术陶瓷是社会生活和经济发展到一定程度的需要品,现在国内的经济发展很快,人们的生活水平也在逐步地提高。在这种情况之下,人们也希望用各种艺术品来装点自己的家庭和环境,甚至进行一些高档艺术品的收藏。这样也使得景德镇的一些手工艺术陶瓷从国外市场转入国内市场,从这里面也可以看到,中国的经济正在发展,人们的精神需求也在不断地增加。随着经济的发展人们的生活也在要求艺术化,这种艺术化不仅是表现在作为装饰用的艺术瓷方面,也表现在日用瓷方面,也就是说日用瓷也可以艺术化。是不是也可以用手工来做一些成套的,少量的日用瓷,既可以欣赏也可以用。当然,这种手工做的日用瓷价格是非常昂贵的,只有少数人才能买得起,也就是经济还没有发展到这种程度。你们不是创办了一所民窑艺术研修院吗?对这些问题有没有一些考虑?

方:我当时参加民窑艺术研修院创办的目的,有两个方面,一个方面是,这几年来我一直在研究景德镇的民窑,从传统的民窑到新兴的民窑,共写了两本专著。在这个过程中,我就萌发了要有一个社会实践的基地的想法,希望通过这个地方,来不断观察景德镇新兴民窑业的发展和变迁过程。因为我觉得中国目前正处于一个转型期,整个的社会发展可以说是日新月异的,每一年都会有所不同。比如,去年东南亚经济风波以后,我又去了一趟我在前年考察过的景德镇仿古瓷、工艺瓷集散地——樊家井村,发现虽然只相差一年,但却发生了许多的变化。由于国外市场的萎缩,艺人们便把眼光转向了国内市场,由于市场的改变,产品的种类和艺术风格也开始跟着改变了不少,当然,这只是一种表面的现象,如果深入下去还会发现许多新的问题。我希望通过对一个社区的追踪考察,来发现中国文化和社会在变迁中所遇到的一些问题。我希望我对社区的研究是一个动态的、过程的研究。另一方面,我们还希望通过研修院来进行一些学术探讨活动,为一些对民窑文化历史和艺术感兴趣的国内外学者们提供一个相互交流的场所。同时也希望通过这个地方,来表达自己的一些新的艺术观念和设计思想。当然,刚才费老所提到的那个问题正是我们下一步所要研究的内容。

费:我是一个实用主义者,总在想你们的研究怎样才能和“富民”联系在一起。怎样才能为景德镇的艺人们,提供一种新的艺术观点,新的思想方法,让他们的产品有人欣赏,有市场、有出路。

方:我没有费先生那样的高瞻远瞩,所以,在这方面考虑得较少。但我和研修院的研究人员们,也一直在考虑着费老在前面所提到的一个问题,那就是怎么样让日用瓷艺术化,艺术瓷生活化的问题。我们取了一个名字叫“生活陶艺”,主要是希望艺术家们也能参与生活,关心生活,为生活服务。

费:这是第二步,等到人们的生活水平都提高了,年人均水平达到1万元时,大家就会考虑日用品的艺术化的问题。现在中国农民每年的生活水平一年是3800元,还差得远呢。但发展起来也快,到那时景德镇的陶瓷手艺人们也许还会有一个更好的发展前景。到那时候不仅仅是要在生活日用品中加上一点艺术了,可能还有一些更高的精神要求,这就是要产生一些艺术上的质的变化,你们这批人要跟得上时代,要不断满足人们在艺术上的要求。不同时代的人对艺术有不同的要求,在这些不同的要求里隐藏了一种文化,是一种经济水平和技术水平的具体体现。这里面的研究是很有意思的。在这地球村的时代,任何现象都不会是孤立的,都是和世界接轨的,所以你们还要密切注视世界文化和艺术发展的总动向。

方:对,我觉得费先生说得非常正确。其实纵观景德镇的陶瓷艺术,就会发现,景德镇的陶瓷艺术很早就和世界联系在一起了。据考察,世界上有100多个国家都发现过景德镇的陶瓷,这都是在古代的不同时期内从景德镇输出的。即使在现在,我所考察的这些工艺瓷也主要还是出口国外市场。所以在研究景德镇时,就必须把它放在一个国际性的坐标上来研究。这也是和世界的文化发展联系在一起的,它是一种世界文化的需要,只有有需要才会有市场,只有有市场才会发展得起来。

费:对的,这是问题的关键。18世纪的景德镇瓷器,那么繁荣,就是因为有世界市场,欧洲的许多皇室都到中国来购买景德镇瓷器。当时英国皇室还订了一批景德镇瓷器作为礼品送给俄国,现在还被陈列在博物馆里。在英国的一些博物馆里，有不少明、清时期的景德镇的瓷器，在我到过的一些英国上层家庭，也陈设有不少从祖传留下来的景德镇瓷器，可见当时景德镇的瓷器在欧洲是广为流传的。它之所以流传得这么广，是因为它是和生活结合的实用品。

方：明、清时期景德镇瓷器大量的出口到国外，而这些瓷器的制造者是谁呢？我认为是当时的民窑，因为官窑是专门为宫廷做御用瓷的，而大量输出到国外市场的是民窑生产的商品瓷。这种高峰是从明末开始的，那时刚好是一段官窑停烧，民窑兴旺发达的时期，也就是市场经济得到充分发展的时期。我觉得这一段历史和90年代1000多家私营手工业作坊，在景德镇的兴起有很多的相似之处，所以我比较重视对这段历史的研究。我觉得了解历史的目的是为了更好的认识现在，同样只有对现实问题有一个深刻的了解以后，才会对历史的问题有一个更进一步的认识，它们是互为应答和互为参照的。因此，在考察景德镇这些新兴的手工业作坊的同时，我还写了一本反映景德镇民窑文化历史的书，题目叫《景德镇民窑》。里面的内容，一方面是从古今中外的文献中得来的，记载的主要是民窑发展的历史；另一方面，也是从一些还健在的，曾生活在清末民初的老艺人们的回忆中得来的，这里面主要回忆的是民窑的风俗文化和传统的手工艺技术。

费：这很好哇。任何文化它都是有根的，因此要了解一种文化就是要从了解它的历史开始，这是对的。这种文化的根是不会走的，它是一段一段的发展过来的，能把这个道理讲出来也是很有意思的。

方：我用这样的方法来进行研究，其实费老的思想对我的影响是很大的。您看，我在《景德镇民窑》一书的导言中，曾引用了您的一段话："凡是昔日曾满足过昔日人们的需要的器物和行为方式，而不能满足当前人们的需要，也就会被人们所抛弃，成为死的历史了。当然说'死的历史'并不正确，因为文化中的死和活并不同于生物的生和死。文化中的要素，不论是物质的还是精神的，在对人们发生'功能'时是活的，不再发生功能时还不能说是死。因为在物质是死不能复生的，而在文化界或在人文世界里，一件文物或一种制度的功能可以变化，从满足这种需要转去满足另一种需要，而且一时失去功能的文物、制度也可以在另一时期又起作用，重又复活。”我觉得这段话讲得很精辟，受了费先生的这些话的启发，所以我在考察传统民窑业时，就非常注意它的哪些传统被90年代新兴的民窑业继承下来了，哪些传统又消失了，其被继承和被消失的内在原因是什么？从这里我们就可以了解到，它们之间所发生的文化变迁的真正动力和意义是什么？而且，我记录和研究这些历史和现实的目的是什么？我也在费老的书中找到了我所想说的话，那就是，不仅仅是为了“为将来留下一点历史资料，而是希望从中找到有前因后果串联起来的一条充满动态和生命的‘活历史’的巨流”。

费：有关文化的死活我一直想写成一篇专门的文章，但现在精力不行了，你今后把它发挥发挥写出来。文化的生和死不同于生物的生和死，它有它自己的规律。它有它自己的基因，也就是它的种子，这种种子保留在里面。就像生物学里面要研究种子，要研究遗传因子，那么，文化里面也要研究这个种子，怎么才能让这个种子一直留存下去，并且要保持里面的健康基因。也就是文化既要在新的条件下发展，又要适合新的需要，这样，生命才会有意义。脱离了这些就不行，种子就是生命的基础，没有了这种能延续下去的种子，生命也就不存在了。文化也是一样，如果要是脱离了基础，脱离了历史和传统，也就发展不起来了。因此，历史和传统就是我们文化延续下来的根和种子。

我们的学问是要从历史里面出来的，也就是要从旧的里面长出新的东西来，这就是传统与创造的结合的问题。怎么结合法呢？创造不能没有传统，没有传统就没有了生命的基础；同样，传统也不能没有创造，因为传统失去了创造是要死的，只有不断的创造才能赋予传统的生命。中国的人类学研究离不开传统和历史，因为它的历史长，很多东西都是从这里边出来的，因此，许多的问题都要回到这里边去讲起。如果我们将这个问题深入研究下去，真是有意思极了。

方：记得您在一篇文章中曾引用过马林诺斯基的一段话：“研究历史可以把过去的考古遗迹和最早的记载作为起点，推向后世，同样也可以把现状作为活的历史，来追溯过去。两种方法互为补充，且需同时使用。”

看了这段话后我就想，我在书中所记叙的由一些老人们所回忆的传统习俗和制瓷技艺，实际上就是一部活的历史。通过这部活的历史，可以使我们追溯到景德镇民窑业过去千余年的一些历史发展的概况。而这部活的历史中的一些传统有时也是可以中断后再出现的，也就是说，传统不仅连接着过去和历史，也连接着现在和未来。

费：你的想法是对的。我觉得你的研究是很有意思的，有历史、有文化、有技术、有艺术，还有创造，可以说是一个综合性的、学术交叉型的研究。现在还有了一个社会实践的基地，一定要把它好好的进行下去。

方：谢谢费先生的鼓励和指导。实际上我的研究许多都是学了费先生您的研究方式，您的《江村经济》《云南三村》都是我在研究过程中的学习指南。

费：你就这么做下去，了解人、了解社会、了解生活实践中活生生的东西。今天我要告诉你的有两个事情：一个是面向外面的世界，一个是面向传统历史的根本。对历史要拉得长一点，要拉到六七千年以前，中国的彩陶时期，也就是仰韶文化时期，那正是中国文化形成和萌芽的时期。那时最重要的物质文化设备就是陶器，所以，陶器是中国文化的起源和根本。我向你推荐一本书，是我的朋友苏秉琦写的，名叫《中国文明起源新探》。这本书写得很好，你可以好好地看一看。在这本书里作者就是从考古学出发，用原始时期各种不同形制、不同装饰纹样、不同成型方式、不同用途的陶器来判断当时活动在中华大地上的，各个不同文化区系的发展和起源及相互交融和相互衔接的过程。这些陶器不仅是文化的起源，也是艺术的起源，最早的艺术也是从这里开始的。这些陶器不仅是很好的生活用品，也是很好的艺术品。从这些陶器里面我们可以了解到当时的生活方式、技术水平和艺术思想等原始人的各个方面，所以陶瓷器不仅是一种生活的日用品，也是一种文化和历史的载体。我还希望你在研究中，要找到艺术文化的发展的源头，然后再从这源头中找到中国文化的内在本质。我在这里讲的就是文化有它的深度，有它的广度，有它的过去，有它的未来，我们要在创造中继承这一关系。刚才我们讲的是一个历史、一个传统和创造怎么结合的问题，这是一个很重要的问题，希望你在这方面要多思考、多下点功夫。

我们今天讲话的主题就是,从传统和创造的结合中去看待未来,创造一个新的文化的发展,也就是,以发展的观点结合过去同现在的条件和要求,向未来的文化展开一个新的起点。你写的书就是表达这样一种思想的一个例子。我们文化的发展不能离开它的历史,也就是它的传统,传统不能让它死,你在书中用的那段话很好。不能把文化埋起来,不提供它新的血液,那样它就会没有生命,就会死掉,这新的血液就是创造。还有一点我想要讲的,就是要吃饱、要穿暖,也就是小康经济,是中国人的生存问题。只有这种生存问题解决了,就会去进一步追求美好的生活,这样生活艺术化才会有基础。现在有些地方已经发展到了这种程度,我们不能完全靠西方人来给我们提供这种精神上的、艺术上的享受,我们中国自己的艺术家要看到这种前途和需要,要创造一些群众所欢迎的、喜闻乐见的艺术品和生活用具。艺术家要深入到生活中去,了解时代需要什么,人民需要什么。也可以用各种方式把自己新的艺术思想传播给大家,引导大家追求一种艺术化的生活。

其实艺术也可以分大众艺术和精英艺术两种,精英艺术只能面对少数的收藏家和博物馆,因为它价格太贵,一般的民众是买不起的。但大众艺术这一块怎么办呢?艺术家要不要关心这一块?我认为我们要考虑这个问题。

方:我认为艺术的发展正如费先生所说的,有两个方面:一个就是艺术家们的个人创作,这种创作是单向的,充满个性化的,只为少数收藏家和博物馆服务;还有一个方面就是,参与生活用品的设计,这是一种既有艺术性又有实用性的、可以批量化进入市场的产品。生活是多层次的,作为艺术家要为不同层次的人服务。当然,这里面大众是很重要的。

费:因为从文化来讲,其本身就应该属于大众的,是从大众中长出来的。当然,从大众文化中还会长出一种文化叫精英文化,也就是一种大传统和小传统,我们要弄清它们之间的关系。

方:我在书中所描述的基本上是陶瓷手艺人,也就是工匠们,他们是大众文化,也就是下层文化的创造者。也许很多人瞧不起他们,认为他们没有文化，不懂艺术，但曾经风靡世界，甚至影响了18世纪欧洲艺术风格的景德镇陶瓷艺术，却是他们所创造的。他们的智慧和他们那自由奔放的民窑陶瓷艺术，也曾使一些世界级的大师如毕加索、高更、马蒂斯等所为之倾倒。

费：对呀，工匠们往往是艺术的真正创造者，但历史却常常不承认这些工匠，也不承认他们所创造的文化。这就是大传统和小传统、群众和精英的关系的问题，你要把这些道理讲出来，就是一篇很好的带有指导性的文化定义方面的论文。文化的定义有两层，我们不能只管一层，经济不发展，不发展大众艺术，精英艺术就出不来。因为艺术是从生活里出来的，精英艺术又是从大众艺术里出来的。这里有一篇我和李亦园先生的对话录，叫《中国文化与新世纪的社会学人类学》，里面就讲到了有关大传统和小传统、大众文化和精英文化的问题，你拿回去好好地看一看。

今天我们所讲的，实际上有两个内容，一个是传统和创造的关系，一个是生活和艺术的关系。生活就是生存，当生存问题解决以后，就是追求生活的美好。我很高兴地看到，我们中国人的生活现在有了很大的提高，有一部分人已达到小康水平。但也因此而出现了一些令人担忧的现象，就是有了钱不知道怎么消费，吃喝嫖赌、挥霍浪费，这样问题就来了。因此这个时候艺术就要发挥作用了，艺术家要跟得上，不要脱离群众的生活，要进入到群众的生活里面去，了解他们生活需要的是什么？帮助他们创造一种高层次的精神化的，也就是艺术化的生活。中国人的生活现在出现了两极分化，一部分人先富起来了，但还有相当一部分人的生活是在发展之中，这一部分服务对象你们也别忘记了。

艺术家不要忘记了大众，艺术始终是属于大众的，你要把这些话写到你的文章中去，让艺术家们注意这个问题。当然，这里面有一个层次的问题，对于那些先富起来的人们，艺术家们也可以为他们服务，用艺术来提高他们的文化修养，丰富他们的精神世界。我现在提出一个问题，就是富了以后怎么办？如果这些富了的人能向艺术发展，向美好的生活发展，把一部分钱投资到艺术的收藏和参与一些艺术活动中去，那么，中国人的文化素质就会很快得到提高，也能推动民族艺术的蓬勃发展。也就是说，艺术家要给这些先富起来了的人提供一个新的生活的方向，要让他们用挣来的钱创建一个美好的生活，我在这里说的美好生活，就是艺术化的生活。

今天我们的谈话就到这里，我送给了你两本书和一篇文章，希望你回去后能好好地看一看。一本有关英国陶瓷历史的书是希望你能在立足本土文化的同时，能面向世界面向未来；还有一本《中国文明起源新探》，是希望你能够仔细研究中国文化的传统和历史，掌握中国文化的根本。也就是一手伸向传统，一手伸向未来，并把它们融会贯通起来进行自己的研究。

方：谢谢费先生送的书和费先生的指导，回去后我一定会按照您的要求去继续努力。我在来北大以前就已经看过许多您的书，也开始了对景德镇民窑的田野考察，但我始终有一个愿望，就是希望能得到费先生的亲自指导，所以当我从中央工艺美术学院取得博士学位以后，就来到了您所创建的北大社会学人类学所做博士后，到了北大以后我终于如愿以偿，得到了费先生的亲自指导。我的这两本书稿的素材虽然是在来北大之前就开始收集了，但真正的完成却是在做博士后的两年时间里。所以我的这两本书稿，实际上是在费先生学术思想的影响下和亲自指导下所完成的。特别是后一本《传统与变迁》，也就是我的博士后出站报告，去年费先生已仔细地看过一遍，给我提了不少宝贵的意见。现在又为我重新看了一遍，并在百忙中抽出宝贵的时间，来指导我，来和我一起讨论，我在这里真的是非常的荣幸和非常的感谢，希望今后还能有更多这样的机会。

1999 年 1 月 15 日

关于文化交流[①]

听了李亦园、王斯福等教授的发言以后，有些想法跟大家谈谈。

先讲讲李亦园先生说的关于社会学本土化的问题。社会学中国化这个主张，可以说是从吴文藻先生开始的，那时我在燕京大学做学生，当时在社会学课堂上讲的不是中国的东西，而且老师都用英文讲课。社会学要中国化，第一个要做的就是语言中国化。所以吴文藻先生不用英文讲课，他用中文讲外国的社会思想史。从孔德开始，斯宾塞一路讲下来。可是用中文讲课会发生很大的困难，因为有许多外国的概念与中国的概念是不同的，许多外国社会学上用的词语很难用中文准确地翻译出来。要在讲课的时候，当堂翻译很多外国词句，不容易。因此实际上讲课的时候是 bilingual，有的时候还要夹杂着英文，是多语言式的。我有一次讲到文化接触时说过“洋泾浜”的现象，像上海人把第一叫“那摩温”、广州人把付钱说成 fee。他们是把英语变成了中国话。但是，社会学中国化是要把外国的概念用中国语言讲出来，让没有在外国生活过的中国学生能够懂得是什么意思。刚才 Charles 先生用中文发言，很不容易，因为他是跨越了两种文化，用两种语言来讲，他要想尽办法把他想的东西讲出来，但是，很多意思他是很难用中国话表达出来的。我们听的人也不一定能完全听得懂。而王斯福讲的 ethnicity、nationality 都是英国的 ideas，不是中国的东西，中国没有这一套。所以王斯福要把那一套搬过来讲，不容易，可能

---

① 本文是第三届社会文化人类学高级研讨班上，李亦园、庄英章、王斯福（Stephan Feuchtwang）、石瑞（Charles Stafford）等四位学者正式发言之后，作者所作的评议。

用英文讲还容易懂一点。举个我自己遇到的例子:我把“民族学院”翻译成英文时是翻成 Institute of Nationality,其实很不通。Nationality 一词应该翻译成国籍,我们填签证表的时候,这一格是要填国籍的,这样一来成了“国籍学院”了,就不通了。那么民族学院到底应该怎么翻呢?我想不出来,只好翻成这样。这说明文化交流的困难,跨文化之间,进行 communication,要互相懂得对方的意思才行,但是不那么容易。因为每一种语言里边的每一句话、每一个字都有它形成的历史,然而各个民族的历史是不同的。因此,要用一套话讲清楚什么是社会,社会是怎么来的,为什么英文的 society 翻译成社会,为什么我们把这一门学科叫社会学等等。把这些问题用中国话讲清楚,实在不容易。比如有人问我关于社会一词的来历,对这个词有很多人进行了考据,我对这个问题没有深入研究过,依我看大概是从日文那里学来的。最早是严复在翻译《群学肄言》时用了“群学”这两个字,这里边有社会的含义。群在英文里是 group,这个字同society是不同的,就是说群和社会还不同,还要加一点东西,群里面互相发生一定的关系,出现了分工合作,才能够成为一个社会。这个问题细讲起来话就长了。从这里可以看到吴文藻先生提倡社会学中国化,说说容易,做起来是很难的。

随着时间的推移,现在世界上不同国家、不同民族的人碰头的机会多了,接触越来越频繁。这样就发生了一个问题,就是大家怎样能互相了解,你讲的意思,到了我这里不要有误解。这是跨文化交流最起码的要求。自改革开放以来,我国有许多年轻人出国学习,这群从外国留学回来的人,在国外学了很多知识,也学了很多学术名词,他们回来以后要把自己学到的东西贡献出来,这时就会碰到需要用中文准确地表达一些外国的概念的问题,这很困难,比如 ethnicity 这个词,或者我的老师史禄国说过的 ethnos,因为它的含义很深,在中文里找不到能够确切表达的、相应的词,一直到现在我还翻不出来。一个词、一句话有的时候翻译起来都很难,那么全世界众多的民族,不同文化之间的接触,要做到互相了解、互相懂得对方的意思,实在是个很困难的事了。

这几天我在想一个很有意思的问题,就是克林顿同江泽民主席的谈话,他们谈到人权时说到 cross cultural dialogue。什么是人权?它有什么含义?中国人有中国人的讲法,西方人、美国人各有各的不同的解释,human rights,而且里边还包含有政治的因素,从而使得怎样理解这个词,成了关系重大的一个问题。所以江泽民同志在对话里说,这是一个文化问题啊。通过这件事我们可以看出,在文化上大家必须要相互理解,说出一个词,大家认识要相同,当然这里还有更深层次的语言学的问题。然而,事实上没有一个人能完全懂得另一个人说的话的全部意思。

我们讲社会学中国化,中国化也是一个名词,李亦园先生分析了它的内容,我看内容还能更丰富一些。说老实话,现在有一些年轻人写的东西,我看不懂。他们开口闭口讲 post modernity,我看不懂,你们大概也看不太懂,连外国人也看不懂。他们用了各种硬造出来的名词,叫你看了不知所云。你不懂,表示你落后了;我讲的是"后现代",你不懂后现代,就是个顽固的老头子。这些人写文章的目的好像是故意让人看不懂,你看不懂就表示他写的东西高明,表示比你强,他就是权威。其实背后是一个power,一个权威,这个权威建立在你的无知上。如果我们把这种现象放到世界这个背景上看,美国就是在搞这一套——我们美国讲的这些话,你们中国人不懂,你不懂说明你不行,不够 post modernity,你的文化还没有发展到这个水平呢。所以我就是权威,你们得听我的,就得按我的游戏规则办事。这里边有着一个很深的思想背景,认为人类发展是一个单线的发展,一步赶不上就落后了,落后了,地位就低。

让我们回到中国化的问题上来。吴文藻先生提出这句话时,有当时的历史背景,今天我们应该重新来解释什么是中国化。刚才李亦园先生对这个问题进行了分析,说明中国化这三个字包含了什么意思。中国化这个字眼,我们用得很多,大家天天在讲有中国特色的社会主义,可是什么是中国特色?说邓小平理论是中国的马克思主义,指的是马克思主义中国化啊。这个特色又是什么呢?我看人们至今还没有讲得很清楚。可是你又不能说不清楚,不懂得装懂。就像大家都讲 post modernity 一样。什么是后现代,又不懂,大家都在讲,那我也得讲。这种现象的背后是有道理的。今天的社会学和人类学就是要解决这个问题。要解决这个问题，首先应当说清楚什么是中国特色；要理解、要懂得为什么会发生这些情况。李先生今天讲的就是要说明这一点。马林诺斯基和弗里德曼讲过"社会学的中国学派"这句话，他们究竟指的是什么，老实说，我们还是不清楚。大家觉得清楚了，实际上还不清楚。所以我们得弄明白，这很重要。这是作为一个社会科学家，用怎样的态度对待今后人类的生存的问题，我们要有一个共同的认识、共同的语言、共同的 symbol。要提倡相互理解。今天王斯福讲的很多还是如何重新解释人类学的概念和认识的问题，从 nationality 到 ethnicity，大家听得糊里糊涂，老实说，听懂的人不多。我们不能再糊涂下去了，因为现在人同人的接触增多了，不同文化碰撞在一起，没有一个共同的语言、共同的认识，就不能相互理解，行动上就更难配合了。

最近我常常在想，不同文化的人能不能达到共同的理解？答案应该是肯定的。最近电视里正播放在法国进行的世界杯足球赛，我们可以看到全世界不同国家的球员在同一个球场里踢球，而且大家都认可每场比赛谁输谁赢（个别场次的比赛会出现输队对结果不服的情况，但会由某个机构作出最终裁决），能做到这样不容易啊。这说明达到共同理解是可能的。更有意思的是，在赛场上即使裁判判错了，大家还能服从。这种做法，已经超过了理性，因为比赛还要继续下去。从赛场上我们还可以看出很多人与人之间的各种基本关系；为什么世界上不同的球队能在同一块场地上比赛，找出一个 championship。我希望将来的世界能成为一个国际的赛场，如果世界真的成了赛场，那么我们这个世界就和平了。

我们学习社会学、人类学，不要离开现实，在生活里天天有老师给我们讲课。我们从中美高峰会谈、"世界杯"球赛、东南亚金融风暴，看到了一个 global society 已经很明显出现了。泰国发生的经济动荡，引发了一场金融风暴，现在还没有完。这场风暴究竟怎么结束我看不出来。日本汇率是否还会下降……社会上天天发生着的事情提醒我们，全球化的事情已经来到我们面前，可是我们能不能跟上呢？

怎样在将来创造出一个人类能够和平共存的世界，这是下一代人能解决的问题，我们现在就是在为解决这个问题打一个基础。历史给我们留下的条件不是很好，可是要求我们完成的任务却很艰巨，希望我们共同努力来完成这个任务。

1999 年 6 月 29 日

必须端正对异文化的态度[①]

中华炎黄文化研究会要我来参加“21世纪中华文化世界论坛”，并且要我对论坛的主题谈点意见。以下是我对这个问题的一些想法。

在这世纪交替之际，世界风云激荡，变幻莫测，需要我们审慎察看，谁也不好断言下个世纪会是个什么样子。当前，俄罗斯在起变化、欧洲也在起变化，我们国家不是也在发生着变化吗。台湾和大陆之间的关系出现了一些问题，看来还要拖一段时间。在这样的局面来讨论中华文化未来的发展，我们应该是个什么样的心态呢？世界不会完结，更不会毁灭，相信人类是会继续发展下去，而且一代会比一代强，这是我们的信念。人类要继续发展，世界文化也要继续发展下去，但是，人类应当怎样才能持续发展呢？回顾一下历史，再看看当前的现实，人们会得到许多教训。20世纪的两次世界大战给我们留下了惨痛的记忆，然而科技的迅猛发展又令人鼓舞。全球经济一体化、世界文化多元共处是历史留给我们的现实。总之，世界发生了剧烈的变化。在这个变化里，人类的文化、人与人的关系也同过去不一样了。

我们说，文化是历史养育出来的。人类在漫长的历史进程中，为了求生存，为了延续下去，代代相传，创造了一套包括物质和精神两个方面的文化。这些有着不同历史的人群创造出来的文化，经过一代一代积累，被继承了下来。因此产生了现在世界上人类文化多元性。然而，由于交通、通讯、信息高度发达，当今世界经济一体化已经成为现实，地球上的人类

① 本文是作者在大连召开的“中华炎黄文化研究会学术座谈会”上的讲话。

被捆绑在一起。那种画地自处、不相往来的时代已经一去不返，不同文化的人们不得不频繁发生接触。这样就发生了一个多元的文化，在一体化的经济里怎样能各自求得持续发展的问题。中华文化是历史最长、内容最丰富、影响面最广的文化之一，今天也同样处在文化多元性而经济又是一体化的世界中。总之，必须解决一个“一”和“多”的矛盾问题。

所以我提出这样一个题目请大家想一想：在全球经济一体化的形势下，多元的世界文化怎样才能持续发展。换句话说，就是怎样实现全球文化的一体化。这是个大题目。解决这个问题是要相当长的时间，需要今后几代人的努力。在这段相当长的时期里，不同国家的文化，都要各自创造条件继续发展下去。这些不同的文化怎样能互相尊重、互相理解、相互补充、相互促进、共同发展，做到我多年前提出的“各美其美、美人之美、美美与共”呢。看来当今的世界距此目标还甚远。因为刚刚结束的波黑战争表明，世界上还有人企图用一种文化去消灭另一种文化！这个严峻的现实，提醒一切爱好和平的人们必须认真地想一想，为了人类的未来，今天我们要做些什么？要创造些什么条件，才能使世界上多元的文化能和平共处，共同繁荣。

我想首要的条件，是使世界上的人对异文化有一个正确的认识和态度。翻开历史看，就在400多年前，美洲的印第安人和澳大利亚的土著人遭到欧洲殖民者大规模屠杀。我曾经在美国参观过印第安人保留地，失去了土地的土著人被强迫迁入那里，他们生活艰难，本民族的文化已经不能再得到继续发展。澳大利亚土著民族也遭到了同样的命运。就在本世纪爆发的第二次世界大战里，德国法西斯用毒气杀害了多少犹太人！

在乐黛云同志编的《跨文化对话》这本书里有文章认为，历史上对待异文化有几种态度，一种是把它消灭掉，就像历史上在美洲和澳大利亚发生的屠杀印第安人和土著人那样，把异族人杀光。他们不将别民族的人当人看，这种心理在旧中国也不能说没有。记得小的时候，大人们把外国人叫做“洋鬼子”，把他们形容得很可怕。这是一种“非我族类，其心必异”的心理反映，凡不是我一类的人，就不是人。另外一种情形是把别一族的人掳掠来当奴隶。如早期殖民者从非洲掠来大批黑人，运到美洲做庄园里的牛马。殖民者更多的是把别民族、别地区的人当作奴役的对象，剥削、掠夺他们的劳力和财富。第二次世界大战后，殖民地国家纷纷独立，这种情形基本告一段落。这是人类历史上一件重大的事情。

香港的回归和澳门的即将回归，使我想起近两个世纪来的历史：欧洲的扩张，屠杀了大批美洲和澳洲的土人；19 世纪，大量华工被掠往美国西部修铁路、开金矿。铁路修好了，金矿挖完了，这些华工却遭到排斥。一直到 21 世纪，中国人才有力量结束被奴役的时代。我的一生有一半的日子是在中国处于半殖民地的时代里度过的，那个时候人与人之间的关系是不平等的，对异文化是排斥的。在旧中国还可以看到一种对待异文化的现象，那就是基督教传教的模式。传教士本人不一定都怀有恶意，但他认为他的文化比你的好、比你高一等。他要把好的传给差的，高的传给低的。他们把文化分成高低、优劣，并且要“劣”的跟着“优”的走。时至今日，美国的一些人还抱着这一套思维模式不放，以为自己的科学技术比别人高，就可以为所欲为。西方中心主义、霸权主义的思想基础，还是早期那种以高对下、以优对劣的文化态度。美国发动科索沃战争背后的思想基础是什么？依我看还是美国对待异文化的错误态度在作祟，不把别人当作人。我们应该揭穿它，告诉全世界的人们这种行为的危险性。

我想可以把人们在各种不同的社会状态下，人与人之间的关系和对异民族文化的态度，作为课题好好地研究一番，分析出其中的原因，找出变化的规律。为此，各民族需要认识清楚自己的文化，所以要提倡文化自觉，用科学的方法对自己的文化进行研究，这是一种文化的反省。人类不应该把不同文化的人分成对立的两部分；人类应该从过去的历史中接受教训，决不能让历史上发生过的欧洲人屠杀美洲、澳洲土人，美国人奴役非洲人和亚洲人的事情再次发生！

当世界上不同文化的人之间能够平等相待之后，还要建立起一套不同文化的人能够共同遵守的公约，做到大家在这个地球上能够和平共处。虽然第一次世界大战结束后成立了个国际联盟，第二次世界大战后又有了联合国，它们都是为争取世界各国能够和平相处的全球性的组织机构。但是，这个机构权威性不够，美国又总想操纵它，致使联合国不能起到它应起的作用。我认为，全世界各国、各族人民必须在和平共处的条件下，才能得到人类文化的持续发展；我们东方文化要想能够持续发展，也同样需要各民族文化间和平共处这个条件。

因此，我愿意在这个世界论坛上提议，让我们在当今世界经济走向全球化的形势下，如何端正对异文化的态度，共同来认真讨论世界多元性文化今后走向这个主题。因为寻求解决个问题的途径，是今天一切有正义感的人的责任，是当前人类应当关心的问题。

1999 年 8 月

更高层次的文化走向[①]

今天借这个机会和大家见见面，谈谈天。我多年来一直在研究中国的农村，现在回过头看，一生做过的事，仅仅就是要为老百姓增加点财富。改革开放以来，通过到各地考察，我看到我国的东部地区经济比较发达，到中部出现了一个台阶，经济下来了。东部沿海地区的农民人均年收入是大约5000元，而在江西这样的中部地区，农民人均年收入只有2000元左右，两地相差一半。怎样能把中部地区发展起来呢？我认为京九铁路通车，为中部地区的发展提供了一个好机会。大家常说：要想富，先修路。但是有很多例子告诉我们，修了路不一定能富，就像电影《少林寺》里的和尚说的“酒肉穿肠过”那样。意思是说，京九路虽然通车了，如何能不仅仅是酒肉穿肠过，而把“营养”留下来？我想应该沿京九线加快发展起一批中等城市，由这些中等城市带动周边农村的发展。所以从去年开始，像穿糖葫芦那样，我访问了京九沿线的一串城市，有河北的衡水，山东的菏泽，江西的南昌、九江等。今年到了赣州，从赣州转到京广线上的株洲。20年前，株洲还是个只有7000人口的地方，但现在已经发展成拥有100万人口的中等城市了，发展得真快啊！在那里我想起了景德镇，因为株洲在湖南相当于景德镇在江西的地位。株洲的发展是得益于引进高科技。景德镇是一个历史悠久的文化名城，要发展也得靠走“传统+科技”的道路。

---

① 本文是作者在景德镇民窑艺术研修院召开的“’99传统手工艺百年回顾研讨会”上的讲话。

说到传统，大家就会想到景德镇这个有名的瓷都。过去我总认为中华文化的起源主要是在黄河以北，但是许多考古成果都证明，我国的南方也是一个古代文化发展的中心。最近我参观了长沙的马王堆，看到了大批出土的竹简，内容虽然还没有全部翻译出来，但是已经能看出当时的吴文化已经很发达了。吴文化在中国文化中的地位，我们一直没有讲透。黄河流域是中国文化的一个重要发源地，这不成问题，但是长江流域是中国文化的另一个重要发源地，却还没有得到更好的证明。我相信当这批竹简上的内容被研究清楚后，人们对中国历史的认识，会有一个新的发展。这些年来，从发掘出的7000年前的河姆渡文化遗址和太湖地区良渚文化遗址中，可以看出长江流域很早就已经发展起来了。甚至还有人说吴越的水稻文化，不仅影响了几千年中国文化历史的发展，而且通过海上的传播，促进了早期的日本文化的发展。

江西在历史上曾经是吴国统治的地盘，受吴文化的影响，这种文化渊源，可以延续到今天。比如江浙一带受吴文化的影响，形成了传统的丝绸文化，浙江还成为瓷器的故乡，越窑的瓷器在当时就很出名，后来衰落了，瓷器的中心转移到了江西。丝绸和瓷器都是中国最有名的手工艺产品，不仅在历史上，而且直到今天还在继续发展着，和当地的经济紧密相联。我认为中国的传统文化应该有两个来源，一个来自北方，一个来自南方，它们互相补充、互相影响。这也是我的中国文化发展多元一体理论的根据。

今天会议的主题是传统手工艺百年回顾。我对手工艺的发展历史没有专门研究过，所以只能讲讲手工艺的“今天”和“明天”。缩小一点，就只讲瓷都景德镇的今天和明天。

我对手工艺和瓷器一直有所偏爱。解放初期，我在清华大学当副教务长时，对北京的手工艺品很感兴趣，曾经想搞一个有关北京景泰蓝的研究课题。后来因为我调到民族事务委员会去搞少数民族工作，这个课题就搁下了。但是，在对少数民族地区做调查时，我们收集了一批少数民族文物，也就是少数民族的工艺品。今天景德镇的瓷器又把我吸引住了。

据我了解，现在景德镇的陶瓷，有一部分又由家庭，也就是由个体产生产了。对个体经济可不能小看它，因为从理论上讲，中国社会中最基本的组织、最活跃的细胞就是家庭，在我们东方文化里，“家”、“家族”是可以发挥很大作用的。其实手工艺品的生产就是家庭经济的一部分，家庭生产是很重要的方式。如果我们善于利用家庭这个因素，把它的积极性调动起来，那么我们的生产就可能会有一个大的发展。

我在山东认识了一位企业家朋友，他是由挑着货郎担，到农村挨家挨户卖碗卖杯起的家，后来生意越做越大，全村都做这个买卖，现在已经发展成了一个大企业，带动了当地经济的发展。当然他卖的是老百姓日常用的瓷器，这说明我们搞瓷器的人，不仅要搞艺术陶瓷，也要注意搞日用陶瓷，要生产农民需要的东西。因为农村是一个最大的市场，要看准这个市场，占领这个市场。虽然目前农民的收入还比较低，但是等他们的收入提高以后，也会需要艺术水平高的艺术陶瓷。

我们回顾近百年来的手工艺历史，要把眼光看得开一点、远一点，要超越百年以来的框框，才能有新的想法、新的认识，进入新的时代。回顾是为了超越、为了创新。但是创新不根据旧的东西是很难做到的，这就又回到刚才我讲的“传统＋科技”的问题上，怎样在传统的基础上结合新的技术、新的科学思想，把手工艺提高一步。听说景德镇的陶瓷业，已经应用了不少新的科学技术，希望能再接再厉，更进一步。

最后讲讲我对中国手工艺未来的看法。苏州有个刺绣研究所，他们发明了一种新技术，叫“乱针绣”，是把一根丝线拆成更细的丝，用这种细丝来绣东西。绣出来的作品，有一种模模糊糊，像中国水墨画的效果。它不是线条，也不是色彩，而是一种感觉，这种感觉是很高的艺术感受。我认为，人类的文化不能仅仅囿于实用，人的需求是要超越它、要出点格。打个比方：人们吃饭，不能只讲求营养、讲求对身体有没有好处，还要追求味道，就是我们中国人说的“鲜不鲜”。这个味道是烹饪里高层次的追求，就像艺术是生活里更高层次的追求一样。

我们说吃饱穿暖，这是人们生活中最基本的要求。下一步就不仅要吃饱，而且要吃得有味道，菜肴要鲜。这个“味”、“鲜”不仅是舌头上的一个刺激，一个物质上的刺激，还是一种感觉，这种感觉有时是难以用语言表达出来的。也就是说吃饱不吃饱和鲜不鲜是两个层次的问题。高层次的文化要讲究味道，像人们欣赏一幅画，不光看它画得像不像，还要看它画得有没有神韵。这种感觉是在有无之间、虚实之间，在这种“有无”、“虚实”的感觉中，文化达到了一个新的高度，也就是艺术的一个高度。中国人讲艺，是孔子讲的六艺，不是技术，艺同技是不同的。游于艺是孔子追求的最高境界。

我对艺的理解，是从梁思成先生那里学来的。梁先生常讲，建筑师不仅仅是一个匠人，不能光讲技术，还要讲究美的感受，讲艺术。技指的是做得准确不准确、合适不合适；艺就不仅如此，还要讲神韵。神韵是一种风度、一种神气。这些都不是具体的、物质的东西。平时我们讲精神文明，精神文明里还可以分成两层，一层是人的基本感觉，比如痛、痒；再高一层是人的气质，这里浓缩了人的思想、感受。这种思想、感受在一个美的状态里释放出来。接受这种释放是不容易的，往往只有艺术家才能做到。如果我们每个人都朝着这个方向去努力，朝艺术的境界靠近，这个世界就不同了。也许若干年后，会迎来一个文艺复兴的高潮，到那个时候也许人们要提出文艺兴国了。

最近我提出这样一个问题：人们富裕了以后会怎样？人是不会仅仅满足于吃饱穿暖的，他还要求安居乐业。这个“安乐”就是一个更高层次的追求，这个追求是要有物质基础的，没有物质基础是接触不到这个层次的。最高层次的文化就是艺术家所要探索的艺术。艺术的需要有时是很难用普通的语言来表达，因为一般人还没有那个体会，只有艺术家能够体会并表达出来。如同从语言到诗歌再到歌唱，话谁都会说，但不是人人会写诗、唱歌。也像听音乐时，人们不只是接受一种声音的刺激，还应该有一种对声调的感受。我认为文化的高层次应该是艺术的层次，当然，这是美好的、是更高层次的追求，是超过了一般的物质要求，是人类今后前进的方向。这种追求我已经体会到也感觉到了，而且想把它抓住，尽力推动人类文化向更高的层次发展。

讲一个我亲身体验过的例子。解放前，有一次我到扬州。那时扬州是个经济、文化繁荣发达的地方。一天夜里，我们几个人在一条深巷里听艺人唱曲子。夜半月下,听着悠扬、婉转的笛声,我产生一种飘飘忽忽、朦朦胧胧的感觉,真是进入到一种用语言表达不出的艺术境界里。对于这种感觉,学艺术的人可能比我感觉更深刻,可以讲得更清楚。我想人类最终就是要追求进入这种艺术的、美好的精神世界,一种超脱人世的感受。这里包含着我们艺术家所承担的责任。

当前我们的文化面临着挑战,也就是两种不同性质的文化走向。一种是重视自然世界,追求物质性、准确性;另一种是重视人文世界,追求精神性,这似乎就是东西方文化的差异。今天我们讲文化的艺术导向,就是在追求人们的生活达到一个艺术的境界,这个工作就要艺术家来完成。艺术家的工作是不能用机器来完成的,不能讲规模生产、降低成本,相反,他要不断增加成本,要把人类精神文明的资源加过去。有的艺术家为了一个信仰、一种追求,把生命作为投资,耗尽一生精力,死而无憾。这是两种不同的世界观,不同的文化导向。有人认为,中国文化是最接近这种精神的文化。

在来参加这个会议的路上,我一直在想,应该有人出来把现在的文化导向改变一下,希望能有这么一天,人们把对物质高度发展的追求,改变成对艺术高度发展的追求。当然,我们不能把这两个方面对立起来,因为艺术的发展是要有雄厚的物质基础和科学技术做基础的,两者要结合好。如何结合就是我们要下工夫探讨的课题。我讲的话有的是超前了,出了格,但的确是我从实践中、从看到的事实里感受到的。讲出来,希望能对大家的讨论有所帮助。

我还想,景德镇曾经是世界闻名的瓷都,在我国经济和文化的发展上占有重要的地位。历史上中国最有名气的手工艺品就是瓷器和刺绣。希望景德镇的陶瓷研究所和苏州的刺绣研究所加强交流,不断创新,共同把中国的手工艺术推向一个新的高度,为人类追求艺术生活的导向出力。

1999 年 8 月

重建社会学与人类学的回顾和体会

十一届三中全会后，中央实行了改革开放政策，各条战线进行拨乱反正。1979 年 3 月邓小平同志在《坚持四项基本原则》的讲话中讲到社会学“现在也需要赶快补课”。随后，中国社会科学院院长胡乔木代表中共中央委托我带头恢复和重建社会学这门学科。当时我已近 70 岁，勉为其难地当此重任，我的第二次学术生命由此开始。从接受这一重任至今已 20 年，我也将近 90 岁了。在即将跨入一个新世纪的时候，我理当做一个回顾和总结，说点体会。

20 年来，我们这个学科的各教学和研究机构做了很多工作，培养了不少人才，有大量研究成果问世。据 1996 年不完全统计，高校系统和社会科学院系统中有关社会学的教学研究机构已有 60 多个，大体上各占一半，教学科研人员约 1200 多人，其中高等院校占一半多；无论在学科的分支领域或专题领域中都有不少研究成果，有些方面也得到了社会的承认，起到了为社会服务的作用。

80 年代学科重建初期，关于学科建设方面的问题我发表过多次谈话。进入 90 年代后，1993 年在《略谈中国社会学》《关于人类学在中国》两文中，我集中地回顾了这两门学科在中国发展的历史。1996 年潘乃谷在以“但开风气不为师”为题对我的访谈中，把我多年来对学科建设的看法和实践做了归纳整理。1998 年北京大学百年校庆之际，北京大学出版社又出版了我的《从实求知录》，此书反映了我在这一学科方面的观点。因此我认为有关这门学科历史方面的内容没有必要再去重复，只需要就以下几个我感到重要并且近来常常思考的问题，把已经发表过的意见，再一次整理在一起，作为我这一段工作的总结。

一、重建社会学的方针

在接受胡乔木交给我的任务之初，我就认为，在新形势和新问题面前，社会学不是个恢复问题，它既不应恢复这门学科旧有的内容，也不应照搬西方社会学的内容，而应当是个重新创建的事业。这个认识十分重要，我们就是要在这样复杂和困难的条件下，加速培育新一代的社会学者。这是一个艰巨的任务，我们必须知难而进。

从重建社会学开始，我们一直遵循着一个方针：以马克思主义为指导，结合中国实际，为社会主义建设服务。这就是说我们重建社会学的基本准则很明确：一是以马克思主义为指导。我们当前是生活在社会主义社会里，我们要反映的是社会主义制度下的社会情况，它应该是客观的、实事求是的。要做到这一点，就应当以马克思主义科学的世界观和方法论做指导。二是要结合中国的实际，不能照抄外国学者的成果来建立中国的社会学。我们对中国社会了解还很少，缺乏系统科学的认识。但是我们一定要自己来搞，搞出一个社会学的中国学派。三是我们要为社会主义建设服务。我们的知识是要为我们实际生活服务的，所以有应用的一面。

我们的目的是清楚的，概括地说就是要把自身的社会生活作为客观存在的事物加以科学的观察和分析，以取得对它正确如实的认识，然后根据这种认识来推动社会的发展。社会学是一个从整体出发研究社会的学科，做得好，可以为国家、为社会主义的发展做出贡献。

我国正处于社会主义初级阶段，这是逐步摆脱贫穷、摆脱落后的阶段；是由农业国逐步变为现代化工业国的阶段；是通过改革和探索，建立和发展社会主义经济、政治、文化体制的阶段；是全面奋起，勤俭建国、艰苦创业，实现中华民族伟大复兴的阶段。处在这样一个空前大变革的过程中，新生事物层出不穷，只要我们从实际出发，解放思想，实事求是，到处可以发现值得研究的问题，如果能抓住问题，群策群力，全力深入，不懈努力，一定能逐步积累反映中国社会发展过程的科学知识，建立起具有中国特色的中国社会学。这种社会学是从群众中来到群众中去的，理论联系实际的，为人民事业服务的。我们社会主义国家有条件可以发展这种社会学，也只有发展这种社会学才能在世界学术讲台上取得我国应有的地位。可以说，我在80年代选择“小城镇研究”和“边区与少数民族地区发展研究”的课题，就是朝着这一方向的一种努力。

社会学的重建已经有20年了。今天，联系重建时提出的三句话方针，我想特别讲讲指导思想和本土化的问题。

马克思主义是研究社会与文化的科学基础。马克思对当时在西方一些国家正在成熟起来的资本主义的经济和社会进行了科学的研究，总结了对社会的看法。作为文化的一部分，它们都不是凭空想象出来的，它的一切理论都是以社会作为客观实体来研究。以事实为最后依据的马克思主义传入中国，结合了中国的实际，有了毛泽东思想，它指导了中国革命，建立了新中国，开始了社会主义建设。邓小平理论继承和发展了毛泽东思想，它是指导改革开放实现社会主义现代化的理论。中国人民不仅站起来了，而且从此步入了现代化建设的世界。这可以说是指导思想意义的根本所在。

在人生观方面中国和西方是不同的。在认识客观世界上西方走的是从物质到社会到文化的发展路子，主张理性主义和实证主义，把人作为客观的事实来对待。就社会科学的基本原则讲，他们认为人文世界也有规律可认识，认识了这一规律就能促进社会进步。就这点看，马克思的科学社会主义，和斯宾塞、孔德的社会学原理上是一致的，都是把社会作为客观事物来对待的。

但早期中国并不走这条路子，从人本主义出发，没有成长为人文的科学观，没有把人作为客观对象去研究，到“五四”时才吸收了西方的经验，引进了社会科学，所以也许可以说社会科学的根子不是在中国自己传统的土壤里长出来的。为此，我们一直在强调要联系中国实际，提倡社会科学的“本土化”、“中国化”，这里的根本问题就在于既要科学化，又要植根于中国社会和文化的土壤之中。

科学发展到今天，全世界范围内的一个大问题，就是把人只当客观事物来处理还不够，因为人有社会的一面，还有个人的一面，即公和私的问题。当今中国也提出了这个问题：是社会压倒个人，还是个人压倒社会。西方资本主义社会从个人出发，因为他们认为社会是个人所组成的，是个人的集体性的共同生活体，先私后公。中国传统观念一向主张公私结合，既要看到社会的力量，也要看到创造这个力量的个人，因为人基本上是一个生物体，有其个性即私的一面。中庸之道主张以公控私，修身齐家治国平天下的道理，就是以公控制和改造私，使二者不发生对立，这是中国传统的生活经验总结出来的，与西方文化根本上有分歧，因此我们面临的问题是不能全面接受西方的一套而必须加以改造。再如中国人讲修身，就是讲个人的社会化。一个人成为社会的成员，有了角色，就有了一定规矩的行为，要克己复礼，这礼就是规矩，用以调整个人和社会的关系。个人创造的东西，也离不开社会，是在社会中创造，为社会所接受和流传的。联系实际看，由于有个人同社会相互结合的，所以只要公就没有了个人的积极性，只要私而没有认同的社会规范也成不了人民共同的事。又如中国传统文化中常讲义和利，这也是个人与社会既结合又矛盾的反映，偏重哪一个方面都会出问题，表现在当前资源的分配问题上，两极分化不行，平均主义也不行，其中要有一个适当的度，不可走极端。这也许就是中国人喜欢讲的“中庸之道”。

“十五大”报告中有两个重点问题：一是我国社会的定位，如“十四大”已明确指出，是社会主义初级阶段；二是进一步又定了点，指出了当前的主要问题是发展社会生产力。定位和定点都清楚了，我们社会科学怎么办？我认为，以下几方面我们必须坚持去做好。

一是要继续坚持继承“五四”以来从西方引进的理性的实证主义的科学性。要搞清其来源，真正理解西方社会科学的历史，搞清西方社会为什么这样发展过来，然后对西方社会科学的成果进行批判吸收。二是要分析当前国际的大局面，人类发展变化的大局面，从中确定中国的位置。以初级阶段论的分析，首先承认我们在发展水平上与发达国家的差距，而缩小这一差距是我们要为之努力的。要缩小这些差距，主要是靠科技的进步，科学包括自然科学和社会科学两个方面。目前偏重自然科学是可以理解的，但这是不够的。自然科学与社会科学必须并重。三是要建立和发展中国的社会科学，必须切实了解中国文化的基础，这就是“文化自觉”。知道我们与西方走的道路为什么不同，这并不是主张回归，而正是要取得文化前进的自主权和选择权，认识清楚了才谈得到选择和批判，去粗取精，去伪存真。

归纳起来看，第一步要认识和理解历史，了解传统，包括西方的、中国的，找出差别和差距。第二步对本土文化要批判地继承，留下好的东西作为发展的基础。对外来文化要选优去劣，还要有追赶和竞争意识。第三步才是创新，开拓前进，建立起中国特色的社会科学。

从方法上讲，社会科学要到生活中去找，去总结。生活本身是多种多样的，要通过实践，反复的实践去认识其发生发展的规律。所以我们坚持要做“田野”工作，做实地调查，到生活中去观察体验。要走在变化的前面，占领认识领域的前沿。

回过头来看，以上的话不仅针对社会学、人类学，也许也适用于其他社会科学。我们要以邓小平理论为指导，以中国的社会实际为研究对象，服务于中国人民，以“三个有利于”为选择标准，加速中国社会现代化的进程。

二、学科建设的速成、补课和队伍建立

经过了 20 年，事实告诉我们，一个学科挥之即去一时是做得到的，要呼之即来却不那么容易。至今社会学、人类学等学科，在中国还不能说已经站稳。原因是多方面的，我想其中重要的原因仍在于恢复和重建这一学科当初是作为一个紧急任务提出来的，所以不得不采取应急的措施，教师和研究人员大多是短期培训和边学边干中培养起来的。本来学术最忌“速成”，但在重建时又不得不用“速成”的方法，因此基础不够扎实和深厚也就难于避免了。这个问题我在当时就看到了，所以一直认为帮助教师和研究人员在实践中充实提高是一个必须优先考虑的问题，认为只有到他们能投身到社会调查工作中去，联系相应的理论研究，用切实的从中国社会中观察到的事实和实践经验来完成自己的研究成果和充实教学内

容的时候，才可能真正提高社会学的理论和应用水平。

虽然多年来大家在这方面做了不少努力，但如果与形势要求相比，差距还是很大的，我一直感到担心和有压力。去年 6 月，我们乘北大 100 周年的东风，从国外和港台的社会学和人类学界邀请一批当前比较活跃的学者，有些是我们的老朋友，大多是较年轻的新进，莅校讲学，形成一系列学术讲座。我们的目的是想为我们的学科打开一些窗户，建立一些流通渠道，放进一些新鲜空气。在这系列演讲结束后，接着就举办了第三届"社会文化人类学高级研讨班"，想趁热打铁，让这学科的东西两头接上。在研讨班结束时，我做了一次即席发言，提出了这一段时间里常在我头脑里打转的"补课"问题。

20 年前，邓小平同志提出社会学等学科"需要赶快补课"，20 年后的今天，"补课"有了新的含义：从事重建社会学这门学科的人也需要补课，主要是重新补一补社会学的基础课。

北大的百年校庆迎来了深化改革和更加开放的新时期，风气更加开放更加活泼了。我听了那么多学者的讲演，感想很多，譬如我们可以感觉到社会、文化的变化一直在进行着，从过去到现代，各种文化间不断接触，一直在进行分分合合，其中就有很多的现象需要研究，而现在我们对这些社会文化现象的研究和思考工夫下得还不够，往往讲不清楚。就说我们常常说的具有中国的特点，它具体的表现是什么，为什么会发生这样的特点，它今后又会怎么样，并没有讲清楚。这说明我们的认识能力还不够。所以要好好学习，要多看多想。解决这个问题，必须靠我们自己，新一代学者要有自信。

对于国外和海外学者的讲演，我们应当花些时间，钻研一下，看看我们和其他国家和地区的学者在认识社会和文化问题上，有什么不同，存在什么差距，差距有多大，从中想到我们的学科能否跟上时代的要求。必须看到时代和历史对我们的要求。

我们应当看到当前世界上人们已有的知识并不足以解决当前共同存在的问题。人类总是要共同相处，继续向前发展的，中国人要参与进去并做出自己的贡献。现在我们在国际上能说话了，但实力还不够，我们的生产力提高了，但排名尚不靠前，人家看得起我们，主要是因为我们人多，并非物质生产实力很强，更不是我们知多识广。我们的头脑要清醒。

江泽民同志在强调加强我们国力时，提出要提倡知识经济。我想起20年前我随中国社会科学代表团访美时就看到我们已进入一个“斗智的世界”，民族间的竞争已不是斗力而是斗智了（见我写的《访美掠影》）。现在已进入了一个电子化、信息化的时代，不但手段变了，思想感情也在跟着变。在这个知识经济时代，人与人、单位与单位、国与国的竞争，是斗智。智是文化和学术的积累，如果不够深广，面对问题就讲不出道理来，解决不了疑难。所以关键是在我们中国人能不能把几千年积淀下来有用的文化、知识，用到今后人类的相互理解和相互沟通中去，以求人类的共同生存和共同繁荣，不然还是有人会向我们丢原子弹的。

我们老一代提高知识的手段已落后了一个时代，年轻一代要进入一个更新的时代了，要看得远些，为下一代想想，如果知识的量不够，质不行，如何进入一个现代化的时代。我们的学科要进入新的时代，要求自然很高，这一关必须过，否则就会被淘汰。我们进行的比赛不仅是学术竞赛，不仅是人类的社会、文化建设的比赛，而且是生死的较量。虽然我们已做了一些工作，只能说是刚刚开始，比过去有进步，但水平还不高，不能掉以轻心。这也从另一个角度说明补课的需要。

20年前重建社会学是一种补课；今天我针对我们自己认识到基础不够、知识不够，又提出了自身的补课问题。我们缺的不少，可能每个单位和个人具体情况不同，可都需要补。补课是很艰苦的，我自己已开始补课，重新读社会学的书，现在比年轻时听课时懂得多了一些，希望结合多年的学术实践，能有所提高。社会学和人类学都有各自学科的基本方法和基础知识，我们大家要好好下工夫，要和国际水平比一比，扎扎实实地补好这一课。

我的责任现在是创造条件，帮助大家补课，所以我要求北大社会学人类学研究所，做好服务工作，不但要把这次演讲集编印出来，并且要组织好今后的交流工作。学术成果是要在国际上拿出来，硬碰硬做比较的，我们要有自知之明，要有一点自觉，好好补课，努力追上去，赶上和力求超过国际水平。

1998 年 10 月北大社会学人类学研究所的部分研究人员来向我汇报他们关于学科建设的讨论情况，当时我还在补课，重温派克的书，开始写《补课札记——重温派克社会学》，一方面读书补课，另一方面以美国芝加哥学派为例研究学科的建设。

我重读派克的书，看看他是怎样成为一个社会学家的，我认为，重要的有两点，一是深入到社会生活中去，二是会读书。派克从生物的活动去观察，从动物的群体研究到人的群体的形成，提出了人文区位学。他从法国大革命的经验中，看群体，看社会，从人群去研究社会群体的发生和发展。他到黑人中去生活，懂得了美国南方黑人的心态就容易领会人与人之间的社会感情。他又把芝加哥做实验室，研究城市的发展过程，并逐步搞出一套社区研究的方法。他的特点是到生活中去找社会学和去理解文化。人与人共同生活才有社会，社会学看人与人怎样组织起来经营共同生活，形成社会结构。生活经验的积累就是文化。人类学是研究文化的。文化离不开人的集体经验。人怎样能形成群体是社会学研究的对象。社会是文化的基础，这也是社会学和人类学相互不能分离的原因。

30 年代吴文藻先生请派克来华讲学，主要目的是用人类学的方法改造当时脱离中国实际的社会学，要学生去“接触真正在中国社会里生活的中国人”，看鲜活的人生，希望从中走出一条发展中国社会学之路。

我们到现在还差得很远，譬如中华民族的形成，我只指出一个多元一体的格局，但是这格局形成的过程，就一直没讲清楚，要搞清楚，一定要有丰富的历史知识和深入的现场观察，了解体验民间思想文化的内容。现在我们民俗方面的研究，往往也还差一层，比如只描写七月七这个传说和传统活动，但没有深一层看到这民间传统所反映的社会事实如工农相辅、工农分工的本质。也就是说没有对活动、传说和它们赖以发生的社会内容做出深刻的分析。

看书，也要看到骨子里去，自己看清方向，定出目标，靠自己钻研、磨炼，必须将国学与人文科学很好地结合，向文化自觉的方向努力。这是人人可做，大家都有份的事。每个人都有自己的生活，我们可以从中认识世界，以小看大，从一点看宇宙。派克成为社会学者的路子是人人可以学的。另外还要提醒一点，要重视历史，懂得文化是有积累的，有积累才会有今天人们的生活方式。我们每个人的生活本身都是很好的研究素材，就看如何认识它，利用它。要学习派克怎样从记者成为一个学者，而不要使一个自认为是社会学者的反而成了一个庸俗的人。

就我个人而言，所以有这种自觉补课的迫切心情，看来是由于这几年来，我日益觉得所处的时代变动得太大和太快了。我在宣读的《读马老师遗著〈文化动态论〉书后》中曾说，一个学者的理论总是反映他所处时代的实际。时代在变动，一个学者的理论也总是跟着在变动。我用这个观点去说明马林诺斯基怎么会提出文化动态论的原因。自然也要反问自己，我跟上时代没有？我自认自己远远没有赶上时代动态的步伐。我所处的这个“盛世”为我提出了许多有意义的题目，但大多都在手边滑过去了，至多也只能说掠得一点影子。为什么总是抓不住，吃不透？关键还是在自己能力不足，能力不足是由于自己这一生里投下的工夫不够。这方面我有自知之明，总结一句是求知之心还不够迫切和踏实，常满足于浅尝辄止，难逃不深不透。

这里，我用自己的经验告诫年轻一代：跟上时代发展的要求，善于利用各种条件来充实和发展自己，每个人具体情况不同，需要什么补什么，但大目标要抓住不放，目的要清楚。

三、理论和实际结合、教学和研究结合

培养人才是学科重建的首要任务。在培养从事中国社会学工作的新一代的过程中，我们必须坚持理论联系实际，教学联系科研的原则。自然科学离不开实验，社会科学离不开社会调查。社会调查是对社会现象有目的的系统的观察，为探索社会运动规律搜集资料。人生活在社会中，不可能对社会毫无知识，但是这样从生活实践中得到的知识不仅是局部和片面的，而且常常是知其然而不知其所以然的。要取得关于社会的科学知识，必须要针对一定的问题，在一定的范围内，进行系统的观察，经过分析、整理，提高到理论的认识；而且要能用普通的语言讲出来，让别人也可

以明白，形成共识。因此，立足于中国社会实际的社会学、人类学必须从科学的调查研究入手。从社会中来，回到社会中去。

这一方面我们20年来有很大进展，在解放思想，实事求是的路线指引下，无论是高校还是社会科学院系统的科研工作都取得了不少成果。在选题上抓住了我国改革开放和社会发展中发生的重要社会问题，在工作中与地方和实际工作部门、实际工作者配合；在城乡发展、边区与民族地区发展，人口与环境，就业与社会保障，家庭婚姻与妇女问题，犯罪与越轨行为，社会心理等方面都积累了不少调查研究资料。这些对学科建设、科学决策和推动社会进步都是重要的基础性的学术工作。

一次在北大教授俱乐部为加强学术交流的讲演会上，我选了“社会学与社会发展”的讲题，准备时我想这个题目有两种讲法，一种是从社会学出发来讲它对社会发展可以做出的贡献；一种是讲社会学怎样从社会发展中吸取养料来发展自己这个学科。本来二者是相辅相成的，但从学科建设来看，后者正是我们需要很好提倡和认真总结的方面。为此，在演讲时我把题目改为《社会发展与社会学》。我以自己为标本，看我是如何从社会发展中构筑我的学术思想，如何在当前急剧的社会发展与变化中间发展我的思想。我这样做的文章已有多篇：如《四年思路回顾》、《中国城乡发展的道路——我一生的研究课题》、《边区民族社会经济发展思考》、《农村、小城镇、区域发展——我的社区研究历程的再回顾》、《简述我的民族研究经历和思考》，都是体现了我的治学之路。一方面自己随时总结提高，有所反思，另一方面作为学科牵头人也有责任以身作则起到破题开路的作用。理论与实际的相结合不是空喊的口号，我们社会学人类学工作者就是要一路看生活，看真正碰到的具体的人，从这里边去找出一点真正的道理，这就是社会学人类学。离开了实际接触的人，是不可能有什么新东西出来的，人的真实生活里边有道理啊！它是理论之源。

我近20年“行行重行行”就是要体现这种治学精神，做出一个样子，在这个千载难逢的大发展时期，跟上这个发展，从村到镇、到城，一路看它怎么发展，最后到整个区域的发展。在我早年做的研究基础上，进一步看到了工业下乡出现的乡镇企业和小城镇发展建设，看到了一个不同于其他国家的中国农业现代化的道路的发展过程，同时看到了农村基层的发展要靠城市的辐射，农村的现代化离不开城市化，从而提出城乡关系、区域发展的概念，其中中心与腹地、口与腹关系的分析都是从实际观察中总结出来的。因此概括我个人的学术工作，从领域上讲做了两篇文章，一是农村，一是民族。从方法和层次上看，一是以微型调查为基础，逐步进入宏观格局的探索，一是从解决温饱问题到实现小康的经济发展过程中，注意到有关的社会制度和心理及思想状态的变动，即从生态领域进入心态领域的研究。

我希望每个单位每个人能从各自现有的基础条件出发，在一定范围内，尽自己的能力，先做专题研究，微观研究，把基础打扎实，不要一下子把题目搞得太大，急于搞综合研究。如果第一步做扎实了，第二步综合研究就会水到渠成，可以做得更好些，不致于落入空泛。

如果说我们第一步避免了从书本到书本，从概念到概念的学习方法，走出了实地调查的路子，有了一点基础，而从另一方面讲，离开了理论指导的社会调查也不能提高对正在急速变化中的中国社会本质的认识。这正是我前面强调要努力“补课”的原因。要做到理论与实践结合的社会学研究，事实上必须要经过一个艰苦的学习和实践的过程，因此我认为，说我们迈出了第一步，开了一个好头更恰当些。

至于教学与科研相结合的方面，比我原来设想的差距就大了，很值得认真地检讨一下。这种结合与联系涉及学科建设与个人学术提高等方面，可以分几个层次做好。首先是科研系统与教育系统的联系，譬如社会科学院和高校的合作和相互促进。这方面我在学科重建初期有些构想，但以后没有条件实际去做。第二层次是本系统中教学和科研间的结合和联系。目前大多是一个单位两块牌子或一套人马两块牌子，有分工而看不出实质性的合作。少数分立的单位虽有所分工和合作，但谈不上有机地互相结合和促进，因此体现在促进课程建设和教材建设方面的进步不大显著。第三个层次是体现在一个人自身上。科研工作做得好，成果丰富，这些年有实地调查经验的教师，自然在讲台上和讲稿中都能看到效果，成绩是明显的，学生也自然有公正的评价，但这种情况目前并不多。

存在这些问题的原因是多方面的，从主观上看这是“速成”必然存在的问题，虽然当时提出了要加强科研工作，以科研所取得的成果来充实教学内容和促进教学工作，但缺乏制度和实际措施，我们教育机构的管理部门和组织者也缺少这种“学科意识”，多数人也没有经验。而客观上体制改革尚未深化，有些构想在原有体制下是无法实现的，有些问题需要在教育科技体制的进一步深化改革中去解决。

我们已看到国际上一流的大学和一流的学科，他们的科研和教学工作都是一流的，而且一定是相互结合和互相促进的。有创新的研究成果，才会培养出创新的人才。因此我在一次北大的研究讨论会上发言时不无自责地说过：原来是我们这一代人应解决的问题，现在要轮到你们来解决了。目前在各教育单位的学科建设中，加强课程建设和提高教学质量是一个大问题，而教学和科研相结合是一个关键，所以我寄希望于体制改革进一步深化和在岗位上的年轻一代的继续努力。

四、“文化自觉”与中国学者的历史责任

10 年前教育部让我在“21 世纪婴幼儿教育与发展国际会议”上讲话。从那时候起我就在思考如何着手从小培养出适合于在 21 世纪世界里生活的人。人造下了世界，人还必须同时造就能在世界里生活的人，这就是我们教育和培养人的工作，这是我们的历史责任。

我在这次国际会议上讲话的题目是《从小培养二十一世纪的人》。在这篇讲话稿中，我开始探讨 21 世纪将是个什么样的世界，提出了 21 世纪要解决的主要问题之一是：各种不同文化的人，也就是怀着不同价值观念的人，怎样能在这个经济上越来越息息相关的世界上和平共处？人类在 21 世纪怎样才能和平地一起住在这个小小的地球上？为此，我们在精神文化领域里需要建立起一套促进相互理解、宽容和共存的教育体系，我称这个体系为跨文化交流（Cross - cultural Communication）。这个体系包括了 21 世纪人共同生存的根本规则，显然将联系到人对人、人对社会、人对自然等基本关系。接着在北京大学举办的三次“社会文化人类学高级研讨班”上以及三次国际学术会议上我又相继发表了相关内容的多篇文

章，如《从马林诺斯基老师学习文化论的体会》《反思·对话·文化自觉》《读马老师遗著〈文化动态论〉书后》《孔林片思》《人的研究在中国》《人文价值再思考》《中华文化在新世纪面临的挑战》《中国文化与新世纪的社会学人类学——费孝通、李亦园对话录》等等。

通过学术对话和反复的思考，我提出了一个“文化自觉”的看法，以表达当前思想界对经济全球化的一种反应。当前世界各地多种文化的接触引起了人类心态的诸多反应，这些反应提出了这样的迫切要求，即人们要求知道：我们为什么这样生活？这样生活有什么意义？这样生活会为我们带来什么结果？也就是人类发展到现在已开始要知道我们各个文化是哪里来的？怎样形成的？它的实质是什么？它将把人类带到哪里去？这些冒出来的问题就是我提出的“文化自觉”的要求。

文化自觉是当今世界一种时代的要求，并不是哪一个人的主观空想。有意于研究社会学、人类学的学者，对当前人类的困惑自然也会特别敏感，对当前新形势提出的急迫问题自然会特别关注，所以我到了耄耋之年，在即将跨入21世纪时，还要呼吁文化自觉，希望大家能致力于对自己社会和文化的反思，用实证主义的态度、实事求是的精神来认识我们各自的历史和文化。

文化自觉只是指生活在一定文化中的人对其文化有“自知之明”，明白它的来历、形成过程、所具有的特色和它发展的趋向，不带任何“文化回归”的意思，不是要复旧，同时也不主张“全盘西化”或“坚守传统”。自知之明是为了增强对文化转型的自主能力，取得为适应新环境、新时代而进行文化选择时的自主地位。达到文化自觉是一个艰巨的任务，要做到这一点，需要一个很长的过程，首先要认识自己的文化，理解所接触的多种文化，才有条件在这个正在形成中的多元文化的世界里确立自己的位置，经过自主的适应，和其他文化一起，取长补短，共同建立一个有共同认可的基本秩序和一套与各种文化能和平共处，各抒所长，联手发展的共处守则。

10年前在我80岁生日那天，在东京和老朋友欢叙会上，我曾展望人类学的前途，说了下面一句话：“各美其美、美人之美、美美与共、天下大同。"这句话也就是今天我提出的文化自觉历程的概括。"各美其美"就是不同文化中的不同人群对自己传统的欣赏。这是处于分散、孤立状态中的人群所必然具有的文化心理状态。"美人之美"就是要求合作共存时必须具备的对不同文化的相互态度。"美美与共"就是在"天下大同"的世界里,不同人群在人文价值上取得共识以促使不同的人文类型和平共处和发展。总而言之,这一文化价值的动态观念就是力图创造出一个跨文化界限的研讨,让不同文化在对话、沟通中取长补短,达到我们的老话"和而不同"的世界文化一体。

中国人口这么多,历史这么悠久,文化里有着重视人文世界的根子。它应当在世界的思想之林有所表现。我们不要忘记历史,在50个以上的世纪这么长的时间里,我们中国人没有停止过文化的创造和发展,有实践,有经验,我们应当好好地去总结,去认识几百代中国人的经历,为21世纪和下个千年做出贡献。

历史上,中华文化的包容性是一以贯之的,但是,这种包容性并非在任何时代都能得到充分的体现。事实上,它的充分体现总是与某些历史时期相联系的。根据常识,已知道的是春秋战国时期、两汉时期、隋唐时期,它们都是中华文化包容性得以充分体现的辉煌时期。这可以给我们一个有益的启示:文化特色的发扬,离不开强盛的国力。如果我们有理由认为,中华民族在新世纪中又将进入一个强盛时期,我们就应该意识到,生活在新世纪的中国人正面临着一个充分发扬中华文化特色的历史机遇的到来。

历史发展到一定时期,总是需要找到一个地方和一群人来发扬一种新风气。我想,当前需要的新风气就是文化自觉。最近一个时期的很多迹象都提示我们,现在世界上的各民族都开始要求自己认识自己的文化,提出了一系列的问题。人文社会科学负有答复这些问题的重大责任。现在自然科学发展很快,人对人类本身的生物学研究已经达到绘制基因图谱的地步,科技研究的空间发展已经从地球扩大到了太空。以人文社会科学来说,就要看我们如何跟上时代,认真地各自认识自己的文化了。我感到,目前正在兴起的文化自觉这股风已经在许多国家中酝酿和展开。

我们中国要抓住这个历史机遇,参与和推动这股新风气。从文艺复兴到19世纪,西方出现过“人的自觉”,写下了人类文化发展的重要篇章。看来21世纪我们将开始出现“人类文化的自觉”了。在新一页人类文化发展史上,应该有中华民族实现文化自觉的恢弘篇章,在世界上起一个带头的作用。

在这样一个历史时期,充分注意、深入阐发中华文化的包容性将是富有建设性的题目,也可以作为我们实现文化自觉的一个入口。一个充分体现出这一特点、富于时代色彩而又影响广泛的史实,是众所周知的“一国两制”。我认为,“一国两制”的顺利实现不光具有政治上的意义,由于它本身是一个不同的社会制度能不能相容相处的问题,所以它还有文化上的意义。这是和“冷战意识”相对照的历史性创新。这是20世纪末叶发生的一场具有重大意义的实验,它为新世纪中人类对不同文化可以保持的明智态度做出了重要提示。在很多情况下,资本主义和社会主义是对立的,左右分明,互不相容,对峙几十年的冷战时代成了20世纪突出的历史事件。可是这种矛盾在中国,它们可以并存。“一国两制”,也许就是中国文化特点中的包容性的继续发展。窥斑而知豹,可以帮助人们建立信心,在世界文化的发展过程中,不同的制度在一定条件下具有和平共处的可能性,可以出现对立面的统一,出现“和而不同”的局面。香港回归以来的这段中国历史又可以进一步证明,不同的社会制度不仅能和平共处,而且在实践中越来越显示出它的互补性,具体地发挥出互相促进的作用。

在“一国两制”的设想从无到有,从设想到现实的过程中,中华文化的包容性所出自的本质性东西究竟是怎样在发挥作用,现在我们还没有从理论上说得很清楚。我们相信中华文化中还有许多特有的东西,可以解决当今人类面临的很多现实问题,甚至可以解决很大的难题。这是可以相信的,不然哪里会有曾绵延了5000多年的巨大活力。现在的问题是,我们怎么把这些特点发掘出来,表达出来,这也是我们实现文化自觉的具体课题。

上面所提到的中华文化的包容性和中国古代先哲提倡“和而不同”

的文化观有密切关系。“和而不同”就是“多元互补”。“多元互补”是中华文化融合力的表现，也是中华文化得以连绵延续不断发展的原因之一。我在《中华民族的多元一体格局》一文中，提出了中华民族形成过程中的“多元一体”理论，得到了学界同人的广泛认可和支持。在中华文化的发展过程中，多元的文化形态在相互接触中相互影响、相互吸收、相互融合，共同形成中华民族“和而不同”的传统文化。中国人从本民族文化的历史发展中深切地体会到，文化形态是多种多样的，丰富多彩的，不同的文化之间是可以相互沟通、相互交融的。推而广之，世界各国的不同文化也应该相互尊重、相互沟通，这对各个不同文化的进一步发展也是有利的。

更进一步，我们可以看到，中华文化对待其他文化、其他民族的态度也有它的特点。中华文化自古以来就讲王道而远霸道，主张以理服人，反对以力服人。“以力服人者霸，以德服人者王”。以德服人就是用仁爱之心来处理自己与别人的关系。心中有我，也有别人。《论语》从古流传至今，仍然被大家自觉地尊为圣贤之书，说明大家衷心赞同孔子提出的正确处理人与人之间关系的主张，说明这些主张在今天的社会里还可以发挥积极的作用。在人际关系中“推己及人”，懂得“己所不欲，勿施于人”，自觉地“老吾老以及人之老，幼吾幼以及人之幼”，由此出发，才能在群体生活里建立起一种互相尊重、互相容忍、互相有利的合作关系，实现共同的发展。以德凝聚成的群体才是牢固的，所以说“以德服人者王”。我想，在人类即将进入 21 世纪的时候，中华文化的这种历史经验可以为世界形成新的和平秩序提供值得思考的启示。

作为中华民族的成员，我们有责任先从认识自己的文化开始，在认真了解、理解、研究传统文化的基础上参加现代中华文化的创造，为新世纪人类全球的文化建设积极准备条件。

五、历史机遇和发展创新

我们这一代人，正经历着人类历史上一次最激烈和最巨大的社会文化变革，旧的在消失，新的在成长，我们从幼到老，就在这亲身经历的变革中取得我们对人生的体验，对历史的理解。

我们的社会将从一个封闭的、乡土的、传统的社会转变为一个开放的、现代化的、和平共处的社会，它正在发生些什么变化？怎样变化？为什么这样变？这些都要探索，我们要勇于探索，对新的东西要有新的认识。我们这个国家从来没有经历过像这几十年这么激烈的变动。重大的社会改革理应在思想领域里引起相应的激荡，孕育一代文章。我们不应辜负这个伟大时代。

我多次对学生们说，中国的社会科学，称得上真正用科学态度进行研究，还刚刚开始，你们这代人主要不是继承，而是开创，要开创中国式的社会学。在我们今天这个时代，进行社会学研究的条件比任何时候都要好得多，我们应当有能力搞好我们的社会学，我们社会的这种大变迁，就为社会学的发展提供了最有力的机遇。社会学研究的素材太多了，我们日益变迁着的社会是极好的社会学研究的素材。我们既要观察社会、认识社会，又要影响社会，也应接受社会的影响。只有到了我们的认识成果能够影响社会的时候，社会学才算有了一点存在的价值。

但如同前面提到过的，回过头来反省一下，事实上，因为“速成”的缘故，我们中国社会学这个学科的队伍虽然有了一定数量，但力量比较薄弱，基础不扎实，水平参差不齐，总体来说都需要补课，需要再加工。不止是社会学，要想建成有中国特色的社会科学，培养人才，重视学术骨干的培养，建设好学术梯队是第一位的工作。

学术是要通过学人来传袭和开拓的，学人是要从加强基础学力和学术实践中成长的。学人是文化传袭和发展的载体，不从学人培养上下工夫，学术以及广而人之的文化成了无源之水，无根之木，哪里还谈得上发展和弘扬。学术工作又是细致的脑力劳动，不发挥研究者的自觉、自主不行。可是这里面也有个研究者的觉悟水平问题。我这里所说的自主是建立在自觉的基础上的。这里牵涉到一个人的品质、作风和境界，只能加以潜移默化而不能强迫灌输。一门学科，必须代代相传才能存在，才能有生命力。代代相传，必须通过一代一代人的接触。在接触里把一代一代累积下来的经验和智慧传下去，每一代推陈出新，通过不断地再创造而形成一门学科。学科是人们智慧创新的积累。

因此我一再提倡继承老一代学者中“开风气，育人才”和“身教重于言教”的精神，看看他们怎样立身处世，怎样认真对待他们的一生，怎样把造福人民作为做人的旨趣，对我们是有益的。老一代学者有较广阔的学术底子，凭一己的天赋，在各自的专业里，执著坚持，发愤力行，抵得住疾风严霜，在苛刻的条件下，不求名，不求利，几十年如一日，无私奉献于学术和教育事业。他们不是以学科来为自己个人利益服务，而是以自己的一生能贡献给学科的创建和发展为旨趣。

20年来，社会学的学科建设打下了一个初步基础，发展经过大致还算顺利，在此世纪交替、代际交替、改革发展相当迅速的时刻，若能抓住历史机遇，有可能把学科建设大大推进一步；做得不好也可能问题更多。我们要不失时机地赶上时代的步伐，把目标搞清楚，把工作跟上去。

当今世界各种文化，如欧美文化、伊斯兰文化、印度文化、中国文化等等，都在接触、在碰头。世界正在进入一个地球村，形成一个全球多元文化的时代。这是人文社会学科应当能够开创一代新风气的好时机。

社会学是研究人在群体中的生活。社会人类学就是研究人在群体生活中所创制的物质和精神文化。文化在哪里？就在人们生活的行为和意识中。文化是代代相传的，是有子有孙的。它靠一个个人在他们生活中表现，改变和发展着，日新不已。我们作为一个中国人，就应当深入到中国的社会文化、中国人的生活中去认识自己文化的历史和现状。人们往往生活在自己的文化中，而没有用科学的态度去体会、去认识、去解释，那就是不自觉的文化。我们需要懂得各国、各地区的文化为什么不同，抓住了比较研究，才谈得到自觉。我们要集中智力，致力于我们中国社会和文化的科学反思，用实证主义的态度，也就是用实事求是的精神来认识我们有悠久历史的中国社会和文化。

我自己一直坚持在做研究，一方面给年轻人做些破题搭桥的工作，另一方面实在是想亲自摸索出一条路子。因为文化是人创造的，它是有特点的，各民族都有自己的特点。社会学作为一门系统的学科有其实用性，研究在社会发展中有特点的东西，它不像自然科学，不能从国外照搬，我们不能搬了苏联的，再去搬美国的，一定要从中国的实际出发，建立中国的社会学和人类学。

21 世纪我国将有重大发展，需要有人将这种发展变化的中心作为社会文化的实验室去进行研究，建立一个梯队，培养一支队伍。作为新兴的学科，社会学、人类学要提高本身创新的能力，搞出中国自己的学科来。我们不能离开实际调查，一定不能脱离实际，新东西是实践中形成的。看一看农村的工业化——城镇化——现代化，就可以知道，中国的路子不同于外国。我经过 70 年的摸索总算找出了一条可供参考的框架。

前文谈到，我自己也在补课，重温派克的书，并以派克为例思考了学科建设问题，在北大百年校庆前后学校里大力推动学科建设时，我也有机会向校方提出自己的设想，对研究所提出具体意见。

芝加哥大学建于 1891 年，得到洛克菲勒基金会支持，校长哈珀很有眼光和魄力，提出建设一流大学的目标，明确一是要吸引一流人才、稳住一流人才；二是一流大学的任务不仅是传播知识，而且要知识创新。所以芝加哥大学主要经验在于认识到，知识的更新和创新要靠大学，是教授的任务。要做到这一点，我把它归纳为两点：一是教学与研究的结合，用研究成果来充实和更新教学内容；二是知识的传递、继承和更新、创新之间的结合。这就是一流大学的方向，因为它担负着文化的永不停止，永远向前，不断创新的历史职责。所以我们要以创新的精神来培养学生，这样教师的任务就很重，他们首先要能用自己的研究成果来推动教学，创新只有到实际中去才能创得出来，而且要有自己的思考。目前我们不可能有一些外国学校的条件，给予教师高的工资待遇，还需要提倡西南联大精神，大家艰苦创业，为学术的发展和学科的创新而出把力。

社会学自法国兴起不过 200 多年历史，早期美国的学者都要到欧洲去留学，派克就是在德国留学后到芝加哥大学去任教的，那时正值美国城市化发展的时期，他抓住这个机会，以芝加哥为社会学实验室，摸索社会学研究的内容和方法，创建了美国自己的芝加哥学派，到现在不过百年的历史。

我们中国社会学自西方传入时，也不很成系统，内容并不清楚，大家也都在摸索，但还是努力进行了不少有价值的工作。本来是一个先天不足的年轻学科，经过中断近30年的打击，到1979年后再重建时，为了赶快培养新人，短期内要把学术机构建立起来，只好采取“先有后好”的方针，所以我说这个学科的问题还不仅仅是需要创新的问题，还要认真补课。这方面我们必须有清醒的认识，不能坐待其成，包括不少近几年新建的社会学机构在内，更要以此为戒。

当前中国处在大发展和社会大变革时期，城市发展中的种种问题十分突出，如国有企业改制中出现的问题、高新技术产业发展问题、教育的改革、社区的发展、养老问题等等，这不但需要培养一批搞这些研究的专业工作者，更需要培育出一个学科来积累和传播这门知识，所以我感到我们所处的时代背景与当年芝加哥大学争创一流大学和发展社会学芝加哥学派的时期很有一点相仿，因此我们要把眼光放远些，抓住这个机遇，有历史责任感，有“学科意识”。在社会变动很快的时期，要懂得用动态的眼光和方法去观察和分析，不断适应新的情况，清醒地抓住时机，实实在在地做点事，中国社会学也会发展出自己的学派来的。

在北大举办的三次社会文化人类学高级研讨班和研究所的学科讨论会上，我们面对新的一代，希望他们勇于探索，迎接新的挑战，抓住历史机遇，挑起学科建设的重担。首先要明确目标和形势，看清中国的历史定位，有一个总的认识，抓住总的方向，从这里出发看我们自己在国内外所处的地位，认识我们的差距，再看我们要做些什么工作。说到学科建设方向，要清楚地认识到，社会学和人类学两门学科都是研究人文世界的人文和社会科学，它是有时代性的。现在时代不同了，邓小平理论要求我们从中国实际出发，吸收外国的东西来解决中国问题。现在的实际是人类要长期共存，并实现美美与共的前景。我们培养的人就要能应付这个局面，去寻求人类长期共同生存之道。新一代学者要有这个气魄，去培养一代新人，做思想领域中的探险家，改变中国人思想不活泼，循规蹈矩的传统习惯，要能适应新情况，有创新精神，这就是一个严峻的挑战，需要大家一起来探索一条新的道路。

“打天下不易”。我们已有了一点基础。队伍并不大，要开辟的工作领域还很多。重要的是要团结，不能分散力量，而团结要靠共识，靠感情相通，这样才能形成集体精神和合力。没有合力不行，而达到合力也要承认个人，力量在个人，靠每个人的努力，才有真正的合力，要善于用理智去处理人与人之间的关系。如果我们社会学、人类学者自身都解决不好人际关系问题，不但谈不到学科建设的健康和迅速发展，也有愧于承担世界多元文化社会的人类共同和平共处的大课题。

最后，我想说的是，新时代里学术要靠年轻人去努力了。培养具有开放心态，踏踏实实，立足于中国社会从事学术工作的人才，是当务之急。21 世纪里中国要改革开放，世界也在朝向地球村文化发展，全球范围内好像也是一个多元一体的大社区，各国各民族将朝向一个和平共处的目标发展。在这个过程中，民族特点、文化特点并不会完全融合，在相当长的时期里还要保留下去，相互接近交流，共同发展出更多的新的内容来。当然这个过程不会那么一帆风顺，但下个世纪的人大概可以看得到，现在我们已经可以看得到一些倾向了。在这样的大背景下，国际跨文化研究显得越发要紧，与文化的多样性联系的是学术的多样性，所以要更加开放地相互交流。社会文化学科可以有多种门类，但最好要能密切联系，形成跨学科的结合，并促进跨国跨文化的对话。年轻人可以在 21 世纪大有作为。我想寄希望于年轻一代学者们的是不要保守，不要画地为牢，划界自守，因为知识本来是不能画地为牢的。我看今后十年二十年的发展，主要取决于年轻一代学者们的胸怀和努力了。我期望年轻一代从兼容并包的传统中好好学习一些东西。中国未来的学术的希望，就在年轻人身上。

六、知识分子的正气和第二次创业

在社会科学各学科的密切合作问题上，我想到最近出版的厉以宁先生所著的《超越市场与超越政府——论道德力量在经济中的作用》一书。它已跨进了社会学的范畴，研究人文世界中的“社会人”。经济学不仅是研究商品的供求问题，而且也关心人的道德力量的作用了。事实上人文世界是一个总体。它不会因学科分类而割裂，反倒需要跨学科的交叉研究。开辟这样的学术研究和交流的新领域对今后的人文社会学科的发展十分重要，这也是社会进步的需要。

相当长一个时期里，我一直在关心和思考一个问题，即进入 21 世纪前西方有个亨廷顿，一直在宣传他的“文化冲突论”，大讲思想的、宗教的冲突。他的这套理论可以联系上以美国为首的北约在科索沃的狂轰滥炸。我们东方的传统立场和观念和他不同，我们对文化的看法所代表的方向是进入“道德”层面和讲中和位育，而不是冲突和霸权。“道德”是最高一层的自觉意识，它代表了世界观、人生观和宇宙观等价值观念。最近提倡的“三讲”教育中的正气，就接近这个东西。正气要比一般的做好人好事还要更进一步，这是为人在宇宙中的定位，属于最广义的道德境界，而西方所讲的是物竞天择的斗争境界，他们提倡冲突、打仗，把高新技术首先用到武器上，用强权来压人，人的意志必须服从权力，不服就不行。试想一下，按照这一逻辑，以恐怖的战争手段来毁灭人类并不是不可能的。因此，要使人类的人文世界能持续发展，我们就必须提倡正气。21 世纪的人类社会需要有一种新的道德力量。

该书还提出了道德重整和第二次创业问题。中国人要有一个精神，有一种正气，这种精神不仅来自物质力量，还要有道德力量，要自觉为什么做人和做怎样的人。归根到底是要明白人是什么。这些问题在我们中国的老传统中一直都在讲，现在提倡“讲正气”，目标是我们要有一种支持做人的“正气”。厉先生这本书里提到韦伯关于西方新教信仰促进和推动资本主义的看法。我自己看重的倒不在韦伯对资本主义的分析，而在于他指出的要建立一种新的制度，建立一种新的做人规则，必须有一种推动它的精神力量，就是“气”。气是指一种精神。也许就是孟子所说的“浩然之气”。欧洲资本主义产生之后与封建时期相比，就是有了一个新的人与人的关系，从而推动了经济的发展。现在我们“讲正气”，要切实能推动人们的积极性的发挥，才会有第二次创业的精神。当然时代不同了，社会在发展，今天，“气”的内容与过去不同了，所以我们要进一步研究。

怎样才能发挥正气，支持第二次创业，那就是大家要讲真话。讲真话是解放思想和实事求是的体现，有这种精神才谈得到树正气。那么我们有没有这种气呢？作为知识分子，我在 1949 年新中国成立以后看到和体验到了早春天气的到来，其实就是感到了这个正气。但后来垮了。我从亲身经历中看到，从抗战时期开始到新中国成立，一直到“反右”以前，我们中国绝大部分的知识分子是有一股劲、一种“正气”的，他们准备改造自己、创造新东西的力量已经显现出来，知识分子在等待一个新的时代，成为一代新人。

但因为“反右”、“反右倾”和“文化大革命”把人们的这种精神挫伤了，进取、创业的热情消退了，良好的社会风尚的褪色是从虚伪开始的，假话充斥，真话绝迹，人以虚伪面貌待人，出现了“两面派”，道德便被扭曲了，共同语言没有了，正气被泄了。现在不少事情，看起来好看，但缺乏一点真情实质，缺乏有创造力的精神。我这样说可能是因为我年近九十，容易看到的是晚秋的暮景，不一定和事实相符。但是“文化大革命”对社会风气这方面的影响，特别是存在于青年一代中的这种影响，不能不引起重视，切不可掉以轻心。

最近一个时期我常在外面考察，这 20 年来各地的发展实在是很快的，有些地方出现了惊人的变化，是有一种“气”在支持这种发展。物质发展也要有气，只讲生态不讲心态不行。我们每个人做人做事首先要明确自己的“定位”。我常常讲像汤佩松、曾昭抡先生，他们把心都用在事业上、学科上，都有一个明确的志向。志字下面一个“心”字，他们真是专心至极忘了自己。汤先生一心一意探索生命之源，曾先生一心一意建设中国化学这门学科，这样的精神和志气，在他们那一代知识分子里是有代表性的。如果代代相传是可以培养出一个社会结构的。

那么现在这种精神有没有，这个气够不够？我在知识分子群里似乎尚未感觉到，这些年我在“行行重行行”里，倒感觉到在新一代的企业家里有股劲，开始打出了一个局面，近于那个时代的知识分子。而在现在的知识分子中这股“气”似乎还不够，还要鼓劲，我相信它正在生长中，一定会出来一个这样的道德力量。现在提倡“三讲”，要讲正气，就是要反对假冒伪劣，包括政府中的也应包括学术界的种种假冒伪劣现象，哪怕过去是为社会风气所迫。多数人的被动和虚伪也需有一个自觉的纠正。

过去知识分子受伤了，1957 年以后伤到了骨子里，精神被扭曲了，灵魂被挫伤了,一般治疗不行。现在必须认真地改变它,我想这也是深化改革的任务之一。现在形势很好,中央提出了科教兴国的发展战略,教育部、科技部分别制定了《面向21世纪教育振兴行动计划》。这是一个历史机遇,知识分子要参加第二次创业,一定要有这个自觉,取得一个突破,还是要有一口气,一股劲,一种精神。这种精神来自一种素养,一种道德境界。这是中国知识分子最可贵的精神和作用,一定要继承和发扬光大。

我是一个球迷,精彩的球赛我都喜欢看。除了球员们精湛的球艺和那股拼搏的劲头令人振奋外,这些场面还常常让我联想到社会学、人类学的工作。大到前面我讲到的不同文化的人能不能有共同理解的问题。我在电视里看法国“世界杯”足球赛,不同国家的球员可以在同一球场里踢球,而且大家知道谁输谁赢,这个东西不容易啊。对垒的双方之间共同性的存在是可以发生的,而且最有意思的是,裁判看错了,大家还是服从,这已经超过了一般的理性和感情。我是希望将来的世界能变成一个国际的赛球场,很多基本的人与人的关系、合作关系,在球场里边发生出来。我认为这是一个很好的社会学的课程。我们现在还没有人认真地说明它为什么成为可能,为什么不同的球队能在一个场合之下找出一个championship。如果将来这个世界可以这样子,那我们这个世界就很和平了。

小到一个学术带头人和他的研究队伍。我曾在《清华人的一代风骚》中以汤佩松教授为例,说他的一生确是有点像一场精彩的球赛。他一丝不苟地严守着科学家的竞赛道德,又毫不厌烦地组成一个抱成一团的科学队伍,在困难重重中,不顾一切私人牺牲,冲在别人的前面。超前或敏捷过人是他突出的个性,他老是跑在他这门学科的前面,使他的老师辈或当时的权威瞠目结舌。他一生奋斗的目标是清楚自觉的。他在科学领域里冲锋陷阵,义无反顾,不达目的不止的劲头,完全像他在球场上踢球一般。引起我兴趣的还是他哪来的这股劲头和精神。

汤先生在他的回忆录中说:“我……在学习和工作中能克服许多困难和挫折以及在生活和工作中的优良运动竞赛作风、态度及精神,是和清华8年间的强迫性体育制度分不开的。”他这里所说的竞赛作风、态度及精神指的就是英文中的 sportsmanship 和 teamwork。以足球来说，sportsmanship 是竞赛道德，是从球员怎样对待竞赛对手来说的，要能主动地严守球规，己所不欲勿施于对方，不搞小动作，尊重裁决，不计较胜负，始终全力以赴。在这种竞赛精神下才能显得出球艺。球艺是以此精神为前提的，两者也是分不开的。Teamwork 则是从球队内部队员之间的关系来说的。各个队员要能各守岗位，各尽全力，密切配合，不存个人突出之心，步步从全队整体出发，顾全大局。这两条其实是人类社会赖以健全和发展的基本精神。

正是体育锻炼和球赛使汤先生不仅明白竞赛道德是为人处世的基本守则，而且深信队伍组织是成事创业的不二法门。足球要个球队，科学研究要个实验机构。汤先生在抗战时期在昆明“大普集”建成了一个有名的科学中心。他在回忆录中写道：“就我个人（及我的研究室的许多同事）来说，这一段的生活占了抗战8年中的最长时间，是工作和收集青年工作人员最活跃、最旺盛的时期。这段时间内在生活上愈来愈艰苦，工作上由于物资的来源愈来愈困难也更加艰苦。而正由于此，我们之间也愈来愈团结，意志愈坚强。无论是在工作中、在生活上，总是协同一致，互相帮助……这6年在为国效忠和为国储材上也是一个最集中和高潮的时期。”他说的正是上面所说“正气”的注解。

我不由自主地想到同一个时期在昆明“魁阁”社会学研究站工作的情景。我也记录过同样的感受：“这一段时间的生活，在我的一生里是值得留恋的。时隔愈久，愈觉得可贵的是当时和几位年轻朋友一起工作时不计困苦，追求理想的那一片真情。战时内地知识分子的生活条件是够严酷的了，但是谁也没有叫过苦，叫过穷，总觉得自己在做着有意义的事。我们对自己的国家有信心，对自己的事业有抱负，那种一往深情，何等可爱。这段生活在我心中一直是鲜红的，是永远不会忘记的。”这就是大家常常怀念的西南联大精神，体现了知识分子的一片真情，一股劲头，一种“正气”。

在此世纪交替，代际交替，国家大搞科教兴国战略之际，知识分子的第二次创业就需要重振这种精神，这股正气，努力提高道德素养和境界。在改革不断深化，社会发展迅速，知识竞赛更加激烈的今天，提倡重建竞赛道德和队伍建设以适应新时代的要求，有着更加深远的意义。我们期待年轻一代的社会学人类学者为此开拓出一个新局面，做出新贡献。

1999 年 9 月 30 日

新世纪　新问题　新挑战[①]

我很高兴应邀来参加中国人类学会与厦门社会科学联合会合办的2000年人类学国际学术研讨会,也很高兴能在这次大会及同场举办的第五届社会学人类学高级研讨班上做一次讲话。据会议的组织人说,两个会议商定了一个共同的主题,即“21世纪人类的生存发展”。刚刚进入21世纪,我已经年过九十,早已到了“交班”的时候了,21世纪人类的生存发展问题,同我这个耄耋之年的人关系已经不是很大了,我虽然随着人们跨入了一个新的世纪,但这个新世纪的课题,还是要依靠后来的几代人来研究。对于“未来几十年里人类的生存发展究竟会往哪个方向走”这个问题,我在这里只能讲一讲从个人历史经验中体会到的一点感受。我的问题很简单,这就是:我们在过去的一个世纪里有什么经历和研究过哪些社会和文化的过程,在新的世纪中会面临什么样的新问题? 什么样的新挑战?

在世界范围内,对于21世纪会给人类提出什么经济、环境、文化等等问题,已经受到广泛的关注,由此国内外年轻一代的社会科学研究者们,已开始给予应有的重视。像我这样年逾九十的人,大部分的人生都已经归属于20世纪。在那个刚刚过去的世纪里和刚刚开始的新世纪里,我个人经历过三种社会形态,就是农业社会、工业社会和信息社会。这里头包括着两个大的跳跃,就是从农业社会跳跃到工业社会,再从工业社会跳跃到信息社会。大家知道,我的社会学和人类学的学术生涯,开始于对农业

---

① 本文是作者在“21世纪人类的生存发展国际学术研讨会”上的讲话。

社会到工业社会转变的探讨中。我喜欢称这一系列跳跃为“我一生的三级跳”。年轻一代的学者可能很难体会，一个人的一生中经历这么多的重大社会变动有什么感想，他们或许只需关注目前发生的一切对于他们的生活的影响也就够了。而对我来说，这三级跳里隐含的故事，却具有相当深刻的历史意义。

在我的青年时期，中国正在从一个半殖民地、半封建的社会形态中走出来。19 世纪末，中国的几代精英把我们的国家首先从排斥洋人的“奇技淫巧”推进到一个“学习洋务”的年代，希冀从西方的工业技术中获得民族自我振兴的源泉。此后，又一代中国的精英开始从文化的观念体系探讨科学对于中国文化的挑战，这到 20 世纪的最初 20 年导致了新文化运动等对于赛先生（科学）和德先生（民主）的仰慕。到了我就学的时代，已经有一大批中国人开始意识到单纯从“物质上”改变中国的旧面貌已不够，还要从社会制度和文化观念体系上着手推动中国的近代化。在很多地方，传统中国社会与中国文化是乡土性的。在近代化的时刻来思考我们的历史，我看到这样一种乡土性的社会与文化体系正在面临着自外而内的冲击和挑战。“工业化”是当时已出现的新状况，乡土社会怎样能够面对席卷整个世界的工业化潮流呢？那个时代，很多人认为，既然工业化的外部因素导致的发展，就应当强调它的外部因素，在文化的论述方面，甚至有人据此提出“全盘西化”的说法。但作为一个来自乡土中国的青年人，我在思考我们的发展道路的时候，自然会带着自己的乡土本色。我的人类学老师马林诺斯基在为我 1939 年出版的《江村经济》写序时说，我的研究标志着东方人研究东方社会的“本土人类学”的转变，我后来反省自身，认为自己还没有达到马老师的那个期待，我只敢承认，在这部著作中，我表达了一种来自于乡土社会对于工业化的某种理解和适应。有的海外学者把我的那套看法总结成“发展的内发论”，就是说我认为工业化的发展有一部分是从乡土社会的内部产生和推动的，说这是“内发的”，有一定的理由，但我认为“内发”并不排斥外来的影响。

对于工业社会来临的学术论述，诚然有着它的历史限度和历史色彩。我对乡土中国社会变迁提出的看法，到了 50 年代以后的 30 年里有了进一步的论述，那时中国社会进入了一个社会主义改造的新时代。在那个年代里，新中国逐步实现了对工业的国有化政策，在产权方面对于农村的土地和城市的企业进行了新的界定和安排。直到十一届三中全会以后，随着农村经济改革的推行，乡土社会的工业化问题才重新提了出来。而在这个新的时代，无论是城乡关系，还是工业化、都市化，都有着它们的新的历史特征，已不等同于我在《江村经济》《乡土中国》《云南三村》等书里所面对的半个世纪以前的中国。那个时代也不能完全以“旧中国”来定义，因为传统的乡土社会已经逐步在半殖民地、半封建的状态中开始瓦解了。但是，农业社会向工业社会的转变中呈现出来的苗头比较简单和明显。到了改革开放以后，我们的国家已经经历的相当长的社会变化，我们面对的社会，也不再能简单用“乡土中国”来概括了。

大家知道，在过去的20年中，我不断“行行重行行”，不敢说走遍了中国大地，但是可以说已经走了相当多地方。为什么走这么多地方呢？首先是因为我获得了第二次学术生命，想好好利用兜里所剩无几的“生命资本”，来充实我认识中国社会的学术理想，其次是因为我想继续实行我经常说到的“志在富民”。去年我在北京大学出版了一本论文集，我把它定名为《从实求知录》，这里的“从实求知”就包含了这两个方面的意思。不必讳言，很多人也喜欢把我的名字跟“小城镇，大问题”的提法，跟乡镇企业和区域发展等论说联系在一起。具体来说，在改革以来的20年里，我关注到了两个方面的现象，一个是作为中国大多数人口的农民从农村社会走出来，进入工业社会的历程，另一个是与这个历程密切相关的区域发展模式的形成。与欧洲国家不同，中国的城乡关系受着深远的历史制约，而且在中国这么广阔的空间范围内，区域的差异和不同区域蕴涵的历史资源和文化动态模式各有不同。在这样一个历史悠久、空间广阔的国家里，工业化的实现自然有着它的独特性。发展小城镇、注重区域独特的发展模式，有利于人民对于新到来的工业社会的适应，也有利于在具有中国特色的城乡关系和区域体系中发展经济。改革以后的这两方面的发展，不是我能够凭空想象的，而是我通过不断行行重行行的实地研究从农民和企业家那里逐步学习、总结出来的。

经过80年代开始20年的改革，到这个新的世纪的最初时刻，我们已看到的经济、社会和文化的巨大变迁，预感到21世纪即将给人类生存发展带来全新的面貌。10年前，在“21世纪婴幼儿教育与发展国际会议”上，我做了《从小培养二十一世纪的人》的讲话。在这个讲话中，我谈到20世纪是个世界性的战国时代，意思是说，在那个漫长的年代里，国与国之间、文化与文化之间、区域与区域之间的界限是社会构成的关键，不同的政治、文化和区域实体依靠这些界限来维持内部的秩序，创造它们之间的关系。展望21世纪，我依稀看到，20世纪那种“战国群雄”的面貌已经受到一种新的世界格局的冲击，民族国家及其文化的分化格局面临着如何在一个全球化的世纪中更新自身的使命。

我做这样的判断，不是没有根据的。近两三年来，我特别关注到区域发展过程中全球化的力量。我看到，信息产业的发展带来了一种十分严峻的挑战。美国10多年来发展起来的微软(Microsoft)公司的实力有几千亿美元，它是当代信息技术的密集型产业，是最新现代化技术的世界级龙头，它的作用已使城市中的许多产业的传统操作技术面临深刻的危机。在这样的情况下，人们不能不重新考虑中国农村工业化和城市化的问题。我有一次访问广东顺德，当地的领导同志对我说，乡镇企业的概念他们认为已经过时了。为什么说过时了呢？因为经济社会生活的现实告诉我们，小城镇的规模看来并不具备接受信息技术产业的能力，应当使一批紧密相联的城镇和为城镇服务的中心城市赶快兴起，以便接受快速的信息产业发展的要求。另外，产业组织的跨国化，同样也对小城镇发展提出了问题。在中国广大的沿海地区，经济体制改革已走到了全国的前面，其企业已经纳入竞争性的市场经济体系。例如，广东一些地区原来接受“三来一补”的方式，通过消化、吸收和嫁接，造就一些自主经营的企业。从1992年起，诸如顺德这样的城镇，就进行了机构改革，政府把三大产业分别交给新成立的“工业发展公司”、“农业发展公司”和“贸易发展公司”经营。1993年，实行了股份合作制，并改革企业的医疗保险和养老制度，使政府的职能转变为“政府搭台，经济唱戏”。企业解决了体制问题以后，接着就解决市场问题，而市场问题不是一个简单的地区性问题，而牵涉到香港以至世界的其他地区，牵涉到地区与地区之间的新型关系，牵涉到大型中心城市的发展问题。生活在像厦门这样的经济特区的人都能体会到，跨地区和跨国界的经济关系，除了表现在市场的超地方特征之外，还表现在近些年来跨国公司的发展上。跨国公司在产权上与具有民族国家疆界的国有、私有企业不同，它们没有明显的地理界限，如果说有什么主要特征的话，那么这就是它们的“无国界性”。现在不仅外国人来中国设立他们的跨国公司的办事处、分公司，而且中国人到海外拓展公司的也不少。这样的经济交融，不是简单的“西方到东方”、“外国到中国”的老问题，而是一种新型的国与国、区域与区域之间交流和互动的问题。

在21世纪，人类生存发展面临的新状况，最为直接的表现首先是上面的经济社会类型的转变，是从农业社会到工业社会，再从工业社会到国与国之间、地区与地区之间密切合作的社会转变。因为在后面的那一种转变中，信息产业的发达扮演着至为关键的角色，因此很多人将我们面对的这个新的时代称为“信息社会”的时代。现在玩电脑的那些年轻的“网虫”们对于这个新的社会类型的体会，一定比我要深刻得多。听说，我的伦敦老师之一 Raymond Firth 还健在，但他还在用他那台破旧的手动打字机写作，而我也还用我的笔杆子写文章，因不会运用电脑，我的一些文字处理工作，只好交给晚辈们代劳了。我最近还了解到，用电脑进行文字处理是计算机科技的最低程度的一种，现在数据的处理得到飞跃的发展，能够直接控制商业、军事等等，在英国和美国已经开始创办“电子政府”，意思是要利用电脑科技使政府能够更有效、更直接地为公民办事。除此之外，我们最熟悉的电脑运用，就是网络的四通八达及通讯的速度数百、数千、数万倍的加快，让我们能够在几秒钟内联系到世界其他角落的任何友人。

信息产业、信息社会、信息网络急剧扩张的具体事项，不是我这里能够充分展示的，我只能够简单地说，这样的产业、社会和网络的延伸，已经给人类的生存发展带来了至为深刻、至为广泛的影响，从而也给社会学、人类学以至其他所有门类的人文社会科学学科的研究提出了新的挑战。生存在这样一个新的社会情景中，以研究社会和文化为己任的社会学和人类学家们,怎样能够使自身的理论、方法和概念得到更新?我们以往使用的那些分析框架,是否已经必须得到反思?就本次会议关注的人类学学科而言,我们长期以来运用的"文化"概念及与其密切关联的研究方法,怎样才能够适用于这个初见端倪的信息时代?在世界范围内,这一系列的、有关学科与社会现实变化之间关系的问题,已经被很多人提出。激进一些的学者认为,因为"后现代"、"全球化"、"信息化"的时代已经来临,所以,一切旧有的、依据传统社会和现代社会的研究提出的理论,都必须遭到抛弃。保守的一派则认为,新出现的那些诸多的社会文化新现象,无非只是现象而已,不能推翻原有的理论观点。就我个人的经历来看,无论以什么方式,对历史的走向做出武断的判定,向来不易符合历史本身。就上面谈到的三种经济社会形态来说,我认为,从农业社会到工业社会,再从工业社会到信息社会,这个三级跳的历史发展的粗线条是可以看明白的。然而,我们不应忘记,我作为一个个人在我的生活里几乎十分完整地经历了这三种经济社会形态。而且,我们也不应忘记,在当今中国社会以至当今世界,虽然信息社会已经出现,农业社会和工业社会也延续着自身的生命。因此,我这里必须指出,经济社会形态的演化不是单线的进化,而远比我们想象的直线历史上升的过程复杂得多。

回顾我个人跟从马林诺斯基学习人类学的经历,我能认识到,马老师个人的文化观的演变,本身能够说明人类学研究必须适应文化之间关系变化过程的道理。在第三次社会文化人类学高级研讨班上,我曾经提交一篇称为《读马老师遗著〈文化动态论〉书后》的论文,在这篇论文中,我谈了我在阅读马老师的一部后期著作的体会。马老师开始人类学研究时,是这门学科的基础民族志方法的奠基人,他主张在"隔离的社区"(isolates)里边深究文化的原有面貌,解释文化内部满足人的需要的功能。后来,马老师在非洲访问,看到了当地文化与外来的殖民文化互动的生动情景,改变了自己的看法,提出"隔离的社区"的研究办法必须改变以适应于一个新的文化动态中的世界,通过研究不同文化的差异、交往和结合,来研究人类在新的历史时期的生存状况。马老师写《文化动态论》是在他逝世前几年的30年代末40年代初,离现在已经有60年。几十年过去了，世界上发生的事情是马老师没能见到的。然而，从封闭社会到开放的广泛的文化接触的变化线路，是马老师生前已经预见的，我们看到的无非是这一股潮流的进一步扩大。

中国经常被人们看成是"现代化后发"的文明古国之一，相比那些 15 世纪就在国家内部和外部拓展现代产业和贸易的欧洲国家而言，我们的"现代化"与我们的国家遭受外来文化的冲击有着密切的联系，而这样的冲击时间无非也只是从 19 世纪中后期才开始发生作用的。在与外来现代文化的接触过程中，中国发生了翻天覆地的变化，这些变化发生的频率之高、速度之快，是举世瞩目的事，而且因为这些变化只发生在 100 余年当中，所以像我这样生于 20 世纪初的人，就有机会目睹其中大部分的情景，感受生活在其中的人的问题。我刚才说过，我个人从事社会学和人类学的研究，与乡土中国向工业社会的转变是同步的。我的研究既然是在这样一个初级的转变中展开的，就必然要带有当时历史进程的若干痕迹。30 年代，我相继从事了瑶人和汉人的社区民族志研究，采用的基本方法，是当时比较先进的功能派人类学和芝加哥社会学派的办法。这并不排斥对社会变迁的研究，而无非是主张以小型的社区为出发点，在具体的时空坐标里头去进行实地社会考察，从中体会不同的社会的基本社会生活形式和文化面貌，进而思考社会变迁的问题。

这些年来，站在今天的地位来反思当时从事社区研究的过程，我能够看到对于研究中国这样一个历史悠久的文明古国，过去人类学的民族志方法是不充分的。不过，这里指出社区研究的这一缺陷，目的并不是要否认包括我的第一代中国社会学和人类学田野工作者的贡献。我现在认为，以村落为中心的研究固然有许多优点，但是不能充分体现中国文明的宏大体系和历史的流变。回想 50 年代以后我参加的民族研究工作，我也能感到，这样的研究方法不能很好地解释中国文明体系内部的多元一体格局。50 年代初期，为了建设新中国，中央采用了鼓励民族大家庭共同发展的政策，为了达到这个目的，积极推行新的民族政策。在这样的情况下，我参加了大量少数民族识别和社会历史调查。在调查工作当中，我们运用了比较严格的民族识别标准，这些标准当然为我们的工作提供了很多便利，不过在具体的实施和认识过程中，我却感到中国的新国家形成必然受到它历史上遗留下来的文化关系的影响。传统中国不是欧洲式的小公国，而是腹地广阔，中央与地方、城市与乡村、主体民族与少数民族之间关系比较复杂而多元的文明国家，这样的国家一般被西方历史学家称为"empire"（帝国），它的新形态必然也与从欧洲的小公国转变而来的民族国家（Nation－state）有着很大不同。在这样的文化传统的背景下来建设一种新型的民族关系，既要考虑到现代国家现代化对民族凝聚力和公民意识的要求，又要考虑到传统帝国文明形态的特殊性。因而，虽然当时我们开展民族研究时带有某种理论框架，但是在具体的研究和认识过程中也不得不关注中华民族关系过程的传统性和复杂性。更重要的是，民族研究和民族政策的实施过程本身已经说明，新中国的社会正在发生巨大的变化，以往的那些偏远的、隔离的社区和少数民族族群正在被纳入到一个新的民族和国家建设的进程当中，为我们的研究提出了新的挑战和要求。1988 年，在香港中文大学的特纳讲座上，我把自己从事民族研究的体会写了出来，用"中华民族多元一体格局"这个概念来解释中国民族研究当中的历史和文化特征，我的用心其实十分简单，这就是试图指出，在新的国家建设当中，我们必须注意到民族与民族之间、文化与文化之间的那种"和而不同"的关系。"和而不同"是世界上成功的文明体系的主要特征，这样的文明体系与欧洲式的民族国家体系很不同，也有着它自身的优点。

在 20 世纪末期，世界格局产生了十分重大的变化，政治上从"冷战"时期的两级化转变为现在的国际政治力量多极化。另一方面，随着"冷战"的结束，经济实体与经济实体、文化实体与文化实体之间的交流变得极为频繁，这也在其他的层次上改变了世界的政治和意识形态的格局。很多人把新经济体系、新文化交流方式及新国际政治形势的形成，形容为"全球化"，这就是说人文世界正在进入一个史无前例的大接触、大交融的时代。在这样一个新的时代来临之时，在西方内部，来自东方的社会科学家和人文学家们与具有反思意识的学者们一道，对过去的帝国主义、殖民主义和民族主义进行了系统的反省，这给予我们认识世界文化关系提供了有益的参考。不过，对于“全球化”过程中不同文化之间到底应当有怎样的自我认识，文化之间的关系到底应当怎样构成这些问题，批评派的学者们并没有提供充分的论证。对我个人来说，一个需要引起关注的问题是，我们从过去的社会现实当中得出的经验和看法，是不是会随着历史的变化而失去它们的价值？我提出这个问题的同时，想到的是“中华民族多元一体格局”对于世界文化关系构成的参考价值。中华民族多元一体格局体现的文化关系，诚然是在悠久的中国文明史进程中发展起来的，有着特定的历史限定和地理空间限定。但我同时也能体会到，这样一种中国特定的民族和文化关系的格局，与近代以来中国的民族国家建设走过的特殊道路，有着难以分割的密切关系。但是，我们不能因此认为，这样一种认识，对于变化中的世界没有关系。

我上面提到，10 年前我应教育部之邀在“21 世纪婴幼儿教育与发展国际会议”上讲话，在讲话中，我开始探讨 21 世纪将是什么样的世界，提出了 21 世纪要解决的主要问题之一是：各种不同文化的人，也就是怀着不同价值观念的人，怎样在这个经济和文化上越来越息息相关的世界上和平共处？人类在 21 世纪怎样才能和平地一起住在这个小小的地球上？我还指出，为了解决这些问题，我们在精神文化领域里需要建立起一套促进相互理解、宽容和共存的体系，我称这个体系为“跨文化交流”（Cross - cultural Communication）。“跨文化交流”牵涉到人对人、人对社会、人对自然的基本关系，而与文化的自觉和文化的相互尊重有着更为密切的关联。此后，在一系列的论述中，我提出了一个“文化自觉”的看法，以表达当前思想界对经济全球化的一种反应。“文化自觉”是当今时代的要求，并不是哪一个人的主观空想，它指的是生活在一定文化中的人对其文化有“自知之明”，并且对其发展历程和未来有充分的认识。同时，“文化自觉”指的又是生活在不同文化中的人，在对自身文化有“自知之明”的基础上，了解其他文化及其与自身文化的关系。10 年前在我 80 岁生日那天在东京和老朋友欢叙会上，我曾展望人类学的前景，提出人类学要为文化的“各美其美、美人之美、美美与共、天下大同”做出贡献，这里特别意味着人类学应当探讨怎样才能实现文化的自我认识、相互理解、相互宽容和并存及“天下大同”的途径，这正是我提出“文化自觉”看法的背景的追求。简单地说，我认为民族关系的处理要尊重“多元一体格局”，“多元一体格局”是在中国文明史进程中发展出来的民族关系现实和理想，这对于处理文化之间关系，同样也是重要的。全球化过程中的“文化自觉”，指的就是世界范围内文化关系的多元一体格局的建立，指的就是在全球范围内实行和确立“和而不同”的文化关系。

对于“和而不同”的世界文化交流模式的探讨，各国的人类学家尽可以见仁见智，提出不同的研究办法，我个人之所以关注这个问题，是因为我相信文化的发展，人类历史上并没有采用过单一的模式，在现在也同样随文化的不同而会有所区分。长期以来，我以社会科学的方法对工业文明进程中的文化变化进行了思考，得出的看法不是单线进化论。单线进化论的观点认为人类历史的发展、人文世界的变化有一个单一的直线上升、台阶式的阶段性。这一点恐怕我们不能完全排斥，但我们同时应当关注到在工业文明进程中，不同文化走过的不同道路，这个道理对于信息社会也是同样有意义。“信息社会”是什么，我们现在还不是很清楚，而只能模糊感到这个一种以信息技术为中心的社会形态，正在给我们的生活、我们的文化带来很大的冲击。在中国社会科学院社会学研究所成立20周年的纪念会上，我提到信息社会是取代体力劳动和机械劳动的新型劳动方式，表面上这样的劳动方式很简单、方便，但其背后潜在的力量却十分巨大。在这样一种社会形态来临之际，各文化的自我价值认识必然会遭到很大挑战，但我们不能简单地认为，这种发展将是单线进化的。信息技术能促进文化之间的交流，这是肯定的，但运用信息技术的还是人，而人生活在不同的文化或价值观念体系中，这样的生活必然给人的创造带来深刻的影响，所以，“和而不同”的道理在这里头还是存在的。

在世界刚刚进入21世纪，让我来这里谈这个新的世纪里头人类生存的问题，实在是一件十分困难的事情。无论是社会学还是人类学，研究的都是具体历史进程中发生的事件、表现出的规律的历史和现状，所以社会学学科的奠基人之一涂尔干曾说，“未来没有主题”，认为社会科学家不以未来为研究宗旨。因而，我从个人的研究经历出发，说了说自己对农业社会到工业社会、工业社会到信息社会以及与此密切相关的社区研究到中华民族多元一体格局研究，中华民族多元一体格局研究到“文化自觉”概念的提出这样的变化过程，这些过程在同一个世纪发生在同一个人身上，成为我这个年逾九十的人的生活史的组成部分。我们的社会变迁跑得太快，现代化还没有实现，“后现代”的提法已经渗透到我们的人文和社会科学领域中来了，未来一个世纪的发展，也必然不是我在这里能够预测的。我在上一届高研班上说，我们的学者需要“补课”，我们的学科底子薄弱，在这样一个瞬间即变的世界里，我们所掌握的研究办法能否适应研究对象？适应了研究对象又能否提出有深度、有历史感的看法？这些都是有必要考虑的问题。我提出全球化过程中“和而不同”的主张，不是要“文化保守”，而无非是要指出，历史的发展可能比我们以往的观察要复杂得多，因而未来人文和社会研究工作者务必给自己提出更高的要求。我们已经站在一个新的世纪的门槛之内，新世纪给我们提出了新的要求，我在上面提出一些个人“从实求知”过程中获得的看法，这是个人从实际里面得到的知识，现在把它总结出来，希望与在座的学者共勉，共同为中国的学术研究和社会实践付出努力。

2000 年 7 月 19 日

创建一个和而不同的全球社会[①]

我很高兴能在有生之年,来参加这个会议,原因是我和国际人类学与民族学联合会很早就有关系。过去因为各种原因没有能出席会议,很高兴这次会议能到我们中国来召开,也就给我这个老人一个很好的机会,能够亲自参加了。在这里,我祝贺这个会议能够开得很成功。

我是20世纪早年出生的人,现在已经年过九十,我大部分的人生历程是在20世纪度过的,我很高兴,有幸能够坚持到上个世纪的终结,看到新世纪的降临。

回想起来,我是在1933年从燕京大学毕业后,接受我的老师吴文藻先生的建议,进入清华跟从史禄国(S. M. Shirokogoroff)教授学习人类学的。当时吴文藻先生就认为,要做中国本土的社会文化研究,必须得有人类学的基础,要用人类学的方法来研究中国社会并改造中国的社会学。他提出,要创立一条社会学中国化的道路。在清华大学研究院,我很有幸地得到了史禄国教授的培养。他是俄罗斯上一代传统学术训练出来的世界级的人类学家,以研究通古斯民族闻名于世。史禄国教授继承了欧洲人类学的悠久传统,他的研究范围非常广,包括体质、语言、考古以及当代各民族文化的比较研究。他给我的培养和训练没有按计划完成。我只是在他的亲自指导下,学完了人类学的第一个阶段,即体质人类学的基础知识(他给我规定了三个学习阶段:第一阶段学习体质人类学,第二阶段学习语言学,第三阶段学习社会人类学)。当然,这期间除了体质人类学之

① 本文是作者在"国际人类学与民族学联合会(IUAES)中期会议"上的主旨发言。

外,我还学到了他严谨的科学治学态度,以及对各民族在社会结构上各具特点、自成系统的认识方法。后来我才意识到,从史禄国那里学到的着重人的生物基础和社会结构的整体论和系统论,原来就是马林诺斯基功能论的组成部分。从清华学习人类学出来后,我在大瑶山和江村做过田野调查,然后就转到了伦敦经济政治学院,师从马林诺斯基和雷蒙德·弗思学习社会人类学。这段历史我相信在座的各位人类学家都比较清楚。如果从跟史禄国正式学习人类学算起,我和人类学打交道已经有将近 70 年的历史了。在这 70 年里,我贯彻了吴文藻先生的主张,把人类学的学习和研究包括在社会学的范围之内,把社会学和人类学密切地联系和结合起来,我的学术道路一直贯穿着这个原则。当然,由于种种原因,我的学术研究曾经有过间断。但总的来说,我一直没有离开这条学术道路。这条道路就是用人类学的基本概念和基本理论来研究当代中国社会的变化,这是我始终如一的学术追求。同时,我总认为人们的思想必然受到当时社会文化的影响,所以我这一生的思想也必然反映了这一时代特点,打上了时代的烙印。这也是我们常说的个人的经历总离不开世界的变化。

我出生在中国东南沿海地区一个小城镇,一个有着浓郁传统的知识分子家庭。我最初受到的教育和我的家庭有着很大的关系。我的父亲是旧社会的一名秀才,科举制度被废除后,他被选派到日本学习教育专业。回国后,他是中国第一批主张摆脱旧教育制度,创立新教育制度的知识分子之一,这个新制度就是从日本借鉴的,西方传来的教育模式,当时称做“新学”。我是从我母亲最早开办的幼儿园里出来的,当时叫做“蒙养院”,它是中国最早具有现代教育意义的幼儿教育的模式,这是我一生的出发点。从这里开始,我按照当时的教育制度从小学、中学到大学一直到同西方接触,到了英国,于 1938 年在伦敦大学获得博士学位告一段落,这是我一生中受教育的时期。接下来是中国的动乱时期,也就是抗战和国内战争时期,这是我一生中的第二个时期。当时,日本人打到我的家乡,我只能到大后方昆明来从事教书生涯,这个阶段一直到 1949 年中华人民共和国成立,中国革命成功才结束。此外,我真正的第二次学术生命是从 1980 年开始的,到现在正好 20 年。这 20 年我的收获比较大一些,也可以说是成熟时期。从现在开始我进入了这段时期的后期了。

我这一生经历了20世纪中国社会发生深刻变化的各个时期,可以概括为两个大变化和三个阶段。我把它称做“三级跳”。第一个变化是中国从一个传统性质的乡土社会开始变成为一个引进西方机器生产的工业化时期。一般人所说的现代化就是指这个时期。这是我一生中最重要的一个时期,也是我从事学术工作最主要的时期,即中国的现代化过程。在这一时期我的工作是了解中国如何进入工业革命。从这一时期开始一直到现在也可以说一直到快接近我一生的最后时期,在离开这世界之前我有幸碰到了又一个时代的新变化,即信息时代的出现。这是第二个变化,即中国从工业化或现代化走向信息化的时期。就我个人而言,具体地说,我是生在传统的经济社会里,一直是生活在走向现代化的过程中,当引进机器的工业化道路还没有完全完成时,却又进入了一个新的阶段即信息时代,以电子作为媒介来沟通信息的世界的开始。这是全世界都在开始的一大变化,现在我们还看不清楚这些变化的进程。由于技术、信息等变化太快,中国也碰到了一些问题,第一跳有的地方还没有完成,而第二跳还在进行中时,现在又在开始第三跳了。中国社会的这种深刻变化,我很高兴我在这一生里都碰到了,但因为变化之大我要做的认识这世界的事业也不一定能做好。因为时间变化得很快,我的力量也有限,我只能开个头,让后来的人接下去做。这是我的一个背景。要理解我作为学者的一生,不能离开这个三级跳。

我所有的学术研究,都是和中国社会变化的大背景联系在一起的。从1935年开始,我因受吴文藻和史禄国两位老师的影响开始了实地调查的研究方法。我最初研究的是作为中国少数民族的瑶族。从这时起我就已经把社会学和人类学结合起来了。在过去的学术界,往往把少数民族的研究看作为人类学的专利,少数民族研究在中国后来发展成民族学的一部分。当然这种学术分类与名称曾引起了各种讨论。对我来说,从人类学开始的用实地研究方法来研究我们中国的社会与文化,是一条非常重要的学术道路。从这一点来说自我从瑶山调查开始一直到现在进入对大都市社区建设与发展的研究,都是一贯的。今天讲这一点,是想说明我一生的学术生涯和这次会议的主题"都市民族文化:维护与相互影响"相联系也相符合。因为我是从中国少数民族实际生活研究起到上海和北京等大城市进行社区研究,这个过程本身说明了这个变化。这个实际的客观的变化同一个社会的发展的趋势是紧密地联系在一起的。

中国社会的第一跳是以我们中国各地不同民族的农村生活为基础的。我是生长在江苏一个以农业为基础的小城镇里。它最早的历史可以追溯到7000年前的良渚文化,这个文化开始有了农业和家庭手工业。在考古学上我们可以很清楚地看到这个时期村落的生活。这就是我们第一跳的基础,也是我们乡土社会基本的性质。那个时候从全国讲,文化形式上也有很大的不同,已经是一个多元文化的基础。多元文化逐步交流融合,成为多元一体。这里也就开始了我研究的第一个阶段,我写的《花蓝瑶社会组织》这本书可以作为代表。从中看出它和以我们家乡为代表的汉族社会文化的区别,以及它是如何受到汉族的影响的情形。

我第二阶段的研究,是从中国7000年前的良渚文化到近代以来开始快进入工业化时期的一个中国农村的变化,可以我的《江村经济》为代表。代表一个传统的文化基础、社会组织,面临着一个全新的科学技术和机器生产的早期的冲击,这也是我对《江村经济》的定位。这是我们现代化开始的原初的形态,这是第一步。接下去代表这个时期我的重要著作是《云南三村》。这里反映了内地农村不同于沿海农村的特点。这便是我们的现代化最早的过程,从地域上讲是由东向西、从沿海到内地的。我的《江村经济》讲的是沿海地区的农村,开始了工业化。而《云南三村》却描绘了比较原始形态的乡土社会。1938年底,我从伦敦回国,当时,日本人打到我的家乡,我们只能到大后方昆明来从事我的教书生涯。我在离昆明100多公里的地方,进行了与江村所处条件不同的农村类型——禄村的调查。禄村受现代工商业影响较小,没有手工业,几乎完全靠土地维持生计。通过对禄村的调查,我看到了与江村不同的土地制度。这是我第一个时期第二阶段的工作,这阶段到1949年才结束。

1949年之后,我就开始参加民族工作。这也是我进入新中国后第一期的工作。新中国的建立引起了中国社会结构的重大变化,其中最大的变化之一就是民族关系和民族政策的变化。为了实现民族平等,在政治体制上我们成立了一个有各族代表共同参加的最高权力机关,即人民代表大会。但是在开国初期,我们还不清楚中国究竟有多少民族,它们叫什么名称、各有多少人口。为了摸清有关各民族的基本情况,建立不久的中央人民政府于1950年到1952年间,派出了若干个“中央访问团”,分别到各大行政区去遍访各地的少数民族,摸清他们的民族名称、语言、历史以及社会文化上的特点。由于我学过人类学,所以政府派我参加西南和中南两个访问团。我代表中央人民政府访问了这些地区的少数民族。我花了足足两年时间在贵州、广西分布在各处的少数民族村寨中进行实地访问考察,在和众多的少数民族的直接接触中,我深深地体会到民族是一个客观而普遍存在的“人们共同体”,是代代相传、具有亲切认同感的群体。

在对少数民族的状况了解的基础上,我直接参与了新中国民族政策的制定与实施。这一段从学术上讲是我第一期学术工作的延伸,是《江村经济》和《云南三村》的延伸。我具体的研究对象也从汉族为主的农村转移到少数民族地区——一个更复杂更多样化的领域。这便是从1950年到1957年我主要从事的少数民族的调查研究工作。

1957年之后,由于众所知道的政治上的原因,我的学术工作停止了。一直停止了23年。70年代末80年代初,我才恢复工作。从那时起到现在,是我的第二次学术生命。这段时期是中国社会变化最大的时期。恢复研究后,我做的工作之一,就是总结了我几十年来的民族工作,1988年在香港中文大学的特纳(Tanner)演讲中,发表了《中华民族的多元一体格局》。我从中华民族整体出发来研究民族的形成和发展的历史及其规律,提出了“多元一体”这一重要概念。我在这篇讲演中指出:“中华民族”这个词是指在中国疆域里具有民族认同的11亿人民,“它所包括的50多个民族单位是多元,中华民族是一体,它们虽则都称‘民族’,但层次不同”。中华民族的主流是许许多多分散独立的民族单位,经过接触、混杂、联接和融合,同时也有分裂和消亡,形成一个你来我去,我来你去,我中有你,你中有我,而又各具个性的多元统一体。

事实上多元一体理论并非单纯是关于中华民族形成和发展的理论,

也是我对中国社会研究的一个总结。56 个民族及其所属的集团是社会构成的基本单位,因而从另一个方面勾画出多元社会的结合和国家整合的关系,是多元和一体的关系。

在现代社会,人类学越来越关注人类社会和人类生活所遇到的或所面临的最现实的问题。因此,人类学的功能不仅在于"回顾与展望"或者"解释",还在于"参与和创新"。记得 1981 年我在英国接受赫胥黎奖时的演讲中,就曾经强调"人类学必须为群众利益服务"。这种"学以致用"的思想一直贯穿在我的学术研究中。我认为知识分子的本钱就是有知识,有了知识就要用出来,知识是由社会造出来的,不是由自己想出来的。从社会中得到的知识应当回报于社会,帮助社会进步,这就是"学以致用"。"学以致用"本身就是中国的传统,意思就是说,得之于社会要回报于社会。我是跟着中国这一传统进行我的工作的,这也是我的志向。这志向并不是我自己想出来的,而是跟着中国的传统学来的。但是我是通过吸收新的知识来把传统精神贯彻出来,我希望这样做,做得如何我自己不敢说。正是抱着这一理想,我的学术研究,从一而终地和全体人民的生活紧密地联系在一起。综合起来说,在中国范围内用人类学的实地调查方法可以解决过去没有解决的很多问题,包括农村发展、中国社会经济发展这些大的问题。70 年代末 80 年代初我复出后,一直到现在,围绕着这一目标,我已经做了 20 多年,我还要继续做下去。这一段工作我主要的研究体现在《行行重行行》一书中。因为受身体条件的限制,我已经不可能在具体的地方长期进行观察和访问,只能主要依靠各地群众和干部提供的情况和委托陪同我去考察的助手分别下乡或下厂去进一步了解情况,以及通过在当地进行的各种访问和座谈来取得一些感性知识。所以,我也只能根据别人的第二手材料,来介绍我曾经直接访问、看到的地方的情况,当然这不是严格的人类学田野调查工作了。在这里,我的特点是结合第二手材料和访问的材料进行类型式的比较研究,即 typology(类型学)的方法。对于同一时期的不同类型的研究,可以看到一个社会的动态,特别是在现代化和城市化过程中如何改变的。在这一阶段中,我主要提出乡镇企业和小城镇发展两个主题。可以说在 50 年代以前我的类型比较研究主要局限在农村。虽然在40年代末，我已经注意到了农村的调查不能只限于农村本身，也应考察经常与农村社区发生关系和制约作用的城镇。不过由于内战的爆发和之后的社会学学科的被取消，我对于城镇的调查和研究，一直到80年代才开始。我提出"小城镇 大问题"等题目，目的就是在于解决农民的出路问题。而小城镇的发展和乡镇工业紧密地联系在了一起。我从30年代起就指出了农村社会的发展在于农村工业化，即依托于本土社会文化优势的"草根工业"，让农民先富起来。而这个大的变化是在80年代以后才发生的。乡镇企业的出现和发展，使农民得到了很多非农就业的机会，使得农民的生活发生了质的变化。记得在1983年开始的小城镇研究中，我就提出了"类型、层次、兴衰、分布、发展"的10字提纲，成为研究小城镇的出发点。在此基础上，1984年提出了经济模式的概念。在我看来，所谓经济模式就是"在一定地区，一定历史条件下，具有特色的经济发展的路子"，进而引导出不同经济模式的比较研究，如苏南模式、温州模式、珠江模式等。这些模式本身和这一地区的社会文化基础有着一定的关系。我认为，任何经济制度都是特定文化中的一部分，都有它天地人的具体条件，都有它的组织结构和理论思想。具体条件成熟时发展成一定的制度，也必然会从它所在文化里产生与它相配合的伦理思想来做支柱。有的国外同行，如日本的社会学家鹤见和子教授认为，我的这些研究是"内发型发展论"的原型。

现在这些不同的模式也在变化之中。"苏南模式"是从人民公社中发生出来的，由社队工业变成乡镇企业的。这是第一个变化。第二个就是温州模式，是小商品大市场的模式，即把乡镇工业结合到市场经济里面，这是第二个大变化，也可以说是过渡阶段。现在为第三个阶段，是发展时期，即珠江模式，吸引外资利用外资提高科技含量来发展经济。这三个模式是互相连接起来的，有一个内在发展过程，现在苏南模式也正在改变，向着珠江模式发展了。

在这一时期，我以"下活全国一盘棋"为出发点，在注重沿海地区研究的同时，从80年代中期开始，更大程度地关注内地和边区的发展，特别是边区少数民族共同繁荣的问题。我曾经提出一些多民族的经济协作区的计划,有的已经在实施之中。如黄河中上游西北多民族地区、西南六江流域民族地区、南岭民族走廊地区、武陵山区山居民族地区、内蒙古农牧结合区等。在对这些区域进行综合性研究的基础上,我试图将民族研究与民族地区现代化的实际相结合。在边区民族经济的发展中,应该强调因地制宜,注意民族特点。如果总结我的研究,可以说从80年代中期开始,我的研究工作重点从沿海转到边区又到内地。从东南移到西北,从农村小城镇转到民族地区。作为一个多民族的国家,我们应该强调西部和东部的差距包含着民族的差距。西部的发展战略要考虑民族因素,而民族特点是一个民族从历史过程中形成的,适应其具体的物质和社会条件的特点。中国社会的民族特征,从历史上开始就在不同民族的交错地带,建立了经济和文化的联系。久而久之,形成具有地区特色的文化区域。人们在这个区域中,你来我往,互惠互利,形成一个多元文化共生的格局。我所提出的经济协作的发展路子,就是以历史文化区域为出发点的。

从实际讲,我的理论和方法还没有脱离最早期的人类学的理论的训练,我只是把这些理论和方法应用到正在变化中的中国社会和文化的研究中。去年我90岁时,把我以前写的文章,收集起来,出版了我的文集——《费孝通文集》(14卷)。这既是我个人经历的记录,也反映了时代在我身上发生的变化。

从今天这个会的主题来讲,并没有离开我的研究范围。因为我的目的是了解中国,中国就包含多民族的多元一体的中华文化,这一点不去多讲了,大家有兴趣可以看我已经写出来的东西。在提出这个看法之后,各方面都有反应。作为过程来看,多元一体是一个历史过程。这个过程也同时表示各民族的现代化、工业化和城市化。

我们讲都市人类学,就是要强调中国多元文化的主体在工业化和城市化道路上发生的变化。对于都市人类学的研究,我觉得可以从两方面来看,一方面是中国各民族现代化的过程,就是如何工业化、城市化。从生产本身讲,是如何从农业和手工业的基础发展到机器化,在这一阶段,第三跳还没有跳,这就是要研究的问题,这个问题的基本方向和基本理论是符合大多数民族的发展过程的,也包括占人口大多数的汉族。比如我研究的领域、地区也放大了一些，各民族从不同的起点出发，如何共同发展到现代社会的过程，在这方面内容更丰富了。第二我要想说的是，中国城市的特点不是单一民族的城市，是多民族构成的城市。这就存在一个问题，即不同文化的人在同一个城市中，如何和平共处在一个政治经济组织里面，一体化（多元一体）是如何完成的。这不仅是一个历史的概念，也是一个当今的概念。

这里面又包括了两个大问题：发展的问题和和平共处问题。

一是发展问题，现在我们叫西部大开发。西部地区少数民族成分多，大部分少数民族人口集中在西部地区，西部的现代化过程必然包括少数民族的现代化过程。中国作为一个统一的多民族国家，在都市研究中赋予了民族文化多样的内涵。在都市化过程中，如都市开发如何依托少数民族的文化传统，以及少数民族移民都市后的文化适应等，都是民族地区现代化过程中的新问题和新现象。所以，我们都市人类学应该包括这一部分，这是我的理解。不能像过去的人类学那样，满足于描述静态的本土性的原初的文化，必须要看到它的变化。文化的变迁应该成为以后人类学研究的主题。这又让我回想起我的老师马林诺斯基。1998 年，在北京大学百年校庆所举行的“21 世纪：文化自觉与跨文化对话”的国际学术系列讲座上，我曾经提交一篇《读马老师遗著〈文化动态论〉书后》的论文。在这篇论文中我谈了我阅读完马老师这部晚年著作的体会。最初，人类学的研究是以封闭的简单社会作为研究对象的学科，其比较也是在简单社会之间进行的，这也是马老师那个时代的中心研究工作。同时，他也是这一学科科学的民族志方法的奠基人，在早期，他也主张人类学应在封闭的社区中进行调查和研究，进而来揭示社区的文化功能。30 年代末期，马老师基本写完了他描述和分析西太平洋岛土著人的那几本巨著。之后在走访非洲东部和南部的殖民地时，他看到的正是一个在发生文化巨变的大陆，他也看到了当地文化与外来的殖民地文化互动的生动情景。他认为研究人类社会文化的学科必须跟上形势的发展，他把文化的动态研究看作“现代人类学的新的任务”。马老师的《文化动态论》是在 30 年代末 40 年代初写的，1945 年，在他逝世后三年由耶鲁大学出版社出版。这本书出版到现在已快 60 年了。他在去世前，所提出的问题，就是 dynamics of culture change，这一文化动态论适应于世界各民族的变化，他预先看到了，给我们指出了一个方向。我们这一代的人类学家以及我们下一代的人类学家，如何能接上他所开创的事业，这是我们当代人类学的一个主题。

二是和平共处问题，就是多民族在城市中共同的政治经济组织的框架之内能和平共处，继续发展。如果不能和平共处，就会出现很多问题，甚至出现纷争。实际上这个问题已经发生过了。过去占主要地位的西方文明即欧美文明没有解决好的问题，在这几年逐步凸显出来了。事实上也发生了很多的地方性的战争。最突出的是科索沃战争，这一类战争还在不断地发生。从人类学角度来看，第二次世界大战后，社会的巨变、科技、交通的发展，已使人类不能像简单社会那样处于相互隔绝的境界之中，人类的空间距离也日渐缩小。然而就在人类文化寻求取得共识的同时，大量的核武器、人口爆炸、粮食短缺、资源匮乏、民族纷争、地区冲突等一系列问题威胁着人类的生存。特别是冷战结束后，原有的但一直隐蔽起来的来自民族、宗教等文化的冲突愈演愈烈。自 1988 年以来，全世界爆发的武装冲突，除伊拉克入侵科威特的战争，都是由内部民族问题而引起的。有的研究者曾作过统计，从 1949 年到 90 年代初，因民族冲突而造成的伤亡大约为 169 万，数倍于在国家间战争中死亡的人数。诸如前苏联解体后，一些民族的主权与独立问题，非洲的索马里和苏丹、亚洲的缅甸和斯里兰卡、南斯拉夫的克罗地亚、塞尔维亚、波黑及科索沃问题等。从这个意义上说，人类社会正面临着一场社会的危机、文明的危机。这类全球性问题所隐含着的潜在危机，引起了人们的警觉。不同学科的学者正在寻找形成种种危机的根源，期盼发现解决问题的办法。而作为科学的人类学也正在以传统的研究领域和技术为基础，扩展自身的研究视野，试图探索出解决现代社会诸问题的方法，并从比较社会与文化的视角来解决人类赖以生存和发展的问题，引导人们适应现在和未来变化的轨迹。

这个问题，看来原来已有的西方的学术思想里还不能解决。而中国的传统经验以及当代的民族政策，都符合和平共处的逻辑。事实上我们的方向已经有了，而且已经向前走了一步了。我们的民族政策已经走过了50年。对于这些问题也希望引起我们国际的人类学家的关心，共同研究这其中的理论上的发展等。

21世纪的脚步声已依稀听到，人类正在匆匆构筑21世纪的共同理念。不同的国家、民族、宗教、文化的人们，如何才能和平相处，共创人类的未来，这是摆在我们面前的课题。

刻在孔庙大成殿前的“中和位育”几个字代表了儒家文化的精髓，成为中国人的基本价值取向。这种“中和”的观念在文化上表现为文化宽容和文化共享。记得11年前，在日本东京为我召开的80岁生日的欢叙会上，我在展望人类学的前景时，提出人类学要为文化的“各美其美、美人之美、美美与共、天下大同”做出贡献。这就是意味着人类学应当探讨文化的自我认识、相互理解、相互宽容和世界多元文化之间的共生理念以及达到“天下大同”的途径。事实上，如果我们再往回看呢，这是在中国的传统的经验里面所一直强调的“和而不同”思想的反映。

对于中国人来说，追求“天人合一”是一种理想的境界，而在“天人”之间的社会规范就是“和”。这一“和”的观念成为中国社会内部结构各种社会关系的基本出发点。在与异民族相处时，把这种“和”的理念置于具体的民族关系之中，出现了“和而不同”的理念。这一点与西方的民族观念很不相同。这是历史发展的过程不同即历史的经验不一样。所以中国历史上所讲的“和而不同”，也是我的多元一体理论的另外一种说法。承认不同，但是要“和”，这是世界多元文化必走的一条道路，否则就要出现纷争。只强调“同”而不能“和”，那只能是毁灭。“和而不同”就是人类共同生存的基本条件。

我们现在生活的世界都已被纳入到全球化的世界体系中。但发端于西方世界的全球化浪潮，在非西方世界接受西方的文化的同时，也应当通过自身的文化个性来予以回应。过去很多观点认为，随着全球化特别是少数民族移居都市后，在民族文化和文化认同上会逐渐丧失个性，事实却非如此。事实上，全球化与地方社会之间有一互相对应的逻辑关系。说到这里，我想起了我近年来在很多场合提到的“文化自觉”的问题。“文化自觉”是当今时代的要求，它指的是生活在一定文化中的人对其文化有“自知之明”，并且对其发展历程和未来有充分的认识。从某种意义上可以讲，文化自觉就是在全球范围内提倡“和而不同”的文化观的具体表现。

在人类即将进入21世纪的今天，我们聚集在一个有着悠久文明，有着占世界人口将近1/4的多民族文化和平共处的中国，来讨论“都市民族文化：维护与相互影响”这一会议的主题，确实有着深远的历史意义。我相信中国思想中的这种“和而不同”的理念，也一定会赋予这一会议主题以新的内涵。

2000年7月28日

经济全球化和中国“三级两跳”中对文化的思考[①]

一

全球化是近年来人们越来越注意讨论的一个话题。经济的全球化，世界市场的形成，加上电子化的信息沟通手段，引起了社会各方面和文化的重大变化。但是，现代化过程中可能发生怎样的变化，目前还不能预测。不过，回顾一下全球化进程的来路，对我们认识这一段历史的发展，理解我们身处的现实，保持清醒的头脑，跟上现代化的潮流，取得参与全球化社会发展的自觉和主动，应该是有益的。

据我所知，对于全球化过程开始时刻的确定，存在着多种看法。其中有一种观点似乎更为合理，正在被不同领域的学者接受。这种观点认为，全球化即全球各地人们的密切关联其实由来已久，可以认为开始于15世纪末的航海大发现。航海技术克服了海洋障碍，人类的洲际交通成为可能，加上后来以机械化大生产为特征的工业革命，使西方那些生产力领先的国家向世界各地的扩张成为现实。它们对世界市场的拓展和向亚非国家的殖民活动是全球化过程开始阶段的根本特征。此后，到19世纪70年代告一段落。在这一阶段，最具有典型意义的例子是大英帝国霸权的确立。以英国为代表的欧洲国家在世界范围内进行大规模拓殖，用武力

① 本文是作者在中华炎黄文化研究会创办的“二十一世纪中华文化世界论坛”第一次国际学术研讨会上的讲话。

摧毁了亚洲、非洲、南北美洲的古代文明中心。试图把西方的社会制度和文化强行施加于这些地区,逐渐确立起以英国为首的西方中心地位。

在接下来的一个历史阶段,即大约从 19 世纪末叶到 20 世纪 70 年代初,美国崛起,并长期保持着生产力领先的发达国家地位。第二次世界大战以后,英国霸权让位于美国霸权,中心地位被美国取代。在美国霸权维持的经济秩序中,全球化进程明显加快了。运输和通讯技术的革新,使物资与信息的流动可以跨越种种空间障碍。经济交往的规模和频次大为提高,促进了经济组织的革新,以跨国公司为代表的经济力量对生产要素和世界市场进行新的整合。所谓"国际惯例"即市场上共同"游戏规则"的出现,是经济全球化进程在贸易交往制度上的反映,是与经济活动伴生的文化现象。更值得注意的一个事实是,由美国霸权主导的全球化进程,使美国模式的社会制度、文化价值观念等成了许多后起国家模仿的对象。

经济全球化的第三个阶段,是从 20 世纪 70 年代直到现在,目前还在继续发展。这个历史时期最突出的特点,是霸权受到强有力的挑战并在事实上将逐渐淡出中心地位,全球化进程的参与者以及驱动力呈现多元化局面。许多曾经被压制的力量和众多的新兴力量纷纷登场,走向前台,在全球化进程中积极强化自身的角色分量和参与权利。在这种多元格局里边,许多问题的产生和解决已经超出国界,所以,全球意识、全球共识、全球纲领、全球行动等越来越多地成为不同民族、不同国家、不同文化的人们自觉的追求。目前,全球化进程正在摆脱由单一中心为主导的局面,正在形成多元推动、多元共存、多元发展的强大趋势。这是包括中华民族、炎黄文化在内的当今世界各地的不同民族、国家和文化所共处的历史阶段。

二

上述的史实使我想起孙中山先生的一句话:"世界潮流,浩浩荡荡,顺之者昌,逆之者亡。"我相信,中山先生的话也是我们在座各位的共识。我国避免不了要进入全球化这一世界潮流。既然如此,我们就应该对自己所处的变局有一个清醒的认识。我想,当前所说的全球化,指的主要是经济的全球化，人类社会在政治、文化、意识形态和生活习俗方面还是多元的。全球化这个总的趋势，不可能一下子就实现，而是以一步一步变化来完成的。第一步是经济的结合，形成全球市场，构成一个分工合作的经济体系，但其他方面还没有合起来，还保持着民族国家的分割状态。民族国家是19世纪以来形成的格局，新的经济体系看来正在冲击它，但还没有好的代替办法。优势国家统治劣势国家造成的殖民体系在二战后发生了变化，但殖民主义造成的南北差距还存在。搞得不好，经济全球化可能会加深南北差距，扩大贫富悬殊。这是20世纪没有解决的问题，但是看来已退不回去，只能顺势下去，想办法解决南北贫富差距的问题。

经济上的休戚相关和政治上的各行其是、文化上的各美其美，在人类进入全球化进程的初期，会形成一个大的矛盾。这给我们带来一个不能不面对的课题，即文化自觉和文化调适问题。过去有过“化外之民”的说法，现在则到了一个想做“化外之民”而不得的时代。我国要顺着潮流走，要融合到潮流中去，先进的东西要学习和掌握，要接受现代化这个大的方向，但要软着陆。软着陆的前提，是知己知彼。要看清自己的条件，盲目接受新事物是不行的，我们在这个方面的历史教训很多，这里不去多讲了。现在要紧的是我们不光要知道我国是在这个潮流当中，还要知道是处在这个潮流的什么地方，也就是说，需要对自己有一个比较客观、比较准确的历史定位。

在这个问题上，我希望能够向这次研讨会贡献一点我从自身经历中得出的具体认识。

大体上可以说，我这一生经历了20世纪我国社会发生深刻变化的各个时期。这段历史里，先后出现了三种社会形态，就是农业社会、工业社会和信息社会。这里边包含着两个大的跳跃，就是从农业社会跳跃到工业社会，再从工业社会跳跃到信息社会。我概括为三个阶段和两大变化，并把它比做“三级两跳”。第一个变化是我国从传统的乡土社会开始变为一个引进机器生产的工业化社会。一般人所说的现代化就是指这个时期。这是我一生中最重要的一个时期，也是我从事学术工作最主要的时期。在这一时期里，我的工作主要是了解我国如何进行工业革命。我为此做了力所能及的实地调查,从个案分析到类型比较,写出了相当数量的文章。从这一时期开始,一直到现在,到接近我一生的最后时期,在离开这个世界之前,我有幸碰到了又一个时代的新变化,即信息时代的到来。这是我所说的第二个变化,即我国从工业化走向信息化的时期。

就我个人而言,具体地说,我是生在传统经济的社会里面,这一生一直在经历我国走向现代化的过程。作为一个见证人,我很清楚地看到,当引进机器的工业化道路还没有完全完成时,已经又进入了一个新的阶段,即信息时代。以电子产品作为媒介来传递和沟通信息,这是全世界都在开始的一个大变化。虽然我们一时还看不清楚这些变化的进程,但我们可以从周围事物的发展事实中确认,由于技术、信息等等变化太快,我国显然已碰到了许多现实问题。我们的第一跳还在进行当中,有的地方还没有完成,现在却又在开始下一个更大的跳跃了。我国社会的这种深刻而复杂的变化,我在自己的一生里边都亲身碰到了,这使我很觉得庆幸。虽然因为变化太大、太快,我的力量又太有限,要求自己做的认识这世界的抱负不一定能做到和做好,但我还是想尽心尽力去做。事实上,我所有的学术研究工作的成就和失误都是和中国社会变化"三级两跳"的背景联系在一起的。

三

我国社会的第一跳是以我国各地不同民族的农村生活为基础的。我生长在江苏一个以农业为基础的小城镇里。它最早的历史实际可以追溯到7000年前的良渚文化。这个文化开始有了农业和家庭手工业。从考古学上,我们可以很清楚地看到这个时期已有村落生活。这就是我国第一跳的基础,也是我们乡土社会基本的性质。那个时候,从全国讲,文化形式已有很大的不同,已经是一个多元文化的基础。多元文化逐步交流融合,成为多元一体。这里也就开始了我进行研究的第一个阶段。我和前妻王同惠合写的《花蓝瑶社会组织》这本书里可以看到广西花蓝瑶社会和以我们家乡为代表的汉族社会文化的区别,以及它是如何受到汉族的影响的情形。

我第二阶段的研究题目，是从我国7000年前的良渚文化基础上发展出来的到近代以来开始进入工业化时期的一个我国农村的变化，可以我的《江村经济》为代表。从30年代早期的江村可以看到一个代表传统的文化基础和社会组织的农村，如何面临着全新的科学技术和机器生产的早期冲击。这是我们现代化开始的原初的形态。接下来，我又和我的学生一起写了《云南三村》，反映了内地农村不同于沿海农村的特点。这便是我们的现代化最早的过程。从地域上讲，是由东向西、从沿海到内地的。我的《江村经济》讲的是沿海地区的农村，开始了工业化。《云南三村》描绘的却是一个形态比较原始的乡土社会，受现代工商业影响逐步走向现代化的过程。通过在云南的研究，我看到了与江村不同的发展阶段。这是我第一个时期里第二阶段的工作，这个阶段到1949年告一段落。

50年代初，我国社会进入了社会主义改造时期。新中国逐步实现了对工业的国有化政策。在产权方面，对农村的土地和城市的企业进行了新的界定和安排。直到1978年中共十一届三中全会以后，随着农村改革的进展，乡土社会的工业化问题被历史性地重新提出，并在最近20年里得到全局性的实践。我国农村的工业化和现代化过程因此获得了真正强大的加速度。我自己的第二次学术生命也和我国农村工业化和现代化的全面推进同步展开。我在这一段的研究工作主要体现在《行行重行行》一书中。

在这个时期，因为受身体条件的限制，我已经不可能在具体的地方长期进行观察和访问，主要工作就变为结合第二手材料和直接访问进行类型式的比较研究。对于同一时期的不同类型的研究，可以帮助我们看到中国基层社会的动态，特别是在现代化和城市化过程中如何改变的。在这一阶段，我主要提出了乡镇企业和小城镇发展两个主题，目的是解决农民的出路问题，促进我国的城市化发展水平，提高广大城乡居民的生活质量。同时，我还以“全国一盘棋”为出发点，既注重沿海地区的发展研究，也关注内地和边区的发展，特别是边区少数民族的共同繁荣问题。我曾经提出一些多民族的经济协作区的计划和建议，如黄河上游多民族地区、西南六江流域民族地区、南岭民族走廊地区、内蒙古农牧结合区等等。作为一个多民族的国家，从历史上开始，就在不同民族聚居的交错地带建立了经济和文化的联系。久而久之，形成具有地区特色的文化区域。人们在这个区域中，你来我往，互惠互利，形成一个多元文化一体共生的格局。我所提出的经济协作的发展路子，就是以历史文化区域为出发点。现在回过头来看，可以更清楚地看到，我对我国经济和社会发展的多元一体的设想，对我以下要讲的国际经济社会多元一体的全球化进程的瞩望具有启发作用。

四

经过80年代开始的最近20年的改革，到新的世纪的最初时刻，我们已经可以从我国经济发展和我们与世界经济的联系中看到经济、社会和文化的巨大变迁的来临，预感到21世纪即将给人类的生存和发展带来全新的面貌。为了提请人们及早注意适应新世纪的要求，在10年前的"21世纪婴幼儿教育与发展国际会议"上，我做了题为《从小培养二十一世纪的人》的讲话。在那次讲话中，我谈到，20世纪是个世界性的"战国时代"，意思是说，在20世纪里，国与国之间，文化与文化之间，区域与区域之间，有着明确的界限，这个界限是社会构成的关键。不同的政治、文化和区域实体依靠着这些界限来维持内部的秩序，并形成它们之间的关系。这是我们共同经历过的历史事实。而在展望21世纪的时候，我似乎看到了另外一种局面，20世纪那种"战国群雄"的面貌已经受到一个新的世界格局的冲击。民族国家极其文化的分化格局面临着如何在一个全球化的世纪里更新自身的使命。

我作出这样的判断，不是没有根据的。近几年来，我特别注意到区域发展过程中全球化的力量。我看到，信息产业的发展带来了一种十分严峻的挑战。美国在最近10多年里发展起来的微软公司，实力已经达到几千亿美元。这是个当代信息技术的密集型产业，是最新现代化技术的世界级龙头。它的作用已经使城市中的许多产业的传统操作技术面临深刻的危机。在这样的情况下，我们不能不重新考虑我国农村工业化和城市化的问题。我有一次访问广东的顺德，当地的领导同志对我说，根据当地的经济发展趋势，他们认为乡镇企业的概念已经过时了。为什么这么说呢？因为经济发展的现实告诉我们，小城镇的规模看来不具备接受信息技术产业的能力，应该使一批紧密相连的城镇和中心城市尽快兴起，以便接受快速发展的信息产业的较高要求。另外，产业组织的跨国化，同样也对小城镇的发展提出了新的问题。为及时解决这类问题，顺德从1992年开始进行机构改革，政府把三大产业分离出来，组建工业发展公司、农业发展公司和贸易发展公司。1993年起，实行股份合作制，并改革企业的医疗保险和养老制度，真正转变了政府职能。企业在解决了体制问题之后，接着就解决市场问题。市场问题不是一个简单的地区性问题，而是牵涉到香港以及世界其他地区，牵涉到地区与地区之间的新型关系，牵涉到大型中心城市的发展问题。这次谈话，给我很大的震动和启发。

跨地区和跨国界的经济关系，除了表现在市场的超地方特征之外，还表现在近年来跨国公司的大量发展上。跨国公司在产权方面与具有民族国家疆界的国有、私有企业不同，它们没有明显的地理界限。它们的最大特征就是“无国界性”。在经济全球化的进程当中，不仅外国人来中国设立他们跨国公司的办事处、子公司，拓展业务，而且也有越来越多的中国人到海外办公司、办工厂，甚至开设大型专业市场；我家乡的震泽丝厂在美国开办了分公司；我访问过的青岛海尔集团在海外开了分公司；我所熟悉的温州人在巴西开设了“温州城”……这样的经济交融，已经不是简单的“西方到东方”“外国到中国”“中国到外国”的老问题，而是一种新型的国与国、区域与区域之间交流和互动的新发展和新的经济组织形式。

五

从沿海地区和内地的局部地区看，我国一些企业乃至产业对经济全球化进程的融入已经相当自觉。但是从我国广大中西部地区看，整体情况还不能让我们很乐观。相比较而言，我国属于全球化进程中的后来者，而且是后来而暂未居上。由于历史的原因，我国的现代化进程曾经一再被延误，失去过很多宝贵的时机。

从19世纪40年代开始，我国由一个古老的文明中心被帝国主义的坚船利炮强行纳入了西方国家主导的全球化进程。包括我的朋友费正清在内的许多学者都认为，鸦片战争之前，中国的文化体系平行于其他的世界体系，并且一度比西方世界体系更为发达。但是长期的封闭导致政府腐败、科技落后、经济凋敝、装备松弛以及心理上的抱残守缺、妄自尊大，致使这个庞大的体系逐渐失去活力，终于被西方列强的殖民扩张所压倒，无从自主，只能在全球化进程中处于依附地位。

一个世纪以后的1949年，中国实现了独立与自主，却在苏联经济模式的影响下脱离并抵抗了西方主导的全球化进程。在对全球化主体潮流的脱离和抵抗中，我们虽然坚持了政治上的独立，却也造成了自身的封闭和僵化，无法从全球化进程中获得发展动力，结果是在现代经济和文化等方面的落伍。而世界的发展没有停下来等我们，“沉舟侧畔千帆过”，我们明显是落后了。

1978年，我们终于下定了改革开放的决心，主动并且逐渐深入地加入到了全球化进程的各个领域当中，急起直追。在政治上，我们与西方各国加强接触和了解，融洽了在“冷战”时期冻结的关系；在经济上，我们以经济特区为先导，依次开放沿海城市、沿江城市和内地，进行经济体制改革，建立市场经济体制，积极与国际惯例接轨，形成了加入经济全球化潮流的制度性保障。正是在这样的情况下，出现了我们在第一跳还没有完成的情况下已经不能不进行第二跳的局面。

这一局面来之不易，值得备加珍惜。而这一局面给我们提出的艰巨使命，更需要进行深入的思考。第一跳还没有完成，已经必须跳第二跳了。这是我们走改革开放的路、融入全球化潮流所必然要碰到的局面。怎么办？小平同志说，要冷静观察，沉着应付，摸着石头过河。这就是科学的态度。我们要大刀阔斧地进行改革，又要小心谨慎地应付局面。不看清潮流的走向，不摸清自己的底子，盲目地进入潮流是不行的。我们的底子是第一跳尚未完成，潮流的走向是要我们跳上第三级。在这样的局势中，我们只有充实底子，顺应潮流，一边补课，一边起跳。不把缺下的课补足，是跳不过去的。历史不是过去了就算了，历史会对今天发生影响的。就物质与精神两个方面说，或者说是硬件与软件两个方面看，我们曾经有过精神（软件）讲得多，物质（硬件）讲得少的时代，现在却是物质讲得多，精神讲得少了。这叫矫枉过正，这就是历史的一种影响。在当前的发展过程中，重理轻文，差别太大，从长远看，会带来负面的东西。“文革”的影响太大了，不能不记取。

改革开放，不能只学外国的表面文章，而是要拿来现代化过程中形成的先进的文明成果为我所用。我们是要提高生产力水平，提高综合国力，提高人民群众的生活水平，是要把中国文化很好地、很健康地发展起来。现在中国的大问题是知识落后于要求。最近20年的发展比较顺利，有些人就以为一切都很容易，认为生产力上来了就行了，没有重视精神的方面。实际上，我们与西方比，缺了“文艺复兴”的一段，缺乏个人对理性的重视。这个方面，我们也需要补课，这决定着人的素质。现代化的发展速度很快，没有很好的素质，就无法适应现代化的发展要求。这是个文化问题，要更深一层去看。

六

中国文化的历史很长，古往今来的很多思想家为我们留下了十分宝贵的思想财富。中国传统文化思想的一大特征，是讲平衡和谐，讲人己关系，提倡天人合一。刻写在山东孔庙大成殿前的“中和位育”四个字，可以说代表了儒家文化的精髓，成为中国人代代相传的基本价值取向。我的老师潘光旦先生早在20世纪30年代就讲“位育”问题，认为在社会位育的两方面中，位即秩序，育即进步。位者，安其所也；育者，遂其生也。潘先生对“中和位育”作了很好的发挥。潘先生是个好老师，可惜我不是个好学生，没有能在当时充分意识到这套学说的价值，没有在这方面下够工夫。直到晚年，才逐渐体会到潘先生当年的良苦用心，体会到“中和”的观念在文化上表现出的文化宽容与文化共享的情怀。11年前，在一些学界朋友为我召开的80岁生日的欢叙会上，我展望人类学的前景时，提出人类学要为世界文化的多元和谐作出贡献。我说了四句话，16个字：“各美其美，美人之美，美美与共，天下大同。”作为一个人类学者，我希望这门学科自觉地探讨文化的自我认识、相互理解、相互宽容问题，确立世界文化多元共生的理念，促进天下大同的到来。实际上，这也是中国的传统经验里面一直强调的“和而不同”的思想所主张的倾向。

对于中国人来说，“天人合一”是一种理想的境界。天与人之间的社会规范就是“和”。这个“和为贵”的观念，是中国社会内部结构各种社会关系的基本出发点。在与异民族相处时，把这种“和”的观念置于具体的民族关系中，出现了“和而不同”的理念。这一点与西方的民族观念很不相同。我认为，“和而不同”这一古老的观念仍然具有强大的活力，仍然可以成为现代社会发展的一项准则和一个目标。承认不同，但是要“和”，这是世界多元文化必走的一条道路，否则就要出现纷争。而现在人类拥有的武器能量已经可以在瞬间毁灭掉自身。如果只强调“同”而不讲求“和”，纷争到极端状态，那只能是毁灭。所以说，“和而不同”是人类共同生存的基本条件。

“和”的局面怎样才能出现呢？我想，离不开承认不同，存异求同，化解矛盾。化解的办法中，既要有强制，也要有自律。从社会学的角度看，一个基本问题是个人与社会的矛盾、自由主义与平等主义的矛盾。自由要承认竞争为主，竞争就是有优势劣势之分，就形成了过去的格局。要解决这个问题，不能单靠社会控制的强加式的外力，还要有自我控制的内力。世界各国既然现在都属于一个地球村，这个“村”里就应该有一套“乡规民约”，大家认同，自觉遵守，否则就要乱套。“乡规民约”与法律不同，是习惯化的、自动接受的、适应社会的自我控制，是一种内力。中国老话里讲“克己复礼”，这个“礼”是更高境界的乡规民约。

要实现个人与社会的相互统一，不同文化之间的相互理解和适应，大家都自觉地遵守“乡规民约”，需要一个磨合的过程。只要愿意共存共荣，就必须要磨合。磨合就是通过接触交流、对话和建立共识，以达到矛盾的消除的过程。事实上，我们现在就处在这个磨合的过程中。当前需要有一个对磨合的认识和肯定，要意识到，这个磨合过程需要种种的临时协定作为大家有利的“乡规民约”。有了这个方面的共识，才会有比较自觉的磨合行为，才会有比较好的磨合状态，才能比较顺利地从经济全球化过渡到文化上的多元一体，经过不断的磨合，最终进入“和而不同”的境界。

依照进化的观点和规律，21世纪的人类应该比20世纪的人类生活得更加聪明。事实上，已经有人在讨论新的发展观，提出了不同传统发展观的几个特点，比如合理开发资源、讲究生态效益，又比如注重社会平等、倡导精神追求、促进人的全面发展等等。我们可以发现，这些现代人类提出的准则，是中国传统文化精神一向坚持的倾向。这样的史实的肯定和弘扬，应该有利于帮助我们树立起应有的文化自信。

当今世界上，各地不同的文化都已经被纳入到全球化的世界体系中，已经不存在化外之地。全球化潮流发端于西方世界，非西方世界在接受西方文化的同时，应当通过发扬自身的文化个性来对全球化潮流予以回应。我近年来在很多场合提到的“文化自觉”，就含有希望看到这种回应的意思。“文化自觉”是当今时代的要求，它指的是生活在一定文化中的人对其文化有自知之明，并对其发展历程和未来有充分的认识。也许可以说，文化自觉就是在全球范围内提倡“和而不同”的文化观的一种具体体现。把这个话放在炎黄文化研究会的年会上讲，我觉得应该有更充分的理由表达一种愿望，就是希望中国文化在对全球化潮流的回应中能够继往开来，大有作为。最近在许多文章中经常提到的“中华民族的伟大复兴”，应该包括这一个很重要的方面，就是中国文化的复兴。为了这个前景，我们有必要加强人文主义，提倡新人文思想。有如潘先生讲的，在原有传统文化的基础上，吸收西方科学精神，建设新的人文精神。回到今天我的讲话的题目上，面对经济全球化的世界潮流，我们在开始第二跳的时候，要记住把这些想法带上，把“天人合一”、“中和位育”、“和而不同”的古训带上，把对新人文思想、新人文精神的追求带上。这样去做，我们就能获得比较高的起跳位置，也才能跳得高，跳得远，在真正的意义上实现中华民族的伟大复兴。

2000年10月

关于“多元化的西部文化”和“文化生态失衡问题”的谈话

自从党中央提出西部大开发的战略部署以来，得到了全国上下各界人民的积极响应。我的一个在中国艺术研究院工作的学生——方李莉也坐不住了，她结合她的专业，提出了一项《保护、开发和利用西部人文资源，再创西部灿烂文化艺术》的研究课题；从这一点出发，她又写了题为《文化生态失衡问题的提出》的文章。以下是就这两个题目，我和她的谈话记录。

一、多元化的西部文化

费：你准备申报的科研项目——《保护、开发和利用西部人文资源，再创西部灿烂文化艺术》的课题设计方案，我看了，很好，很有想法。我认为对西部的开发，应该是立体的，其中不仅是包括经济的开发，也包括自然资源和人文资源的保护和开发、利用。现在人们对于自然资源的保护、开发和利用的问题已经有点意识了，并且也正在这样做。但是，对于人文资源的保护、开发和利用能够有深刻认识的人还不多，目前也没有专门的人在做这方面的研究工作，我认为应该把这项工作加到西部开发的这个大的战略中去。

方：这个课题我们院领导和科研办都很重视，还为此专门召开了一次讨论会。领导决定，这个课题由我来牵头，并组织院里各方面的骨干力量来共同做，还希望您来做我们这个课题的学术指导。

费：我年纪大了，做不了什么具体的事了，但可以为你们出出主意，开开路。

方:长期以来,我们对艺术的研究,都只是单纯对艺术本身的研究。它和社会学、人类学的研究是两个不相干的领域,但我们目前要做的西部文化艺术的研究,如果不和社会学、人类学结合起来,就很难发掘其深度和广度。只有把文化艺术的研究和社会学、人类学结合起来,这个研究才会区别于以前的研究,才会走出一条新的学术研究的路子,也才能适应现在新的形势发展的需要。在这个研究过程中,我们非常需要您做我们的老师,为我们指指方向。

费:跨学科的交叉研究,是以后学术研究的新路子,你这个想法是很好的。很多路子都是靠自己闯出来的,你就大胆地去闯。下面谈谈你对西部开发的想法。

方:人类每一种文化的形成都是经过了几千年甚至上万年的积累而发展起来的,人类各文化之间有它们的相通性,但也有各自的独立性和独创性。在现代化文明迅速席卷全球的今天,每时每刻都不知道有多少传统的、土生土长的文化在消失。当成批的这样的文化群落都在消失的时候,人们应该想到,这会不会是一种文化的生态在遭到破坏?以西方文化为中心的观念正使得文化圈内的文化种类正在递减。照此下去,在不远的将来,我们还会面临一个文化生态的被破坏和文化资源在减少的问题。

我认为,我国西部由于它特殊的地理位置和人文环境,使它的文化艺术的原生态状况,得到较好的保存,在那里几乎囊括和继续保留了人类所有发展阶段的各种文化类型。这是一笔非常宝贵的财富。

费:它确实是一个宝贝啊!我们发展西部的经济是对的,但我们不要忘记,西部还有这样的一个宝贝,这是几千年中华文明的历史替我们留传下来的,这是一个很重要的资源。在西部地区的这一广阔的时间和空间里,产生过很多不同的民族、不同的优秀人物,他们共同创造了一个文化的、人文的资源在那里。我们之所以称它为资源,是因为它不仅是可以保护的,而且,还是可以开发和利用的,是可以在新的历史条件下有所发展、有所作为的。因此,在开发西部的热潮下,我们一方面要发展它的经济,繁荣它的市场,使大西北的发展和内地趋于平衡,甚至超过内地,同时,还要保护其自然生态和文化艺术生态的平衡。不仅如此，对于一些已经遭到了破坏的自然生态和文化艺术生态，还要加以修复和再造，甚至重新发掘。因为，自然生态和文化艺术生态，也是一种资源，一种财富，而且，是一种难以用人工制造的财富和资源。我们一定要认识到这一点。至于怎么让大家都来共同地认识这个问题，就要靠你们去考察、去研究，然后把这些成果公布出来，宣传出来，使所有的人取得共识。在繁荣和发展西部经济的同时，也繁荣和发展西部的文化和艺术。

中国有许多最灿烂的文化艺术是在西部地区得到蓬勃发展和繁荣的，如集中在甘肃、青海、陕西的彩陶艺术；集中在敦煌一带的灿烂的佛教文化和艺术；集中在新疆、云南一带的岩画艺术等等。同时，在西部如今还存活的一些文化艺术中，也还具有一种主题内涵的古老传承性，在这里我们几乎能找到所有中国美术、音乐、舞蹈，甚至戏曲、诗歌发展的活的源头。而且，西部的文化除了有汉族文化之外，还有众多的少数民族文化（中国的少数民族基本都集中在西部），从其发展的广大的时间和空间中，我们能看到多元一体的、由广大多种民族创造的文化，相互接触、相互融合和各自发展的演化经过。

西汉时期打通的从长安横穿欧亚大陆的“丝绸之路”，不仅把丝绸文化从中国推向西域、吐蕃、东南亚，乃至波斯（今伊朗）、罗马等国。同时，也从这条丝绸之路上传来了印度的佛教文化。佛教文化对中国文化的影响很大，是外来文化对中国文化影响的第一步。主要在魏晋南北朝到唐朝，甚至宋朝这一时期，是中国传统文化形成的一个重要时期。

方：公元9世纪以前，中国的政治中心大体在北方而偏西，西北经济曾是全国经济中的主要成分。公元10世纪初唐朝灭亡，西部从此沦入多灾多难的动荡中，从五代十国到北宋、辽、西夏、元、明、清，伴随着民族的斗争与融合，中国的分裂与统一，西部及整个北方，兵事频繁，社会安定的时间相当短暂，总体经济水平趋向低落，在整个中国的文化中的地位也就跌落下去了。

费：就这样，我们也不能认为是它的文化地位跌落下去了，而是我们对它后来的文化认识不够了，主要是认为它不是主流文化，就不再去认识它。我们现在搞的人文资源的开发,就是要重新去认识它、理解它、发掘它。对于西部文化艺术的考察,前人已经做过不少的工作,这些工作是非常重要的,为今天的考察和进一步研究奠定了很好的基础。但是,以前的考察和研究大多还是仅仅停留在对历史事实的记录、观察和描述上,而从文化的角度上进行理论总结和深入研究这个方面还做得不够。如何在艺术学的基础上广泛地吸取社会学、人类学、民俗学、历史学的研究方法,变传统的单项个别研究为整体的全面研究。在学术上进行跨学科、多学科的交叉研究及理论总结,这是你们今天要做的事情。请谈谈你的课题打算怎么做?

方:这个课题,对于我们来说是一个崭新的、前人从未研究过的课题。崭新的课题必须用崭新的视野和崭新的方法来研究。以往人们对艺术的研究和考察,往往只注重艺术作品的本身,很少研究活动在艺术品背后的那些人,包括那些人的艺术行为和作为特定社会中社会文化现象等方面,这是艺术人类学研究中的一个巨大的缺口。因此,我们做这个课题,在学术研究上具有一定的前沿性和开拓性。另外,这次考察和研究是从书斋走向田野、走向社会,因此,具有强烈的实践性。同时,新的方法论要求这一研究必须是一个多学科交叉的综合性研究,要在艺术学的基础上广泛地涉及到历史学、考古学、人类学、社会学、民俗学等。而这种综合性的研究的过程和研究的方法都需要有一种前所未有的创新性。

我希望通过这次考察和研究后,能够出版关于西部人文历史、艺术人类学考察方面的系列专著,系列的西部艺术画册;拍摄关于西部文化艺术的电视片;举办西部文化艺术展和国际研讨会等。希望能引起国内外学术界的关注,从而推动西部文化艺术的繁荣和发展。只是不知道能否申请到这么多的经费来做这么大的一个课题。

费:其实经费不是最重要的,只要你们的研究确实是有意义的,是能够推动西部文化经济全面发展的,国家就一定会支持。这的确是一个非常大的课题,它不是一个两个人能够做得了的,要集中一大批志同道合的学者来做。在这一点上中国艺术研究院是有优势的,那里集中了大批的、各个不同艺术门类的研究人才,这是其他任何单位都很难与之相比的。

我觉得对西部的研究要分几步走，首先要了解它发展的历史，把它的历史说清楚，这样就有了一点基础，然后再找几个有代表性的，可以做田野考察的地方，花点工夫，做深入的考察，把它们作为研究的标本。在我们的脑筋里一定要认识到，全球一体化的经济发展会给人们带来一种新的生活方式和新的文化观念，但真正传统的好东西是不会完全走掉的。我们的任务就是要把这些好的传统从生活中提炼出来，让大家意识到和理解到我们有些什么样的、应该保留的优秀传统，并且要努力去发扬它和继承它。我把这种行为叫做文化自觉，就是自知之明。

我们现在连自己有多少财产都搞不清楚，自己有些什么资源也不清楚。要知道，人类对资源的认识是逐步的、渐进的。比如现在我们对自然资源已经了解得不少了，逐步地明白了能源里有煤、天然气、石油、太阳能、核能等等，这是一步一步的自觉嘛。对人文资源也是一样，人们要有意识地去理解、去探索、去逐步搞明白，把我们以前不知道的资源逐步挖掘出来，要搞清楚我们自己究竟有多少财产，这是第一步。

在我们的历史上有两个中心主义，第一个是汉族中心主义，再一个就是西方中心主义，就是这两个中心主义把西部的文化给湮没了。结果大家不再去看它，不再去了解它了。即使谈到西部，也是一讲就讲汉族的东西，其实西部地区不仅仅有汉族；谈世界文化时，一讲就讲西方的力量，不重视本土的力量。在这两个中心主义之下，就把我们西部的这一广大地区的人文资源给掩盖起来了。西部是一个多民族的地区，我们要承认它的文化的多元性，这些不同民族的存在，都是根据自己不同的自然环境和人文环境形成了自己的民族文化。这些民族的文化历史和汉族一样长、一样重要和一样珍贵。

另外，我们在考察和研究中还要完成的一个任务，就是要了解，并要让大家知道，这些传统的民族文化，将如何在新的历史条件和新的文化背景下，产生变化和发展；同时我们应该怎样去保护和发扬这些文化中的一些优秀传统。另外，我还要讲的一个问题是，在这全球经济一体化和文化一体化猛烈席卷过来的时候，不要把西部这些多元的文化给冲掉了，给毁灭了，我们有责任提醒大家。

二、文化生态失衡问题

费:你写的《文化生态失衡问题的提出》这篇文章,我昨天反复看了两遍,并在上面写了不少我的意见,有些地方还用铅笔做了记号,你可以回去慢慢地看。

下面谈谈我对这篇文章的看法,首先可以肯定这是一篇写得不错的文章,你动了脑筋,对人类文化互相间的关系,人类文化和自然环境、人工环境之间的相互关系等方面,提出了一些非常重要的看法,有些观点可以给人们一定的启发。但我还要提一点和你不同的看法,在这篇文章中,你用了不少生物学中的现象来论证你的观点,这是我不太赞成的。第一,生物世界不能等同于人文世界,人文世界是超机体的,它有它自己的规律;第二,人类学的研究要求科学性和准确性,你以生物学中的现象来类比文化学中的现象,很难得到真正的证实,因此是非科学的。你在文章中把不同的文化比喻成不同的生命体,我也是不太赞同的,生物界的生命是会死的,但文化是不会死的,只是会改变。

文化有文化的生长规律,生物有生物的生长规律,虽然说文化是从生物中发展出来的,可是已经离开了生物,高了一个层次。不能将这两个层次的东西放在一块讲。当然,对于文化的死和活,我们也不能绝对化,比如玛雅文化就死了,究竟是怎么死的,原因还不知道。现在印第安土著文化、澳大利亚的土著文化也都正在濒于死亡,我们中国的赫哲族文化也很危险。面临这样一个问题,我们怎么办?这是你在文章中提到的一个核心问题。

方:我在文章中提到的主要观点是:在现代文明席卷全球的今天,以西方文化为中心的观念正使文化圈内的文化种类在急剧递减,每时每刻不知道有多少传统的、土生土长的文化在消失。这是不是一种文化的生态在遭到破坏?因此,我们将可能面临一个文化生态的被破坏和文化资源在减少的问题。

费:我认为你的这一观点提出来很及时,是一个值得讨论的问题。但有关这个问题的讨论,最好是放在文化层里来进行,不要以生物学来做你的理论根据,不要以生物的规律来讲文化。当然以生物现象来做例子是可以的,但只能讲文化的规律与生物的规律有相似的地方,不能直接地推论过去。

这里主要涉及到的是一个对文化本身的分析。按我的理解,你在文章中主要谈的是本土文化和外来文化的关系,也就是外来文化的影响和文化自身发展规律之间的关系的问题,这里涉及到文化本身变化的规律。文化的发展和变化,一方面是受其所处的环境的制约,它要不断地和周围的环境相互调适而生存;另一方面还要与外来文化交流,受其影响、促进。

各个民族的文化都是在自己所处的特殊的自然环境和人文环境中发展出来的,即使到现在,很多民族还依然生活在它们的这一特殊的传统环境中,还保持着它们自己的传统文化。但面临着全球一体化迅速发展的局面,这些传统文化还要不要保持?还能不能保持?这就是你在文章中提到的一体化和本土化的问题。

方:有一天,我无意中在一张报纸上看到一篇文章,文章报道的是,湖北某地,从国外引进了一种人工培育的高产优质大豆,播种后长势很好,可是不久由于虫害,豆苗大批枯萎。经科学家们研究后,认为是因为大豆基因有了弱点,所以受到了害虫侵袭。要解决这一问题,就要到野生的环境中去找一种和这种大豆有亲缘关系的豆科植物,这种野生的豆科植物,具有强壮的生命力,把这种强壮的基因提取出来,注入到人工培植的大豆中,就能抵御病虫害的侵害。

这个例子,使我想到文化,想到如果文化的单一性发展,不仅会导致许多较原始的土著文化,甚至会导致许多发展中国家的本土文化的消失,这种消失会不会引起人类社会文化发展的危机!

费:你从生物学的现象受到启发,这是可以的,只是不要把它作为你论文中的主要依据。因为文化虽然也是从生物里面出来的,但它本身已离开了生物,隔了一层。生物层和文化层是宇宙发展中的两个不同的层次,它们各有自己的特点。

你在文章中提到,人类社会的发展需要多样化的文化和多样性的智慧,本来应该是这样的。很多的传统文化它们之所以不同,是因为当初它们各自发展的条件和所处的环境不同。现在整个世界都发生变化了,它们也不得不变,但是怎么变?现在很难说,这是一个很深刻、很值得人们思考的问题。前面我已经说了,我赞成你所说的,西方人用现代的科学技术制造了一个统一的、人工化的物质环境,同时在这样的基础上出现了一个统一的、大的、新的文化环境。作为非西方国家的人怎样去适应这样的一个环境,如何走向世界一体化,解决这个问题是非常困难的,因为各自的文化基础不一样,各自文化发展的初始条件也不一样。

不仅如此,就是西方国家本身也还没有适应自己造出来的这样一个新的、人工的物质环境。当今的物质文明和精神文明还没有真正的协调一致,新的物质文明需要有一个新的精神文明、一个新的文化观念、一个新的道德标准。但是,到现在为止,这个新的精神文明还没有真正跟上来,还在探索和完善之中。人类新的发展建造了一个新的人文世界,这个人文世界不是和自然统一的,而是对立,是和自然相对抗而存在的。这种对抗的结果,就是自然环境的被破坏,河流、空气被污染,地球成了不适合人类和其他生物居住的地方。如何解决物质发展和自然环境相协调的关系,这就是西方文化所面临的问题。而且,当今的世界上,还有很多落后的国家并没有参与创造这个环境,这些人和这个环境相隔很远,要他们适应这样的环境就更难了。

在全球一体化迅速发展的今天,我们不时听到一些唤起种族和民族情感的、强烈的呼声。这些力量所表现出来的外在形式是多种多样的,从根本上来讲,它们都代表了一种在失范的和混乱的世界上寻找归属的渴望。这一切都证明了这个世界的文化发展是不和谐、不平衡的。这里有两个问题:一个问题是,一些落后的非西方国家有自己本身的文化传统,但这些文化传统已不适应现代社会的发展了,它们面临的问题是如何去适应现代社会的发展;第二个问题是,西方社会也要面临如何与这些发展中国家的文化发展相互协调,避免造成各种文化的对立化,从而保证整个世界能和平相处下去。其结果是,各民族都要面临一个文化自觉的问题,也就是如何去认识每个民族自身的文化的问题。你文章中总的观点我是赞成的,并且是有一定深度的。关键就是你要把自己的意思和观点表达清楚，让大家来共同关心和探讨这个问题。

方：我认为，人类社会将从传统的、各自独立生存的民族国家的世界，变成一个互相联系和相互依赖的、以高科技为基础的一体化的世界，同时结成一个容易冲突的、高度技术化的工业体系，因而将遭遇到一系列经济、社会、生态等问题，生态问题里，不仅有自然生态问题，还有文化生态问题。对于文化生态失衡的问题，还很少有人真正认识到。其实它是西方文化以其强势的姿态介入世界每一个角落的结果。

人类今后真正要面对的是要重新调整我们的文化观，调整我们和大自然的关系。在这调整的过程中，我们不仅需要西方文化，还需要其他多种文化和宗教的相互补充。

费：你讲的这种文化的多元化是很重要的。现在有很多人希望用传统的多元化文化来对抗现代的一体化文化，但这种对抗最终是会失败的。我们现在面对的是一个新的社会、新的世界，历史是不会往回走的，面对这样的情况，我们应该怎么办？对于这个问题，学术界一直有两种意见，一种就是保持自己民族文化的独立性。刚才已经说了，这一点是很难做到的。另一种就是20世纪30年代胡适他们提出的"全盘西化"。这条路也是走不通的，是不可能，也是做不到的。因为一个民族是不可能忘记自己的过去和历史，重新开始的，它有自己的文化传统，有自己根深蒂固的民族习俗，除非这个民族消失了或被毁灭了。一个民族的文化是慢慢地一点一点积起来的，我们的文化习惯也是从小养成的，要改变这些是很难的，有些地方几乎是变不了的。这样一来，两种不同的文化就会发生矛盾。

我认为，西方的文化固然有它的优越性，但它是不完善的，起码它没有解决好人与自然的关系，所以这种文化所创造出来的人文世界也是不完整的，要想让它完整化，还需要其他的许多文化来共同参与。此外，不能强迫要求世界上所有国家和民族的文化都一致起来，这种要求一致的做法是大家不能接受的，也是不可能接受的。世界是人类共有的，它需要大家来共同参与创造。但是，不同文化和不同社会背景的人们，怎样才能携起手来创造一个共同的新世界，这是一个值得探索的问题，也是一个属于新世纪所面临的一个新问题。用传统的观念和办法是很难解决这个问题的,恐怕要有一个新的方法和新的思维才行。

方:正因为如此,我才觉得保持文化的多样性有多么重要。近年来,科学家们提出了很多意义重大的概念,为人类认识自己的处境和在宇宙中的地位提供了许多与以往极不相同的新的理解。一些研究前沿科学的科学家们认为,人类与宇宙的关联性正回到物理学和生物学。在宇宙和生物圈中共同生存和共同进化的一切事物之间永远有纠缠和通讯,在这微妙的相互作用网中,人的心灵成为一个意想不到的积极参与者。而且,关于心灵与宇宙的相通和感应方面,原始人和一些土著民族比只相信科学的现代人要强得多。他们的这种能力在传统科学看来也许是落后甚至是愚蠢的,但处于这种状态的人们却常常能根据这种超常的能力,敏锐地预感到生态系统将发生的种种变化,用自己的心灵与宇宙和自然保持联系。

在新的世纪里,人类将面临的还有精神方面的革命,如对自身潜力的发掘、对自我创造力的发展;对人和人、人和宇宙、人和自然关系的重新认识;以及对自身文化传统的重新认识、挖掘和整理等等。

费:你的意思是说,在今后人类社会的发展道路上要允许不同文化的自我发展。现在西方文化在其先进技术的引导下,正在创造一个新的人文世界,但这个世界是不完善的,同时,我们不能强迫所有的国家和人们都要进入这个世界,因为并不是所有的人和所有的文化都能接受这个世界。另一方面,就是人们接受了这个人文世界也不能解决所有问题,因为,西方世界内部的一些重要问题并没有得到解决,比如吸毒、艾滋病、社会暴力、种族歧视等等社会问题并没有解决。而西方世界与外部世界——即西方文化与其他文化怎样共同相处的问题也没有解决,当前世界上各种民族争端还在不断地发生。

在人类未来的发展中,怎样才能创造出一个人类共同的文化,这是一个大问题,怎么创造?现在谁也说不清楚。我看,最大的问题就在这里。你触摸到了一个人类目前遇到的最根本的、最重大的问题。世界一体化的市场经济,需要一个大家共同遵守的文化规则和社会秩序,共同的行为准则，甚至要有共同的语言。这就不得不动摇各地方的本土文化所赖以生存的根基，文化的非地域化似乎是一个趋势。这种趋势使人类进入了一个两难的矛盾境地，这就是追求物质文明的发展与自然生态和环境污染之间的矛盾，还有追求一体化经济与文化多元性之间的矛盾。

目前文化所遇到的一个根本的问题是，现代人创造出了一个新的局面，这个局面是人创造出来的，但又不完全是被动的和受人支配的，它有它自己的发展规律，有时是人难以控制的。就目前的情况来看，它正在不断地发展，而且发展的节奏越来越快，这种发展最后会把人类社会带到一个什么地方，真的是很难说。对这个发展的一些方面人应当控制它，但现在却控制不了。老实说，在我的思想里面，觉得如果这样下去实在不行，最终也许是人类的毁灭。西方文化创造了一个一体化的环境。现在的困难是，在一个统一的世界市场、一个统一的经济环境中，要求有一个共同的道德规范、共同的价值标准，因此，所有文化都面临一个转型的问题，它们都要无条件地交出自己的历史与传统，这在感情上是很难做到的，从客观规律上来看，也很难说是正确的。所以，人类遇到了一个进退两难的尴尬境地。而且，这个问题发展到现在，已经不单纯是文化的问题了，还成了一个带政治性的，里面隐含着一个霸权主义扩张的问题。

西方所崇尚的物质文化可以解决许多问题，但有些问题是不能解决的，尤其是社会心理问题，在这个竞争的社会里，大家互相矛盾，互相仇恨，造成很多的社会问题。同时，对自然资源的破坏，对环境的污染，都是目前西方国家难以解决的问题。这些问题都在说明，西方创造出了一个新的人文环境，这是一个高度人工化的环境，对于这样一个高度人工化的环境，不仅是发展中国家不能适应，就是它自己也不能很好地适应。现在地球已经承受不了这种文明所带来的巨大负担，连自然界的生物圈也很难适应这种环境所带来的负面作用。它的这种发展状态，不是向着一个相互平衡的、相互融合的道路上行走，而是朝一个极端的、失衡的道路上前进。当然，现在西方的许多学者也意识到了这一系列的问题，因此，产生了后现代主义的文化思潮来试图扭转这种趋势。

我认为，在今后人类社会发展的道路上，世界上三种最主要的宗教文化要互相补充，一种是基督教文化、一种是佛教文化、一种是伊斯兰文化。除此之外还有许多文化的分支和土著文化。对于原始的土著文化在我们现在看来是很落后甚至是很愚昧的，但是我们也要看到在这落后和愚昧里面，还蕴藏着许多我们现代人目前无法理解的智慧。这些原始的土著人长期生活在大自然中，对大自然变化的节律，对自然生态的理解可能会比我们这些现代人把握得更多。所以我们不要认为只要是传统的、原始的文化都是落后的、不合理的，都是要抛弃的。其实里面可能有一些东西是值得我们今天新的文化借鉴的，可以成为我们今天新的文化发展的基础。

当然，应该明确地说，在原始文化和传统文化中有很多不好的、落后的东西，是我们今天要抛弃的，但是我们不要倒洗澡水，把孩子也给倒掉了。要留下许多优秀文化的种质，并在这基础上让它们得到新的发展，为人类的未来不断地提供新的养分。

方：按照生物学的观点，每一粒种子，每一棵芽苗，都携带着种质，它不仅含有基因，还包含有全套的特殊机制，借以控制遗传、规定基因结合的模式、表现基因的特性。未来植物的健康，就取决于种类繁多的、不可代替的种质。人类社会未来的健康发展，也将取决于多元文化的继续发展和保持。

一体化和多样化是同时发展的，甚至是现代性促使了差异性和本土性的出现。今天，民族文化自我保护机制正在产生作用，因为没有一体化人们也就不会有对多样化的需求。现在人们之所以在追求多样性、本土化，就是因为觉得这种东西已经在悄悄地离开我们。一些国家爆发民族主义运动和本土化运动，也是因为它们感觉到了这种文化的一体化正在动摇着它们传统文化的根基，正在使它们失去自己的文化传统，因而引起了一种文化反弹和文化自我保护意识的觉醒。

费：你讲的这些有一定的道理，具体怎么写你还要做进一步的思考。在我看来，你要讲的问题是，我们现在正面临一个新的文化因素，这种新的文化因素，改变了全球各民族文化原有的存在条件。每个国家、每个民族都要适合这个条件，因为不能适合这个条件就不能存在下去。但事实上这种新的文化又是不完整和不完善的，它面临着许多困境，因此，需要从其他的文化中去寻找一种能够补充其发展的不同的养分。就像你刚才所讲的，有一些传统的或原始的文化，它们和现代的这个新的文化，在认识世界的观念上，在研究问题的方法上，都是完全不同的，但它们还是生存下来了。也就是说，它们有它们自己的独特的生存方式。

在最近的一次会议上，我提到了中国的医学。我们中国人在这个地球上生活了几千年，有相当长的时期里是没有现代概念中的医学的。但是，我们的先人是会生病的，他们是怎么治病的呢？这里面有很多的办法，有些办法还很经济、很实用，比如针灸、拔火罐、刮痧等等，这些治疗不需用药就能解决问题，不但简单而且副作用很少。这说明，在我们传统的文化中确实是有很多好东西，值得我们去继承和挖掘。这里就涉及到了文化自觉的问题，我们对自己的传统文化究竟有多深的了解，在这方面我们要好好地去研究和认识。

现在人类进入了一个新的历史阶段，一个新的人文世界和人文环境，我们要怎样去适应它，同时又不完全失去自己民族文化的根基，这的确是一个值得好好研究的问题。我们一方面要学习外来的新的文化，要想办法去适应这个新的世界，另一方面又要发展自己的传统文化。传统文化不一定都是好的，里面有很多糟粕，这就要看我们如何去认识和理解它。我们要在新的条件下发展民族文化，要创造适应新条件的办法，并不是把过去的传统拿来就用，而是要从旧文化里，本土文化里选取一部分继续发展。时代变了、条件变了、从下到上的环境都变了，这个变化的客观世界包括了自然环境和人造的环境。今天人类遇到的变化太厉害了，连太空、连海底都在改变。现在是人造的世界在改变自然的世界，同时创造出了一个前所未有的新世界。在这个新的世界里，人类将面临许多的问题，有自然生态的问题，也有你所提到的文化生态的问题。我想，解决这些问题，可以采取多元化的办法，不要只看到一个途径和一个办法，不同民族的文化有不同的出发点，大家根据自己不同的文化传统来进行创造，这就是文化的自觉和自新。自新，就是自我更新，从传统的基础上来自新，而不是从零开始。

你在文章中所说的文化生态是一个新的概念，这个概念值得进一步探讨。在我看来，概念并不重要，重要的是如何把道理说明白，如何解决实际问题。我们现在所面对的是一个新的人文世界，这个世界本来是以自然为基础的，但现在加进了很多人造的东西，所以引起了生态的失调。所谓生态就是主观的条件去适应一个客观的条件、一个客观的世界，主客观的条件都相互适应了就是生态平衡了。人类在 21 世纪将面临一个由西方文化所制造的、人工的世界，在这个世界里，其他的民族文化将如何去自新，这些不同的文化如何能够协调共处？这是一个重要的问题，也是一个文化如何自新与共处的问题。

方：先生提出的从文化自觉到文化自新再到文化的共处的过程，帮助我解决了许多概念上的问题。从这个观点出发，就是我们要在认识和发展自己文化的同时，还要考虑如何处理自己的文化和其他不同文化相处的问题。

费：这种关系的改变，使我们面临一系列的重大问题。要解决这些问题，不能仅仅只满足于一个概念的提出，还要做很多深入的研究。你讲的文化生态的问题，我也曾在文章中讲过，就是文化调适的问题，但都还没有讲清楚。这个问题简单来说，就是人生活在一个客观的世界里，为了适应这个客观世界，人们想出了一套办法，这套办法就是人所创造的文化。现在这种文化和自然产生了矛盾，也就是人造的世界和自然世界发生了矛盾。如何解决这个矛盾，就是我们目前所遇到的问题。

方：我认为，这种矛盾正是我们的文化观念所造成的，因为不同的文化观念会使人们构造出不同的人文世界，所以根源还是在于我们的现代文化不能顺应自然的发展规律，人们只想到要去改造自然，却没想到人也是自然的一部分。我们不仅要利用自然，还应该和它协调一致。

费：这里涉及到一个文化的目的论，文化是干什么的。我认为，文化是为了让人更好地生活在这个世界上。再深入一步说，是要创造一个美好的世界，一个艺术化的世界。在物质极大丰富的基础上，再追求一个美好的精神世界。

方：我理解先生的意思是说，人不仅仅是一个生物的人，还是一个精神化的、富有创造性的人，他不仅希望满足生理上的需求，还希望能有自我发展和自我表现的机会。艺术就是一个能自我发展、自我表现的巨大空间。随着人类物质生活的进一步丰富，艺术将成为人们生活中重要的一部分。各种艺术活动的开展，实际上就是人类未来的自身革命运动的开端，是人类另一次新兴革命开始的前兆。

费：我希望通过人类这样一次观念上的革命，建立起一个美好的世界，一个艺术的世界。人类将从纯粹的追求物质享受中解脱出来，去追求一种更有意义的非物质的精神享受，这样不仅能使自己的生活进入一个更高的境界，也可以使地球减轻不少的负担，从而能部分地缓解环境被污染和自然资源被破坏的状况。当然这只是我的愿望，能不能实现，很难说。我总希望人类能够从物欲的贪婪中挣脱出来，远离拜物主义的泥坑，更多地追求一种精神性的需求。要知道，人作为一个生物体，他需要营养、需要活动的空间，这和动物的要求没有什么区别。人所追求的吃饱穿暖的物质方面的需求，还只是生物层面上的要求。但人类超过了这种动物的需求，进入了一个文化的世界，一个人最基本的文化世界，远远地超出了生物的世界，因此，人还有比动物更高的需求，这种需求就是精神方面的需求。

为了满足人类在物质和精神两方面的需求，人类建立起了自己的文化世界。现在这个文化世界里出现了许多难以解决的问题，如何去解决这些问题，这就是我们讨论的问题，而且今天只涉及到了一个开头，今后还需要做更进一步的探讨。

就讲到这里吧，有些问题需要你回去后好好思考，并把它写出来。

2001 年 4 月

中国古代玉器和传统文化①

刚进入21世纪不久我们就聚到一起，在红山文化的诞生地区——沈阳，召开“中国古代玉器与传统文化学术讨论会”，我感到很高兴。这次讨论会是我建议的，这个建议得到了中国考古学会、国家文物局、辽宁省考古学会和辽宁省有关部门的大力支持，我在此表示感谢。

我是学人类学社会学的，没有专门学过考古学，但是对考古学一直很有兴趣，所以时常关心考古学的新发现和新进展，解放前，我主要是研究中国农村的情况，新中国成立后，我到民族事务委员会工作，筹建中央民族学院并担任副院长。为了办学的需要，我们请了一些专家来讲授关于民族学的课程，但是有一门综合论述中国民族史的课程，即讲授中华民族怎样形成的这门课，一时找不到老师。无奈之下，不得不由我自己来讲。为了讲好课，我曾在两年的时间里，多次到西南少数民族地区考察，就在这些考察、学习过程中，我接触到了许多当地出土的文物，并且使我逐渐形成一个看法，即中华民族多元一体的观点，并将这个观点贯穿到教学中。遗憾的是，由于众所周知的原因，这门课没能讲下去。

时隔30年以后，在1988年，我把这个观点整理成《中华民族的多元一体格局》一文发表。文章发表以后，民委于1990年专门召集了一次讨论这篇文章的座谈会，当时苏秉琦先生出席了会议，苏先生根据对考古学材料的研究，也得出了与我相似的观点。

当今人类已经进入了一个新纪元，地球上发生了很大的变化，由于交

① 本文是作者在沈阳“中国古代玉器与传统文化学术讨论会”上的发言。

通、通讯、信息等科学技术的迅猛提高，世界经济开始走向一体化。因此，世界上不同文化的人们就会不可避免地、频繁地发生接触。这样就出现了一个多元文化在一体化经济里发生碰撞的问题，从而产生矛盾，这个矛盾在21世纪里应该如何解决？我认为，我们不必去争论是西方文化优越，还是东方文化优越，正确的态度，应该是东西方文化相互兼容、取长补短，以达到在世界范围内全人类的"多元一体"。要达到这个目的，东西方各民族都应该进行"文化自觉"，检验一下各自的文化有什么特点。并且将各自文化中优秀的那部分发扬光大，使之互相交流、融合发展，共同创造新的、更加光辉灿烂的世界文明。

东西方文化各有各的特点，我们中国文化也有许多独特的东西。但是，哪些东西是西方文化中所没有，而是中华文明所独有的呢？中华民族还有什么好的精神和优秀传统，能贡献给未来的世界？我想，我们应该将那些能代表中国文化独有的，具有鲜明特色的那部分，从理论上加以剖析，并展示在世人面前。

在纷繁的、独具特色的中国文化中，我想到了中国古代的玉器。玉器在中国的历史上曾经占有很重要的地位，这种现象是西方所没有的，或者说是很少见的。我们考古学界是否可以将对玉器的研究作为切入点，从更深刻的层面上阐述玉器在中国文化中所包含的意义，把考古学的研究同精神文明的研究结合起来。

玉器应该是属于石器的一部分，不过它是美的石头。这些美的石头——美玉，从普通的石器发展成为玉器之后，这些器物本身就不再是普通的工具了，它被注入了更高一级的价值观念和意识形态。从历史上看，在石器逐渐演变成美玉的过程中，中华民族的文字也逐步形成，中国古代的社会组织又有了变化，出现了一个从事文化事业，靠文字、靠脑力劳动谋生的士大夫阶层，正是这一批人，对历史文化传统的传承起到了很重要的作用，他们赋予了文化以新的价值观念。

据一些文章分析，中国古代的玉器至少有三或四个源头：燕山南北地带的红山文化、太湖流域的良渚文化、海岱区的大汶口——龙山文化。近年还有人提出，华西地区出土的玉器有它自己的特色，可以看作是另一个源头。

到了商代，各地的玉器精华辐辏中原的商朝，使商代玉器的制作技术更趋完美，玉器的社会功能得到了深化，价值观念得到了提升。到了西周，玉器更成了“礼”的载体，各阶层贵族所佩带的玉器都有严格的规定。玉器不仅是社会地位的象征，而且还体现了中国传统的道德标准、价值观念。中国人赋予玉器特有的功能和观念，集中体现在儒家所提倡的“以玉比德”，即给予玉器以温润、和谐、高洁、刚毅和坚贞等品德，提出玉有仁、义、智、勇、洁等许多美德，有所谓五德、七德、九德之说。使玉成为高洁的人品、和谐的人际关系和坚贞的民族气节等美好的人格与事物的象征。直到今天，我们从字典上能找到的带玉字的成语全都是褒义词，如“化干戈为玉帛”“宁为玉碎不为瓦全”等等。这种将玉器作为美德载体的文化现象，在全世界是独一无二的。

我们现在应该将对玉器的研究提升到对其内涵意义的挖掘上，从物质切入到精神上，同价值观联系起来。我想从石器到美玉的演变，与社会组织中士大夫阶层的出现之间，必然存在着相当复杂的关系，这也正是中国文化不同于西方文化的特点之一，从这一点出发扩展开来，应该有很多文章可做。

20 世纪二三十年代，傅斯年根据胡适的思想，在我国的考古学界，提出考古学要实事求是，以资料为主，资料以外的事不要多讲的主张，这在当时是必要的和十分及时的。然而，我们已经进入了 21 世纪，时过境迁，中国社会已经发生了翻天覆地的变化，当今的考古研究，应当更加注意文化的意义，因为文化的意义在当代，已经成为世界性的大问题。就是我上面说的，在经济全球一体化的时候，多元化的世界文化应该怎样和谐相处。这是个大问题，需要大家开动脑筋好好想一想。

希望我们考古界的朋友，思想再解放一点，冲破“就材料论材料”的羁绊，在夏鼐和苏秉琦先生建立起的研究基础上，更上一层楼，将考古学的研究提高到更高的层次。我虽然年纪已经大了，而且考古也不是专长，但是，十分希望继续能够和大家聚在一起开这样的讨论会。

2001 年 5 月

再谈中国古代玉器和传统文化

中国文化向哪里去？去年我参加炎黄文化研究会召开的国际学术讨论会时，提到了这个问题。我认为，当今的世界正处于全球化的转型时期，世界经济开始走向全球化，那么世界文化是不是也要全球化？我们中国文化向哪里去？这是摆在我们面前的一个很迫切的问题，那次会议，反映了与会者关心这个问题的急迫心情。世界形势正在变化，我们每个人都应当思考。我虽然年岁大了，但是还活在这个世界上，就要思考这个问题。作为一个人总是要死的，但是中华民族还存在，中华民族的文化不仅存在而且还在延续，当世界经济走向一体化的时候，中华民族文化将向哪里去？这是我们在文化传承方面所面临的一个大问题。所以，我提出文化自觉，要明白自己文化的来龙去脉，我们的文化是怎么来的，经过哪些波折，又将向哪里去。这不单单是我们国家和民族文化的大问题，也是全世界每个国家和民族文化共同的大问题。

文化自觉最主要是回顾前人的经验，从前人的文化发展中汲取有益的教训。中国历史悠久，前人留下了许多很好的经验，可以帮助我们把握好下一步向哪里走，走得更稳当一些。这几年我一直在思考这个问题，于是想到了考古学界的朋友们，想请你们考虑一下，在你们的学科中有什么可以帮助我的地方，帮我来思考这个问题。

我有很多事曾得益于考古学界的朋友。早年搞民族工作时，当时正在筹建人民代表大会，要了解中国有多少个民族，各民族的情况怎么样，如何才能团结成为一体。为了解决这个问题，尹达、曾昭燏等老一辈考古学家，协助我在云南做调查，一路上共同探讨这个问题。从云南的少数民族历史里，我们选择与考古学相关的南诏大理史迹的调查，绕滇池走了一圈，真是得益匪浅，通过调查我们得出了一个不同民族可以融合起来的道理，这是历史事实所证实了的事情。回京以后，我在民族学院开了一门课，用多元一体的观点来讲中华民族形成的历史。所以我要感谢考古学界的朋友帮了我的忙。接下来我碰到苏秉琦同志，他从考古学上把中华民族远古文化的发展也概括为多元一体的模式，得出了和我同样的观点，并且写出书来，从而推动了考古学的发展。这些事实证明我们是可以互相帮助的。现在又到了需要互助推动的时候了，请考古学界的朋友帮忙，先来推动我。

我曾和几位考古学界的朋友聊天，我们从考古学的角度来讨论中西文化有什么区别，有什么重要的不同，差异在哪儿。如果从远古史讲起，当时尚无纪年，也没有文字，考古学家工作的重点就是根据考古发现的遗迹、遗物来恢复远古的历史。譬如有人告诉我玉文化是中国有特色的文化，玉器不能说外国没有，但外国人没有像我们对玉器那么重视。我想可以抓住这个特点，来弄清玉这个东西发展变化的历史，透过玉文化来看中国文化发展的规律。这便是我建议召开这一“中国古代玉器与传统文化学术讨论会”的原因和目的。这种对中国文化发展的研讨是反映时代要求的，而且很急迫，因为这是关系到我们民族生死存亡的大事。中国的根本问题是我们的 10 多亿人怎么活下去，还要代代相传，我们要给子孙留下些什么东西？这里面有历史问题，从过去看将来，历史问题不搞清楚，对将来会有很多迷茫，所以考古学的研究是很重要的，不是可有可无的事情。我提出在中国玉器的文化上做些研究，其意在此。这就要依靠考古学界的朋友们了。

我是学人类学的，人类学里面应当包括考古学，可是我没有学考古学。当年我的老师史禄国，为我制定的学习计划是先学体质人类学，再学语言学，最后学社会人类学，其间还要自学一段考古学。但是，两年以后他便离开了清华大学，我也离开清华去英国学习了。在史禄国指导下，我只读了体质人类学，懂了点人体测量，对考古学则没有接触。原来以为将来总会有机会和时间可以补上这门课程，谁料我的一生变化无常，以后再无缘补上这一课。现在，我已年逾九十，但是在关系到民族生死存亡的大事面前，我仍愿重新补上这一课。这就是我提出问题的背景。

最近我读到了一些关于考古学方面的文章，我想谈一点读后感，谈谈从中获得的教益。其中有两篇关于中国文化的走向问题的文章对我很有启发。

第一篇是许倬云先生写的《神祇与祖灵》。许先生是美国匹兹堡大学的教授，去年在香港我和他见过面，谈得很投机，但对他的文章却没有好好读过。在美国的中国考古学家中还有张光直先生，我在访问美国时与他见过面，交谈过，可惜今年初他去世了。我的一些考古学界的老朋友都故去了，尹达、夏鼐去世了，曾昭燏、苏秉琦先生也去世了。因此，现在我要同考古学界沟通时，只好通过比我晚一辈的朋友了，如社科院考古所的潘其风，就给过我很多帮助。

我和许倬云先生私交不深，见面交谈以后觉得他的学问确实不错。他在这篇文章中提到信仰神灵上天和祖先崇拜，都与玉文化有关。许先生研究红山文化的玉器，是以研究牛河梁红山文化墓地为对象的，在研究方法上是以群体来研究，不是孤立的文物研究，他的着眼点是墓群，他把单体的文物纳入到一个群体之中去研究，我非常欣赏他的这种研究方法。我自己在做民族社会调查时也如此，我不是只调查一个人，而是以一个村子为单位，要调查人与人的关系。许先生从对这一墓群的调查中看出禘郊与祖先崇拜两者之间的区别。牛河梁红山文化有两组墓地，一组葬在高地上，墓主的社会地位较高，随葬品中有玉器，看不见或很少见到陶器和生产工具；另一组是在低地上的墓葬，随葬品以陶器或生产工具为主，很少有玉器随葬。这种现象说明什么意义？玉器起什么作用？功能学派讲究探寻活的意义和作用，也就是要研究玉器在墓主人活着的时候的意义和作用。许先生认为牛河梁红山文化墓地所出土的玉器集中地说明，红山文化社会中有两批人：一批是有玉器随葬的人，另一批是没有玉器随葬的人。有玉器随葬的人很可能是代表神（God）的萨满（shaman），是上天的代言人，是通天的，他有象征其身份的特别表象（或称符号 symbol），这种表象便是玉器。我认为许先生说得有道理，红山文化的玉器是一种表象,因为当时的人信奉上天,他们要通过一个人来与上天沟通,这个人要有一种特殊的法器,某些有特殊形制的玉器便成了这种人的法器。说起来很有趣,我的老师史禄国认为,通古斯人起源在黄河流域,北方有些部族中就有萨满,他们就是一种能通灵的人。萨满起源很早,几千年来一直保留下来。文化是不可能完全被消灭的。但是,史先生在讲通古斯的萨满时没有讲过萨满是否使用玉器。在中国萨满阶层没有传下来,以汉族为中心的中华民族文化中,没有发展出萨满文化来。

许先生认为玉器的早期功能是起通灵的作用的,因为并非每个人都能与上天通话。墓中只随葬陶器和生产工具的人,是不具备与上天通灵的资格的。当然,这些问题的阐释都是一种初步的研究和推论,还有待做进一步的探讨。

总之,当时红山文化的社会已分化为两个阶层,上层是可以与上天通灵的人,下层则是不能通灵的生产者。这种现象不单是在红山文化中存在,在良渚文化中也有类似的情形。

东西方文化的发展各有各的途径。西方历史中最重要的是资本主义产生,资本主义产生的基础是基督教的新教徒,这是韦伯讲过的,他有一本很大的著作:《基督教伦理与资本主义精神》(*Protestantisch Ethik und den Geist des Kapitalismus*)。

第二篇是郭大顺先生谈红山文化"惟玉为葬"的文章,他相信早期玉器是可能通灵的说法,提出从"惟玉通神"发展到"以玉比德",这一观点比许倬云的文章又有发展。玉器的内涵从通神到通人,即从表示人与天的关系发展到表示人与人的"礼"和"德"的关系,这是一个很大的变化。中国没有宗教,从相信上天转变到推崇礼和德,要有一个过渡时期。礼是将人与人的关系神圣化(sacred),礼不是法,礼是大家公认的行为准则,譬如我们见面鞠躬行礼,这种行为不是强迫的,而是大家共同遵守的礼貌。中国有句古话,叫做"坐有坐相,立有立相",随心所欲,那是不文明、没有规矩的表现。我小时候没有规矩是要挨打的。我说的这些都是平常的小事,礼最要紧的是管人与人之间的大事,"三纲六纪"是它的最高原则。从礼到德,德是用自己的力量来约束自己,是一种内化的自觉行为,内化就是将外在的规则通过思维变成自己行为的是非标准。从礼到德的过渡是反映人们认同礼的思维过程。中国古代的礼是从什么时候开始的？德又是从什么时候建立起来的？这些都是历史学家要回答的问题。我觉得从有阶级的文明社会产生以来，礼便在建立，西周似乎是一个很重要的历史阶段；春秋以后，孔子的儒家学派诞生，"以玉比德"的概念才逐步形成。

讨论中国古代玉器与传统文化的关系，必须与中国古代社会分化的历史联系起来。中国古代社会分化，即社会阶层开始变化时，有一条很重要的标准，便是有了君子与小人之别，君子是高人一等的人，但同以前能够与天沟通的萨满不同，萨满是得天之灵的巫师，而君子则是通晓礼法的"士"。孔子只懂得"周礼"，有不知道的地方也要去"问礼"。礼和法不同，法是凭外力控制，带有强制性，礼则是甘心情愿遵从的。我想从礼到德的过渡时期，文字的应用和"士"的出现有密切关系。士在有了政治地位以后，就不仅是君子，而且是"士大夫"了。

那么，中国古代玉器与传统文化究竟有什么关系呢？大体说它们之间关系的演变，可以分为三个阶段：第一阶段是玉器的初期阶段，它主要是作为萨满同天沟通的法器而存在；第二个阶段是在文明社会中作为表现礼的等级制度的佩饰而出现；第三个阶段是把玉器作为装饰品来佩用，但把人们的道德观念与玉器相联系起来，视玉器为人们道德品行的象征。因此，中国人喜爱玉器历数千年而不衰。

中国玉文化的研究，在上述两篇文章中都提出了很有见地的意见。可见我们选择中国玉器与传统文化这个课题来讨论是恰当的。最后谈几点我对研究这个课题的意见：第一，要吸收一点社会学的研究方法。考古学虽然是以研究古代人类的遗迹、遗物为对象的，但它要阐释的却是以人类古代社会为主体的问题，因此，借鉴社会学的研究方法是很必要的。研究者不要把遗迹、遗物孤立起来，要把它们放回古代社会之中，叫被发掘出来的遗迹、遗物说话。考古学家就是这些古人类遗迹、遗物的代言人。第二，要研究中国古代玉器变化的历史。考古学家从考古学的角度，对中国古代玉器做分区、分期的研究，要研究不同文化系统的玉器的特点和变化。在这个基础上，我们要考察早期玉器与萨满的关系，为什么玉器是萨满通灵的表象？为什么后来玉器又成为人的人格、行为、道德的表象？并用它来教育人。第三，我还要强调在我们这个课题的研究中，一定要坚持科学性。科学性的基础必须是经过科学发掘出来的中国古代玉器。中国古代玉器的收集和研究有很长的历史，从公元10世纪末北宋时代，一直到19世纪末叶，属于金石学的范畴，利用古玉来"解经读礼"。从明代开始古玉变成了古董，成了有经济价值的商品，传世古玉中的假冒伪劣之品，逐渐充斥市场，给学术研究工作带来了很大的困难。20世纪初现代中国考古学产生以后才改变了这种局面。但是，在中国古代玉器的研究中，科学与非科学的斗争一直到现在也没有终止。我希望考古学家要站在科学的立场上，保卫玉文化研究的纯真性。

2001年5月

人类学与二十一世纪

一

在刚刚过去的一年中，时间的流逝让人惊觉。不久前，人们还在谈论如何迎接21世纪。一瞬间，我们却已经实实在在地身处在这个新世纪当中了。年轻一代对时间的流逝或许能满不在乎，可我这个已是耄老之年的人，顿时平添了“逝者如斯”、“时间不等人”的感觉。

对时间的这种感叹，并非无病呻吟，它表达了我个人对于人文世界变动的体会。我对人文世界进行有意识的研究，开始于60多年前的20世纪前期，后来目睹了一连串社会变动和经济变迁，让我有了一些新的感受和认识。在新的世纪的第一个年头，我又看到，人类重新面对着很多新的问题。曾几何时，世界各国的人民还在潜心探索建立民族国家、实现工业化及获得民族经济自主性的道路。现在，这些问题的重要性，似乎已经不再那么大了。国际关系格局的调整、“新经济”的出现、经济和文化交流导致的民族国家危机等等，使人类必须面对20世纪没有面对过的许多新问题。

在社会科学里，这些大转变被描述成超个人外在变迁，但它们却与人类的生活息息相关。就我自己来说，目睹这些变化，让我个人感受中的“人生时间”增添了一种时间交错的意识。在历史变动的过程中，不同的人对他们生活在其中的世界的变化，做出了不同的反应。我一直认为，作为一位知识者，我采取的是一种“从实求知”的路子，这就是说，我力求在社会生活的实际状况和参与中，理解和解释我们的社会。在新的世纪里，社会生活的实际情况正在发生很大变化，而我这个属于20世纪的人，对于这个新的百年的参与也将越来越成为不可能。可是，怎样合理使用我那越来越少的时间资本，来与新一代共同探索人类面对的新问题和人类未来的命运？就我个人的经验和体会所能说明的，对于研究和解决新世纪人类面临的新问题，从事人类学研究的同人，当以什么特别的办法来做出什么特别的贡献？

二

在座的同人知道，我曾经在伦敦政治经济学院跟随人类学家马林诺斯基老师学习过人类学。有些同人也可能会记得，我曾多次在国际上获得人类学方面的奖励。对于这些奖励，我实在受之有愧。不过，我承认，自己在60多年来的研究和实践当中，确实与这门学科结下了不解之缘。因为吴文藻老师的教导关系，当时我和燕京大学的几位同学能及时接触到前沿的理论和研究方法。30年代，我即有机会从派克在燕京大学的授课中，了解当时西方世界最先进的社会学和人类学观点。这对于我后来的研究和实践，产生了相当大的影响。后来，在清华大学受到史禄国教授的指导，接着又有机会前往伦敦经济政治学院，从马林诺斯基等老师那里，学习到了当时社会人类学的先进思想。

我曾将自己的学术生命分成两段，它的后段是20年前才得到的。在自己的第二次学术生命中，我做的一件事，就是回顾和反思自己的学术生涯，我写出了一些论文，这些论文记录了我学术研究早期我和我的老师们之间的关系，也试图通过探讨这种人与人之间、思想与思想之间、文化与文化之间的互动，来表达自己的学术思路。这些文字都发表出来了，这里就没有必要赘述，但其中有一方面，我觉得还是有必要向人类学界同人再次强调——这就是我已经多次提到的马林诺斯基老师和他的文化论。

在马老师的时代，西方人类学处在一个矛盾的年代。20世纪开始不久，世界性的战争就爆发了。随着西方民族国家之间利益矛盾的产生和激化，西方国与国之间、文化与文化之间、民族与民族之间的纷争愈演愈烈。这不能不引起一些有良知的人类学家的反应。包括马老师在内的一些人类学家看到，欧洲从19世纪的对外帝国主义侵略，到20世纪前期的国家矛盾，与西方中心主义的世界观，有着难以切割的密切关系，而这种西方中心主义的世界观，又曾是一代人类学前辈的信仰。

在马老师以前，以西方为中心的社会进化论和文明观，充斥着人类学的写作。在19世纪的西方，进化论者主张进步，因而不仅曾经推动过西方现代化的进程，而且到后来还启蒙了非西方民族的自觉，然而，正如马老师看到的，当时的进化论思想家和人类学家，都将西方当成是全体人类未来发展的方向，也就是将西方放在文明阶梯的最顶端。在运用进化论思想的过程中，西方人类学家经常为了满足他们的理论需要，将非西方文化的各种类型排列为一个特定的时间上的发展序列，好像所有的非西方文化都是在成为西方世界的“文化残存”（cultural survivals）。这种西方中心的历史观，后来被西方学者自己称做“teleology”，也就是“目的论”。马林诺斯基老师不是对这种观念进行反思的第一人，可是在人类学和社会科学的其他门类中，他算是反思这种观念的第一代人。他及时看到，西方中心论引导下的文化研究，是西方中心主义的，它无法体现非西方文化的自主性和生命力。他还意识到，西方中心主义的文化论，在帝国主义的文明化过程中，误解了诸多类型的非西方文化，它的单线进化观点，妨碍了文化与文化之间的相互理解和依存。

作为一位遭受战争和病患的波兰人，马老师能具备这样的见识和洞察力，与他的民族的现代命运有着密切的关系。将他的理论与他的人生联系起来，我们能看到，人类学的学说与人类学家的生活两者之间，倘若不能说有什么因果关系，那么，它们至少也有着比较明显的互动关系。这里更值得我们记住的还有：为了说明19世纪人类学的缺憾，为了减少文化矛盾给人文世界带来的损害，马老师发明了一套叫做“功能主义”（functionalism）的文化研究办法。用一句简单的话来说，这套办法的核心内容，就是重新恢复一度被“古典人类学家”当成“文化残存”的非西方文化的名誉。马老师认定，非西方文化的存在，不是因为它们是西方文明的历史对象，而是因为它们都在各自的生活场景当中扮演着社会作用，满足着人类生活的特定需要。我在几十年前翻译的马老师代表作《文化论》，就系统地阐述了这一论点。

观点一旦改变,研究方法也就需要做出调整。马老师认为,社会人类学再也不应沉浸在19世纪的西方中心的文明论的泥潭中,而应超脱西方文明的局限,到非西方文化的时空坐标里头,去体会不同文化的共同意义。在他以前,多数人类学家属于"摇椅上的学者",他们利用传教士、探险家、商人对非西方民族的记载,来整理自己的思路、描述人文类型、构思人文世界的宏观历史与地理关系。"摇椅上的学者"没有做的,就是我后来称做"行行重行行"的那种工作,这种工作被马老师称做"fieldwork",即我们说的"田野工作"。马老师还将呈现"田野工作"成果的文本称做"ethnography",即我们说的"民族志"。这两个层次和研究阶段加起来,就是社会人类学方法,而它包括的内容涉及到非西方文化的各个方面,包括这些人文类型中的制度、行为方式、思想方式的总体思考。换句话说,在马老师看来,社会人类学研究的这两个基本办法,共同促成了一种新的文化论的生成,这就是"整体的观点"(holism)。

我自己从马老师学习文化论,体会到"整体的观点"来之不易。它要求社会人类学的研究者必须全面把握一个特定的社会实体的经济、社会组织、宗教、政治等等方面的面貌,再从一个整体的高度来理解这些方面如何作为一个文化的整体来满足人类及其群体在不同层次上的需要。后来的人类学家为了研究的便利,将社会人类学研究分成经济人类学、亲属制度与社会组织、宗教或象征人类学、政治人类学等分支领域,大多数人类学家选择这些领域的某一分支,成为分支领域研究的专家,但他们的分析框架实际没有脱离马老师的整体文化论,没有脱离在文化整体中解释个别制度、个别行为、个别思想的方法。

三

过去30年来,随着20世纪逐步走向终结,马老师的这套开创了现代人类学的功能方法,遭受到了不少西方人类学者的批评。有人说,他将文化看成满足人类的基本需要,是将文化本来十分丰富的内容化约(reduce)为人的本性;有人说,他的整体民族志的方法使人类学家长期以来忘记了文化内部的复杂性和文化之间交往的现实性；更有人说，他这样的文化论，虽带有批判西方中心主义的动机，却在实际上将非西方与西方之间的差异推向极端……

四年前，针对马老师对我所提的“文明社会的人类学”希望，我也表达了自己对于他的民族志方法在有文字的复杂社会中面临的种种问题和疑惑。但我也不无谨慎地看到，在西方内部展开这样的人类学自我批评，表现了20世纪西方社会科学那种标新立异心态。由于有些批评不简单是学术批评，而常常与不同民族的学术文化传承和偏见有关，因此，也让我们体会到20世纪西方世界的“战国心态”。其实，很少人能否认，对于马老师文化论展开的诸如此类的批评，没有否定马老师在人文价值观和人类学方法论方面的巨大贡献。在个人的研究实践当中，我一直深受马老师的文化论的影响。这一文化论让我更清楚地看到，要理解一个像中国这样的非西方民族的文化和文化变迁，人类学家不能以西方为中心来展开他们的工作，而应当脚踏实地，从它的内部来进行社会科学的分析。同时，整体的人类学观点，也一直激励着我去更加全面地理解我们的人民和社会的运行逻辑。

这样替马老师说话，不是为了在中国人类学界宣扬一种旧有的、甚至是过时了的理论和研究方法。其实，在个人的学术生涯中，我一直努力将所学的有关这门学科和其他门类的知识与中国实际的社会变迁与文化问题联系起来。我说这种方法可以被称为“从实求知”，并在1998年出版的一部文集中用“从实求知”作为书名，意思是说我力求在对社会现实的参与中寻求新的知识。过去10多年来，我发表了一些文章，表述了我个人学习人类学的体会及对这门学科的发展怀有的期待。进入新世纪的门槛，重新回顾一下谈论过的那些问题，我又深深地感到，人类已经进入一个很不同的时代。我的老师马林诺斯基开始他的人类学研究时，世界上各文化之间的关系还没有现在那么密切，而且20世纪前期与19世纪不同，欧洲各国忙于处理欧洲民族国家之间的关系、忙于相互之间的利益争夺，而无法顾及一些曾经被以往在帝国时代顾及的非西方事务，因而他有可能在西太平洋找到著名的世外桃源式的特罗布里恩德岛，来与社会冲突深重的欧洲做比较。可是,我60多年前到伦敦留学的时候,文化之间的关系已开始发生着深刻的变化。马老师自己面对这些变化,意识到那个时代西方文化虽然已在实现其世界性的扩张,而引起非西方人民的文化自我意识兴起。他后来在《文化动态论》中表示,这个世界已是一个文化接触频繁、矛盾重重的世界,给现代人类学提出了严峻的挑战。60多年以后,再来看看我们生存于其中的这个世界,我个人更是感触无穷。

有些西方人类学同人以为,马林诺斯基一辈子的研究只是功能的整体文化论。其实,马老师后期的著作,已经显露出对自己的这种论点的反思。在他后期著作《文化动态论》中初步总结的看法,预示着一个文化多元世界的确立。他认为,到了三四十年代,非西方各民族已经面临着如何处理本土文化与外来的西方文化的关系问题,他们的文化不再是封闭的蛮荒之岛,而正在同世界其他地区的文化进行形形色色的交往。这种文化间的交往,有时表现为战争和矛盾,但最终的结果可能是民族文化自我意识的兴起与西方文化的移植。在三届研讨班,我说到马老师的"三项法",指的就是他对于文化动态过程的基本看法。现在看来,"三项法"所指的文化类型,即本土的、外来的、综合的三种类型,也就是我们在20世纪末广泛谈论的民族主义、全球化和文化融合的现象和问题。

四

值得一提的是,我对于文化动态论叙述的那些丰富面貌,也有个人的体会。这些日子以来,我多次谈到,从20世纪前期到21世纪的初刻,我们和我们的国家一起经历了从农业社会到工业社会,再从工业社会到信息社会的大转变,我用"三级两跳"这个概念来形容20世纪中国的这一系列变化。在文化变迁和经济发展如此快速的时代,从事人类学研究的同人,又如何来面对现实社会的变化?

在马老师逝世以后的半个多世纪里,科技的进步和社会的发展,确实促成了不同人文类型之间的交流和融合。有不少学者用"全球化"(globalization)这个概念来概括新时代人类群体和文化之间发生的交流和融合现象。我能同意,世界性的交互影响正在给人类生活带来深刻的变化，我们如还没有更恰当的词汇来描述这些变化，“全球化”这个词暂时还是有意义的。不过，倘若我们简单地相信“全球化”正在造就一个“文化一体的世界”(one - world culture)，那就有些操之过急了。

在我们这个文化交融的时代，我们在中国的城乡地区确实能看到很多带着西方文化的影子。例如，现在的北京，到处有年轻人在消费美式的快餐，如麦当劳、肯德基等等，他们穿着的时装，与我们年轻时也差别很大，有时甚至让我这个旧时代成长起来的人觉得有些荒唐。而在伦敦、巴黎、纽约等国际大都会，人们也容易能看到不同人种、不同文化类型的并存，其中中国移民和唐人街的形象，仅是其中一种。在世界各地发展迅速的网上交流方式，正在使文化之间的距离再度缩短，而跨国公司的势力范围和“跨国性”的拓展和增强，又冲击着挑战了以民族国家为核心的各种制度。

然而，文化之间的交流，不等于文化差异的消灭。就经历了“三级两跳”的中国来说，我们诚然在科学技术、经济等方面与世界其他地区的交往更频繁，共通之处更多了，但我们的老祖宗经过几千年积累的文化遗产不见得会随着这种“全球化”的发展而全部消失。相反，实际的情况恐怕是，我们的文化传统正在逐步引起我们的政府和人民的重视。随着世界性科学技术和政治经济交往的日益加深，中华民族的儿女会更多地感受到对我们自己的民族、我们自己的文化的肯定和认同。与此同时，中国文化也正在为世界其他地区的人民所承认，一些了解西方现代文明缺陷的西方学者，更呼吁要与中国展开跨文化的对话，试图从我们老祖宗留下的遗产当中来寻找解决西方现代文明内在矛盾的方案。

就是在这样一个文化交融和文化自觉并存的情况下，在西方学者当中，有人提出了“文明冲突”的理论，认为20世纪末期以后，到21世纪，世界将进入一个以文明为单位的冲突时代。全球化理论家和文明冲突论者在他们的论著中讨论的“文化”，已再也不是马林诺斯基意义上的“文化”了。在人类学的概念里，“文化”指的是一个民族或群体共有的生活方式和观念体系的总体，而民族或群体是可大可小的。现在的全球化理论家和文明冲突论者谈论的“文化”或“文明”，往往与世界地理意义上的五大洲的少数几种文明类型有关。不过,即使有这样的不同,在21世纪,人类学者仍然有必要考虑现实社会提出的新问题,如21世纪的人文世界,到底将是一个文化一体的世界、一个全球化的世界,还是一个“文明冲突”的世界?20世纪的欧洲“战国群雄”相争的时代,会不会推延到包括整个世界的范围里?

五

在过去的一个世纪当中,文化之间表现出的既相互依存又相互有别的纷繁复杂的现象,一直是社会文化人类学研究的基本对象。在100多年的学科发展中,世界各地人类学,曾受西方帝国主义观念的制约,也曾因为学术洞察力的不足,而与现实世界之间构成某种本来不该有的距离,针对这些制约、这些调查力的缺乏及学科与现实世界的距离,已经有不少非西方的人类学者提出了批评和建议。

前几年,在《人文价值再思考》一文中,我提到一位反思西方的“东方论”的学者,他就为我们指出,西方对于非西方的“理解”,其实经常是以维护西方自身的利益和权力关系结构为前提的。而与这位学者几乎同时,一大批政治经济学家和人类学家也协力通过研究现代帝国主义、资本主义“世界体系”的历史形成过程,来解释现代世界民族与民族之间、文化与文化之间、国家与国家之间的不平等关系。当前的全球化理论家认为,“世界体系”代表的这种世界性的文化和政治经济不平等状态,是一种从西方到非西方的单向历史进程,它无法解释20世纪末期在世界范围内出现的多元化的经济文化一体化过程。这样区分当然有一定的道理,但是,我们绝对不能忘记,在未来的一段相当长的时间里,世界性的不平等关系仍然会延续下去。

文明冲突论者认为,到21世纪,世界权力的不平等关系,将演变为古老的非西方文明——如中国、日本、印度以及非洲、中东等地的文明——对欧洲中心的西方文明的挑战。这种论调,基本上是围绕着西方中心论的国际关系政治需要提出的,它在一些方面不能不说有自己的特点和说明意义。从一定意义上说,它反映了实际问题:随着中国的发展,东方力量将成为国际政治的一个重要角色，使世界政治出现“多极化”的状态。然而，世界的多极化，本来就是对于“两极化”、“单极化”的“冷战世界”的回应，也是一个历史的必然过程，绝对不应被看作是“文明冲突”的根源。在我看来，它应当被看作是一种基于民族发展和文化传承的需要而发展起来的“文化自觉”的表现。

六

要探索全球化和文明冲突之间的复杂关系，人文社会科学家需要携手努力，而我在这里想要强调的无非是这样一个在21世纪的中国和世界中人类将持续面对的问题，值得人类学研究者来研究。可以值得人类学界同人欣慰的是，在20世纪的人类学学科发展过程，能与21世纪的这些新问题相互启发的类似辩论，早已以相对不成熟的方式成为学者们的共同论题了。

从原来面貌看，人类学指的是“先进的西方人”研究“落后的非西方人”。30年代后期，我以英文提交了研究中国农民生活的论文，马林诺斯基老师曾高兴地说，这开启了“土著研究土著”的新风气。在几次的讲话中，我表达了自己与马老师的期待之间的距离，同时认为马老师的期待，应当在新的时代里得到进一步的延伸。我了解到，这些年来，在非洲、中南美洲和印度，本土人类学者开始集中思考西方人类学将非西方看待成“对象”(objects)的做法，认为这种带着“科学面具”的做法，其实犯了一个严重的错误，即未能承认非西方民族也是由能够思考和选择的“主体”(subjects)结合起来的。这些人类学家还认为，为了去掉西方人类学的这种“对象化”，非西方人类学应当探索出一套作为“主体”的人类学理论与方法，使之有别于“对象化的人类学”。

非西方人民自己的人类学，在与西方人类学形成的关系中，免不了有紧张的一面。例如：有些非洲和中南美洲的人类学家，将自己定位为“南方人类学家”(anthropologists of the south)，意在与地理位置居于北方的欧洲和北美洲相对立。这种态度有它在民族自觉方面的理由，也与文明冲突论者描述下的那种文明间的“紧张情绪”有一定关系。但是，我们却不能否认，非西方人类学家所做的这些努力，有益于人类学学科本身的多元化、有助于学科本身内容和见解的丰富。

然而，非西方人类学绝对不应排斥几代人类学对人文世界的复杂性、对非西方文化的特征和现代遭遇做出的探讨。在我看来，像马林诺斯基老师那样的伟大人类学家，给我们留下了对不同民族的不同文化的尊重和对这些民族和文化的历史走向的思考，是人类共有的不可多得的思想遗产，是一笔值得珍惜的财富。在最近几次有关文化问题的发言中，我用"和而不同"这四个字来概括我国文化研究过程中人文价值的基本态度，也用这四个字来展望人文世界在21世纪的可能面貌。这四个字不是我个人的发明，而是我国文化的遗产，隐藏着我个人对于百年来人类学在认识世界方面的诸多努力的一个总结，也隐藏着我对人文世界历史和未来走向的基本盼望。倘若我对未来人类学研究有什么期待的话，那么，这四个字或许还能够比较贴切地表明我老来的看法。这也就是说，人类学研究既要体现人文世界的实际面貌，同时又必须为人类群体之间相互依存提出一套值得追求的方向，而这种相互理解和依存，基础在于对于"非我族类"的其他人文类型的尊重。

我提出"和而不同"，针对的首先是人类学者在跨文化对话中本应扮演的角色，也包含我几年前在北京大学的演讲中提出的"文化自觉"这一面。说得具体一点，我觉得中国人类学学科的建设十分重要，这是因为这门学科承担着为人类了解自身的文化、认识世界其他民族的文化及为探索不同文化之间的相处之道提供知识和见解的使命。对于中国人类学者来说，这一使命感，也一样重要。人类学者可以很轻易地告诉人们，我们关注的正是人文世界的面貌及在其中的人们"和而不同"地相处的逻辑。但是，要真正实现这一认识、理解和相处的目标，并不是那么容易的事情。

就我所知，国内人类学界针对中国城乡社区展开的实地研究，已经有相当重要的积累，为我们提供了社会及文化变迁研究的重要依据。与此同时，在少数民族地区——尤其是那些面临工业化和信息化挑战的小型族群中展开的调查，更发现了令人触目惊心、令人深思的现象和资料。对于中国文化展开的历史和理论探讨，还提出了一些有助于促成"和而不同”的世界格局的例证。这些都是我们应当充分肯定的成绩。但是,我们有多少真正能够揭示我国人文世界的本来面目的研究成果呢?此外,由于国际和国内的复杂原因,中国的人类学研究者至今为止还很少运用人类学的方法研究过中国境外各民族和文化的。如果这有情可原,就境内社区、文化和少数民族地区的研究来说,我们又有多少成果达到人文世界的“和而不同”的那一使命呢?之所以有这么些问题,原因必定是很多、很复杂的,也不是我们一时能轻易理清的。

几年前,我曾经回顾中国社会学20年来的发展历程,提出了“补课”的说法,我的意思很简单:我们的社会学是在匆忙之中“速成”的,这给我们的学科带来了基础没有打好的问题。要解决这个问题,我提出,我们需要从头开始,从学科的基本建设开始,来为学科的研究能力恢复“元气”。倘若能容我在这里对人类学学科建设说点什么,那么,我愿意重复我对社会学同人们说的那席话。在21世纪,随着文化交往的复杂化,随着全球化和文化差异的双重发展,研究文化的人类学学科必然会引起人们的广泛关注。在众目睽睽的情景下,人类学学者能为人类、为世界做点什么?——这成了我们必须细致思考的问题。而这当中有一点是明确的:假如我们的学科要对21世纪的进程有所帮助、有所启发,那它就需要有一个坚固的学科基础。在我们中国的人类学学科里,这样的基础显然还需要我们去打造,而我们同时却又需要为建造“和而不同”的世界做贡献。学科发展时间与历史发展时间的“脱轨”,必然会使我们觉得措手不及。但是,这也许就是新的世纪对我们和我们的学科的新挑战。

2001年7月

进入二十一世纪时的回顾和前瞻[①]

我很高兴能在有生之年来到这里参加这样一个盛会。我想这可能是最后一次来参加"现代化与中国文化研讨会"了。

在我这个即将谢幕的老人身上,像这样的"最后一次"的感觉,也许是偶然的,但事情本身所具有的文化意味还对我有所触动。我又一次感受到了个人生命的短暂和文化传承的久远,同时也感受到,这个系列性的"现代化与中国文化研讨会",是使我们的短暂生命融汇于久远文化的一种有效方式。在我晚年所做文化反思的过程中,这个研讨会给了我很大的鼓舞,给了我多方面的启发,使我常有"吾道不孤"之感。让我在这里对在座各位新老朋友表示我由衷的谢意！也请允许我对前6次会议的情况做一点回顾,使我这篇告别式的讲词有一个自认为合适的开场白。

认真追溯这个研讨会的渊源,应该是在上个世纪的70年代末。当时,大陆上持续10年之久的"文革"刚刚结束,正要进入一个新的时期,可以说是百废待兴。"百废"当中,自有学术。关注中国发展的海外学者当然注意到了这一点。国家兴亡,匹夫有责。人类学、社会学界的朋友如金耀基先生、乔健先生、李沛良先生,还有从台湾到香港讲学的杨国枢先生,他们出于对中国学术发展的爱护,讨论到了中国社会科学界在理论和方法上过分依赖西方的现象,并提出了"社会科学研究中国化"的长期讨论主题。

这是一个使我感到非常熟悉和亲切的题目。70年前,我就是在吴文

① 本文是作者在"第七届现代化与中国文化研讨会"上的讲话。

藻先生提出的“社会学中国化”这一主张下进入人类学、社会学研究领域的。那是我第一次学术生命的开端。经过一段历史的曲折，当我的第二次学术生命正在开始的时候，我又听到了熟悉的声音。我感到自己又一次被召唤。

我注意到，金、乔、李、杨几位先生提出的讨论主题首先在台湾得到响应。1980年底，台湾举行了“社会及行为科学研究的中国化研讨会”。我通过对会议进行报道的大陆媒体了解到了该会的一些情况，认为它对中国学术发展具有建设性，表示希望今后能扩大举行。经过一番努力，重新确定名称的“现代化与中国文化研讨会”第一次会议于1983年春在香港中文大学举行。两岸三地的社会科学工作者在隔绝了很久之后汇聚一堂，讨论大家共同关心的学术和文化问题，我也有幸与会并参加了讨论。我想，那是一个良好的开端。我必须说，那是让我难忘的经历。

转眼之间，18年匆匆过去。在各位同人的共同努力下，我们把那个良好的开端延续到了今天。当年参加研讨会的陈岱孙先生、梁漱溟先生、梁剑韬先生等老朋友都已经过世了。我自己日渐衰老，进入老而未死的这段时间。我要求自己做一点文化反思。我愿意相信，先我们而去的陈岱孙先生、梁漱溟先生、梁剑韬先生以及他们所代表的老一辈学者，是带着对人文世界的思考告别这个世界的，是带着希望后人把人文世界改造得更加美好的心情告别我们的。由于科学分工的原因，我们所在的学术领域可能不同，研究的具体题目也不一样，但可以相信，我们是“百虑而一致，殊途而同归”。我们关注的大题目是一致的，总题目是同一个，也就是我们坚持了多年的这个研讨会所标示的主题：现代化与中国文化。我们都希望中国文化在全球现代化潮流中取得发展的主动权，实现新的复兴。

18年来，在这个总题目下，我们先后确定了7个主题进行研讨，展开交流。这7个主题分别是：中国传统文化对现代化的影响、中国家庭及其变迁、宗教与伦理、中国人观念与行为探讨、社会科学的应用与中国现代化、面向21世纪的中国社会学、人类学、科技发展与人文重建。我想，这些题目既表达了我们大家对国家发展现实与前途的关心，同时也可以作为一个标尺,来衡量我们对国际背景、国家现实的认识和思考的深度,来检测我们提出的思考成果可以在什么样的程度上应用于国家的经济建设、社会发展和文化复兴的实际进程当中。通过前六届会议,我们已经提出了相当丰富的思考成果。这次会议之后,我们的成果会更加丰富。我衷心地为这些成果的出现和积累而高兴,并且把这些成果理解为我们大家在科技快速发展的时代致力于人文重建的初步努力。

就我个人而言,当上述 7 个题目被并列在一起的时候,我发现,在我从上个世纪 30 年代开始到今天的学术工作中,所面对、所思考并为之奔波的,始终都是可以归入这些问题的题目。事实上,我写下的许多文字,都可以用“现代化与中国文化”这个题目的内涵加以表述。这样说,应该不算过分。因此,在今天这样一个场合,在“科技发展与人文重建”这样一个题目下,我愿意不揣冒昧地把自己一生中的全部学术工作理解为一个大陆学者在科技快速发展的时代为人文重建而尽的一份心力。

二

我这一生,基本上经历了 20 世纪中国社会发生深刻变化的各个时期。这段历史里,先后出现了三种社会形态:一是农业社会;二是工业社会;三是信息社会。从现实看,这三种社会形态的关系不是你来我走,而是同时重叠并存,三位一体。这个三位一体社会形态的形成过程,包含着两个大的跳跃。先是从农业社会跳跃到工业社会,又从工业社会跳跃到信息社会。我用自己造的一个词汇概括这三个阶段和两人变化,叫做“三级两跳”。

第一跳,是中国从传统性质的乡土社会开始进入一个引进西方机器生产的工业化时期。这是我开始从事学术工作最主要的一个时期。在这个时期里,我的工作主要是了解中国传统的基层社会情况,在此基础上了解中国如何进入工业革命。具体工作是从对少数民族的研究开始,在瑶山里真正接触到了基层的情况。当时那是一个一点现代工业都没有的社会。我把调查到的情况记录在了《花蓝瑶社会组织》一书里边。后来,从瑶山到江村,接触到了一个已经引进现代机器,初步的工业生产已经开始引起社会组织发生变化的个案。我根据在这个村庄里所做的调查写成了《江村经济》一书。再往后，到编写《云南三村》的时候，我从个案分析进入到了类型比较阶段，对现代工业进入中国农村的条件和过程有了更多的认识。解放后，我在这个方面的工作一度中断。改革开放后又继续进行，在《行行重行行》中接着记录中国农村引进工业、发展乡镇企业的进程，直到农村工业产值占到了中国工业总产值的半壁江山。

第二跳，是中国从工业社会向信息社会发展的一步。这一步开始于我生命过程中的最后一段时间。在离开这个世界之前，我碰到了又一个大的社会变化。我这样一个生在传统社会里的人，事实上一直在经历着中国从农业社会走向现代化社会的过程。作为一个见证人，我能比较清楚地看到，引进西方机器所带来的工业化过程还在继续着的时候，中国社会已经又进入到了一个新的阶段，即信息时代。以电子产品为媒体，来传递和沟通信息，组织工业生产和商贸流通，甚至组织社会生活，由此带来对传统人文世界的猛烈冲击——这是全世界都在开始的一场大变化。虽然我们一时还看不清楚这个变化的过程，但我们可以从周围事物发展的大量事实中确认，因为科学技术的发展变化太快，我们显然在面临着层出不穷的新事物、新问题。我们的第一跳还在进行当中，不少地方还没有完成，现在又要开始一个更大幅度的跳跃了，而且整个世界的发展不容许我们有任何的犹豫和迟缓。人家是准备好了开始起跳，我们虽然准备不足，也不能不开始起跳了。

这样的现实，也使我面临新的问题。70 年前开始的题目尚未完成，了解中国如何进入工业革命的任务还在继续，又要开始一个新的题目，即了解中国如何进入信息时代，思考我们如何在这样一个时代站稳脚跟，继续发展。接二连三地碰到社会形态的大变化，接二连三地接到时代给予的题目，对一个人类学、社会学工作者来说，我当然会感到十分庆幸。但因为这种变化幅度太大，速度太快，我的力量又太有限，尤其是“第二跳”引起的大变化又发生在我年老力衰的时候，要及时跟上去，更有点力不从心之感。我在进行自我“补课”的同时，非常迫切地需要从同行学者那里吸取思想上的营养，需要大家帮助我尽量缩小我的认识和世界现实的差距。我是带着这样的心情来参加这次研讨会的。因此,我在“科技发展与人文重建”这个主题下陈述我的意见的时候,并不意味着我以为自己对这个问题有什么了不起的见解,而是要在在座各位面前坦诚地讲出自己的所思所想,以便各位更加真切地了解我思想上的不足和认识上的局限,从而惠我以真知灼见。同时,为了比较清楚地说明乃至反思我对于今天所讨论主题的思考过程,也许有必要对我过去曾经试图接近这个主题时的情况稍作回忆,亦请各位见谅。

三

回想起来,科技发展所带来的人文世界里可能出现的问题,我最迟是在20世纪40年代已经注意到了。我曾经在当时写下的文章里讨论到比较具体的问题,表达出了自己的想法。在《幸福单车的脱节》(1945)一文里,我写下的第一句话就是“科学并不一定带来了幸福”,这个看法的根据,是我当时在美国做实地访问时接触到的大量事实。在《机器和疲乏》(1945)一文里,我的想法略做展开,写了这样一段文字——

> 科学的发明推进了技术:第一是新动力的利用,第二是把每个劳工的动作化繁为简,第三是加强了各劳工间动作的组合。以往,不论在农业或工业里,体力是生产活动的主要动力。身体是生产的惟一的基本机器。手脚之间,手指之间,耳目手之间,成为一个有机的配合。两只手,创造了人类的文化。……技术的发明,大大地增加了人类的生产力。可是从生产活动本身说,有机配合,靠人的神经系统的配合,一变而为机械配合,靠力学原理的配合了。这样把人在生产过程中的地位完全改变了。以往人总是主,……技术变质后,主要的配合离开了人,人成了整个配合中的一部分,甚至是从属部分了。……参加活动的劳工却是在简单的从属动作中去服侍机器。各个人的动作因为机器的总配合中也得到了配合。配合的中枢不是人而是机器。人可以变成机器的一部分。

这是我在初访美国时,从事实中获得的一个观感。虽然在当时随笔式的文字中来不及做比较深入的分析,但是已经可以清楚地意识到,科技发展带来的大工业生产，已经开始改变了人与人的关系，人与物的关系，人与自然的关系。这种能够改变世界基本关系的力量，随着科技的进一步发展，也许会渗透到整个人文世界。

从愿望上讲，科技发展本身的建设性作用，应该包括促进完成个人在社会里的参与。所谓个人在社会里的参与，就是充分地承认每个人之间的相依性和互相的责任，把个人动作的配合体系贯通于集体活动的配合体系当中。这样说来，科技发展所带来的人和人的相互性也就是丰富人性内容的力量。可是，如果我们把生产活动分割在其他生活部分之外，单就这一部分的活动去组合一个趋向于全球性的分工合作体系，同时又在别的部分上鼓励着个人化的发展，在这种情况下，科学的发展，技术的日新月异，反而会使其负面作用凸现出来，造成一种并不适合人性发展的社会情态。

这些当时写在随笔文字当中的想法，时隔半个多世纪，现在再看，不能说是无谓的担忧。这半个多世纪，科技发展的速度和花样达到了令人吃惊的地步，人文世界也随之发生着巨大的变化。我小的时候，可以直接接触的自然物还是很多的。现在可以直接接触的自然物却越来越少了，很多已经经过了人文的改造。过去纯粹作为自然之物的动物，如牛、羊之类，现在居然可以借助科技手段进行复制了。电脑和网络的发展，更是在我所熟悉的人文世界里增加了一个让我感到陌生的虚拟世界。这个虚拟世界的出现，使大批社会成员尤其是青年群体的交往方式、交际手段、交流语言都在发生着一点也不虚拟的深刻变化，影响着当代人的生产方式、生活方式、价值观念、意识形态等各个方面。

在上个世纪最后一段时间里，我曾经从科学技术快速发展带给中国经济、社会、文化的变化，预感到21世纪将给人类的生存和发展带来全新面貌。为此我曾写过文章，呼吁"从小培养21世纪的人"。我谈到，20世纪是个世界性的"战国时代"，大意是20世纪里的国与国、地区与地区、文化与文化之间，都有着明确的界限。这个界限是社会构成的关键。不同的区域、文化、政治实体依靠这种界限来维持内部秩序，并形成它们之间的关系。这是我们共同经历过的历史事实。而在当今科技以加速状态发展的情况下，将来是怎样的，我们谁也不清楚，谁也不敢说。我们对新时代、新条件尚不清楚，自然不能预言。但有一句话可以说，就是需要适应已被改造过的和正在改造着的自然，变化了就要去适应。适应的第一步，就是认识现实，理解现实。历史不能退回去，科技发展也不会停下来。不能拉住科技发展轮子，等另一只轮子，能做的就是在落后的一面多用点力量，在人文世界的健全、均衡、和谐方面多做点努力。

四

科技快速发展时代的人文重建，范围很广，题目很多。我比较关心的，是科技发展所带动的经济全球化现在碰到的文化多元化问题，是我们这些从事社会学、人类学的人如何为经济全球化和文化多元化的调适做出切实的努力。

在我们共同经历的最近半个世纪里，科技的发展对促成不同人文类型之间的交流与融合确实提供了技术上的方便。有不少学者用“全球化”这个概念来描述这种人类不同群体和文化之间发生的交流与融合现象，来概括世界性的交互影响正在给人类生活带来的深刻变化。我想，在我们找到更恰当的词汇来描述这一变化之前，“全球化”这个词仍然是有意义的。不过，至少在目前，我们所说的“全球化”，实际上更多是就人类的经济和科技活动而言，若是天真地认为“全球化”正在造就一个文化一体的世界，那就离开实际情况有太大的距离了。

以我亲身经历的许多具体事情可以证明，由于人类不同群体在文化上的差异，同样一件事情、一句话，会在不同文化环境中引起不同的反应，甚至会出现倾向相反的反应。相信大家也都有过类似的观察和体验。我在 50 多年前写《初访美国》一书的“后记”时曾说，各种文化里长大的人不容易相互了解，这是当前世界的一个严重问题。以往，世界上各地的人民各自孤立地在个别的处境里发展他们的生活方式。交通不便，往来不易，各不相关。现在却因交通工具的发达，四海一体，门户洞开，没有人能再闭关自守，经营孤立的生活了。在经济上，我们已经进入了一个全世界分工合作的体系，利害相联，休戚相关，一个世界性的大社会已经形成，但是各地的人民却还有着他们从个别历史中积累成的文化。这些不同的文化,向属于不同文化的人民提供着不同的价值观念、意识形态、政治信仰、社会理想。所以,一方面是迅速扩展着的互联网大幅度缩短着文化群体之间的距离,是经济上的牵一发而动全身,是跨国公司在体制和市场方面对民族国家为核心的各种制度的明显冲击,另一方面,则是政治上的各行其是,文化上的各美其美。文化之间的频繁交流,不等于文化差异的消失。

让我在这里把话题回到"三级两跳"。"三级两跳"中出现的最大问题,就是经济全球化已经开始碰到了文化多元化的大问题。文化是什么?就是共同生活的人群在长期的历史当中逐渐形成并高度认同的民族经验,包括政治、文化、意识形态、价值观念、伦理准则、社会理想、生活习惯、各种制度等等。这是在千百年的历史中形成的民族经验,具有相当强的稳定性。拿现在的中国来说,我们固然在科技、经济等方面与世界其他地区的交往更加频繁,共通之处越来越多,但我们的老祖宗经过几千年积累下来的文化遗产却不会随着这种"全球化"的发展而全部消失。实际情况恐怕正相反。

我们的文化传统正逐渐引起众多有识之士的注意,引起政府和人民的重视,引起不同文化的兴趣。我们说大陆人民和台湾同胞"血浓于水",所谓之"血",指的主要就是我们共同拥有的文化传统之血脉。相信随着世界性科学技术利政治经济交往的不断加强、日益加深,中华民族的儿女会更多地感受到对我们自己民族、我们自己文化的肯定和认同。与此同时,中国文化也正在为世界其他地方的人民所承认、所了解、所喜闻乐见。一些深切了解西方现代文明之缺陷的西方学者,更是呼吁要与中国展开跨文化的对话,试图从我们老祖宗留下的文化遗产中寻找解决西方现代文明内在矛盾的方案。我愿意把西方学者的这种努力也理解为目的也是在科技快速发展的情况下寻找人文世界的重建。

五

科技快速发展时代的人文重建工作,需要全世界的人文和社会科学家携手努力。我们在“现代化与中国文化”这个主题下讨论人文重建问题，意味着我们应该意识到，面对一个在新的世界中全人类将持续面对的大问题，我们这些属于世界上人口最多的国度的社会学、人类学工作者，应该有一份特殊的使命感和责任感，应该争取在这个问题上对人类做出较大的贡献。我们的老祖宗曾经提出过“和而不同”的社会理想，我们应该让这个古老的理想在新的时代发挥出新的建设性作用。

对于“和而不同”的世界文化交流模式的探讨，各国的社会学、人类学家尽可以见仁见智，提出不同的研究方法。我个人之所以关注这个问题，提出这个问题，是因为我相信，在人类历史上，文化的发展从来没有采用过单一的模式。即使现在，也同样随着文化的不同而有所区分。

70 年以来，我用社会科学的方法，包括 20 世纪以来的实证主义方法，对农业文明、工业文明进程中的文化变迁进行了力所能及的调查和思考，得出的看法并非单线进化论。单线进化论的观点认为，人类历史的发展、人文世界的变化有一个单一的、直线上升的、台阶式的阶段性。这一点恐怕不能完全排斥，但我们同时应该注意到，在文明进程中，不同的文化走过了不同的道路，文化发展并非都是单线式的。好的东西不断地积累在共同的文化中，不适宜的被淘汰了。文明进程是一个能去旧创新、有选择、新陈代谢的过程。这种过程是必然的。其中很妙的现象在于，一时认为没有用的文化，沉默一个时候又会出现，发扬起来，还很解决问题。因此，任何过于武断的结论，都不适宜于文化问题的讨论。

我想，在从农业文明到工业文明的发展过程中得到验证的这个道理，对于信息社会同样具有意义。“信息社会”到底会怎样，我们现在还不是很清楚，而只能模糊感到，这种以信息技术为中心的社会形态，正在给我们的生产、生活和文化带来前所未有的冲击。信息社会里，将出现取代体力劳动和机械劳动的新型劳动方式。表面上这种劳动方式似乎很简单，其背后潜在的力量却十分之大。进入这样一种社会形态之后，各种文化的自我价值认识必然会遇到很大的挑战，我们仍然不能简单地认为，这种发展会是单线进化的。信息技术能促进不同文化之间的交流，这是肯定的。但运用信息技术的还是人，而人是生活在不同的文化或价值观念体系中。这样的生活必然给人的创造带来深刻的影响。所以,“和而不同”的道理在将来的社会里还是有用的。

我希望,“和而不同”能够成为我们在科技快速发展时代进行人文重建的一个基本共识。从抱持这个理想,到实现这个目标,要走很长的路。50多年前,我在《文化的隔膜》一文里已经写过:

> 世界上各式各样文化里长成的人现在已开始急速地渗透往来,我们必须能相安相处,合作同工。可是我们在心理上却还没有养成求了解,讲容忍的精神,说不定我们因之还会发生种种烦恼,种种摩擦。在将来的历史家看来,也许会说我们在建立天下一家的世界过程中曾付出了太大而且不必需的代价。

我是不希望付出太大代价的,而且我还抱有比较乐观的想法。相信经过历史的磨合,最后靠中华民族的经验和人类的经验,我们一定会建立起一种新的人文精神。

当然,我们现在的认识还远远不够,这跟历史有关。过去一段时间,在19世纪到20世纪里,我们否定自己的传统文化太多了。应该回过头来,重新认识一下,有一个文化自觉。在最近几次有关文化问题的讨论,我用“和而不同”来概括我国文化传统中人文价值的基本态度,也用“和而不同”来展望21世纪的人文世界可能出现的面貌。这不是我的发明,这是中国传统文化的遗产。我反复申说这4个字,包含着我个人对百年来社会学、人类学在认识世界方面诸多努力的一个总结,也隐含着我对人文重建工作基本精神的主张,更饱含着我对人文世界未来趋向的基本盼望和梦想。也就是说,我们所做的学术研究既要体现于人文世界的实际面貌,同时又必须为人类群体之间的相互依存提出值得追求的方向。

在这方面,我们是有榜样可以学习的。我的老师潘光旦先生继承包括“和而不同”在内的优秀传统文化思想,主张“中和位育”,给我留下了深刻的教益。他所代表的老一辈学者为我们开了一个头,提出了看法,指出了方向。我希望多少能把它接下来,传下去。但真正的做,要靠下一代了。任重道远,可以大有作为。我觉得自己已经到了“轻舟已过万重山”

的时候，但我又说过，中国现代化这条大船却很沉重。我寄希望于下一代开船的人，掌舵的人，相信下一代能解决问题。因为我们中国的历史长，人又多，久经考验，应该能在21世纪找出一条路子来，而这条路也是21世纪人类的路子。

在就要结束这篇讲词的时候，我想特别强调一下争取文化选择的自决权问题。在人文重建的整个过程中，我们可以接受外国的方法甚至经验，但所走的路要由自己决定。文化自觉、文化适应的主体和动力都在自己。自觉是为了自主，取得一个文化自主权，能确定自己的文化方向。相应的，在我们这些以文化自觉、文化建设为职志的社会学、人类学工作者来说，也要主动确定自己的学科发展方向。我在第二次学术生命开始的时候，曾经在《迈向人民的人类学》中提出了自己的宣言，提出了人民社会学、人类学的道路。所谓应用社会学、人类学是指结合实际的、为人民寻找道路的社会学、人类学，任务是很明确的。我认为，这门学科承担着为人类了解自身的文化、认识世界其他民族的文化以及为探索不同文化之间的相处之道提供知识和见解的使命。当然，社会学、人类学者可以很轻易地告诉人们，我们关注的是人文世界的面貌及在其中的人们“和而不同”地相处的逻辑。但是要真正实现这一认识、理解和相处的目标，远不是那么容易的事情。人文重建的艰巨任务，还需要我们一代一代地脚踏实地，胸怀全局，全力以赴，前仆后继。

最后，让我用“和而不同会有日”这句话来表达我一向的信念——在我意识到自己很可能是最后一次来参加这个系列讲座的时候，再次表达出这一信念应该是适宜的；同时，我再借用一句“家祭毋忘告乃翁”来表达我在此时此地的心情——在我这次来参加文化交流活动的时候，想到将来两岸统一时的“家祭”，我想也是适宜的。我们在文化上毕竟是同宗同祖、同根同源一家人。

2001年10月

文化论中人与自然关系的再认识

今天我是特地来庆祝南京大学创立100周年纪念的。我出生在江苏省吴江市，江苏是我的祖籍，也是传统的所谓故乡。南京大学是我故乡的最高学府，我现在已经92岁了，在这垂暮之年还能亲自来参加这次盛会，我觉得十分荣幸。

100年前创立这个高等学府，在历史上是一件值得重视的事，因为这正好标志着中国教育制度改革在这地区的初步成功，为中国的现代化起了破冰作用。这是十分重要而值得纪念的。我说的这次中国教育制度改革是指科举制度的废止和学校这个新制度的获得建立。我就是这个新学校制度下培养出来的人。我记得很清楚，我的父母为这场改革所做的努力，我父亲就是在家乡参与了这场改革。他是最后一科的秀才，由于科举制度的废除，他接受了地方政府的资助留学日本，回国后在本乡开办了个县级中学。我母亲是本乡幼儿园的创办人，当时称蒙养院。这些在当时都被称为“洋学堂”，是新生事物。这是我上一代的功绩，他们为中国的现代化打下了基础。

我受到的教育就是从当时的新制度里开始的，我经常向人自骄地称自己是完整地从新制度里培养出来的人。这个新的学校制度是针对旧的科举制度下的私塾制度而兴起的，而且基本上一直传到现在，富有它的生命力。我在新制度下所受的教育是从西方国家经过日本传入的，它使我这一代人从童年起就能接受学校教育，参加同代人的集体生活，这和私塾是不同的，而且受的教育在方法和内容上都有别于传统的私塾教育。我们不再被强迫背书，而且不再用旧的经典著作如《论语》《孟子》等作为启蒙的必修教本。我记得在初小时第一本国文教科书是由商务印书馆发行的，第一课是“人、手、足、刀、尺”。现在活着的人中用这个课本开始学习语文的大概已为数不多了，但这件历史上的小事却影响了我国文化的发展进程。今天利用在南京大学百周年纪念的机会，我提到这件小事是值得深思的。

一

中国的文化需要改革和发展是人类发展规律所决定的，而且在100年前已酝酿了相当长的时期，从清代的戊戌政变起始，维新的运动已经在中国历史上冒了头。维新运动是由当时一些知识分子想以日本为榜样，引进西方文化，起初还是“犹抱琵琶半遮面”地提出“中学为体、西学为用”，向西方文化开门引进。但这扇门一开，西方文化就势如破竹地冲破了东方文化所设置的重重阻碍，到了民国初年发生的“五四”运动，就有人明目张胆地提出“全盘西化”的主张了。中国文化经过几千年闭关自守，到这时再也守不住了。接受西方文化的浪潮，拜德、赛两先生为师，是“五四”以后中国文化变动在历史上的主要方向，也是不容我们否定的历史事实。当前提出的“现代化”基本上是这个历史潮流的继续。即便是使中国人民能摆脱国际上二等成员地位的人民革命运动，也还是以西方文化中倡立的政治思想马克思主义所领导的。向西方文化学习，取得了历史上的辉煌的成就。

当然在向西方文化学习的大势下，也时时出现折衷派和反对派，折衷派是对西方文明要求有选择的引进，反对派则认为西方文明已走到了尽头，今后应是东方文明领先。“今日河西，明日河东”的轮转循环，一正一反原是思想舞台上的常规，但时至今日在世界一体化的潮流中，我们的确要认真考虑一下我们东方文化的前途了。

对我自己来说，从20世纪30年代投身到学术领域里，进入社会人类学这门学科，文化的动向本来应当是研究的一个主题，具体地说，不能不关心自己传统文化的前途。但这个问题却是个深奥难测的谜团，以我个人受到的教育而言，具有着重引进西方文化的家学传统，已如上述。30

年代开始我就立志追随老师吴文藻先生，以引进人类学方法来创建中国的社会学为职志，详言之，即用西方学术中功能学派人类学的实地调查方法来建立符合中国发展需要的社会学，这个目标显然是从西方的近代人类学里学来的，它的方法论是实证主义的，实证主义实际上是西方文化的特点在学术上的表现。科学理论必须是以看得见、摸得着的客观存在的事物为基础的。

这个学派的特点反映了西方文化中对生物性个人的重视，所谓文化的概念，说到底是"人为，为人"四个字。"人为"是说文化是人所创制的，即所谓人文世界，它是为人服务的设施。这确是反映了当前我们生活在其中的世界。我们衣食住行的整个生活体系，都依靠人力改造过的自然世界而得来的人文世界。这一点事实是大家能明白和切身体会得到的。我们现代的生活，甚至和自然世界接触的人体感觉器官都经人为的媒介改造过的。肉眼上要罩上眼镜，进一步还要用望远镜和显微镜一类的器械，单凭肉眼已经不易与自然界亲密地全面接触了，听觉上也是如此，我们依靠助听器、电话等设备来听取我们所接触到的和辨别到的远距离传来的声波。这种生活的现实，使我们习惯于把自然看成是我们生活的资源。一方面是生活越来越复杂和广阔，一方面我们把自然作为为我们所利用的客体，于是把文化看成了"为人"而设置了，"征服自然"也就被视为人生奋斗的目标。这样我们便把个人和自然对立起来了，"物尽其用"是西方文化的关键词。

我们的生活日益现代化，这种基本上物我对立的意识也越来越浓。在这种倾向下，我们的人文世界被理解为人改造自然世界的成就，这样不但把人文世界和自然世界对立起来，而且把生物的人也和自然界对立起来了。这里的"人"又被现代西方文化解释为"个人"，因之迄今为止个人主义还是西方文化的铁打基石。西方文化里的个人主义加上人通过自己创出的文化，取得日益进步的现代生活内容，于是在西方的文化里不仅把人和自然对立了起来，也把文化和自然对立了起来。这也许是西方文化当前发展的一个很显著的特点。西方的学术领域里也明显地表明了这个特点。首先是以认识自然为职志的学术领域里被自然科学占据了主要地位,把研究同样应当属于自然界的社会和文化的社会科学和人文学科都压缩在次要的地位。

二

总而言之,在西方文化里存在着一种偏向,就是把人和自然对立了起来。强调文化是人为和为人的性质,人成了主体,自然是成了这主体支配的客体,夸大了人的作用,以至有一种倾向把文化看成是人利用自然来达到自身目的的成就。这种文化价值观把征服自然、人定胜天视作人的奋斗目标。把推进文化发展的动力放在对人生活的功利上,文化是人用来达到人生活目的的器具,器具是为人所用的,它的存在决定于是否是有利于人的,这是现代西方的文化价值观念。

当然在西方现代思想中占重要地位的达尔文进化论肯定人类是自然世界的一部分,是从较低级的动物的基础上发展出来的一种动物。但这种基本科学知识却被人与人之间的利己主义所压制了,在进化论中强调了物竞天择的一方面,也就强调了文化是利用自然的手段。由此而出现的功利主义更把人和自然对立了起来,征服自然和利用自然成了科学的目的。因此对自然的物质方面的研究几乎掩盖了西方的科学领地。甚至后起的对人的研究也着重于体质方面,研究人的心理的科学也着重在研究人体中神经系统的活动,即所谓行为科学。可见西方科学发展史上深深地受到其文化价值观的制约。

我最近为了补课,重又复习了上世纪初期的西方社会学的历史。我从派克老师早年的著作中,体会到他对当时欧美社会学忽视人们的精神部分深为忧虑。科学原本应当以客观存在的自然世界为研究对象,但是在经验主义的影响下,只承认看得到、听得到的现象为研究范围,而人的生活中却有很重要的内心活动是别人看不到、听不到的。因而社会学被困住以至不容易建立“科学的社会学”。

我这样说,是指西方科学界整体而言的,其中也有许多对此不满意的学者,而且我所师从的几位老师都是属于这一类。比如我在清华大学所师从的史禄国教授,他苦心孤志地研究人类精神方面的文化。他在西方传统词汇里找不到适当的名词来表达他的意思，结果提出了一个一般人不易理解的Psycho-mental这个新名词，并且用此作为他最后的巨著的书名，即*Psycho-mental Complex of Tungus*。我从他创造这个新名词，可以猜测出在他这一代人中，人的研究工作一般还是不愿意把精神实质的文化作为科学研究的对象。再说一段我个人的经历，史禄国老师在我踏进人类学这门学科时，为我预定了三个学习阶段：第一是学体质人类学，第二是学语言学，第三才是学当时所通行的文化人类学。我当时并没有从他为我规定的学习顺序中，体会到这三步正是指出了对人的研究的三个层次；从人的生物基础出发，进一步研究人和人相互传递共识以获得共同活动的语言。用我现在的体会来说，正相当于派克老师所说的科学的社会学；然后进入到现有世界上多种文化的比较研究。以上所说的是我老来的私人体会，我把这个体会放在这里来讲，是要说忽视精神方面的文化是一个至今还没有完全改变的对文化认识上的失误。这个失误正暴露了西方文化中人和自然相对立的基本思想的文化背景。这是“天人对立”世界观的基础。在这里还应当指出，上面所说“天人对立”的世界观中的“人”还应当加以说明，这里的“人”实在是指西方文化中所强调的利己主义中的“己”，这个“己”不等于生物人，更不等于社会人，是一个一切为它服务的“个人”。在我的理解中，这个“己”正是西方文化的核心概念。要看清楚东西方文化的区别，也许理解这个核心是很重要的，东方的传统文化里“己”是应当“克”的，即应当压抑的对象，克己才能复礼，复礼是取得进入社会、成为一个社会人的必要条件。扬己和克己也许正是东西方文化差别的一个关键。

三

我在前文提到，我过去常用“人为，为人”四个字来说明文化的本质是不够全面和确切的。因之对这四个字中的“人”还应当多说几句。我一直接受西方现代文化中所认定的，人是从较低级动物演化来的观点，我的一位老师潘光旦先生已经把达尔文的名著《人的由来》翻译成了中文，我接受这书中所做出的科学结论。但是要补充说明的是，这个高等动物不但从原始生物的基础上，经过很长的时间才在演化的历程中获得了其他生物类别所没有的特质。这些特质固然也是从较低级的生物中逐渐演化得来的，但凭着这些特质的继续发展演化，取得了其他物种达不到的能力。其中之一就是由于人的神经系统的发展，除了能够接受外界的刺激，以获得意识上的印象之外，还能通过印象的继续保留而成为记忆，而且还能把前后获得的印象串联成认识外界事物的概念。不仅如此，还发展成为有一定内容即意义的音像符号(symbols)，于是产生了语言和文字，凭着这些有一定意义内涵的语文，即这些具有社会共识的符号，由一个人传达给另一个人。人与人之间的心灵因之得以相通。这是这一个个人和其他人取得结合的关键，并导致他们可以发生分工和合作，完成共同的目的，达到共同的理想。这就是派克老师所指的社会实体形成的过程。我们可以用生物人和社会人等名词来区别由生物进化完成的生物人和由生物人的集合成群体而成为的社会人。一丝不挂的独自为生的生物人，在这个世界上是不存在的。而西方文化中把它偏偏作为功利主义中的“己”，突出来和自然相对立。这个虚拟的“己”，是事实上无法独立生存的生物人。

生物人和其他动物一样，它的生命实际上有一定的限期，即所谓有生必有死，生和死两端之间是他的生命期。由于生物人聚群而居，在群体中凭其共识，他们相互利用和模仿别人的生活手段以维持他们的生命。这时他们已从生物人变成了社会人。只有作为一个社会人，生物人的生命才得以绵延直至其死亡。每个生物人都在生命中逐步变成社会人而继续生活下去。我们一般说人的生命是指生物人而言的，一般所说的人的生活是指社会人而言的。生活维持生命的继续，从生到死是一个生物的必经的过程，但是生活却是从生物机体遗传下来的机能，通过向别人学习而得到的生活方式。一个人从哺乳到死亡的一切行动，都是从同一群体的别人那里学习得来的。所学会的那一套生活方式和所利用的器具都是在他学习之前就已经固定和存在的。这一切是由同群人所提供的。这一切统统包括在我所说的人文世界之内，它们是具体的文化内容。当一个生物人离开母体后，就开始在社会中依靠这前人创造的人文世界获得生活，也可说一离开母体即开始从生物人逐渐变成了社会人。现存的人文世界是人从生物人变成社会人的场合。这个人文世界应当说是和人之初并存的，而且是社会人共同的集体创作，社会人一点一滴地在生活中积累经验，而从互相学习中成为群体公有的生活依靠、公共的资产。人文世界拆开来看，每一个创新的成分都是社会任凭其个人天生的资质在与自然打交道中日积月累而形成的；这些创新的成分一旦为群体所接受，人文世界的内涵就不再属于任何个体了，这是我们应当注意的文化社会性。文化是人为的，但这里只指文化原件的初创阶段，它是依靠被群体中的人们所共同接受才能在群体中维持下去。一群社会人相互学习利用那些人文世界的设施，包括物质的和精神的，或说包括它的硬件和软件进行生活。因而群体中个别生物人的死亡并不跟着一定发生文化零部件的存亡，生物人逃不掉生死大关，但属于社会人的生活用具和行为方式，即文化的零部件却可以不跟着个别生物人的生死而存亡。文化的社会性利用社会继替的差序格局即生物人生命的参差不齐，使它可以超脱生物生死的定律，而有自己存亡兴废的历史规律。这是人文世界即文化的历史性。

请允许我不免有点重复地再对文化的社会性和历史性说几句。这里必须强调社会人靠群体而存在，群体是由生物人聚集而形成的，生物人聚成了群体，构成了社会，才产生社会人，从个别来看，生物人的生死也是社会人的生死，没有生物人，社会人也就没有了载体，但是从群体来看，生物人的生死是前后差序不齐的，这就是我在《生育制度》一书中所指出的社会继替的差序格局。这使得生物人所创造的文化（文化之内包括群体的社会组织和制度），都可以持续往下代传递，除非整个群体同时死亡，文化在群体中是可以持续传下去的。还应当说文化包括它物化的器材和设备，可以不因人亡而毁灭。过一段时间，即使群体已灭亡了，如果有些遗留下来的物化的文化还有被再认识的机会，它还是可以复活的。所以文化的自身里有它超越时间的历史性，文化生命可以离开作为它的载体的人（包括生物人和社会人）而持续和复兴。这是文化的历史特性。因此我们有“考古学”这门学科。

四

强调重新认识文化的社会性和历史性，可以帮助我们调整文化的价值观。我在上文中讲到了我认为西方文化里，从大多数民众来说，存在着严重的以利己个人主义为中心的文化价值观。这种文化价值观从已往的历史来看，200 多年来曾为西方文化取得世界文化的领先地位的事业立过功。但是到了目前，我担心它已走上了转折点，就是由于形成了人和自然对立的基本观点，已经引起了自然的反抗，明显的事实是，当前人们已感到的环境受到的污染确是给人们的生活带来困难。大处和远处且不提，即以最近在我国北方出现恼人的沙尘暴，确是我活到 90 多岁后才切身经历到的最恶劣的天气。这可说只是自然在对我们征服自然的狂妄企图的一桩很小的反抗的例子。在自然界的反抗面前，人类已经有所觉悟而做出了保护环境的绿色革命。但是可悲的是，最近提出的关于世界性的保护环境的公约没有能得到国际上的一致支持。

“9·11”事件发生后全世界人们都惊觉了，在我看来这是对西方文化的又一个严重警告。我在电视机前看完这场惨剧的经过后，心里想，西方国家特别是受难国一定会追寻事件发生的根源，进行深刻的反思，问一问这是不是西方文化发生了问题。当然，这是我个人的一种私自的反应。但是我的私愿落空了。事件发生后事态的发展使我很失望，我对一般的“以牙还牙”报仇心理是可以理解的，这是人类甚至动物的原始性的心理反应。但是接着却把事件当作刑事案来对待，缉拿凶手成了主要对策。凶手找不到就泄愤于被指为嫌疑对象的所在国，进行了不对等的战争，并利用现代科学所创造的武器，对嫌疑犯所在的国家进行狂炸滥轰。以反对恐怖主义的正义名义进行的这场战争，造成了大批无辜人民的死亡和遭殃。在我看来这是以恐怖手段反对恐怖主义的一个很明白的例子，是不是应了我们中国力戒“以暴易暴”的古训？这是我这个信息不灵通的老人的私见，但也许联系上我在前面所讲的西方文化的“天人对立”的价值观来看这段历史，就可以感觉到西方文化的价值观里轻视了文化的精神领域，不以科学态度去处理文化关系，这是值得深刻反省的。

我想接下去继续在对文化的思考上说几句关于东西方文化不同之处的问题。我着重说了西方文化的价值观中人和自然的关系,因为这正是东西方文化区别的要害处。我认为,西方文化在自然科学中强调,人利用自然而产生了技术并促进其发展,在这一点上是有别于传统的东方文化的。同时也正反衬出东方文化着重"天人合一"的传统,这里的"天"应作为自然解。我在这次讲话一开头就说明我是个从小在洋学堂里培养出来的知识分子,所以缺少了一段中国传统的经典教育。我没有进过私塾,没有坐过冷板凳,对中国传统文化缺乏基本的训练,但是在业余时间受到了上一代学者关于国学研究的影响,而且在上学时已听到过"天人合一"的说法,但当时并没触及我的思想深处。直到最近这几年,90岁以后,才补阅我故乡邻县无锡出生的钱穆(宾四)先生的著作。他是个热衷于"天人合一"论的历史学者,据说在他弃世之前不久曾对夫人说,他对"天人合一"有了新的体会,而且颇有恍然大悟之感,但所悟的内容却没有机会写成文字留给我们这些后代。正是记起了这件事,使我注意到文化价值观方面东西方文化的差别。当前西方文化中突出的功利追求和着重自然科学的发展的根源,也许就是这"天人对立"的宇宙观。我在这里不由得又想起钱穆先生所强调的,从"天""人"关系的认识上去思考东西方文化的差异,这一思考也使我有一点豁然贯通的感觉。中华文化的传统里一直推重《易经》这部经典著作,而《易经》主要就是讲阴阳相合而成统一的太极,太极就是我们近世所说的宇宙。二合为一是个基本公式,"天人合一"就是这个宇宙观的一种说法。中华文化总的来说是反对分立而主张统一的,大一统的概念就是这"天人合一"的一种表述,我们一向反对"天人对立",反对无止境地用功利主义态度片面地改造自然来适应人的需要,而主张人尽可能地适应自然。这种基本的处世的态度正是我的老师潘光旦先生提出的"中和位育"的观点,"中和位育"就是"中庸之道",对立面的统一、靠拢,便使一分为二成为二合为一,以达到一而二、二而一的阴阳合而成太极的古训。

我们中华文化的传统在出发点上和西方文化是有分歧的,目前在经济上进入全球化的时候,出现了文化的多元化,这时大家关心的是多元文化不要互相冲撞而同归于尽，这应当是“9·11”事件给我们的警告。多元文化的接触和交流是不可避免的历史过程，怎样取得人类持续发展的机会，必须尽力接受“9·11”事件和“阿富汗战争”所提出的警告，避免同归于尽的前途。我在这个局面中想到了东西方文化的处境，敲敲警钟以保卫世界和平，祝愿我们当前还存在着差别的多元文化，能在各自的发展中走向和平共处的世界，并愿在祝贺我故乡的高等学府成立百周年纪念的时刻作出这个呼吁。同时也想表白我坚信我们东方文化能在这个矛盾中做出化凶为吉的大事，做出对历史的贡献。

2002年5月5日于北京

哲学社会科学的春天[①]

近年来,因为年龄的关系,我的眼睛、耳朵都不大灵了,这些接收信息的器官出了问题,信息交流就发生困难,导致我的精神反应变慢,思维能力开始退化了。这大概是老年人的一种痛苦吧,然而这种现象是一个人、一个生物机体逃不掉的自然规律。由于这个原因,我不能保证把刚才各位讲的话全都听清楚,但是我还是听出大家提出了一个关于社会科学研究中"实用"和"理论"两者如何统一的问题,也就是"认识"与"行动"之间的关系的问题。

科学的基本任务是要认识事物的本质,要达到这个目的需要很多条件。社会科学研究者要认识的是人类社会,这是比较复杂的事。大家知道,在自然科学的研究中,科学家可以借助望远镜、显微镜等各种仪器、仪表的帮助来"接触"自己研究的对象,也可以在实验室里重复自己的试验。可是社会科学研究就没有这种条件,搞社会调查只能问、听、看,靠我们的嘴巴、耳朵、眼睛来收集资料。要问、要听,就牵扯到语言,问题就更多了。人们交谈首先要听得懂人家的话,要理解人家话里的意思,很难。拿我来说,早年就感到自己的耳力不灵,与音韵之道无缘,年龄越大越觉得同自己熟悉的人,或者同乡说话容易懂,反之,听起来就感到很吃力。我举这个例子,是想说明社会科学研究者在收集材料时,会受到自然方面、生理方面及其他方面的种种限制。

长久以来,社会科学多少有点让人看不起,在学术界的地位也好像低

① 本文是作者在"新世纪社会科学工作者的责任"专题座谈会上的讲话。

一点，在人们眼里自然科学要高一等，社会科学次一等。在我们制定的制度里也可以找到这种表现，解放初期，我还算科学院哲学社会科学部的一个委员，后来就不是了。我只能当外国的院士，中国的院士却当不成，因为没有这个制度。

在这样的状况下，江泽民同志重视社会科学工作的问题，连续三次发表重要讲话。说心里话，我感到非常高兴，似乎有一种重见天日的感觉。江泽民同志的讲话提高了社会科学的地位，这一点很重要，他的讲话会改变社会上人们对社会科学的看法。由于历史的原因，人们对社会科学有点“怕”，形成了一种心理压力。比如“反右”问题，尽管说这段历史已经过去多年，但是人们心里还是“怕兮兮”的——弄不好会不会再来？以前“打”你究竟对不对？搞不清楚，算了，就当没这回事吧。但是心里还是觉得这“东西”麻烦，别去碰它。群众心里的压力没有彻底解决，事情就不好办。

令人高兴的是，现在江泽民同志代表我们党和政府表明了态度，明确指出社会科学和自然科学应当是同等重要的；并且强调各级领导干部要高度重视社会科学的发展；指出社会科学是其他科学不可替代的。我想如果江泽民同志讲话的意思能够被广大群众普遍接受，就会产生深远的影响，它不仅会提高这门学科的地位，而且会影响几代人，比如它可能会决定一个孩子对自己一生事业的选择。

那么，怎样才能取信于民，让群众接受这门科学呢？这要靠我们社会科学工作者做出成绩来，让大家看到我们的工作确实为人们解决了实际问题，为人们提供了方便。一个人关起门写写文章，这容易，但是你写的文章的内容能不能够在社会生活中实现，就比较难了。

江泽民同志要求社会科学工作者联系实际，好好研究当前的社会变化，从中发现问题，并且讲出个道理来。要做到这句话不容易。拿我自己来说，靠了从小学到大学，到研究院，留学，这一段系统的学习和后来在社会学、人类学领域里的工作，所以在停顿了20年，一旦解除“右派”帽子之后，我能够马上回到原来研究的老路上。如果没有前面打下的基础，是不可能转过来的。

最近我参观了浙江河姆渡和良渚文化在考古方面的发现，了解了不少关于中国中部地区的历史。大家都知道中国是个古老的农业国家，从这两个地方的考古发掘中证明了几千年以前，我们的祖先就已经食用谷子、会用耕犁。现场发现的纺轮和养蚕的痕迹、盖房的榫头，都说明他们在衣、食、住方面已经达到相当高的水平。这样一个历史概念，人们都不太了解了，甚至学社会学的年轻人都不大知道。我看了这些展览之后，心里产生了一些感觉，感觉到了历史的延续性，从人类学的角度说这种感觉很重要，就是人类文化自觉的问题，就是自己认识自己的问题。

人是会死的，但是人所创造的文化却能够长久地延续下去，靠的是什么？中国人心里有个"上有祖宗，下有子孙"的观念，这种思想认识的基础不在个人的生死上边，而是在思想、事业上，所以中国古时候就有"三不朽"的说法，讲求立德、立功、立言，这就使文化得以一代一代延续下去。这种几千年延续下来的，教人怎样做人、做事的传统思想，直到现在还影响着人们。如果讲中国历史悠久，大家都会点头称是，但是在这漫长的历史过程中发生了什么变化，就不甚了了。其实对搞哲学社会科学、人文科学的人来说，这是很重要的。

我们必须加强历史意识（不仅仅是知识），使我们在看待眼前的事物时，会联系上延续了几千年的中国文化。从整体上讲，中国人是讲究文化的延续性的。搞社会科学的人更需要有这种意识，上有祖宗，下有子孙，我们只不过是其中的一个环节。可是每一代人都在创造着文化，文化是一个人一个人创造的，并且一个人一个人传递下去。我现在越来越感觉到我这一生就像住在旅馆那样，最终是要走出旅馆门的，但是我走了以后，还会有新的客人进来，连续不断，这个新来的人和我是什么关系呢？这就是死亡和不朽的关系。

死亡和不朽的这种思想意识，在人类的头脑里是有条件建立起来的，在中国的传统文化里这种意识还表现得很强烈，并且把这种意识应用到实际生活当中，我认为这就是中西文化根本区别之处。但是中国近代有100多年殖民地半殖民地的历史，受到了殖民文化的影响，不少人抛弃了我们传统的东西，甚至连原来的一套语言都不懂了。因此现在的年轻人跟不上我们旧的文化底子了,然而恰恰是这些旧的文化底子,在今天还可以发挥出作用。假定能够把我们的传统文化中好的东西挖掘出来,应用好,我想就能够从容应付今后“不朽”的局面。

江泽民同志的讲话至少把哲学社会科学,提高到同自然科学“相等”的地位,其实自然科学应当包括在社会科学、人文科学里。因为自然科学是人所创造的人文世界的一部分。自然科学实际上是第二层的东西,是人“造”出来的。如果人类不了解自己,那怎么去了解人文世界里的东西呢?认识人就是要认识整个文化。

上面讲了一些我近来思考的问题,虽然上帝给我的时间可能不多了,但是我还是想把它讲出来、写出来,这些东西可能会有用。这就回到了大家讲的社会科学研究与政治宣传的关系上了。政治是人类认识的一部分,权力是政治的一部分,人们要借助权力用一套思想来控制另一套思想。江主席的讲话就是想要利用政治的力量,达到建立起一个社会科学同自然科学平等的地位的目的。实际上背后是一个文化继承、延续、发展的大问题。

趁这个机会向大家讲了一些我最近的想法,希望大家了解这些想法。

2002 年 7 月

关于“文化自觉”的一些自白①

近些年来我常讲“文化自觉”问题，正式采用这个名词是在1997年北京大学举办的第二届社会学人类学高级研讨班上。我提出“文化自觉”这四个字来标明这个研讨班的目的，是想问一问，总结一下我们在这个研讨会上大家在做什么？这四个字正表达了当前思想界对经济全球化的反应，是人们希望了解为什么世界各地在多种文化接触中会引起人类心态发生变化的迫切要求。人类发展到现在已开始要知道我们各民族的文化是哪里来的？是怎样形成的？它的实质是什么？它将把人类带到哪里去？

这个名词确实是我在这个班上作闭幕发言中冒出来的，但是它的思想来源，可以追溯的历史相当长了。大家都了解，20世纪前半叶中国思想的主流一直是围绕着民族认同和文化认同而发展的，以各种方式出现的有关中西文化的长期争论，归根结底只是一个问题，就是在西方文化的强烈冲击下，现代中国人究竟能不能继续保持原有的文化认同？还是必须向西方文化认同？上两代中国的知识分子一生都被困在有关中西文化的争论之中，我们所熟悉的梁漱溟、陈寅恪、钱穆先生都在其内。

我清楚的记得，当我在燕京大学上本科时，曾选修历史系一位外籍教授开的“中国文艺复兴”这门课程。他的教法是把清朝末年，从1860年起，英法联军闯入圆明园，到辛亥革命这段时期里，把他看到的外国作者

① 本文是作者在中华炎黄文化研究会创办的“二十一世纪中华文化世界论坛”第二次国际学术研讨会上的书面发言。

对中国人的事情和说法的英文材料找出来让我们阅读，以了解这段历史的变化。对这门课我是很用功的，他指定的书和文章我都读了，而且作了笔记。所读的材料，历时约50年，经过四个皇帝，进犯中国的国家从老牌的帝国主义英、法、俄开始，逐渐增加到12国。签订的不平等条约就有十几个之多。这段时间里还发生了太平天国起义、戊戌变法、黄花岗起义等一系列重大事件。在读的材料里有一件事给我印象很深，至今仍然记得，那就是在太平天国宣布起义并定都南京后，有一个曾国藩手下的大将，名叫胡林翼，当时驻守在今安徽的马鞍山，他在江边阅兵时，有一只外国军舰，冲着他沿江而上，看到这艘外国军舰，这位大将竟当场昏厥了过去。后来别人问他为什么，他回答说，对付太平天国我们还有把握，但对付这些外国军舰就没有办法了。这件事生动地反映了当时清政府上层的态度。他们看到了中国的物质技术远远落后于西方，因而惧怕和退缩了。因此引起了以后丧权辱国的灾难性后果。

这说明在中西文化碰头时，他们认输了，这是一个大转折。过去清政府以“天朝上国”自居，视外国使节为“外夷入觐”，乾隆皇帝认为自己国家物产丰盈，并不需要“外夷”的货物，同外夷贸易是一种恩赐；英国使团提出觐见时，他要求英使节行三跪九叩首的大礼。这个皇帝那时还没有认输。

中西文化碰了头，中西文化的比较，就一直是中国知识分子关注的问题，他们围绕着中华民族的命运和中国的社会变迁，争论不休，可以说至今还在继续中。在五四运动以前，大致是19世纪中叶，已有人提出了“西学”的观念，要在技术上学习西方人的长处，以求有所改进，可用“旧学为体、新学为用”即“中学为体、西学为用”的看法来概括。那时，人们对中国原有的一套政治伦理秩序并没有发生大的动摇。到了五四运动，碰到的问题已不是借用一些“西学”可以解决的了，基本上是要以西方现代化来代替中国的旧文化了。所以五四运动又叫新文化运动。不少人用西方启蒙运动以来的一些观念作为推翻和取代传统制度的目标，其中最重要的是民主与科学，在“五四”之后发生过“科学和玄学”及“民主与独裁”的两次重要争辩。随后中国共产党在1921年成立，马克思主义得到不少青年的信仰。中国向何处去是知识界不能回避的问题了。抗战开始，国难当头，民族危机使争论暂时停顿下来，但战后应该建立怎样一种社会文化秩序，仍然是知识界关心的主题。彻底打破现状，重建一个全新的理想社会，无疑对于知识分子具有极大的吸引力。那时主导的思潮是否定传统的，当时即使有人提醒人们应该正视革新和传统的关系，也并不能引起人们的注意。抗战结束后中国知识界的思想情况也随着国内政治局势的变化而迅速发生了变化。新中国成立后，中国大陆发生了翻天覆地的巨变，知识界在马克思主义的指导下走上建设社会主义道路。归结起来看，无论是“戊戌”的维新变法、“五四”的新文化运动和解放后的历次政治运动，都是在破旧立新的口号下，把“传统”和“现代化”对立了起来，把中国的文化传统当作了“现代化”的敌人。“文化大革命”达到了顶点，要把传统的东西统统扫清，使人们认为中国文化这套旧东西都没有用了。

总之，中国文化从传统走向现代的进程中，步履维艰。怎样才能使中国文化的发展摆脱困境，适应于时代潮流，中国知识分子上下求索，提出了各种各样的主张，以探求中国文化的道路。由此涌现出各种流派，有如新儒家就是重要的一家，它主要在哲学一门之内，也涉及到史学，看法未必一致。这方面我不太熟悉，最近看到余英时先生的文章讲到：“新儒家”是指 20 世纪的思想流派，其事起于境外，特别指 1958 年元旦张君劢、唐君毅、牟宗三、徐复观四位先生在香港《民主评论》上所发表的一篇宣言——《中国文化与世界——我们对中国学术研究及中国文化与世界文化前途之共同认识》。这些情况以及其后之发展在我当时的处境自然不会了解，同时也不会是大陆知识分子关注的中心问题。现在应该回过头来看一看，做一番研究是有必要的。

这种情况直到改革开放后开始有所反思，我们要搞清楚中国文化的特点是不可能割断历史的，港台的知识界 60 年代也对此提出了问题，不少人感兴趣的是怎样在“传统”和“现代化”之间找到接榫之处。说明文化不仅仅是“除旧开新”而且也是“推陈出新”或“温故知新”。“现代化”一方面突破了“传统”另一方面也同时继续并更新了“传统”。

就我个人来说，我受的教育是从清末民初所谓新学开始的，这个新的学校制度是针对旧的科举制度下的私塾制度而兴起的。我的父亲是最后一科的秀才，科举制度在他那一代取消了。改革之后，他被选送到日本去留学，学教育。回来后就搞新学，办了一个中学。我母亲创办了县里第一个蒙养院，我从小就是在这个蒙养院里边长大的，所以我没有进过私塾，没有受过四书五经的教育。连《三字经》《百家姓》也没有念过。我念的是“人、手、足、刀、尺”，是商务印书馆的小学课本，是新学的东西。不用面壁背书，坐冷板凳，还可以唱歌做游戏。初小后进入私人办的私学，也是由留学生办的新学。接着上了教会办的大学，从东吴转到燕京，又进了清华研究院，并再去英国留学，一生受的教育都是西方文化影响下的“新学”教育。父母主张新学，不要旧的一套，在儿女身上不进行旧式的教育，所以我缺了从小接受国学教育这一段，国学的根子在我身上并不深。中西方文化接触，在我本人并没有感到严重的矛盾。这一点和我的上一代是不同的，他们是受中国文化培养成长的，有着深厚的中国传统文化的根底。由于他们基本上是在中国文化传统的熏陶下成长起来的，因而对中国文化的长处有亲切的体验，甚至有归属感，所以他们的基本立场是“要吸收西方新的文化而不失故我的认同”。如陈寅恪先生讲“一方面吸收输入外来之学说，一方面不忘本来民族之地位”；钱穆先生说“余之所论每若守旧。而余持论之出发点，则实求维新”。像他们这样的学者是无法接受“进步”和“落后”的简单二分法的，他们求新而不肯弃旧，在当时的潮流中不免陷入严重的矛盾之中。

我在70岁时重新开始了社会学人类学的研究，进入了第二次学术生命，当时预计还有10年的工作时间，希望自己在有生之年，还能为中国的人文社会科学发展多做些工作。学习社会人类学的基本态度就是“从实求知”，首先对于自己的乡土文化要有所认识，认识不是为了保守它，重要的是为了改造它，正所谓推陈出新。我在提出“文化自觉”时，并非从东西文化的比较中，看到了中国文化有什么危机，而是在对少数民族的实地研究中首先接触到了这个问题。20世纪80年代末我去内蒙古鄂伦春聚居地区考察，这个民族是个长期在森林中生存的民族，世世代代传下了一套适合于林区环境的文化，以从事狩猎和饲鹿为生。近百年来由于森林的日益衰败,威胁到了这个现在只有几千人的小民族的生存。90年代末我在黑龙江又考察了另一个只有几千人、以渔猎为生的赫哲族,他们也存在同样的问题。中国10万人口以下的“人口较少民族”就有22个,在社会的大变动中他们如何长期生存下去?特别是跨入信息社会后,文化变得那么快,他们就发生了自身文化如何保存下去的问题。我认为他们只有从文化转型上求生路,要善于发挥原有文化的特长,求得民族的生存与发展。可以说文化转型是当前人类共同的问题。所以我说“文化自觉”这个概念可以从小见大,从人口较少的民族看到中华民族以至全人类的共同问题。其意义在于生活在一定文化中的人对其文化有“自知之明”,明白它的来历、形成的过程,所具有的特色和它的发展的趋向,自知之明是为了加强对文化转型的自主能力,取得决定适应新环境、新时代文化选择的自主地位。

实际上在经济全球一体化后,中华文化该怎么办是社会发展提出的现实问题,也是谈论文化自觉首先要面临的问题。我回想起在上世纪末与台湾人类学家李亦园教授关于中国文化与新世纪的社会人类学的对话。

我提出了一些自己在思考的问题,并且认为研究文化的人应该注意和答复这些问题,比如我们常常讲有中国特色的社会主义,那是指马克思主义与中国实践相结合的结果,所以在马克思主义进入中国后变成了毛泽东思想,后来又发展成了邓小平理论,这背后一定有中国文化的特点在起作用,可是这些文化特点是什么,怎么在起作用,我们都说不清楚。我们交谈时涉及几个实例,一是谈到重视家庭的思想,注重家庭的重要作用。在改革开放后实行家庭联产承包责任制,农村的生产力一下子解放出来了。以后在农村工业化中,又看到了真正有活力的是家庭工业。同时让我进一步想到中国社会的生长能力在什么地方,中国文化的特点之一我想是在世代之间联系的认识上。一个人不觉得自己多么重要,要紧的是光宗耀祖,是传宗接代,养育出色的孩子。二是“一国两制”的实践不光具有政治上的意义,而且还表现在不同的东西能不能相容共处的问题上,所以它还有文化的意义。这就是说中国文化骨子里还有这个东西可以把不同的东西凝合在一起。可以出现对立面的统一。三是“多元一体”的思想也是中国式文化的表现，包含了各美其美和美人之美，要能够从别人和自己不同的东西中发现出美的地方，才能真正的美人之美，形成一个发自内心的、感情深处的认识和欣赏，而不是为了一个短期的目的或一个什么利益。只有这样才能相互容纳，产生凝聚力，做到民族间和国家间的“和而不同”的和平共处，共存共荣的结合。四是能想到人家，不光想到自己，这是中国人际关系当中一条很重要的东西，老吾老以及人之老，幼吾幼以及人之幼，设身处地，推己及人，我说的差序格局就出来了。这不是虚拟的东西，是切切实实发生在中国老百姓日常生活里的真情实事，是从中国悠久的文化里边培养出来的精髓，“文化大革命”对这一套破坏得太厉害，把这些东西都否定了，我看这是不能否定的，实际上也否定不了。

我们现在对中国文化的本质还不能说已经从理论上认识得很清楚，但是大体上说它确实是从中国人历来讲究的“诚意、正心、修身、齐家、治国、平天下”的儒家所指出的方向发展出来的。这里边一层一层都是几千年积聚下来经验性的东西，如果能用到现实的事情当中去，看来还是会发生积极作用的。我们中国文化里边有许多我们特有的东西，可以解决很多现实问题，疑难问题。现在是我们怎样把这些特点用现代语言更明确地表达出来，让大家懂得，变成一个普遍的信息和共识。

长期以来在西方文化浪潮的冲击下，特别在“文革”时期，“传统”被冲刷得太厉害了。由此所造成的危害及其严重性还没有被人们所真正认识，同时能够把有深厚中国文化根底的老一代学者的学术遗产继承下来的队伍还没有形成，因此我深深感到知识界的责任重大。我前面谈到由于自知国学根底不深，需要补课，近年来读了陈寅恪、梁漱溟、钱穆等先生的著作，很有收获。启发我对中国文化精神更深入的理解，对中西文化比较更深刻的研究。

同时自己感到对世界大潮流有些“隔膜”，虽然改革开放后我们已经重新“放眼看世界”，我也多次出国进行学术交流，但开始看到的主要是西方在新技术方面的迅速发展，有如我在《访美掠影》一书中描述的计算机信息技术等。但是到20世纪90年代苏联解体,冷战结束,世界格局发生了重大变化,西方舆论"自鸣得意",我对亨廷顿的"文明冲突论"虽有批判,但对于中西文化中深层次的问题并不敏感。正如我前面所讲自己"行行重行行",力争紧跟国内社会经济发展,提出"文化自觉"的看法,也是从少数民族地区的发展问题中看到的。

去年美国的"9·11"事件对我有很大的震动。在我看来这是对西方文化的又一个严重警告,而且事件后事态的发展使我很失望,这种"恐怖对恐怖"的做法,让我看到西方文化的价值观里太轻视了文化精神的领域,不以科学的态度,实事求是的精神去处理文化关系,这是很值得深刻反思的。因此也让我想从理论上进一步搞清一些问题,如个人与文化的关系,文化的社会性和历史性问题等,以利推动中西文化比较研究的深入。

今年5月我在南京大学建立100周年的纪念会上,发表了《文化论中人与自然关系的再认识》的讲话,进行了这方面的探讨。我们这些人,从生物基础上看是和其他动物一样的,它的生命实际上同样有一定的限期,即所谓有生必有死,生和死两端之间是他的生命期。但由于人们聚群而居,在群体中又凭其共同认识,相互模仿别人的生活手段以维持他的生命,这时他已从生物人变成了社会人。每个生物人都在幼年逐步变成社会人而继续生活下去的,只有作为一个社会人,生物人的生命才得以绵延直至死亡。我们一般说人的生命是指生物人而言的,一般所说人的生活是指社会人的一生而言的。生活维持生命的继续,从生到死是一个牛物必经的过程。但是生活却是从生物机体遗传下来的机能通过有向别人学习的能力而得到的生活方式。一个人从哺乳期到死亡的一切思想和行动,都是从同一群体的别人那里学习得来的。所学会的那一套生活方式和所利用的器具都是在他学习之前就已经固定和存在的,这一切是由同群人所提供的。这一切统统包括在我所说的人文世界之内,它们是具体的文化内容。当一个生物人离开母体后,就开始在社会中依靠着前人创造的人文世界获得生活。现存的人文世界是人从生物人变成社会人的场合。这个人文世界应当说和人之初并存的,而且是历代社会人共阿的集体创作，社会人一点一滴地在生活中积累经验，而从互招学习中成为群体公有的生活依靠、公共的资产。孔子说“学而时习之”就是指模仿别人而不断实践。这是人从作为生物个体变成社会成员的过程。

人文世界拆开来看，每一个成分都是社会中的个人凭其天生的资质创造出来的，日积月累，一代代人在与自然打交道中形成的。这些创新一旦为群众所接受，就进入人文世界的内涵，不再属于任何的个体了。这就是我们应当深入理解的文化社会性。

文化是人为的，但这里只指文化原件的初创阶段，它是依靠被吸收在群体中的人们所共同接受才能在群体中维持下去。一群社会人互相学习利用那些人文世界的设施包括物质的和精神的，或说包括它的硬件和软件进行生活。生物人逃不掉生死大关，但属于社会人的生活用具和行为方式即文化的零部件却可以不跟着个别生物人的生死而存亡。文化的社会性利用社会继替的差序格局，即生物人生命的参差不齐，使它可以超脱生物体生死的定律，而有其自己存亡兴废的历史规律。这是人文世界即文化的历史性。

强调重新更深入地认识文化的社会性和历史性，可以帮助我们加深对文化的认识。我已注意到文化价值观方面存在着东西文化的差别，中华文化的传统在出发点上和西方文化就有分歧。前一辈的学者，所谓新儒家，已经碰到了这个问题，他们用历史学的方法，做了具体而细致的研究工作，钻研得很深，提出了他们自己独到的见解。我们真要懂得中国文化的特点，并能与西方文化做比较，必须回到历史研究里边去，下大工夫，把上一代学者已有的成就继承下来，切实做到把中国文化里边好的东西提炼出来，应用到现实中去。在和西方世界保持接触，进行交流的过程中，把我们文化中好的东西讲清楚使其变成世界性的东西，首先是本土化，然后是全球化。这个任务是十分艰巨的，现在能够做这件事的学者队伍还需要培养，从现在起在几十年里培养这样一批人是一件当前很重要的事情。当务之急是要在我们的知识界造成一种良好的风气，补上“放眼世界”这一课，关注世界大潮流的发展变化。我自己年纪大了，实际上不能进一步去观察，也没有条件深入研究了。但我认为经济全球化后文化接触中的大波动必然会到来，迟早要发生的，我们要有准备地迎接这场世界性文化大论争。因此我们一方面要承认我们中国文化里边有好东西，进一步用现代科学的方法研究我们的历史，以完成我们“文化自觉”的使命，努力创造现代的中华文化；另一方面要了解和认识这世界上其他人的文化，学会解决处理文化接触的问题，为全人类的明天做出贡献。

2002 年 8 月 6 日

试谈扩展社会学的传统界限

年过九十应当承认我一生已进入衰老阶段,躯体和四肢都已不能自如地活动,但头脑还觉得能够思考一些问题。我总觉得我们中华文化经过几千年的发展,总可能积淀着一些宝贵的东西。近年来世界的动荡,表明当前的世界已经到了亟需改革创新的时刻。此时此刻我的脑子里出现了不少过去没有想过的问题。在我和同事和学生们闲聊或讨论的时候,他们用录音机录了下来,并且整理成文,我对这些文章进行修改最后定稿。读者或许可以从中得到一些可供参考的东西。

社会学是一种具有"科学"和"人文"双重性格的学科,社会学的科学性,使得它可以成为一种重要的"工具",可以"用"来解决具体的问题,比如预测一个社会的发展走向,调查一个群体的态度行为,分析某个社会组织的运行机制,解决某个紧迫的社会问题等。然而,社会学的价值,还不仅仅在于这种"工具性"。今天的社会学,包括它的科学理性的精神,本身就是一种重要的"人文思想"。社会学科研和教学,就是一个社会人文精神养成的一部分。社会学的知识、价值和理念,通过教育的渠道,成为全社会的精神财富,可以帮助社会的成员更好地认识、理解自我和社会之间的关系,以提高修养、陶冶情操、完善人格,培养人道、理性、公允的生活态度和行为,这也就是所谓"位育"教育的过程,是建设一个优质的现代社会所必不可少的。社会学的研究方向,也自然要考虑到这种人文方面的需要。社会学的人文性,决定了社会学应该投放一定的精力,研究一些关于"人""群体""社会""文化""历史"等基本问题,为社会学的学科建设奠定一个更为坚实的认识基础。中国丰厚的文化传统和大量社会历史实践，包含着深厚的社会思想和人文精神理念，蕴藏着推动社会学发展的巨大潜力，是一个尚未认真发掘的文化宝藏。从过去20多年的研究和教学的实践来看，深入发掘中国社会自身的历史文化传统，在实践中探索社会学的基本概念和基本理论，是中国学术的一个非常有潜力的发展方向，也是中国学者对国际社会学可能做出贡献的重要领域之一。

究“天人之际”

社会学的一个基本问题，就是人的“生物性”和“社会性”的关系。这就使我们注意到社会学对人的“生物性”的界定，与生物学、医学意义上的人的“生理”、“生命”、“生物”的概念应当是有区别的。作为自然科学的生物学和医学，它们是把人的所谓“生物性”，也就是和其他生物可比较的生命的物质形态方面，单独划分出来，孤立地看，称之为“生物性”。并以此为对象，运用物理、化学等方面的知识，进行一种“自然科学”的研究，但是却忽略了它“非生物”方面即社会的、精神的、文化的属性。比如，他们在研究一个人的生理结构和功能的时候，只考虑其“生理”、“生物”的意义，而不考虑这个人究竟是一个农民还是军人还是知识分子，他们认为这些“社会”角色在医学、生物学上“没有意义”。这种“分析”、“分解”式的思维方式和研究方法，是一般西方自然科学的通行的方式。

但在社会学中，我们所说的人的“生物性”，并不是这种单划出来的一个孤立的、独特的范畴，不是一个和所谓“社会性”互相隔离的属性。相反，社会学中“人”的“生物性”，应当属于人的“自然属性”的一部分，是一种更为广义的概念，是和人的“社会性”融为一体的，二者是互相兼容、包容的。确切地说，这种社会学把“社会”本身，视为广义的“自然”（包括“生物”）的一部分，“社会”的存在和演化，都是包含在广义的“自然”的存在和演化之中的。社会和自然，不是两个“二分”（duality）的概念，更不是相互“对立”的，而是同一事物的不同方面，不同层次而已。这种理念，最好的表达方式，就是中国古代“天”的概念。“天”不是像西方的“上帝”那样超越于人间万物之上的独自存在的东西，“天”和“人”是统一的，息息相关的，人的一切行动和行为，都在“天”的基本原则之中，人是不能彻底摆脱、超越这个“天”的,即所谓“谋事在人,成事在天”;同时,天也随着人的行为而不断做出各种反应,故有所谓“天道酬勤”、“天怒人怨”之说。社会学中“社会”和“自然”的关系,很像这种理念,我们首先把“人”置于“自然。这个大的背景中来看,“人”和“自然”是合一的,作为人类存在方式的“社会”,也是“自然”的一种表现形式,是和“自然”合一的。我们今天用“合一”这个词,就是说它们本来就是不能分开的。尽管人们通常在语言中、在概念上把“人”和“自然”分开处理,这只不过是常规思维中为了认识和解释方便而采用的一种“概念化”(conceptualization)方式,而我们从学术角度,不把“自然”和“人类社会”割裂开来,而是把它们视为统一的,是一体的。人类社会的规律,也就是自然的规律,人类社会的原则,也就是自然的原则;同样,自然的原则(如古人说的“天道”),也是人类社会的原则……这种观念,作为社会学研究的基础,可以使我们从一个基本的层面上,摆正人和人之外的世界的关系。即中国传统上所谓“一而二,二而一”的意思。一可以分为二,而二还是包含在一之内。

我们把“人”放到自然历史演化的总的背景下去理解,人是自然界演化的一个过程和结果,同样的所谓“社会”、“人文”也是自然的一部分,它是人根据自身的需要造出来的一个第二环境,但“人文”只能建立在自然规律和原则的基础上,“人文”的活动,只是在很多方面利用自然,利用自然特性,顺着自然内在的规律,适应它的要求,为人所用,而不能真正改变这些规律和原则,也不可能和“自然”法则对抗,不可能超越自然的基本规律。

这种“天人合一”的思想,实际上不仅是中国的,它是世界上很多文明所具有的基本的理念,但中国人传统上对这方面有特别丰富的认识和深刻的探讨。今天中国社会学应该继承这种传统,从自然存在和演化的角度,对“人”和“社会”进行最基本的定义。

需要注意的是,在近代,中国人这种观念发生了很大的变化。19世纪末到20世纪初,中国知识分子在救亡图存的努力中,曾经在短时间内大量借鉴西方近代和现代社会思想,这种借鉴对中国现代学术发展起到了非常重要的促进和推动作用，为现代中国学术建立了一个重要的基础。但是，也应该看到，这种匆忙的、被动的借鉴的过程，也存在着很多粗糙和不协调之处，特别是对于人和自然的关系上，我们在接受西方现代科学的同时，基本上直接接受了西方文化中“人”和“自然”的二分的、对立的理念，而在很大程度上轻易放弃了中国传统的天人合一的价值观。在实践中，后来大量出现的豪迈的“战天斗地”、“征服自然”、“改造山河”、“人有多大胆、地有多大产”的强烈的冲动，一反中国古代人与自然环境互相依存、通融、欣赏的态度，把自然视为一种对抗性的力量。在社会学领域，则不太习惯于把人、社会、自然放到一个统一的系统中来看待，而是常常自觉不自觉地把人、社会视为两个独立的、完整的领域，忽视社会和自然之间的包容关系。

对于“人”和“自然”的关系的理解，与其说是一种“观点”，不如说是一种“态度”，实际上是我们“人”作为主体，对所有客体的态度，是“我们”对“它们”的总体态度。这种态度，具有某种“伦理”的含义，决定着我们“人”如何处理自己和周围的关系，而这种关系，是从我们“人”这个中心，一圈圈推出去，其实也构成一个“差序格局”。问题的核心是：我们把人和人之外的世界视为一种对立的、分庭抗礼的、“零和”的关系，还是一种协调的、互相拥有的、连续的、顺应的关系。对这一问题不同的回答，反映出人类不同文化、不同文明中世界观深刻的差异。

社会学对这一问题的回答，如果是基于东亚文明的历史和文化传统，那么理所当然地是一种强调协调、共处、“和为贵”的哲学基础，这种文化传统，使得我们很自然地倾向于“人”和“自然”相统一的立场。

精神世界

“人类社会”是广义的“自然”的一部分，但人是有其自身特殊性的。在很多意义上，我们可以把“人”视为已知的自然演化的最高的成就。当然，这仅仅是我们作为人本身的认识，因为我们的认知是有局限性的，我们的感知方式和能力、我们存在的形式本身、我们在时空方面的有限性等等，就是我们的局限性。我们只能在这种局限性之内讨论所有的问题；至于在我们的感知能力之外，这个宇宙（天）还有哪些存在形式和属性（比如人们想像的多维空间、能量化的生命等等以及想像之外的东西），我们就无法作出有意义的判断了。但在我们认知范围内，我们看到人是具有特殊性的，是明显不同于周围世界的。我曾经打过比方，假如有来自外层空间的其他的生物，他们到地球上，看到地球上生机勃勃的景象，肯定很快就会把“人”这种生物和地球上的其他东西分开。人的特殊性，是我们社会学研究的重点领域，但社会学并不仅仅研究人的特殊的一面，还要研究人与自然一般相同的方面。在社会学工作者眼中，认识“人”的特殊性，不是要局限于这种“特殊”，而是要更全面地认识人的属性。

“人”的特殊性何在？或者说“人之所以为人”究竟凭什么？这是一个人们长期争论，一直没有取得共识的问题。像这类关于“人”的最基本的问题，涉及到人类对世界和自身的最基本的假设，往往会成为人类的一种精神信仰和世界观的基石，构成一种文明的基础，因此也往往成为人们争论最激烈的问题，甚至会被赋予强烈的意识形态色彩。在中国，不同时代，不同思想流派对这一问题也有不同的回答。作为具有科学理性传统价值观的社会学，通常认同于一种科学理性的解释：人是有生命的，在自然中首先属于“生物”，这就不同于“非生物”的世界。依我看，在“生物”中，人最重要的特殊性就是人有一种“精神世界”，这是其他生物可能没有的，至少在我们的认知范围内还没有确切的发现。

人的精神世界，可以笼统地说成“人的一种意识能力”，但实际上，这是一个远远没有搞清楚的问题。社会学自身无法完成这种探索，但这种探索，对社会学的发展具有重大意义。“精神世界”作为一种人类特有的东西，在纷繁复杂的社会现象中具有某种决定性作用；忽视了精神世界这个重要的因素，我们就无法真正理解人、人的生活、人的思想、人的感受，也就无法理解社会的存在和运行。我们鼓励社会学工作者和学习社会学的学生，把一定的精力投放到这方面的探索和研究中，这是我们社会学相对薄弱的方面，同时也是人文价值的一个重要体现。社会学对于人的精神世界的研究，当然与哲学、神学、精神病学这些学科的研究视角是不相同的，它应该是一种“社会学”的视角。目前，社会学界如何面对这一问题，运用什么方法论和采取什么方法研究这些问题，还没有基本的规范，但这方面的研究，是十分有意义的。

从社会学角度研究人的精神世界，要避免一种简单“还原论”的倾向，那就是试图把所有精神层次的现象和问题，都简单地用“非精神”的经济、政治、文化、心理等各种机制来解释。还原论式的解释方式，看似一种圆满的“解释”，实际上这种“解释”恰恰忽视了精神世界自身的特点，忽视了“精神世界”——把人和其他生物区别开来的特殊存在物的不可替代性。社会学对于精神世界的理解，应该是把它和社会运动机制联系起来，但不是简单的替代，不是简单地用一般社会层次的因素去解释精神层次的活动。当然，最理想的，是在社会学研究中真正开辟一个研究精神世界的领域，从方法论层次上进行深入的探索，探索如何基于社会学的学术传统和视角，开展对人的精神世界研究。

文化与“不朽”

从人的生物性和社会性的关系，自然地引出人的群体性、文化性和历史性的问题。关于人的文化性和历史性，我们经常讨论，但至今缺乏的是结合实际研究的具体的阐释。在“常人思维”中，“文化”和“历史”似乎纯粹是“社会”的东西，和“自然”“生物”没有多大关系，可是在社会学术上，文化性和历史性，是与人的生物性密切相关的两个不同的概念。

比如，一个人刚出生的一瞬间，是只有一般的“生物性”而没有社会性的，但就从此时此刻开始，就和妈妈在一起，从个体的人，变成了“群体”的人，开始交流和互动，加入了“人类社会”的生活，也就变成了“社会”的人，具备了社会性。所以我们说从一出生，在这个“人”的生活中，就包含了社会性和生物性。

社会中的人，尽管都是已经具有社会性、生物性的双重人——个体生命开始时，在母胎里成熟过程中和妈妈还是二而为一的，直到分娩，才告一段落，一分为二，结束母子在生物性上难分难解的状态，分别成为社会性的两个人——但各自的生物性仍然起着重要的作用，而且常常是决定性的作用，其中最基本、最明显的，就是生老病死，这种生物性的因素，你是永远摆脱不了的。所以我们说人有“社会性”，并不意味着就没有“生物性”了，社会性和生物性不是互相排斥的，不是非此即彼的，而是互相兼容、互相结合的，这就是“人”和“自然”（天）的同一性的一个方面。人的生物性，决定了人是要生老病死的，每个人都是有生有死的，但一个社会是可能不死的，是可能长久存在下去的（当然，并不是所有社会都必然永远存在，也有整个消亡的），这种“死”和“不死”，是我们社会学研究的一个非常关键的问题。“社会”为什么能长久存在？因为有“文化”。而文化是如何起作用的？是基于人的群体性即社会性。群体可以超越个体的局限，每个个体的人有生有死，但不是所有的人都同时生同时死；不同的人的生与死，是有时间差的，生不同时，死不同刻，而不同时间生死的人，不同代际的人，有共处的时间，在共处的这段时间里，每个人的人生经验、知识、感受、发现、发明等等，可以互相交流，互相学习，互相传递，可以变成别人的东西，保存在别人那里。一个人的生命可能会逝去，但是他一生的知识积累，不一定随他的生命结束而消失，它们会传递给别人，传递给继续活着的人，别人再传递给别人，可以传给很多人，这种不断传递，就成为社会很多人共同的知识即文化，保存在很多人的头脑中，形成一个不断增加的、动态的、更新的、分散的“信息库”，这个信息库又反过来不断塑造着新的社会成员的态度和行为，这就是文化的传承。同时，由于各种信息载体（石刻、竹简、书本、磁带、光盘等）的存在，人们可以把知识记录下来，储存起来，几十年，几百年，留给后来人，这样，即使一个社会真的消失了，一个文化中断了，但后来的社会，其他文明的活着的人还可以从那些很久以前死去的人那里学习各种知识——人和人可以跨越时间、空间的障碍，进行交流和学习，分享知识和经验。

文化传承中，有很多这种跨越时间、空间继承的例子。比如我们今天经常说“西方文化来自古希腊罗马文明”，实际上，尽管古希腊罗马本来就属于欧洲，但他们的很多文化成就，并不是通过他们自己生物性的后人直接传到近代欧洲的，而是通过阿拉伯人“转手”的。因为在中世纪，欧洲本身的很多古典文化的东西中断了，而这些东西保存在阿拉伯人那里，后来“文艺复兴”，欧洲人不是从自己的前辈手里，而是从阿拉伯人那里又“取回”了很多古希腊罗马人创造的知识。又比如犹太人的希伯来语，本来已经消失了很多个世纪，仅有少数考古学家能阅读其文字，但19世纪末，犹太人要重新建国的时候，这些学者通过首先教自己家里人说，再在朋友圈子里说，范围越来越扩大，经过几十年，居然把这种已经“死去”的语言恢复过来，到1947年以色列建国的时候，希伯来语被定为“国语”。中国历史上这类例子也很多，中国春秋战国的很多东西，被秦始皇毁坏了不少，汉朝时通过仅存的一些儒生和残存的旧竹简，把儒家的东西恢复过来了，并成为官方的意识形态。历史上中原战乱时期，中原文化的很多东西传播到江南、朝鲜、日本等地区，被保存下来，然而它们在中原反而消失了，后来中原人又从这些地方把消失的古代文化成果学回来。中国人也为其他文明保存过很多重要的历史知识。比如印度文化中一直不太注重编年史，所以今天国际上研究印度历史，往往要从中国古代文献中查找资料，特别是从玄奘的游记中获得当时的资料。目前中国周边的国家的历史，也有许多因记录在中国古代文献中而得到保存。

这就是我说过的，社会和文化可以使人“不朽”。像唐朝的诗人李白，他作为一个人，他的生物性决定了他必然会逝去，但他的诗作，连同他的诗的风格，都保存在各种文献中。李白这个人，是一个具有有限生命的“人”，而他的诗和诗的风格，则是“文化”，“人”是会消失的，但“文化”保留下来了，社会长存，文化不死，创造文化的人也就“不朽”了。一个人创造的文化不仅能保留，还能传递，还能影响别人，能激发别人的灵感，实现“再创造”，所以传统可以成为新文化生长的土壤。李白的诗作，经过几百年、一千年后，还能重新影响、塑造出别的诗人，他们可能接近李白，可能超过李白……文化把不同时间、空间的人“接通”了，可以共享生活的经历和生命的体验；文化能够超越个体生命的生死和时空的障碍，能够生生不息、发扬光大。

文化的传递，必须是一种历史过程，所有文化都必须是积累的，没有积累，没有超越生死、时空的这种积累，文化就不可能存在。

从“个人和群体”的角度理解文化，“文化”就是在“社会”这种群体形式下，把历史上众多个体的、有限的生命的经验积累起来，变成一种社会共有的精神、思想、知识财富，又以各种方式保存在今天一个个活着的个体的生活、思想、态度、行为中，成为一种超越个体的东西。当一个新的生命来到这个世界上时，这套文化传统已经存在了，这个新的生命体就直接生活在其中，接受这种由很多人在很长时间里逐步创造、积累的文化，所以文化具有历史性，它是跨越时间、空间和生命的东西，也是先于个体而存在，不随个体的消失而消失的东西。所以我们看文化，必须历史地看，只有在历史中，文化才显示出其真实的意义。

文化的历史性是广义的，不仅具体的知识和技能是在历史长河中积累传承的，更深层、更抽象的很多东西，比如认识问题的方法、思维方式、人生态度等，也同样是随文化传承的。进一步说，文化的传承，也同样包含了“社会”的传承。比如说，社会的运行机制是随文化传承的，社会结构，同样是伴随文化传承下来的。一个社会基本的结构，夫妻、父母、社区结构，都是文化的一部分，是先人传下来的，是晚辈向长辈、后人向前人学来的。学习、继承中不断有修正和创新，但只有在继承中才可能有创新，这就是为什么我们研究社会也好，改革社会也好，绝不能抛开历史，没有一个社会结构是完全凭空构建的，它总是要基于前一个社会结构，继承其中的某些要素，在此基础上建立新的东西。比如，即使像美国这样一个“人造”的国家，其社会结构也不是从美国建国时突然开始的，而是从欧洲移植过去的。美国社会的主体结构，实际上是来自欧洲的白人移民主导建立的，他们不管什么身份——是反叛者也好、流亡者也好、淘金者也好、梦想家也好——其基本的文化背景、思维方式、人生态度、知识技能等，还是在欧洲社会结构中造就的。他们在最早建立殖民地的时候，就不可避免的，只能基于欧洲的社会文化传统，他们可能属于当时欧洲的“非主流”，反对当时欧洲的主流，但他们的“非主流”，仍然是“欧洲”的非主流，是一种文明中不同的分支，所以它们的社会结构并不是凭空创造的，实际上是欧洲文化的延伸和变体。同样，像我们今天的这个“中国”，虽然是在一场摧枯拉朽的革命之后建成，但我们今天的社会结构，并不都是1949年建国时一下子凭空创造出来的，它是过去几千年社会结构演化的继续，是和过去的社会密切相关的。建国时期几亿人口的思想、文化、价值、理念都是从此前的历史中延续下来的。谁也不可能把一个社会中旧的东西突然“删除”“清洗”，变成空白，再装进去一个什么全新的东西。我们中国的革命，形式上是“天翻地覆”“开天辟地”，实际上，它是建立在中国社会自身演化的内在逻辑之上的，是中国文明演进中的一个连续过程的一个阶段。建国50多年后的中国社会，还是跟过去的社会密切相关，社会的方方面面的历史文化积累过程是不间断的、永恒的、全方位的。

“只能意会”

在社会学最基本的“社会关系”的研究中，实际上还存在着很多空白的领域，有待我们去进行探索。特别是在“人际关系”中各种“交流”的部分，始终是社会学没有说清楚的领域。比如人和人交往过程中的“不言而喻”，“意在言外”的这种境界，是人际关系中的很重要的部分。人们之间的很多意念，不能用逻辑和语言说清楚，总是表现为一种“言外之意”，这些“意会”的领域，是人与人关系中一个十分微妙、十分关键的部分，典型的表现，就是知心朋友之间、熟人之间、同一个亚文化群体成员之间，很多事情不用说出来，就自然理解、领悟，感觉上甚至比说出来还清楚。同样，在亲情之间，特别是在母亲和不懂事的孩子之间，也集中体现出这种“不言而喻”：小孩子太小，有许多感受不会用语言表达，但妈妈凭感觉就明白孩子要表达的意思，这种“意会”，是人和人交往的一种重要的状态，实际上常常是决定性的状态，它自然应该成为社会学的一个基本的关注点。

在群体中，在各种社会组织中，在社会各种圈子中，人们不仅在运用这些“意在言外”的规则进行交流、调控和协商，而且还在不断地制造着这种“不言而喻”的默契的规则。实际上，只要是有两个以上的人的地方，相处一段时间后，就会不断地生成这种默契，同时也不断地修正、更新这种“意会”的内涵，它成为人类的一种不自觉的、但又连续不断、乐此不疲的工作。几乎任何群体在任何一个场景下，都会创造一些临时的或持久性的“意会”的规则：几个住在一起的同学，很快就会发展出属于他们自己圈子的共同语言，这是不用故意去设计、安排的；同事之间在一个会议上，就可能形成临时的“意会圈子”，会散了就不再存在了；两个人一次不长的谈话，实际上也是在动态的互动中一边“试探”一边制造一种默契的过程……可以毫不夸张地说，一个社会，一种文化，一种文明，实际上更多的是建立在这种“意会”的社会关系基础上，而不是那些公开宣称的、白纸黑字的、明确界定的交流方式上。但是，这方面的研究还相当薄弱。尽管社会学人类学界实际上一直涉及这方面的研究，但多年来并没有集中力量探索，也就难有突破性的成就，很多东西还是一种描述性的解释。在这种“意会”的人际交往领域里，中国文化本来具有某种偏好和优势，中国社会学工作者的努力，也许可以在这方面做出某种划时代的成就；反过来说，如果不突破这一点，社会学不管是作为一种应用性的专业，还是一种人文修养的学科，都存在着严重的缺憾。

这种对人际关系中“意会”的研究，并不是沙龙里、书斋里、象牙塔里的话题，也不仅仅是一种抽象理论层次的探索，它本身就涉及现实中很多迫切需要解决的难题。比如，在我国过去 20 多年社会经济高速发展中，地区之间的发展，出现了很大的差异：一方面，珠江三角洲、长江三角洲的一些区域，实现了社会经济的高速、良性发展，实际上很多方面已经逼近发达国家的水平，可以说初步实现了中国几代人为之奋斗的“现代化”的梦想；可是另一方面，中国还有很多地区，社会经济发展还远远落后于上述发达地区，有些区域，社会的深层结构还完全停滞在二三十年前的水平，没有实现社会的基本层面的变革。对于这些问题，我们社会学界，不仅要从制度方面、意识形态方面、资金技术方面、地理位置方面来研究，而且还要特别关注其社会性的一面。比如，在很多欠发达地区，在“看得见摸得着”的方面，诸如制度、法律、规章等方面，因为同处于中国的基本制度之下，所以与发达地区并没有什么差别，很多表面的东西是完全一致的，一样的，但这些地区在相同的政策、体制条件下，发展的效果却很不相同。我们通过深度的“参与观察”的研究就会发现，这里人们日常的、细微的人际关系、交往方式、交往心态以及与之有关的风俗习惯和价值观念，和发达地区有相当大的差异，而这些“差异”，大多是这种“只能意会、不能言传”的部分。这部分东西，实际上常常是构成社会经济发展差异的真正原因。所以，我们要真正有效地促进落后地区发展，比如西部开发、东北国企改造等，就必须解决这种“意会”领域的问题，否则，仅仅在那些公开说明的、表面的体制、法律、规章上做文章，是解决不了实质问题的。

日常生活中这些“意会”的部分，是一种文化中最常规、最平常、最平淡无奇的部分，但这往往正是这个地方文化中最基本、最一致、最深刻、最核心的部分，它已经如此完备、如此深入地融合在人们生活中的每一个细节，以至于人们根本无需再互相说明和解释。而从社会运行的角度来看，这种真正弥散在日常生活中的文化因素，看似很小很琐碎，实际上却是一种活生生的、强大的文化力量，它是一个无形的、无所不在的网，在人们生活的每个细节里发生作用，制约着每个人每时每刻的生活。它对社会的作用，比那些貌似强大、轰轰烈烈的势力，要深入有效得多；它对一个社会的作用，经常是决定性的。根据这些年的实际调查经验，我觉得在地方社会中，越是我们“外人”看不出、说不清、感觉不到、意识不到、很难测量和调控的文化因素，越可能是一些深藏不露的隐含的决定力量，越可能是我们实际工作中的难点，也越值得我们社会学研究者关注。在研究不同的地区发展的差异时，这种被人们“视而不见”或“熟视无睹”的东西，往往正是我们揭开当地社会经济发展秘密的钥匙。

文化的“意会”方面的实际意义，不仅限于区域发展研究，很多现实问题，比如引进外资、企业改造、基层组织、民族关系、都市文化、社区建设等，都涉及这方面的知识。我国当前大量的社会生活实践和学术研究的积累，已经为这方面的探索准备了相当的条件，社会学工作者如果能够充分利用现有的条件，加强这方面的研究，有可能在理论和应用上获得一些真正突破性的进展。

这种“意会”的研究，其实就是把社会学中最基础、最一般的概念——“社会关系”的研究向深一层推进。学术上，其实并不是总要一味去搞那些新奇的、超前的概念，很多非常平常、非常常见的概念，恰恰需要人们不断地深入探讨，也往往是我们新的学术思想的最好的切入点和生长点。“社会关系”作为社会学最常用的概念，已经被无数人大量论述和阐释过，已经是老生常谈了，但即使是这样一个人们熟知的基础性的概念，仍然有无限拓展和深化的空间。

“讲不清楚的我”

如果要不断深化对“社会关系”的研究，可以从不同的角度切入，除了“意会”之外，还有一个角度，那就是从社会关系的“两端”——“人”的角度来探讨。当然，我们不必再重复社会学已有的成果，不必一般地从旁观者的视角来探讨“人”这个概念，而是要从“主体”(subject)的、第一人称的角度理解“人”，也就是研究“我”这个概念。

从“我”的角度看，一个很值得关注的问题，就是每个人的这个“我”，实际上都分为好几个“我”，生物的“我”、社会的“我”、文化的“我”、表面的“我”、隐藏的“我”、说不清楚的“我”……但这并不是弗洛伊德等心理分析意义上的不同层次的“我”，而是一种社会学意义上的多方面的“我”。从理论上说，最普通、最一般的“我”的感受应该是生物的“我”，但这是人们自己几乎不可能感知到的一个“我”，因为只有刚出生的时候的我，是纯粹“生物”的，但那时候，人根本不能感知自己，不可能知道自己这个“生物的我”。一般来说，人在某些极端情境下，丧失了后天文化赋予的各种感觉，回归到接近最基本的生命本能状态的时候，应该是比较接近纯粹生物的“我”的状态，比如在极度恐惧中凭本能逃生、在极端痛苦中已经丧失其他感觉、极度兴奋忘乎所以等等，但在社会文化中长大的人，即使在这种情形下，也很难完全摆脱“文化”背景，很难成为一种纯粹的生物的“我”。另一种接近的情况，就是丧失正常的意识，只有生命本能反应，像睡觉的时候，喝醉的时候，但实际上这时候也不是纯粹的，即使睡着的时候，梦里也有文化，那是梦中之“我”，和醒时的“我”不同而已；喝醉的“我”也不是纯生物的，喝醉的时候，也是有一种独特文化的，不过和平时不同而已。另外在这些特殊的情形下，不管怎样，问题是我们自己几乎无法正“感受”自己。

在诸多“我”中，有些“我”是看得见、摸得着的，是可以公开说清楚的，但这部分“我”很有限，每个人都有很大一部分“我”，只在心里，讲不出来，这部分“我”实际上是公众之外的“我”。这部分“讲不出来的我”，常常是自己也不知道的，自己日常的生活、工作、举止言谈、社会交往等等，受这个“我”支配，但自己也不清楚，这就涉及到上面说的人际关系中的各种“意会”，这种“意会”的主体，有时其实就是这个“讲不出来的我”。比如，我们读古诗词，感到美妙的意境，仿佛跨越千百年的历史，和古人共享那种悠然的感受，这种感受，往往是“难以言传”的，而对于一个具有这种诗词文化修养的人来说，又是“不言而喻”的。那么这种“意境”究竟是“谁”在感受呢？似乎不是平时吃饭睡觉的那个“我”，不是求职简历上那个能够一条条写清楚讲明白的那个书面中的“我”，也不是平时同事中、朋友中、街坊邻居中那个包括具体长相、性格、技能、爱好的张三李四的我。在“意在言外”的交流中，不是这些具体的、可描述的“我”在活动，而是一个不那么清晰的“我”在主导这些活动。因为那些可以描述出来的我，都是通过各种社会关系来定义的，当我们无法确切定义一种“不言而喻”的微妙“关系”的时候，也很难清晰明确地定义这个“意会”的主体——“我”。有趣的是，这个不断体会着各种“意在言外”感觉的隐含的“我”，也是一种只能“意会”的东西。

有时候，我们可以“意会”别人，却不一定总能够“意会”自己，常常是自己也不知道自己究竟是怎么处理这些“不言而喻”的东西的，一切都是随着习惯自然而然做的，很难说清楚，一旦别人说出来，自己还经常不承认。

应该说明，这个“讲不出来的我”，并不是“不想讲出来的我”，这两个“我”不是一回事。有时我们自己反思(reflex)自己的时候，要面对一种“我”，这是自己看自己的“我”，是自己知道的“我”，它和“讲不出来的我”有相近之处，在社会公众看来，好像是一样的，都是在你内心里隐藏的东西，但对自己来说，完全不一样。反思的“我”，是自己能说清楚的，能看得见的，只是故意隐藏在心里，不公开说出来，不想让别人知道。这个“我”，比“讲不清楚的我”要简单得多，它是一种明确的知识，是可以界定、描述和解释的。当然，这种不愿意讲出来的“我”，有时也通过“意会”的方式表达出来，但谁在表达呢？这个表达的主体呢？又是我们谈的这个“只能意会”的“我”。

决定人的行为的就是这些各种各样的“我”。那种“讲不出来的我”，不是完全没有办法感知，实际上很多人是能够通过“直觉”感觉到的。这种直觉，现在好像还不能用实证的方法来解释，也常常引起人们的怀疑和否定，但有些类似直觉的东西，又不能完全否认，诗歌里往往就有这一类感受表述，就是通过一种“意会”的方式，表达了“意会”的那个“我”。古今中外的很多诗人，有时候就好像是直接把这类感受表达出来。你读诗，实际上是在读诗人，你总是感觉这些诗是言未尽意，意在言外，这就是在感受诗人的那个“讲不出来的我”。而其他很多艺术——绘画、音乐等也常常反映人的这部分“我”。

对“讲不出来的我”的研究，也就是从主体的角度对人际关系互动过程中的“意会”部分的研究，是社会学面临的又一个挑战。艺术、文学、电影等，只是利用和表达这部分的存在，并没有从学理上进行研究和探索。在各种社会科学中，社会学作为一种以逻辑因果和系统分析见长的学科，是有条件也有责任对这方面进行探讨的。不管是从工具性的应用角度来说，还是从人文教育的角度来说，社会学在这方面应该实现某种突破性的进展，这将是社会学整体发展的一个重要的里程碑，使得社会学作为一门科学，在人类知识探索上跨上一个新的台阶。

在各种“我”中，还有一个很值得注意的“我”，那就是“被忽略掉的我”和“被否定掉的我”。古人常常说“忘我”，“去私”，这是一种把“我”这个东西否定掉的倾向，这究竟是什么含义？这里的“我”、“私”究竟指什么？是自己的生命？欲望？自我意识？物质财富？去除“我”，那么还剩下什么？如果“我”被否定，什么是这种行动的“主体”呢？……今天的人基于今天的这一套概念，会提出一系列的发问。“忽略我”、“否定我”事实上是一种非常矛盾的状态，它反映出中国人文价值中隐含的一种深层的张力，但这种境界，不是虚构的道德说教或寓言故事中的题材，而是历代史不绝书的很多真人真事的反映。从古至今，确实有无数“仁人志士”为了自己的理想达到了这种境界，也有很多“高人”自我修炼达到了这个高度，当然还有很多“奇人”因为投身或痴迷于某种事物，进入这种状态。不管怎么说，在古典价值体系中，“忘我”和“去私”是一种很高的境界，只有个人修养到了极高的阶段才能达到的境界。事实上，这种价值观，不仅仅是古代的事情，其实，就在不远的三四十年前，中国的主流社会还把这种价值观推到一种难以置信的极端的程度，“私”这个字成了最大的邪恶，“自我”这个词都变成了“准贬义词”，整个社会完全笼罩在一种彻底极端的“忘我”、“去私”的话语中……这是刚刚发生在中国大地上不久的事情，我们都亲身经历过的，这种20世纪发生的极端“去私”的强烈冲动，反映出中国文化中这种“否定了的我”的巨大力量。这种“被人为否定的我”和“讲不清的我”、“讲不出来的我”一样，同样是我们社会学可以深入研究的课题。

将“心”比“心”

传统意义的中国人，对于“人”、“社会”、“历史”的认知框架，既不是西方的“主观”、“客观”二分的体系，也不完全如中根干枝先生所概括的日本文化的“纵向”特征；中国的世界观，更像是一种基于“内”、“外”这个维度而构建的世界图景：一切事物，都在“由内到外”或“由表及里”的一层层递增或递减的“差序格局”中体现出来。因此，在中国的传统思想探索中，对于“我”的关注，自然地就继续向“内”的方向深入，也就引出比“我”更接近“内”的概念——“心”这个范畴。

古人可能是由于缺乏生理知识，错把“心脏”当成了人们思想的器官，所以总是把本来描写“心脏”的这个“心”字，和人的思想、意愿等联系起来，并以这个“心”字为核心，构建了庞大复杂的思想体系。但古人这种生理学知识上的错误，并不妨碍这个思想体系的重大文化价值，因为不管人类是不是真的用“心脏”来思考，这个“心”的概念，已经被抽象化，脱离了一个具体内脏器官的含义（今天你可以说它就是指“人脑”），而上升到人生哲学的层次上，它已经是一个内涵十分丰富的哲学概念，而不再是一个生理学名词。

在古典人文思想中，“心”是个人自我体验和修养的一个核心概念，如“山光悦鸟性，潭影空人心”等，它的内涵十分广泛，包括思想、意识、态度、情感、意愿、信念等等，但我们特别要关注的一个重要的内涵，就是它常常倾向和暗示一种“主体性”（subjectivity），就是说当人们谈到“心”的时候，总是自然产生一种“心心相通”的感觉，即使讨论别人的“心”的时候，其描述的口吻，也就像一种“设身处地”地类似于“主体”的角度在说话（有点像电影中的“主观镜头”），而不是所谓“客观”的旁观者的角度。像“三顾频烦天下计，两朝开济老臣心”的这个“心”中，就有这种感觉，这首诗透出的杜甫的心情，好像和几百年前的孔明获得了一种跨时代的“通感”，仿佛在直接感受孔明那种“良苦用心”。在这种陈述的习惯中，“将心比心”的说话法，就是顺理成章的了。“心”这个概念造成的这种微妙的感受，既有中文构词和语法的原因（没有明确的主格宾格），也反映了中国古代思想在方法论方面的一种特点，这是我们今天在一般的科学实证方法论之外，可以注意研究的一些新的领域。

“心”的概念，以其独特的思考维度，也成为阐释人际关系的一个十分重要的范畴，比如“心心相印”“心有灵犀”“知人知面不知心”等。用“心”来陈述人际关系，着眼点不在这些“关系”本身的性质和特征上，而是在于当事者的“态度”，其背后的潜台词似乎是说：不管什么样的关系，最重要的，是人的态度，是“态度”决定“关系”——是诚恳还是奸诈？是开朗还是诡秘？是坦荡还是猥琐？是认真还是敷衍……这种以“态度”为重点的人际关系理念，不是抽象思辨推导的结果，而是千百年社会实践的总结，是自有其内在的宝贵价值的，很值得我们今天的社会学家加以关注和研究。同时，这种理念还有深刻的认识论方面的意义。“心领神会”就是古人所理解的一种真正深刻、正确的认识事物的境界，它不是我们今天实证主义传统下的那些“可测量化”“概念化”“逻辑关系”“因果关系”“假设检验”等标准，而是用“心”和“神”去“领会”，这种认识论的范畴，不仅仅是文学的修辞法的问题，它就是切切实实生活中的工作方法，也确实表明中国文化和文明历经几千年长盛不衰，其中必定蕴含着的某种优越性和必然性。

“心”的概念的另一个特点，是它含有很强的道德伦理的含义。抽象的、认识论上的“心”的概念，是基于心脏是人生命中“最重要器官”，因此它也自然地代表着“做人”“为人”方面的最生死攸关的、最需要珍重的东西。当你使用这个概念的时候,背后假设的“我”与世界的关系已经是一种“由里及外”“由己及人”的具有“伦理”意义的“差序格局”,而从“心”出发的这种“内”“外”之间一层层外推的关系,应该是“诚”“正”“仁”“爱”“恕”等,翻译成今天的语言,就是说这种“内”、“外”之间的关系应该是真诚、共存、协调、和睦、温和、宽厚、利他、建设性的等等,这种关系是符合“天人合一”“推己及人”“己所不欲,勿施于人”等人际关系的基本伦理道德的。“心”的主观性和它的道德性,包含着对认知主体的“人”本身的鞭策和制约。这种观念,不同于我们今天很多学术研究强调的那种超然置身事外、回避是非的“价值中立”“客观性”等观念,而是坦诚地承认“价值判断”的不可避免性(inevitability);它不试图回避、掩盖一种价值偏好和道德责任,而是反过来,直接把“我”和世界的关系公开地“伦理化”(ethicization 或 moralization),理直气壮地把探索世界的过程本身解释为一种“修身”以达到“经世济民”的过程(而不是以旁观者的姿态“纯客观”“中立”地“观察”),从“心”开始,通过“修、齐、治、平”这一层层“伦”的次序,由内向外推广开去,构建每个人心中的世界图景。

中国今天的社会学,应该探讨古人谈了几千年的这个“心”,究竟是什么东西。它并不能简单地翻译成“思想”“智力”等现代通行的各种概念和范畴。陆象山说“宇宙即是吾心,吾心即是宇宙”,他究竟是在说什么?这个话给我们今天的社会学什么启示?中国社会学现在还没有特别讲这个“心”,但是要在中国文化背景下研究社会,不讲这个“心”是肯定不行的。“心”作为古人认识自我和人际关系的一个核心基础概念,已经渗透到我们社会文化的方方面面,也是日常口语中出现频率极高的词语。这个概念,作为文化传统的一个重要部分,代代相传,构成亿万人民的思想观念基础,在不断构建和塑造着人们的态度与行为。

“心”这个概念,不仅仅是中国文化所独有,就我们现在所知,世界上其他文明中,也有把“心脏”当作人类思想意识中心的观念,也因此以“心”为“中心”发展出一种抽象的“心”的概念体系,并把它放在“人”和“社会”的一个很核心的位置。比如在西方文化中,“心”这个概念本来也是源于对人生理器官“心脏”的指称，但其引申含义，已经超过原来生理上的“心脏”这个含义，至今在很多西方日常语言中，“心”（heart，herz 等）这个词已经成为指一个人的“真诚的意愿”、“真实的自我”、“重要的记忆”等等这样的意思了，这个词一直是描述“自我”和“人际关系”的十分重要的词语。这个“心”的本意，在大多数情况下和中国“心”的概念有很大的相似之处。

方法论与古代文明

像其他各学科一样，社会学在探索新的研究领域的时候，不可避免地要涉及到方法论和方法的创新问题。当前主流社会学基本上沿用实证主义的“科学”方法。当然，广义的科学，是包括所有系统知识体系的，但目前社会学方法论中的“科学”，主要是指借鉴自然科学和数学的假设检验和统计等基本研究方法。这些方法作为社会学基本的研究方法，已经基本成熟，未来也将长期作为社会学的基本研究方法；但另一方面，我们在探讨某些新的论题和领域的时候，也需要进行方法论和方法上的再探索。在运用社会学来研究“我”、“心”这类概念的时候，原来的实证性的、假设检验模式的研究方法，还能不能奏效？结果如何？这就要进行一些尝试和探索，也可能需要借鉴一些新的思考方式和研究法。在引入新的研究方法的过程中，我们应该以一种开阔的心态，面向全人类各种文明中蕴藏的智慧，像印度文明、伊斯兰文明、希伯来文明、东正教文明、美洲土著人文明、非洲文明等等，这些文明中都包含着人类长期积累的高度智慧，值得我们去深入研究、借鉴和吸收。尽管这些文明今天在外在形式上不一定都那么“强盛”，但文化和智慧的价值，是不能简单地以经济、军事实力为标准来衡量的。人类的各种文化中，都可能隐含着很多永恒的、辉煌的、空前绝后的智慧，我们要学会欣赏它们、理解它们、吸收它们，这也是我所说的“美人之美、美美与共”的本意之一。中国文化自古以来就是一种容纳百川的文化长河，我们对外界文化的吸收，不必拘泥于它是来自某一种文化或某一个方向的成果。比如，在研究“精神”、“我”、“心”等问题的时候，很多宗教文化中的对于虔诚、内省、忏悔、默想（meditation）等概念的探讨就很值得关注。像佛教中大量的关于心、性、戒、定、智慧的探索，历时2000年，后来成为中国“理学”的一个重要来源，从中发展出禅宗等中国本土流派的宗教，其中有很多东西是相当成熟和深刻的，对我们今天社会学新领域的开拓，可能具有很好的启发作用。

在中国本土传统中，古代诸子百家、儒家、道家的东西是我们认识中国社会的基础知识之一，不能忽视，特别是宋明理学的很多东西，非常值得重视。理学堪称中国文化的精华和集大成者，实际上是探索中国人精神、心理和行为的一把不可多得的钥匙。中国传统思想的演化的一个重要特点，就是它的实践性：理学的东西，并不是一般的学者的思辨的结果，不是纯粹的理论探讨，它的所有概念，所有内在的逻辑，实际上都是紧扣社会现实中人与人关系的要义——地位、名分、权利等等，它是中国古代现实政治、社会文化运作的经验总结和指导方略，具有很强的实践性。理学的东西，说穿了就是直接谈怎样和人交往、如何对待人、如何治理人、如何塑造人的道理，这些东西，其实就是今天社会学所谓的“机制”和“结构”，它直接决定着社会运行机制和社会结构。如果我们能够在一个新的高度上重新审视这些前人的成就，会给我们今天的探索提供很多新的启示，十分有助于开拓中国社会学的探索领域。

理学的东西，对于我们深刻理解中国人的心智，具有很大的价值，很有认真整理和分析的必要，但它的表达方式和内在的思路，和今天社会学的思想方法、思路、范畴很不相同，所以我们要研究这些传统的东西，就有一个“解读”和“翻译”的过程，这就是所谓“解释学”（Hermeneutics）的来源。这种翻译，就迫使你必须真正用心，彻底理解这些东西，你不吃透它们的含义，是翻译不出来的；同时，翻译也是创造新概念的过程，通过研究这些传统文化的概念，我们有可能融会古今，结合今天社会学的思路，提出一些源于传统、又不拘泥于传统的、具有普遍性意义的新的范畴和概念。中国社会学一直没有特别刻意地去探讨中国延续了几千年的“心”、“神”、“性”等问题，在一定程度上是受到现代社会学研究方法的制约，因为这些概念，不太容易运用现代主流的社会学的方法去研究，从某种意义上说，这些概念正是今天的社会学方法掌握不住、测算不了、理解不了的部分。目前的实证主义思路,不太容易真正进入这些领域,进去了,也可能深入不下去,有很多根本性的障碍。比如科学方法的前提,是要有可以观察和测量的东西,是要有经验性(empirical)的基础,要有一种客观性的立场,首先是要能够把研究对象"客观化",这些要求,在对"心"等概念的研究时,往往很难得到满足。换句话说,今天社会学的一些方法,无法和古人进行跨越时间和历史的"交流",我们今天的社会学,还没有找到一种跟"理学"进行交流的手段(means of communication)。

新领域的开拓,往往要求在方法论和方法方面进行探索,也不排除吸收借鉴一些其他的方法和思路。就拿理学中所隐含的方法论来说,就可能对社会学的研究方法有某些充实和帮助。理学讲的"修身""推己及人""格物致知"等,就含有一种完全不同于西方实证主义、科学主义的特殊的方法论的意义,它是通过人的深层心灵的感知和觉悟,直接获得某些认识,这种认知方式,我们的祖先实践了几千年,但和今天人们的思想方法无法衔接,差不多失传了。今天的人,包括我们自己在内的绝大多数学者,不知道这究竟是一种什么感受。但我们不能简单地说这些方法都是错的、落后的、应该抛弃的。它们不仅在历史上存在了那么长时间,更重要的是,这一套认识方法,已经变成一套理念,变成一群人的意识形态和信仰,并且确实解决了一些我们今天的很多思想方法无法解决的问题。比如在古代中国,在当时的技术条件下,这套东西如何维持中国这样一个如此庞大的国家和人口(实际上差不多一直是当时世界最大、最繁杂的政治经济实体)长期的统一和稳定?当时的知识阶层和官僚系统,都是由这一套认识论和思维方式"武装头脑"的,它确实以相对很少、很节约的人力物力,实现了复杂的社会治理。因为它的很多东西,是顺着人的自然感觉走的,是顺应着中国乡土社会的人情世故,从草根文化习俗中生长出来、提炼出来,又提升到"圣贤"高度上的,所以才能在复杂的社会结构中上通下达、一贯到底,它有一种和中国社会现实天生的"气脉相通"的东西。

传统中的这些方法论因素,也许可以作为今天社会学的诸多"前沿"之一,进行一些探索。一方面,我们做到真正"领悟"古人"格物致知、诚心正义”的认知方法，明白它的真谛；另一方面，吸收当前国际上各种思想潮流，不拘泥于是否时髦、流行，而是注重于对中国社会学学科建设的价值，以我们自己的需要为参照系来衡量和吸收。比如，在西方社会学田野调查中就出现了基于神学中“解释”(hermeneutik)、马克斯·韦伯的“理解”(verstehen)、“现象学”(Phenomenology)等学术传统而发展出来的“互为主体性”(inter - subjectivity)的方法论思潮，就是一种侧重调查者和被调查者这两方面主体意识的调查方法的探索，与一般科学实证的方法论有所区别。这方面的内容，在一些西方的社会学人类学田野笔记中，早已经有所体现。这些东西，似乎与我们的“将心比心”、“心心相印”的理念有某些相通之处，值得我们认真关注和研究。

结　语

“人”和“自然”、“人”和“人”、“我”和“我”、“心”和“心”等等，很多都是我们社会学至今还难以直接研究的东西，但这些因素，常常是我们真正理解中国社会的关键，也蕴含着建立一个美好的、优质的现代社会的人文价值。社会学的研究，应该达到这一个层次，不达到这个层次，不是一个成熟的“学”(science)。如果我们能够真正静下心，坐下来，潜心梳理这些传统的宝贵遗产，真正在这方面获得一些突破，那将是社会学发展的一个重要的跃进。

要把这些融会历史文化于一体的，目前用电脑还“计算不了”的概念一一攻破，是一项艰巨的工程，它本身就是在重新审视我们自己的历史，也就是“文化反思”和“文化自觉”的一种重要的实践。如果依照梁漱溟先生早年的论述，跟西方文化比起来，中国文明的很多传统，确实表现出直达和早熟的特征，就好像中国绘画很早就越过临摹现实、具象写实的阶段，进入到书法、写意等抽象化的境界，并达到一种极高的人文品味，而西洋绘画经过一个一个阶段长期充分的成熟的发展，后来也走向抽象化……不同文明各自的这种优势，应该而且可以互补。如果说中国文明有它发育不全的一面，造成了后来某些技术方面的脆弱，在与西方的对抗中，不堪一击，那么，其直觉体验的那种先见性和超前性，又使得它很早就体会和领悟到了别人没有感觉到的东西。从宏观的人类文化史和全球视野来看，世界上的很多问题，经过很多波折、失误、冲突、破坏之后，恰恰又不得不回到先贤们早已经关注、探讨和教诲的那些基点上。社会学充分认识这种历史荣辱兴衰的大轮回，有助于我们从总体上把握我们很多社会现象和社会问题的脉络，在面对人类社会的巨大变革的时代，能够“心有灵犀”充分“领悟”这个时代的“言外之意”。

2003 年 10 月

对文化的历史性和社会性的思考[①]

两年前召开第七届“现代化与中国文化研讨会”时，我说那可能是最后一次参加这个系列的会议了。这次召开第八届会议，证实我的那个预测并非准确。不过，坐在大家面前，我今天感觉依旧：个人生命的短暂与文化传承的久远令我这个即将谢幕的老人觉得时间迫切；能在这样的学术盛会上述说一点自己的体会，也许是使个人短暂的生命得以融会于久远文化的好方式。

与会的同人都能了解这个研讨会的渊源。我在回顾初次聚会至今的这20年时，更觉“逝者如斯”的压力。转眼即逝的时间，使求知者深感需要的时间是永远不足的。以我自己一生学术工作的全部来说，我所面对、所思考并为之奔波的，可以用这个学术研讨会那看似简单的题目来表达。从上个世纪30年代算起到今天，我已经耗费了六七十年的光阴来追求的，就是在“现代化与中国文化”这个课题的领域里做了一点工作，提出了一些问题。不能说取得了什么成果，我只能说，自己在个人的学术生命中，做了自己力所能及的事。过去这10多年来，我逐渐从80多岁变成了90多岁。我常想到应当在还活着，还能进行脑力劳动的日子里，赶紧把过去已经写下的东西多看看，反思反思，结结账。从1993年开始一连写了好几篇比较长的文章，都属于“算旧账”的回顾与反思。请允许我在这里再次将自己过去所做的思考，继续做这个自认为必要的工作。

从我这代人的老师辈开始，现代化与我们自己的文化之间的关系，一

① 本文是作者在“第八届现代化与中国文化研讨会”上的讲话。

直受到包括我在内的中国知识分子的密切关注。21 世纪初期的两三年时间里，这一关系，以新的形式重新在世界上产生了重大影响。为了迎接这个新的世纪，展望文化研究的重要意义，几年前我提出了“文化自觉”的说法，认为中国知识分子应主动承担起认识自己的文化及其定位、认识不同的文化及展开跨文化对话的任务。去年，在南京大学创立 100 周年纪念会议上，我就《文化论中人与自然关系的再认识》这个题目谈到了自己在这方面的一点思考。在那篇文章中，我讲到不同文化对处理自然与人之间关系提出的不同看法。有鉴于西方文化中“天人对立”的世界观对现代世界的影响，我触及了有关当代世界里文化价值观应当调整的问题，认为要消除这个时代所给人们带来的文化矛盾，就有必要深入看到西方“天人对立”世界观的局限性，而要做到这一点，我们又有必要避免与“天人对立论”关系至深的个人中心的方法论，从历史性和社会性上来探索和理解中国文化的特色。在今天这个场合，我愿意不揣粗陋地把自己对问题的想法再度提出来供大家讨论。

一

一个世纪以来，研究非西方文化的西方人类学家，已经关注到亚洲、非洲、拉丁美洲、太平洋地区文化的历史性与社会性了。而且，文化的历史性与社会性在中国文化中体现得特别浓厚。中国地大人多，地处山海之间，有辽阔的平原，从早期的渔猎社会发展到农业社会，乡土性特别浓厚。过去人们认为，黄河流域是为中国乡土社会的形成提供了最早的土壤。我去看过浙江的河姆渡，考古学家说这个遗址代表了长江三角洲文化，已有 7000 多年的历史，而太湖周围的良渚文化也有 5000 年的历史，看来都已相当发达。特别是以农业为主，耕种已用犁，种的是稻谷，会纺织。考古学研究证明，南方地区的这两个文化类型，有了一定的经济基础，是已定居了的乡土文化，衣食住行的基本条件已经达到一定水平了。可见，浓厚的乡土性，广泛存在于中国南北方辽阔的大地上。

乡土社会的经济基础稳定，以农业为主，自给自足，生活方式也有自己的一套，所以延续了几千年，多少代人生活在稳定的历史继承性中。这种特殊的历史性,也表现在我们文化的精神方面,自孔子时代起,倡导人文关怀,不关心人死后的灵魂归属,而关心现世生活。这不是说,中国人不在“死活”之间寻找关联性,而是说,我们不像西方人那样把死人与活人分离开来,放在分离的时间和空间里,而试图在二者之间找到与现世生活有关的连续性。

中国文化的注重历史性,要从亲属制度说起。中国是一个有祖宗和有子孙的社会,个人是上下、前后联系的一环。我在写《生育制度》时,已强调了这个特点,我曾有意指出,中国文化的特点之一正在于这种将个人纳入到祖先与后代的历史连续体之中的做法。那个时代,在比较中西文化中获得显著成就的梁漱溟先生,已从宏观的角度探讨祖先崇拜与基督教一神信仰之间的差异及其社会效应。已故的人类学同人许烺光在《祖荫之下》这本书里,用来自民族志的资料论说了中国人生活中祭祀祖先仪式中香火延续的观念及它代表的亲属制度的历史性。这些论述让人想到,过去的中国人,为什么不需要宗教。他们用祖宗和子孙的世代相传、香火不断的那种独特的人生观为信仰,代替了宗教。对我们中国人来说,生命是时间里的一个过客,在时间和空间里有一段属于个人的份额。但它并非是个人性的。个人首先是一个生物体,但更重要的是与文化有关系的三个不朽,即所谓立德、立功和立言。也就是说,文化是人创造的,人不是简单的生物体,因为没有他创造的文化,也就没有人自己。从一定意义上讲,人得以不朽,是因为他能立德、立功、立言,从被社会承认、对社会做出贡献、对社会关注的问题做出自己的阐述,而得到超越个人生物体的生命。

在中国文化中,文化在这个特殊意义上具有的历史性,又紧密地与文化的社会性相联系。人生在一个集体中,一个所谓的“社会结构”中。出生后要在社会中从幼到成年,变成社会人。所谓“进入社会”,就是接受一套已先于他存在的文化体系。人生出来就被纳入集体的社会中。人要共同生活,人与人要相互认识,要心心相印。这共同的一套就是这个社会的文化内容。如果已有的文化内容不能适应客观的变动,文化里就要出现新的东西。生物人的成为社会人,是靠“学而时习之”,靠模仿,对模仿不满足后，就要创造，个人的创造为社会接受后，改变为集体的东西，就超越了个人，成为集体的和不朽的文化。在中国文化里，文化本身是变的，不可能永远复制上一代的老框框。文化是流动和扩大的，有变化和创新的。个人是一个文化的载体，但也是在文化的不断创新中成为的变体。个人与个人可以有心灵沟通，这种沟通产生的效果，不单是两个个人之间的关系，而是个人进入集体创造成为社会的共识，个人进入社会创造文化的过程。

像“天人合一”一样，个人生物体—集体—共识（包括语言、意义、反应），即人—社会—文化，在中国文化里是重要的连续体，而非各自区分的主体与客体。中国传统文化里强调一个重要的道理，即文化只是作为一个环节，本身要维持，也要创新。文化也可以说是出于一个个人生死的“差序格局”。人不会同时死，各人的生死是先后参差不齐的，但活着的与死去的有共同的文化联系。个人在一生中的立德、立功、立言，是非个人的，但却是出于个人作用而进入了文化体和社会体，因而不朽。文化如果不为社会所接受就留不下来，文化的沟通、传播靠语言，进而靠文字，语言也有规律，忘记了可以破译出来，得到复兴和再生。像考古学家做的工作，就是这种文化的破译和再生。文化有自己的历史，本身有历史的继承性，是有着自身的发展规律，体现在一般所说的“民族精神”上。强调历史，是希望通过个人的关怀来实现文化的关怀。祖宗和子孙之间是一个文化流，人的繁殖指的不仅是生物体的繁殖，也是文化的继替。

二

中国人从实践中获得对人在文化继替中获得社会性的看法，因而长期以来也成为中国人实践的内核。文献说“予以四教”，就是说孔子在四个方面展开他的教学工作，包括：文、行、忠、信。“文”指历代文献，“行”指社会生活的实践，“忠”指对他人的忠诚，“信”指与人交际的信实。孔子说自己好古，“古”对他来说却不只是历史学意义上的史实考证，而是象征一个文明秩序的理想。在实践的一个层次上，这种文明秩序，具体表现在文、行、忠、信这四个人的教化的方面上，这四个字基本上也就体现了我说的文化的历史性与社会性。

孔子是一个伟大的思想家,他总结的,恰是这个在上古时代逐渐成型了的文化意义体系。在更高的一个层次上,文明秩序又特别表现为“礼”。“礼”这种东西,不等同于一般讲的法律和规则,它以“和为贵”,就是以做事的恰到好处为上。但“礼”开不是不讲规则,它本身是一种通过生活实践来造就的秩序,所以有“礼节”,就是做事的恰到好处的方式。“礼”当然是对个人自由的一种干预。可是,传统的中国人受到“礼”的节制,并没有像西方人那样觉得不愉快,而是想“小大由之”,通过大事小事对“礼节”的遵循,来成就以“义”为中心的君子社会。所以,以“礼”为中心的文化论,主张“克己”,就是抑制自己。孔子说,“一日克己复礼,天下归仁焉”。

从秦汉到清末,中国文化对于生活的阐释,一样深刻地影响到中国人的政治活动和社会治理。在上古时期,有“礼不下庶人”之说,那时的“礼的秩序”被看成是社会中的上层享受的文明程度。随着历史的发展,一代代知识分子对“礼”的这种社会局限性进行的反思,到宋明时期已将它改造成为一种可以“化人文”于天下的文明秩序了。生活在晚古时期的中国人定能知道,“礼”、“仁”等概念代表的那种文化论,已是赋予我们人和生活意义的观念,作为一种深潜在中国人日常生活中的文化,早已积淀成人们司空见惯了的生活方式了。生活在这种生活方式的我们,如果没有暂时将自身纳入与其他文化的比较中去看待问题,对于这个生活方式中蕴涵的文化意义,恐怕不会有那么清晰的认识。

三

人们时常将现代化与传统文化当成相互矛盾的两方来看。其实,“文化自觉”正是在追求现代化的100多年的历史中开始产生的。

过去的100多年里,世界发生了重大的变化,在变化的世界中,我们面临原来很少遇到的问题。我在上次研讨会时说,经过“三级两跳”,中国社会从乡土社会进入工业化社会,再从工业社会进入信息社会。所谓“信息社会”,包含着人与人在“信息”间关系的根本变化。以电子产品为媒体，来传递和沟通信息、逐步改组工业生产、商业贸易，甚至组织政府的治理工作和全部社会生活，带来了对传统人文世界的猛烈冲击。从工业化到“信息化”，都先发起在西方，与自然科学和技术的发展有着密切的关系。从19世纪到现在，过去我们所说的“现代化”这种现象和过程对整个世界的影响是巨大的。许多来自西方的人类学家承认，现代西方文明代表一种强大的历史断裂性，作为一种不断否定历史和生活的社会性的力量，作为一种被人类学家称作“热的”、“动态的”社会模式，冲击了许许多多像中国传统文化这种注重在历史的连续性中创造文化的“冷的”、“持续的”社会模式。

文化研究里提出的这种对世界人文秩序新变化的形容，应该说还是贴切的，它也能解释“热”与“冷”社会之间在相互比较中产生的自我认识。我这代人开始学习人类学和社会学时，西方知识界已经开始出现了一种站在西方的“他者”立场上来反省西方现代文明的做法。我自己的老师之一马林诺斯基就曾写了不少论著，阐述他自己的文化论，基本上就是将不同的文化放在它们自己的生活世界里考察，否定19世纪古典人类学将非西方文化当成“落后文化”的做法。

马老师的文化论虽然也有它自己的局限性，但是却从一个值得我们继续思考的角度，提出了对世界范围内“主流的”西方现代文化的反省。产生于西方学院氛围内的功能论，难以彻底摆脱西方认识论的限制。马老师说，所有的文化都是满足人的需要的工具。这一论说，遭到了后来的人类学家的批评。批评者认为，这是工具主义文化论，意思是说，马老师采取的解释方式，正好符合西方文化的人与物、目的与工具的区分框架。如果说马老师的论著存在这样的问题，我也认为，这是在不自觉中造成的。他的本意，是要指出，影响、冲击、改变着整个世界的西方文化，不能简单地将自己当成惟一具有实际意义的文化形态，而人类学家的使命，就在于指出非西方文化中那些表面上与征服自然的目的距离甚远的形式，也是从当地的生活中陶冶出来的合理做法。可见，虽然有人指责马老师具有极端“反历史”倾向，但是他所反对的历史不是我上面说的历史继承性，而是在他的人类学出现以前大量的西方中心主义的“台阶式”历史观。从他的论著里，我看到一种对非西方人文世界的历史和现实作用的尊重。

马老师代表的一代人类学家，开创了西方“文化科学”的新时代，今天人们一般用“现代社会人类学派”这个概念来称呼那种具有鲜明的反对西方中心论态度的文化学派。这些年来，我在补课时重新阅读了一些书籍，写了不少札记，看到了西方人类学在过去数十年中逐步寻求文化良知是一种可贵的努力。然而，在这以前，情况却有所不同。

请允许我把时间推得比20世纪初期更早一些，来看看此前西方人对中国文化的评论。必须承认，在欧洲启蒙运动时期，欣赏中国文化，试图在中国文化中寻找欧洲文化革新的道路的知识分子是有的。可是，我们不能忘记，从18世纪开始，随着中西文化接触的增多，随着西方世界性扩张进程的展开，西方对东方的蔑视态度也变本加厉。在明代，来自欧洲的传教士要在中国文化的土壤上落脚，还要特别注意学习儒士的礼仪。即使是到了英国马尔噶尼使团在清初访问中国时，还要接受清朝皇帝的要求，屈膝表示“来朝”，并将自己纳入中国朝廷的“宾礼”来“朝贡”。到后来，西方人的这种“文化虚心”，随着他们的军事和经济实力的增强而锐减。罗马教廷从18世纪到19世纪一直怀疑中国人的“礼”是否符合文明社会的规则，在教廷内外展开频繁的“中国礼仪之争”，讨论中国祭祀祖先的礼仪是否符合教堂的规则。到了19世纪中叶以后，生物进化论在西方社会思想中逐步获得了支配地位。不少西方知识分子用生物学家在生物进化的历史研究中得出的结论，来给西方与非西方作文化的历史定位。这时，中国被列入“古代亚细亚社会形态”来研究，我们的文明被变成西方人认识人类的古代史的例证。在西方中国观的演变过程中，中国文化作为一个对象是变幻不定的，但演变有一个值得注意的轨迹：它从一个被基督教争论的“风俗体”，转变成了被社会科学家关注的长期停滞在“古代亚细亚社会形态”中的国度。

涉及到中国的西方式东方学、世界史和社会科学研究，有些具有更多的人文学倾向，有些深受自然科学概念的影响，但它们的总体趋势是迫使中国文化面对一个被物和工具支配着的世界。从清末开始，维新运动在中国历史上冒了头。起初,引进西方文化,让我们的国人看到物和工具的重要性,是一个重要的步骤。那时比较流行的句子是"中学为体,西学为用",士大夫还是"犹抱琵琶半遮面"地对待能补充中国文化的"用"。但思想的门户一旦打开,西方文化就势如破竹地冲破了重重障碍,到 20 世纪的前 20 年,逐步以德先生(民主)和赛先生(科学)的形象,在中国知识界得到广泛的接受以至推崇。

在上个世纪的上半叶,对中西文化的比较是中国知识分子热衷讨论的话题。有关中西文化的关系,出现了"全盘西化"、"文化守成论"及"折中论"等观点。但随着新学的推广,现代文化逐步在中国大地扎下了根。

四

我受的教育就是从当时的新制度里开始的,上的是所谓的"洋学堂",它是针对科举制度下的私塾制度而设立的,是从西方国家经过日本传入的,它使我这一代人从童年起就接受学校教育,参与同代人的集体生活,读的课本也不再用旧的,如《论语》《孟子》这样的经典著作。我从上世纪 30 年代投身到学术领域里,进入社会人类学这门学科,特别留意自己的传统文化的走向,立志追随老师吴文藻先生,以引进西方社会人类学方法来创建中国社会学为志向,具体说就是用近代西方社会人类学的实证主义方法,注重从看得见、摸得着的客观存在的事物中探究文化的实质。

以我个人受到的教育而言,具有重引进西方文化的家学传统,后来学习西方式的社会人类学和社会学,积累成一种"务实求新"的习惯,采用的实证主义方法论,说到底反映了西方文化中对生物性的个人的重视。我从马林诺斯基老师那里学来的文化论,重视衣食住行的整个生活体系的研究,强调人力改造自然世界从而得来人文世界。这个文化论中所谓的"文化",就是"人为,为人"四个字,指文化是人创造出来为人服务的设施,而这里的"人"特别指看得见、摸得着的个人。在上个世纪前期,中国文化需要改革和发展,这是人类发展的规律所决定的,而且是在中国对外关系的摸索历史中逐步产生出来的。那时开始的文化变革的潮流,要

"务实求新",重实际和创新,在文化价值论上补充了传统文化只重人不重物的缺憾,同时,与其他的潮流一道,特别强调"己"——即个人的自由度。

到今天我仍然相信,"务实求新"应是现代知识分子保持的志业。倘若从事社会科学研究的人不能从实际生活的参与中去观察,并从中延伸出自己的看法,对人类知识的积累有所贡献,那么,他的研究意义何在,我们就很难判断了。然而,"务实求新"者,却不能抛弃他本应重视的观察和认识方式的反思。就"人为,为人"的文化论来说,我看到它在抵制19世纪西方社会进化论的同时,舍弃了达尔文重视的人是自然世界的一部分的想法,将人与自然简单对立起来进行二分法的处理,用功利主义的态度将人与物完全区分开来,且将人定义为个人生物体而非历史和社会的存在。令人深感遗憾的是,这样一种缺乏人的文化历史性和社会性的观念,随着"全球化"步伐的迈进,已经扩散到世界各地,成为一种被认为是普遍的生活信念。

我个人对于"全球化"这个概念并不反感。人类终归是共同享有一个地球的,未来挑战人类的可能不是人类自己,而是太空。况且,"全球化"这个概念包含一个与以往的帝国主义支配不同的主张,它欢迎不同的文化来参与制订其趋势、影响其发展。然而,我们不能就此简单地认为,"全球化"是过去十几二十年里才兴起的,也不能简单地相信,这一潮流必将推出一个国家、民族、文化之间"美美与共"的"天下大同"局面。

"全球化"实际延续了自19世纪就已经开始的、广泛的世界性文化接触,而且接触中的各方力量仍是不平衡的。更重要的是,过去的100多年里发生的许多事件,本来应当引起处于优势的文化的自我反思,但那些实际上应让全世界的人们惊觉的事件,实际却没有引起各方的充分关注。同样遗憾的是,虽然在频繁的文化接触过程中,不同文化之间的差异,已在旅游业和一般的文化产业中得到尊重,整个世界的主流中,"天人合一论"的影响也越来越普遍而深入,但是在今天世界上那些"以暴易暴"的做法,还是在起着它们的作用,备受具有"征服世界"野心的势力的青睐。在这样一个曾经被我形容为"世界性的战国时代"的20世纪,人被从狭小的社区中“解放”出来直接面对逐步强大的现代国家,这是从一种制约进入另一种制约的过程。我看,在21世纪里,人被从国家中“解放”出来而面对整个世界,也不能说是一个大飞跃。

地球上势力的不平衡,仍然还是人类在未来的漫长岁月里必须承受的负担。更值得关注的是,那种以“己”为中心来看待人,以“天人对立论”来看待世界的看法正在得到“全球化”。在这样一个时代,人文学和社会科学面对着一个新的挑战:怎样为确立文化关系的“礼的秩序”做出贡献?我仍然相信社会科学要“务实求新”,也相信在回答这个问题时,“务实求新”的追求能得到充分的表现。

五

这些年来,在重读旧著和补课学习的过程中,我意识到西方学科发展历程中存在着值得我们思考的问题。最近出版了一本我写的,书名为《师承·补课·治学》的书中有一篇文章,讲到派克老师如何成为社会学家和美国社会学是如何发展起来的。派克摸索追求社会学的“科学化”,研究人同人的关系问题,这是第一次世界大战后的事情。美国对人与自然界的物的科学认识要早一步,物理、化学、生物科学,尤其是生物科学很发达,而那时人类学与社会学分不开,要研究人,再研究社会,再研究文化,文化的问题是人与物如何相处中发生出来的。大部分优秀的西方社会科学家认为,研究人不能将人的生物性、自然面与他的社会性和文化性割裂开来。然而,由于西方认识论长期坚持“天人对立”的看法,因此造成自然科学与社会科学的分离状态。于是,对面临着的问题,派克曾多次表示,社会学缺乏对于“符号”和“心灵”的研究,就不能成为科学。为什么当时的社会学缺乏派克有志于研究的那些东西呢?根本原因还是“天人对立”的看法在起作用。“天人对立论”造成人文社会科学发展的知识门类的割裂状态。新一代的社会理论家已经意识到,19世纪以来,被割裂了的人文社会科学知识与西方国家的内部治理及国际政治有着密切关系,它的两个重要特点,一个是知识的学科化,一个是理论的“西方中心论”。他们还看到,要想克服人文社会科学自我局限和“西方中心论”,需要大大地依赖于综合性的文化论和复杂理论的发展。

在西方社会科学发展的历史过程中，自然科学从研究物当中提出的概念，长期以来支配着社会科学的研究。最早的西方社会学，被称作"Social Physics"，意思就是所谓的"社会物理学"，就是要运用物理学的办法来研究人文世界。像今天仍被广泛采用的"结构"一词，就与物理学有着密切关系。从19世纪以来，生物学也不断地在人的研究中占据了主要地位。在人类学中，体质人类学的研究对生物学以至遗传学原理的搬用，是广为人知的。在社会和文化的研究中，像"社会肌体"、"文化肌体"等概念也曾充斥西方学界的论述。我不反对自然科学原理在社会科学研究中的运用，我的意思无非是说，在西方社会科学研究里，这样长久地用研究物的办法来研究人，有它的文化的历史基础。我说过，"物尽其用"是西方文化的关键词。听起来。"物尽其用"这句话给我们一种特别的人本主义的感觉，因为其中的主体是人，客体是物。实际上，正是在这样的主客分离的关系中，西方认识论片面地强调了人与自然的对立。如果说马林诺斯基老师的文化论有什么问题，那么，问题也正是在将人与服务于人的物（工具）对立起来。

随着西方文化对世界影响的增强，在日益现代化的今天，以"天人对立"的世界观来认识人及其生活，对人的生存方式产生着越来越大的影响。与此同时，在人类进入21世纪时，世界碰到了文化融合问题，不同的文化要碰头了。在文化的碰头会上，不同的文化如何保留自己的特点同时开拓与其他文化相处之道，这个问题需要引起更广泛的关注。在过去100年的历史进程中，我们对自己文化的认识和把握，不能说不存在问题。在现代化的过程中，失去对自己文化的信心，并因此对时势做出与民族利益相矛盾的判断与选择，是必须引起我们关注的大问题。这个仍然属于文化研究范围的大问题，在东西文化接触后就出现了，是在清朝末年中国与西方文化接触后明确地提出来的。

六

在新的世纪里，许多切合实际的问题提出来了，但是需要更多的人关注和研究。我希望新的一代人能继续接好接力棒,这不是一代人的事情,而是需要两三代人的努力。从孔子到秦汉以来,我们忘了“物”,从清末开始,却逐步出现“见物不见人”的趋势。在21世纪里,时代需要一种重视人与物结合的人文思想。在过去的10年里,我花了一些精力来思考这个问题,提出了一点一己之见,在这里再次提出,希望得到大家的讨论。

1993年我在第四届“现代化与中国文化研讨会”上发表了《个人·群体·社会》一文,以我一生的学术经历对这个问题做了理论上的反思。我列举了对“社会”的两种不同看法:一种是把社会看作众多个人的集合,活生生的生物人是构成群体的实体,一切群体所创制的行为规范,以及其他所谓“文化”等一切人为的东西都是服务于个人的手段;另一种看法却认为群体固然是由个人聚合而成,但是形成了群体的个人,已不仅是一个个生物体,或称一群生物人,而且还是一个有组织的群体里的社会成员,或称社会人。生物人是社会的载体,而社会本身才是实体。

后面这种把社会看成是比生物群体高一层次的实体和前面那种只把社会看成是个人在群体中学得生活手段,理论上说是两种不同的看法。我在生活和研究实践中接触到了这两种看法,并且在不同时期有过不同的体验和认识,但一直没有机会做系统的思考。1993年那次“自我思考”相当于自己一生学术研究思想的阶段性总结。我在文章最后谈到了对潘光旦先生“中和位育”的新人文思想的归纳,表明了我现在的看法。这我在上面已经谈到。当时这一认识使我进一步强调社区研究必须提高一步,不仅要看到“社会结构”,而且还要看到群体中活生生的人,也就是我指出的心态研究。同时我想到我们中国世世代代这么多人群住在这块土地上,经历了这么长的历史,在人和人。“中和位育”的故训指导下应当有着丰富的经验,这些经验不仅保留在前人留下的文章里,而且还应当保存在当前人的相处的现实生活中,应当好好地发掘和总结。

1995年我在北京大学社会学人类学研究所主办的“社会文化人类学高级研讨班”上发表了《从马林诺斯基老师学习文化论》的讲稿,在讲稿里我着重指出马老师的《文化论》中我认为比较重要的观点。把文化看成是一个由人类自己对自然世界加工创造出来为人类继续生活和繁殖的人文世界,是马老师文化论中的一个基本见解。人是自然的产物。人这个自然的产物通过对其他自然产物的加工,制造成了个人文世界。这个加过工的世界虽然和原来未加过工的自然面貌有所不同,但仍是自然的一部分。我觉得马老师对文化的基本看法实质上是和达尔文的生物进化论一脉相承。其重要之点就在把文化和自然的“缺环”连接上了。这就是把文化作为物质、社会和精神结合一体的基本看法。把人文世界拉回到自然世界,成了个能实证的实体。我在文中也谈到这个文化论的观点在我们东方早就有了。

与马老师齐名的人类学大师拉德克利夫—布朗曾说,社会学的老祖应当是中国的荀子,他提醒我们,在我国的传统文化里有着重视人文世界的根子。这位自称为社会学家的人类学家认为,人文世界中最大的创造是社会,而这一点在古老的中国传统里头已经得到充分的论证。从一方面看,拉德克利夫—布朗在引用荀子的论述中,让社会人类学进一步接近了我这里说的文化的社会性。但是从另一方面看,他本人时常引用“结构”这个概念来形容社会,也不自觉地沿用了“社会物理学”的做法,只是在后来论述“礼仪”时,更多地采纳了中国文化的观点,但不够系统。

西方文化从重视自然世界的这一方向发生了技术革命,称霸了三百多年。人文世界必须要依托自然世界,那是不错的。但是,只看见自然世界而看不到人文世界是危险的。为了说明这个观点,1997 年我在北京大学社会学人类学研究所主办的“第二届社会文化人类学高级研讨班”上提出了“文化自觉”的看法。我感到“文化自觉”是当今世界共同的时代要求,它并不是哪一个个人的主观空想。有志于研究社会和文化的学者对当前形式提出的急迫问题自然会特别关注,所以我到了耄耋之年,还要呼吁“文化自觉”,希望能引起大家的重视,用实证的态度,实事求是的精神来认识我们有悠久历史的文化。不重视历史的后果在人类进入 21 世纪时已经得到教训。

文化自觉是指生活在一定文化中的人对其文化有“自知之明”,明白它的来历、形成过程、所具有的特色和它的发展趋向,不带任何“文化回归”的意思,不是要“复旧”,同时也不主张“全盘西化”或“全盘他化”。

自知之明是为了加强对文化转型的自主能力，取得决定适应新环境、新时代对文化选择的自主地位。文化自觉是一个艰巨的过程，首先要认识自己的文化，理解所接触到的多种文化，才有条件在这个正在形成中的多元文化的世界里确立自己的位置，经过自主的适应，和其他文化一起，取长补短，共同建立一个有共同认可的基本秩序和一套与各种文化能和平共处、各抒所长、联手发展的条件。

“文化自觉”这个概念，表达我的一个愿望，是我一直想认识的中国文化的特点。要认识和把握自己文化的特点，就要考察我们文化中的“天人观”的独特性及其对世界上不同文化的和平共处可能做出的贡献。去年我在南京大学百年校庆时发表《文化论中人与自然关系的再认识》一文，说到东西方的“天人观”存在着重大分歧。西方的“天人对立论”在当今世界上与利己主义的文化价值观结合，对全球的大众生活产生了深刻影响。从以往的历史看，这种观点曾在西方文化取得世界文化领先地位的事业中立过功，在许多非西方民族的现代化建设中也曾起到推动作用。但是到了目前，我担心它走上了另外一个方向，如导致生态问题和文化关系的紧张等。我个人认为西方文化在强调人利用自然这一点上是有别于东方文化的，这个差别同时也折射出中国“天人合一”传统精神的重要性。我没有上过私塾，后来对东方文化也缺乏基本的训练。90 岁以后才开始补课，其中列入补习范围的有中国文化史。这门艰深的学问对我来说十分陌生。我在开始注意到它之前将近半个世纪里，采纳的学术研究方法是西方实证主义的社区调查方法。上世纪 90 年代开始“反思”，逐步发现来自社会人类学功能学派文化论的民族志方法，使我认识到我没有达到马林诺斯基老师对我提出的“文明社会的人类学”的期望。为了补上“文明”这一课，我补读了一些社会学理论，也初步涉猎了文化史论著，注意到我故乡邻县无锡出生的钱穆先生的著作，特别是他对儒学和东西方文化差异的论述，觉得这些著作对我关于“文化自觉”的思考有许多帮助。

我的意思不是说，人类学和社会学的研究者都要像我那样到这把年纪才补学文化史。但是我确实在这当中看到了西方社会科学长期采纳的

“天人对立论”所缺乏的因素。中国文化传统里尤其推重“太极”之说，意思大致就是指“天人合一”的终极状态，是二合为一的基本公式。我们一向反对无止境地用“物尽其用”的态度来看待人与自然的关系，而主张像潘光旦先生论述的“中和位育”那样在自然、历史和社会中找到适合人的位子。中国文化中的这种“中庸之道”，追求一而二、二而一，哲学上虽难于到家，实际与儒家的“大同”论也能融会贯通。我一直相信，这一有别于西方“天人对立论”的观点，会有助于“全球化”时代文化的多元化，有助于防止人类在文化冲撞中同归于尽。

人文社会科学的发展，在今后二三十年要面对一个新的时代。在全世界范围内，尊重人文社会科学的成就和科学地位，对自然科学和技术的研究成果及影响进行人文社会科学的考察成为潮流。这些年来，一系列世界性的事件表明，自然科学如何服务于人类，这个问题需要人文社会科学家的思考。并不是说我们不要自然科学，我的意思无非是说，在21世纪里，那种曾经产生广泛影响的、西方中心的“天人对立论”，有必要也有可能得到纠正，而在这个反思的过程中，中国文化的研究者也要承担起自己的新责任。

2003年11月

“美美与共”和人类文明[①]

一、文明的话题

探讨全球化和不同文明之间的关系，不是一个新的话题，也不是一个新的现象。今天我们经常说的“全球化”，其渊源可以追溯到19世纪西方（主要是英国）主导的世界各地不同文化之间的广泛接触和交往。对于这种广义的全球化趋势的关注与研究，也是从19世纪开始的，比如卡尔·马克思就关注过资本主义全球扩张和原始积累的过程。关于这方面问题的探索，一直是社会学、人类学、民族学等诸多社会科学研究的重要领域。

这种对于全球化、文明、文化的研究，不仅仅是一种纯知识性的探索，它已经成了解决人们面临的严峻问题的一门科学。当今世界上不同的国家、民族、宗教之间的各种交融和冲突屡见不鲜，全球化造成的矛盾和问题，对我们构成了多种多样的挑战，对此，国际学术界和思想界做出了种种反应。我本人近年来对“天人对立论”“文明冲突论”等思潮的评论，就是对目前世界上发生的一些问题所发表的意见。

当今世界上，还没有一种思想或意识形态能够明确地、圆满地、有说服力地回答我们所面临的关于不同文明之间该如何相处的问题。不管是社会经济高度“发达国家”，还是大多数“发展中国家”，在这个问题上，都同样受到严峻的挑战。这不是哪个单一的国家、民族或文明遇到的问题，

① 本文是作者在2004年8月“北京论坛”上所做的书面发言。

而是一个全人类都要共同解决的问题。全球化的特点之一，就是各种“问题”的全球化。

二、时代的呼唤

近二三百年来，西方思想在世界学术界起着主导作用，但是在面对全球问题的时候，西方的一些基本思路，显现出很大的局限性，在解决某些问题的同时，又引发出一些新的矛盾。比如，近百年来，随着西方强势文化的扩张，“自我中心主义”在一些人的头脑里大大地膨胀起来，“西方至上主义”“殖民主义”“极端国家民族主义”和“种族主义”等等思潮，成了上世纪两次世界大战的催化剂，也是造成很多国际性问题的重要原因。时至今日，世界上极端主义和以暴制暴所造成的种种事端，依然摆脱不掉“以我为中心”的影子。

因此，我觉得要更好地理解今天世界上出现的问题，寻求解决全球化与不同文明之间的关系，就必须超越现有的一些思路，在一个更高的层次上重新构建自身文明和他人文明的认识，只有当不同族群、民族、国家以及各种不同文明，达到了某些新的共识，世界才可能出现一个相对安定祥和的局面，这是全球化进程中不可回避的一个挑战。

要认真深入地对这些问题进行研究，就必然会碰到诸如文化、文明、人性、族群性等基本概念，会涉及到认识论和方法论这样更高层次的问题。比如在探讨文化交流时，常常会牵扯到对文化的基本定义；对各种文明的基础和特质进行研究时，也要谈到关于“人”“人性”这些更基本的问题。事实上，很多人文学科的研究，比如人类学者对文化、传统的理解，社会学对于社会群体结构的理论，民族学对族群性的解释等等，都可为我们提供很好的思路，对我们有很大的启发。

我提及这方面的话题，并不是说我已经有了某种结论，而是希望我们在探讨、研究问题时，要把眼光放开、放远一些；思路变得灵活、广泛一些，不要总局限在一些常识性的、常规性的和褊狭的框框里。在探索关系人类文明这样一个宏大的、长远的课题时，我们的思想要有与之相适应的、博大的包容性和历史的纵深感；要充分利用全人类的智慧，发挥多学科、跨学科的优势来进行研究。

人类每逢重大历史转折时期，就会出现各种各样的所谓“圣贤”，其实，这些“圣贤”就是那个时代所需要的，具有博大、深邃、广阔的新思路和新人文理念的代表人物。我曾经把当今的世界局势比作一个新的战国时代，这个时代又在呼唤具有孔子那样思想境界的人物。我确实已经“听”到了这种时代的呼唤。当然，今天的“圣贤”，不大可能是由某一种文明或某一个人物来担当，他应该，而且必然是各种文明交流融合的结晶，是全体人类“合力”的体现。

近年来，在讨论全球化这个话题的时候，我多次提到“和而不同”的概念。这个概念不是我发明的，它是中国传统文化中的一个重要核心。这种“和而不同”的状态，是一种非常高的境界，它是人们的理想。但是要让地球上的各种文明，各个民族、族群的亿万民众，都能认同和贯彻这个理想，绝不是一件轻而易举的事。为此，我们还有很长的路要走，还要付出沉重的代价。

我还提出了“文化自觉”。什么是文化自觉？简单地说，就是每个文明中的人对自己的文明进行反省，做到有“自知之明”。这样，人们就会更理智一些，从而摆脱各种无意义的冲动和盲目的举动。

后来，我又进一步提出“各美其美，美人之美，美美与共，天下大同”的设想。这几句话表达了我对未来的理想，同时也说出了要实现这一理想的手段。我认为，如果人们真的做到“美美与共”，也就是在欣赏本民族文明的同时，也能欣赏、尊重其他民族的文明，那么，地球上不同文化、不同民族、不同国家之间就达到了一种和谐，就会出现持久而稳定的“和而不同”。

三、经验性研究(empirical study)

研究文化和文明问题，可以有多种不同的视角和方法，不同的视角和方法之间可以互相支持和取长补短。作为一名从事实地调查研究的社会工作者，我想借此机会，谈一谈我在对全球化和文化、文明关系的研究中所采用的方法和体会。

我的学术生涯，大约是70年前从广西大瑶山开始的，那次人类学和民族学的田野调查的研究方法（用今天的话说，就是“理论和实际相结合”的方法），对我一生学术研究产生了决定性的影响，成了我后来学术研究的基本手段。

我提出这个问题，是想提醒大家关注和探讨全球化和文明的问题时，如何拓展我们的研究方法。今天，世界上发生了许多新的问题和现象，这些问题和现象，都是由不同文化相互接触、碰撞、融合而产生的，没有现成的答案可以解决。也就是说，用原有的思维逻辑，原有的研究方法来解决现在的问题已经不行了。要想找到解决问题的方法，就是要回到现实社会生活中去，扎扎实实地做实地调查。要超越旧的各种刻板的印象（stereotype）和判断，搞清楚各种文明中的人们的社会生活，并以此为基础（而不是以某种意识形态体系为基础）来构建人类跨文明的共同的理念。这种研究的难点，在于研究者必须摆脱各种成见，敞开胸怀，以开阔的视角，超越自己文化固有的思维模式，来深入观察和领悟其他族群的文化、文明。在跨文化的交流和沟通中，构建起新的更广博的知识体系。

为什么必须要到现实生活中去调查呢？因为人类社会是复杂的、多样性的，又是多变的、富于创造性的，它决不是只有单一文化背景和有限知识和经验的研究者能够想象和包容得了的。所以研究者必须深入你所要了解的“他人”的生活中去观察、研究。从某种意义上说，这种实地调查的方法，也反映出研究者的一种心态，就是你是不是真正要去理解、接受“他人”的文化、文明，这种心态正是今天不同文明之间交流的一个关键。深入到“异文化”中去做调查，努力了解“他人”的语言、传统，做到设身处地地用当地人的眼光来看待周围的事物……这本身就是对“异文化”的尊重和对“异文化”开放的心态。如果连这种最基本的平等态度都没有，还谈什么交流和沟通。

可以说，在我一生的学术生涯中，我一直试图坚持走实地调查这条道路。当我七十岁获得“第二次学术生命”时，虽然已经不可能像年轻时那样，长期地、深入地去观察某一个具体的社区或社会现象，但是，我仍然每年要安排三分之一以上的时间到各地做实地考察，这种实地考察使我受益匪浅。

四、心态和价值观

从学术史上说,这种实地考察的实证主义,是我在英国留学时的导师马林诺斯基在上个世纪初提出的。1914～1918 年间,马老师通过在西太平洋 Trobriand 岛上参与和观察当地土人的生活,从而总结出一套行之有效的研究方法,构建了人类学功能学派的理论基础。他的这一贡献与其说是学术上的,不如说是人文价值上的,因为长期以来,西方学术界流行的是以西方为中心的社会进化论思潮,把殖民地上的人民看成是和白人性质上不同的、"未开化"的"野蛮人"。马老师却号召人类学者到那些一直被认为是非我族类、不够为"人"的原始社会里去参与、观察和体验那里人的生活。马老师使这些"化外之民"恢复了做人的地位和尊严。

在马老师强调和提倡田野工作之前,即使像佛雷泽这样的人类学大师在搞研究工作时,也主要是依靠查阅各种游记、笔记、文献资料。这种大量利用间接观察、间接记录、多手转达的方法,很容易因为观察者视角不一致、信息不连续和不完整,使研究者做出错误的解释和结论。实地调查能够促使研究者深入到"社会生活"中去"参与观察",使"人类学走出书斋",取得超越前人的成绩。

要进行跨文化的观察体验,还必须具有一种跨越文化偏见的心态。由某一种文化教化出来的人,因为对"他文化"不习惯,出现这样那样的误解、曲解,对"他文化"产生偏见(prejudice),应该说是一种正常现象。但是,作为一个研究者,则必须具备更高的见识、更强的领悟力,能够抛弃这种偏见。我特别提到一个"悟"字,这个字在跨文化的研究中显得特别重要,它不仅要求研究者全身心地投入到被研究者的生活当中,乃至他们的思想当中,能设身处地地像他们一样思考,同时,又要求研究者能冷静地、超然地去观察周围发生的一切。在一种"进得去,出得来"的心态下,去真正体验我们要了解的"跨文化"的感受。我认为,在讨论全球化和不同文明之间的关系时,具体的研究方法等技术因素,并不是最重要的,最要紧的还是研究者的心态。

其实,我们平时常说的“凡事不要光想着自己,要想到人家”这句话,就很通俗地说出了在跨文化研究时所要持有的心态。这句话是中国人一个传统的、十分重要的为人处世的原则,类似的“原则”在老百姓中流传的还有很多。我想这些“原则”应该是我们中华民族在形成多元一体格局的历史进程中,融汇百川,不同文明兼收并蓄而积累下来的宝贵经验,这些经验或许能够对我们社会研究工作者提供有益的帮助。

培养这种良好的跨文化交流的心态,是提高每个社会工作者人文修养的一门必修课,应该把这方面素质的提高,作为对社会学专业学生的基本要求。如果再扩大一些,我们能在一般民众中也推行这方面的宣传教育,其结果,必然能够增进不同文明中普通成员之间良好的沟通、交流和理解。如果这种沟通、交流和理解能够有广泛的群众基础,那么,今天世界上诸多民族和文明之间的矛盾、偏见、冲突以及冤冤相报、以暴制暴等等就有了化解和消除的希望。

五、交融中的文明

近几百年来,西方文化一直处于强势地位,造成了其社会中某些势力的自我膨胀,产生了殖民主义、种族主义、极端民族主义、文化沙文主义、单线进化论等形形色色的自我中心主义的思潮。但与此同时,在西方学术界,也出现了像马林诺斯基这样的,对西方文化中自我中心主义思潮进行反思和反制的学术流派。这种反思,可以说就是“文化自觉”的一个表现。然而直到今天,西方社会中的各种势力和学术界各派别之间,仍然存在着巨大的分歧和激烈的较量。从另一方面看,非西方的各种文明,在经历了几百年来的殖民主义、世界大战、冷战、民族解放运动等等磨炼后,其社会成员的思想和心理都起了十分复杂的变化,产生了多种多样的社会思潮,其中不乏与“西方至上主义”相对立甚至相对抗的思潮。这个状况,被一些人称作是“文明的冲突”,这种冲突已经影响到了今天的世界局势。目前所谓的“恐怖主义”和“反恐斗争”,就是这种“冲突”的表现之一。

几百年来,主导世界的西方文化大量地传播到其他文明中,随着时间推移，世界已经越来越紧密地联系在一起，这种传播也变得越来越快了。然而，文化交流是双向的，在西方文化快速传播的同时，西方社会也大量地汲取了其他文明的文化，而且这种文化上的交融，每时每刻都在发生着。这些被吸收的“异文化”，经过“消化”、“改造”之后，成了各自文明中新的、属于自己的内容，并从宗教、政治和意识形态等方面反映出来。可以说，今天世界上不同文明之间已经是“你中有我，我中有你”。今日之世界文明，已非昔日历史文献、经典书籍中所描绘的那种“纯粹”的传统文明了。因此，我们必须改变过去概念化的、抽象的、刻板的思维方式，以一种动态的、综合的、多层面的眼光，来看待当今世界上不同文化和文明之间的关系。

六、中华文明的启迪

作为非西方文明主要代表之一的中国，长期以来遭受殖民主义、帝国主义的欺压，为了民族生存，中国人民前仆后继、英勇斗争，终于捍卫了自己的主权和独立。长期的遭受屈辱，不断的奋起抗争，如今昂首屹立在世界上的经历，对中华民族面对全球化时的心态，必然会产生巨大的影响，尤其是当中国的综合实力和国际地位不断提高的时候，我们更应该加强“文化自觉”的反思，使我们能够清醒地认识到自己的状况，摆正在世界上的位置。

“文化自觉”的含义应该包括对自身文明和他人文明的反思，对自身的反思往往有助于理解不同文明之间的关系。因为世界上不论哪种文明，无不由多个族群的不同文化融会而成。尽管我们在这些族群的远古神话里，可以看到他们不约而同地在强调自己文化的“纯正性”，但是严肃的学术研究表明，各种文明几乎无一例外是以“多元一体”这样一个基本形态构建而成的。上个世纪 80 年代末，我总结了多年来研究的心得，提出了“中华民族多元一体格局”的观点，试图阐明中华民族这个由 56 个民族组成的实体形成的过程。

在我们探讨全球化和不同文明之间的关系的时候，中华民族的“多元一体格局”给了我们一些启示。我们知道，古代中国人的眼里，“中国”

就是“天下”，也就是被看作是一个“世界”。所以中国人常说的“分久必合，合久必分”，并不是现代西方人所指的一个“民族国家”的“统一”或“分裂”（比如南北朝鲜、东西德国），而是一种“世界”的分崩离析和重归“大一统”。纵观中国几千年的历史，分分合合，纷争不断，但是从“多元”走向“一体”的大趋势是整个历史发展的主线，而且即使是在“统一”的时期，统治者在政治制度、宗教信仰、经济形态等方面，仍然允许在某些地区、某一阶层、某种行业中保持它的特殊性。古代中国这种分散的多中心的局面，究竟是因为怎样的内在机制、怎样的文化基础和思想基础才得以存在？这样“和而不同”的局面有什么优势和劣势？在中国传统文化中，哪些要素在这里边起了什么作用？古代的中国人究竟是怀有怎样的一种人文价值和心态，才能包容四海之内如此众多的族群和观念迥异的不同文化，建立起一个“多元一体格局”的中国？这些都是值得我们深刻思考和努力研究的问题。

中华民族在漫长的“分分合合”的历程中，终于由许许多多分散孤立存在的族群，形成了一个“你来我去、我来你去，我中有你、你中有我，而又各具个性的多元一体”。所以，在中华文明中我们可以处处体会到那种多样和统一的辩证关系。比如早在公元前，号称“诸子百家”的战国时期，出了那么多思想家，创立了那么多学说，后来为什么会“独尊儒术”，能够“统一”？儒家学说中又有什么东西使它成为一种联结各个不同族群、不同地域文化的纽带，从而维系和发展了中华民族的多元一体格局？还有，许许多多的族群在融入以“汉人”为主体的大家庭时，是以一个怎样的机制，使原本属于某一族群的文化，发展成由大家“共享”的文化？我们都知道，不同的宗教信仰之间怎样“友好共处”，是一个比较复杂、棘手的问题，但是在中国历史上也有成功解决的范例。比如古代犹太人在中国的经历，就是一个例子。人们通常认为犹太民族是一个宗教观念非常强烈的群体，但是在中国这样一个相对宽松的传统文化的氛围里，在中国的犹太人，逐步融合到中国的。社会中，没有发生像在西方社会，犹太人由于受到压制而不断强化民族宗教意识，甚至发生冲突的现象。还有在辽、金、元、清的时候，统治者在不同民族、不同族群的地区，实行不同的行政制度,因地制宜,顺应当地民众的传统文化、信仰和习俗来进行统治。但是,这种“顺应”又都统一在更高一层的“国”的框架之内。

这些例子,说明中华文明的结构和机制,在漫长的岁月中,经过一代代先人在实践中不断的探索、积累、完善,已经形成了一套相当成熟的协调模式。这些事实充分体现了古人高度的政治智慧和中华民族深厚的文化底蕴。时至今日,在我们的生活实践中实施的“民族区域自治”、“一国两制”等政治制度,无不缘于厚重的中华传统文化。

中华文明有着悠久的历史和深厚的内涵,也有与“异文化”交流的丰富经验。我相信,在今后中国越来越广泛、深入地融入到世界的过程中,一定能为重构全球化和不同文明之间的关系做出应有的贡献。

七、跨文化研究的人文属性

人们常常把世界上不同文明之间如何相处的问题,看成是国与国、民族与民族之间政治、军事、综合国力等方面的比较,像是在做一种“力学”关系的分析。这样的分析不能说没有道理,但是不全面,因为文明、文化都是关于“人”的事情,所以要搞清楚还得从“人”入手。

文明、文化都是抽象的概念,它们之间的关系,不同于一般社会群体、社会组织这样的实体之间的关系。但是人们常常有一种倾向,遇到文明、文化之间的问题的时候,会不自觉地把它当作社会实体之间的问题来处理。要知道,文明和文化是具有浓厚情感、心理、习俗、信仰等非理性的特征,它们之间的关系也不是靠着简单的逻辑论证、辩论、讲道理就能解决的。我们大约都有过在处理涉及感情、心理、习俗等等这些问题时,讲不清道理的经历。所以,在处理跨文明关系、跨文化交流这样更复杂、更微妙的人文活动时,就要求我们运用一套特殊的方法和原则,最大限度地注意到“人文关怀”和“主体感受”。这是一项涉及到历史、文化、传统、习俗、文学、艺术等诸多领域里的,以“人”为中心的系统工程。

在对跨文化的研究中,理解“人”,理解人的生物性、文化性、社会性,人的思想、意识、知识、体验以及个人和群体之间微妙、复杂的辩证关系等等都是至关重要的。因为,人的上述特性通过交流、传播和传承,可以成为群体共有的精神和心理财富，并在这一群体里"保存"下来，达到"不朽"，成为"文化"的一部分。同样的道理，不同文明、不同文化的人们之间，也存在着这种交流、传播和传承。

从总体上说，人类文明的多样性，是各个文明得以"不朽"的最可靠的保证。一种文明、文化，只有融入更为丰富、更为多样的世界文明中，才能保证自己的生存。人们常说，"只有民族的，才是世界的"，这是不错的；反过来说，只有世界的，才是民族的，才能使这个民族的文化长盛不衰，也很有道理。所以，文化上的唯我独尊、固步自封，对其他文明视而不见，都不是文明的生存之道。只有交流、理解、共享、融合才是世界文明共存共荣的根本出路。不论是"强势文明"还是"弱势文明"这是惟一的出路。

探讨文明和文化问题，不可避免地要涉及到价值观和信仰，而这些又极容易转变成感情和心理因素，然而在科学研究中，一旦掺杂了这些因素，就会产生巨大的阻力，这是我们从事族群、民族、宗教研究的社会科学工作者都遇到过的问题，因此，必须构建一种超越常规的理念。我们不提倡用某一种文明的意识形态、价值观念来解决不同文明之间的问题，因为用一种文明的"标准"去评判另一种文明，不管这种做法"对不对"，实际上会让人感觉到这样做"好不好"。由于不同文明之间人们的认知体系有差别，所以不同文明的人，对同一个问题的看法，常常会变得不是"是"与"非"，而成了"好"与"坏"了。我觉得，不管出于什么动机，强迫别人接受一种本来不属于他们的价值观，这种做法本身就含有欺压和侮辱人的性质。

不同文明之间的交往，"内容"常常会退居到次要的地位，而"形式"会上升为主要的东西。我说的"形式"，不是科学主义说的那种可以忽略的、外在的、表面化的形式，而是人类学中所指的"仪式"、"象征"，也即是"意义"。它在一种文明、一种文化里起着很重要的作用，甚至是生死攸关的作用。不同文明之间的矛盾，是不能简单地按照经济或功利的原则来解释的。中国古代有"不食周粟"、"苏武牧羊"的故事，这些故事说明，文明、文化的交往绝不是简单的商品交易，一个族群、一种文化，不是物质利益就能收买，也不是强力所能压服的。

当前世界上某些人，常常有意无意地把不同文明、文化之间的关系，直接与国家或民族利益挂钩，这是一种加大，甚至是激化不同文明之间误解和矛盾的做法。这些人在大谈“国家利益”的时候，手里不断挥舞着文明、文化的大旗，把赤裸裸的为“一国谋利益”的做法，装扮成捍卫“某某文明”的“义举”；把具体的国家利益之争，混淆成不同文明之间的争斗。当然，从广义上讲，文化价值也包含在“利益”之中，但它们并不是简单地连接在一起的，这种随意的联系，是不成熟、不理智、不准确、不负责任的表现。犹如我们不能把美国的国家利益，等同于基督教文明的利益；也不能把中国的国家利益，说成是儒家文明的利益。

我们认为，国家利益可以“一事一议”，好像谈生意那样，通过理性的协商来解决。如果把这种事情上升到文明、文化的层次里，就会变成充满感情和心理因素的、非理性的问题。

一个国家不能自命为某一种文明的代表或化身，说成是某文明的卫士；各种政治集团也不该盗用文明、文化的名义，制造民粹运动来为自己的政治利益服务。这种夹杂着经济和政治目的的“国家利益”，会大大歪曲不同文明之间关系的本质，造成恶劣的结果。

八、美美与共

从历史和现实中可以看到，要想处理好不同文明之间的关系，首要的条件应该是各自能够保持一种平和、谦逊的心态，就是中国古人所谓的“君子之风”。

前几年，我提出了“各美其美、美人之美、美美与共、天下大同”的设想，这是我的心愿。要想实现这几句话，还要走很长的路，甚至要付出沉重的代价。比如要做到“各美其美、美人之美”，也就是各种文明教化的人，不仅欣赏本民族的文化，还要发自内心地欣赏异民族的文化，做到不以本民族文化的标准，去评判异民族文化的“优劣”，断定什么是“糟粕”，什么是“精华”。

要达到这样的境界并不容易，比如当今世界上许多发展中国家，历史上大多遭受过西方殖民主义的欺凌，这些国家的民众，由于受一种被扭曲的心理的影响，容易产生两种截然相反的倾向：一种是妄自菲薄，盲目崇拜西方；一种是闭关排外，甚至极端仇视西方。目前，这种仇视西方的状况似乎已经酝酿成一股社会潮流。从另一方面说，作为强势文明的发达国家，容易妄自尊大，热衷于搞"传教"，一股脑地推销自己的"文明"，其实这样做会蒙住自己的耳目，成了不了解世界大势的井底之蛙。中国的历史上，也出现过"盲目崇拜"和"闭关排外"的现象。希望今天的中国学术界，能够彻底抛弃妄自菲薄、盲目崇拜西方或者妄自尊大、闭关排外的心理。

中华文明经历了几千年，积聚了无数先人的聪明智慧和宝贵经验，我想我们今天尤其需要下大力气学习、研究和总结。当面对今天这种"信息爆炸"、形形色色"异文化"纷至沓来的时代，我们需要认真思考怎么办？全盘接受、盲目排斥都不是好的办法，我们应该用一种理智的、稳健的，不是轻率的、情绪化的心态来"欣赏"它。要知道，不论哪种文明，都不是完美无缺的，都有精华和糟粕，所以对涌进来的异文化我们既要"理解"，又要有所"选择"。这就是我说的"各美其美、美人之美、美美与共"。

中国历史上有过这样的例子。唐朝的时候，国家昌盛、经济发达、文化繁荣，引起了邻国日本的关注，派人来学习，与唐朝建立了友好关系。他们把唐朝好的东西带回去，丰富了自己的文化。这段历史表明，当时的日本人是很有"鉴赏力"的，善于"美人之美"，因此获得了很多文化资源，达到了"双赢"的结果。

当今地球上的人类，应该比古代人具有更广阔的胸怀、更远大的目光，对于不同文化有更高的鉴赏力，拥有一个与不同文明和睦相处的良好心态。在这方面，我们的先辈留下了许多包含了深刻哲理的宝贵经验。比如孔子说"己所不欲，勿施于人"，强调的是人们"不应该做什么"，而不是要求人们"应该做什么"；又如"修己而不责人"、"退一步海阔天空"等等这样的格言，都包含了克己、忍耐、收敛的意思。这些都是中华民族多元一体格局在形成的漫长岁月中，逐渐发展起来的中国人特有的一套哲学思想。

为了人类能够生活在一个“和而不同”的世界上，从现在起就必须提倡在审美的、人文的层次上，在人们的社会活动中树立起一个“美美与共”的文化心态，这是人们思想观念上的一场深刻的大变革，它可能与当前世界上很多人习惯的思维模式和行为方式相抵触。在这场变革中，一定会因为不理解而引起一些人的非议甚至抵制，特别是当触动到某些集团的利益的时候，可能还会受到猛烈的攻击。但是，当我们看到人类前进的步伐已经迈上了全球化、信息化的道路；已经到了一个必须尽快解决全球化和人类不同文明如何相得益彰、共同繁荣的紧要关头，这些抵制和攻击又算得了什么。

九、博采众家之长

当我们探讨和研究不同文明如何相处的时候，必须充分了解和借鉴世界上各种文明，做到博采众长、开阔胸怀、拓宽思路、启迪灵感。中国的社会科学工作者在探讨、研究中华文明的时候，也要认真地理解和研究世界上其他文明的文化，要“美人之美”。

近年来，“欧盟”的统一进程引起了人们的关注。欧洲的社会经济发展，一直在世界上扮演着“领跑者”角色，所以欧盟的统一，可以看作是在全球化背景和现代社会条件下，欧洲不同文明、不同文化的国家，在试图重新协调它们之间的关系，探索如何共处的一个实例。当然，欧洲的“统一”并不就是未来“全球化”的模式，全球化并不是世界“统一”。地球上如此众多信仰不同、风俗各异的民族和国家，情况远比欧洲复杂得多，而且世界各地普遍存在着的严峻的经济、政治和军事等诸多问题，绝不是一个“模式”就能解决的。这个尝试和实践之所以引起我们的注意，是因为它能为世界上不同文明之间的交往，提供很多值得学习、借鉴的经验。

从人类学社会学的角度上看，世界上所有的文明都蕴含着人类的智慧，每一种文明都值得我们关注、研究，从中汲取营养。比如像印度这样一个历史悠久，民族、宗教关系极其复杂的国家，在他们的传统文化中就包含着极其丰富的处理多民族、多宗教、多文化并存的经验；同样，历史上曾经出现过的强大的国家和各种强势文明，诸如奥斯曼帝国、俄罗斯帝国、奥匈帝国，阿拉伯文明、南美文明、非洲文明等等，这些庞大的多民族的社会实体，无不在解决不同文化之间的交流、沟通和融合方面，为后人积累了丰富的经验和教训。

作为人类学社会学工作者，我们应该以严肃、认真的态度，不带任何偏见地深入研究本民族的历史文化，同时也应该下工夫研究其他国家、民族的历史文化，以扩展我们的视野，增强我们的想象力和创新能力，为当今世界经济迅速“全球化”的同时，建设一个“和而不同”的美好社会贡献力量。

2004 年 8 月